英国普通法导论

An Introduction to the English Common Law

李红海 / 著

北京大学出版社
PEKING UNIVERSITY PRESS

图书在版编目(CIP)数据

英国普通法导论/李红海著. —北京:北京大学出版社,2018.7
ISBN 978-7-301-29690-5

Ⅰ. ①英⋯ Ⅱ. ①李⋯ Ⅲ. ①司法制度—研究—英国 Ⅳ. ①D956.16

中国版本图书馆CIP数据核字(2018)第157062号

书　　　名	英国普通法导论 YINGGUO PUTONGFA DAOLUN
著作责任者	李红海　著
责 任 编 辑	李　铎
标 准 书 号	ISBN 978-7-301-29690-5
出 版 发 行	北京大学出版社
地　　　址	北京市海淀区成府路205号　100871
网　　　址	http://www.pup.cn
电 子 邮 箱	编辑部 law@pup.cn　总编室 zpup@pup.cn
新 浪 微 博	@北京大学出版社　@北大出版社法律图书
电　　　话	邮购部 62752015　发行部 62750672　编辑部 62752027
印 　刷 　者	北京虎彩文化传播有限公司
经 　销 　者	新华书店
	730毫米×1020毫米　16开本　19.25印张　366千字 2018年7月第1版　2025年8月第5次印刷
定　　　价	57.00元

未经许可,不得以任何方式复制或抄袭本书之部分或全部内容。
版权所有,侵权必究
举报电话: 010-62752024　电子邮箱: fd@pup.cn
图书如有印装质量问题,请与出版部联系,电话: 010-62756370

前　　言

　　作为当今世界两大主要法律体系之一的普通法，虽然在世界范围内享有盛誉和重要影响力，在当今中国大陆法学界也经常被谈及，但总体来看，我们的法学界对普通法的理解并不深入。主要表现在，比如，无法对普通法中的某些现象给出属于自己的、具有足够说服力的解释，在与本土的普通法法律家沟通时经常因为缺乏必要的背景而无法真正深入，或只能自说自话，无法真正有效地对普通法进行借鉴……造成这些问题的原因当然很复杂，但单从专业本身的视角来看，最根本的还是因为我们尚未对普通法形成一种系统、整体、内在的理解和认识。

　　换言之，我们可能对普通法的某种制度、某个规则非常了解，但因为缺乏整体理解而无法与其其他部分建立关联。在此情况下，一旦超越这一制度、规则本身而进入其他领域，就很可能陷入困境。这就好比人在年轻时，比如本科或研究生初期阶段，尚不能对所学专业知识进行有效整合，因此也很难对自己所学的专业及其中的具体问题进行系统、全面的把握和阐述。但现实生活中的具体问题却总是"综合性"的，在此情况下要对此问题进行有效分析就会遇到困难，成一家之言就更是难上加难。相反，当我们对某一专业领域的知识、原理有了系统把握并能进行自我整合之后，即使没有现成的答案，在碰到问题时也差不多能给出令人信服的分析和解决方案。没有多少文化的农村老汉对某些问题的分析，也经常会让你无法展开有效反驳，毫无疑问，这并非因为他有比你更多的知识，而是因为他有着自己对这个世界和生活的系统认识。这，都是整体性理解的力量和作用。而欧陆法传统对整体性理解的强调则更为我们所熟知，不必举更多的例子，我们今天法学教材的第一要求可能就是体系性了。

　　那么，我们为什么没有或很难形成对普通法的整体理解和把握呢？这可以从普通法自身的特点和我们的思维路径两方面给予解释。

　　一方面，普通法从实体内容上来说是不断吐故纳新、与时俱进的，因此可以与时代的发展同步；但在底层的框架结构、运作机制方面却沿袭了过去的传统，而离开这些底层和基础性的东西，表层的规则、制度是很难运作的。这有点儿（仅仅是有点儿）类似于我们今天从西方引进的法律规则和中国人传统行事方式之间的龃龉。所以普通法才被称为"旧瓶装新酒",这就要求我们在理解普通法时,不能仅理解其里面的"酒",还需要理解装酒的"瓶子"。而要理解这个瓶子,我认为一是要了解普通法的历史,二是要了解它的思维特点和方法。之所以研究普通法的历史,是因为普通法这个"瓶子",其基础性的东西都是在历史中形成的;实际上不止如此,规则、制度层面的东西很多也是历史的产物,不追溯历史,很难真正理解其内涵。另一方面,与欧陆法从原理出发到具体案件的思维方式(从抽象到具体)不同,普通法是从个案到抽象的,从个案中抽象出具有普遍性的规则,然后这些规则叠加形成一个规则的体系。正因为这种思维方法,导致了普通法的规则体系实际上是动态的、不断与时俱进的,也导致其内在的系统性不是很强。而今天中国大陆的法律体系包含多个源头(包括传统中国、苏联和欧陆),则基本采用的是从现有的抽象规范出发为案件寻找规范依据,而不是从案件事实出发为案件总结和形成规范。这两种对立的思维方法也是导致普通法不容易为我们所理解的重要原因。

　　但颇为吊诡的是,很显然,英美法学院的学生也并非都对自身的历史有多深的研究,这一点大致可以拿我们学生对自己国家历史的了解进行类比,也未必针对普通法的方法进行过多少专门的训练,就好像我们法学院的学生也很少进行我们法律体系之方法论方面的培训一样,我们甚至很少对方法论的问题进行反思。既不进行历史的深入研究,也不进行方法论的专门训练,英美的学生不也很好地习得了普通法吗?这是不是推翻了我前面的说法呢?

　　我认为不是。请容我作点儿解释,首先是关于历史的问题。英美的学生在学习普通法时并非不需要了解英美各自国家的历史和普通法的历史,而是说他们已经对自己的历史有了一定程度的了解,就如同我们的学生在学自己的法律时也必然已对本国的历史有了一定程度的了解一样,更何况我们还会专门开设《中国法制史》的必修课。另外,在学习的过程中,不仅相关教学材料中会提及某些历史材料,比如判例和过去的制定法,老师也会对普通法的历史进行简洁但必要和有针对性的介绍,以帮助学生理解正在讨论的相关现行规则。这些对于英美的学生来说,已经足够了。关于方法的问题,一方面,英美的学生基本上是作为"一张白纸"从内在的角度来学习普通法的,没有受到其他法律传统之方法的"污染",而我们则是在已经带有了大量"偏见",即欧陆法、传统中国法等的方法之后,才接触普通法的,二者的学习方式自然不同。另一方面,判例教学法是对普通法方法最好的运用。美国法学院的学生自不必说,英国的学生也经常会进行判例教学、模拟法庭,阅读判例等材料,因此他们每天都在实践着普通法的方法。对普通法的研习而言,这要比任何的理论归纳和讲授都更为有效。

　　但作为一个已拥有其他法律知识和已习惯于其他思维方法的局外人而言,深入理解普通法则仍然离不开历史和方法两个维度。我们需要对普通法的历史有必要的了解,了解其基本制度和框架结构是如何形成的,了解各领域的术语如何演变而来,因为今天的制定法经常会直接采用这些术语。我们还需要对普通法的方法进行刻意地体察,并有意识地加以实践和运用,这样才能真正从内在的角度、整体地理解普通法。

正是基于这样的考虑,我在编写本教材时采用了历史和方法的维度来解析普通法。其中一开始是从法律渊源的角度介绍英国法,希望能够从基本知识的层面为读者提供一个了解普通法的基本前提。然后进入普通法的历史,介绍普通法及其主要制度的历史,为读者提供一个普通法发展的纵向画卷。最后是普通法的方法,主要从判例法、普通法的司法过程和普通法方法几个方面来展示普通法的思维方法。

这样的安排不同于英美那些有关普通法或英国法、美国法的入门性读物,后者多是按照不同主题(如法院、律师、民事诉讼、刑事诉讼、财产法、宪法、刑法等)从各个方面进行介绍的,可以从知识的角度为读者提供很多更为精确的信息。但本教材的优势则在于,它是基于一个外域学者对普通法的内在理解编写而成。和原版普通法教材相比,它更能照顾到中国读者的思维习惯和学习路径,有助于读者在较短时间内理解普通法的内在机制。在此基础上,再阅读相关的原版普通法教材,则会对普通法有更好的把握。

因此,本教材的编写目的是帮助读者理解英国普通法。作者相信,只有深刻理解普通法,才能更好地去学习和运用它,才能更好地借鉴它,才能真正实现"师夷长技以制夷"。

李红海
二〇一七年十一月六日于北大法学院陈明楼

目 录
CONTENTS

第一编　英国法的三大渊源及其相互关系

003　第一章　英国法的渊源概述

007　第二章　普通法

007　　第一节　何为普通法
008　　第二节　漫长历史的简短描述
012　　第三节　普通法的形式与载体
015　　第四节　普通法的实质内容
020　　第五节　习惯、理性、历史：经典普通法理论眼中的普通法
035　　第六节　普通法的特性

040　第三章　衡平法

040　　第一节　衡平与衡平法：从方法、做法到制度
041　　第二节　衡平法的发展历程
054　　第三节　衡平法的贡献及其宪政意义
055　　第四节　衡平法与普通法的关系：自足的普通法与不自足的衡平法

061　第四章　制定法

- 061　第一节　历史发展
- 069　第二节　英国制定法的特点
- 078　第三节　普通法与制定法的关系:"水和油"抑或"水与乳"

第二编　普通法的历史及相关问题

097　第五章　亨利二世之前的英国及英国法概况

- 097　第一节　史前时期
- 097　第二节　罗马不列颠时期
- 098　第三节　盎格鲁—撒克逊时期
- 101　第四节　诺曼王朝统治下的英格兰(1066—1154)
- 105　第五节　格兰维尔时代(1154—1216)
- 108　第六节　布拉克顿时代(1216—1272)

113　第六章　亨利二世改革与英国普通法的诞生

- 113　第一节　建立王室司法机构
- 115　第二节　发展令状制度
- 117　第三节　引进陪审制

119　第七章　普通法法院的建立

- 119　第一节　外部竞争:与其他法庭的关系
- 136　第二节　王室法庭自身的完善

第八章　陪审制

- 145　第一节　陪审制的起源
- 146　第二节　宣誓咨审
- 148　第三节　咨审向陪审的过渡和转变

第九章　令状制与诉讼格式

- 151　第一节　何谓令状
- 152　第二节　起始令状的出现：行政令状的司法化、几种重要的起始令状
- 153　第三节　起始令状的格式化
- 153　第四节　形式化的令状与实体法的发展

第十章　封建主义与普通法

- 156　第一节　引子：英国法与大陆法的分野
- 158　第二节　从人身依附到土地保有
- 161　第三节　十二三世纪的封建保有形式
- 163　第四节　封建保有制下领主与封臣的权利义务
- 168　第五节　封地性质与保有人的身份
- 169　第六节　封地保有与司法管辖权
- 170　第七节　封建主义与英国的法治传统

第十一章　保有制下的地产权制度

- 173　第一节　问题的起因
- 174　第二节　通行的观念
- 175　第三节　"所有权"不适合于描述普通法的地产权制度
- 177　第四节　错误的症结：人、物、权利

178	第五节	何为地产权
179	第六节	地产权的特征
184	第七节	地产权的基础——占有
190	第八节	总结

197	**第十二章**	**英国的法律教育与法律职业阶层**
197	第一节	中世纪英国的大学法律教育:一种与英国法无关的法律教育
199	第二节	律师会馆:一种与大学无关的法律教育
204	第三节	近代英国法律教育的变革:大学与律师会馆开始合作
206	第四节	当代英国的法律教育体系:一种能够融合理论与实践的体制
209	第五节	结语:建立一种符合法治规律的法律教育体系

第三编　普通法的司法过程与普通法方法

213	**第十三章**	**判例法**
213	第一节	判例法的概念及要素
216	第二节	判例报告
236	第三节	遵循先例的原则
264	第四节	判例法中的司法技艺
267	第五节	判例法的相关理论问题

283	**第十四章**	**普通法方法论**
283	第一节	作为方法的普通法
284	第二节	普通法方法是否存在及其层次
286	第三节	普通法的司法过程与微观层面的普通法方法

294	第四节	中观层面
295	第五节	宏观层面
297	第六节	结论

第一编 英国法的三大渊源及其相互关系

第一章　英国法的渊源概述

第二章　普通法

第三章　衡平法

第四章　制定法

第一章　英国法的渊源概述

法律渊源方面的不同一直被认为是英国法和欧陆法的基本区别,但"法律渊源"一词含义甚多,本书主要用它来指法律规则的来源和出处。具体到此处,即指在英国,具有法律效力,或能够作为法官判案依据的规则,都来源于什么地方。依照这个标准,英国法的法律渊源一般被分为普通法、衡平法和制定法,它们分别来源于普通法法院(法官)、衡平法法院(法官)和立法机关,这也是法学界和法律实务界公认的英国法的三大渊源。

但"法律渊源"一词还可以用来指法律的表现形式。就该意义而言,英国法大致可以分为判例法和成文法,其中普通法和衡平法都体现为判例法,而制定法则属于成文法。需要提醒的是,虽同为对英国法的分类,但普通法、衡平法、制定法、判例法这四者并不属于一个范畴内的概念,因为它们是依照不同分类标准所产生的结果。其中普通法、衡平法和制定法属于一个范畴,分类的标准是规则的来源;而判例法和制定法(成文法)属于一个范畴,分类标准是法律的表现形式。但这四者之间还存在交叉,因此关系稍显复杂,下图也许能说明一些问题:

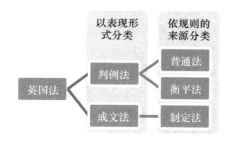

图1　英国法的分类

法律渊源的一个前提性问题是关于法律的分类,而法律的分类又直接反映了而且也影响着一个国家或社会对于法律的基本看法,英国法就很能反映这一点。

从一开始,英国对于法律的分类便非常不同于欧陆,不是成文法与不成文法之分,而是"**法律**"(law)与"**习惯**"(custom)之间的差别。这里的法律指的是国王各种形式的立法,如法令和习惯法汇编(doom)、特许状(charter)、条例(ordinance)等。但需要注意的是,此处的法律或立法并不总是或很少是我们今天意义上的制定法,实际上其中很多都是国王在其贤人会议的参与下对本王国既有习惯法的书面化,也有一些是国王颁发的、虽内容为全新但不具备严格法律形式的谕令。① 可以说,由后世国王加议会(king in parliament)通过正式程序制定并具备一定形式要件之制定法的时代还没有到来。因此,在盎格鲁—撒克逊时期,英格兰对于法律的两种分类,法律和习惯,都不能被视为严格的或欧陆意义上的成文法,它们之间的差别可能更多地体现在是否经过了国王的干预。

　　这种"法律"和"习惯"之间的二元分类一直延续到了诺曼英格兰时期甚至更晚。12世纪晚期的格兰维尔和13世纪中期的布拉克顿,在著述之时都采用了"论英格兰的法律与习惯"的标题。格兰维尔还从两个方面论证了国王在其咨议会上颁行之"法律"虽不成文却依然的确为"法"之道理。② 而这两位法学家的努力,也都在于将那些虽不成文但却已融入并成为王室法院之习惯的"法律"和"习惯"予以书面的表述。

　　但此后三个方面的因素却影响到了英格兰法的这种分类。其一是普通法的发展。普通法的发展使得王室法官可以将地方习惯、王室立法和其他渊源之规范整合为一种独特的法律。因此,从此时起,英格兰法又出现了一种源于习惯但又不同于习惯、可能源于王室立法但又不再体现为立法的习惯法,这就是作为王室法院、且通行于整个英格兰的共同的习惯法,即英格兰的普通法。

　　其二是民众对于过去习惯的成文化要求。随着亨利二世之后政治形势的变化,以约翰王为代表的英格兰国王越来越无视既有的法律和习惯而横征暴敛,民众对将法律和习惯书面化的呼声越来越高。他们认为成文化的习惯要比不成文的习惯更难让国王摆脱,《大宪章》(Magna Carta)就是这种努力的结果,也是对过去习惯之书面化的典型代表。③ 事实上,不独民众有此需求,此前的国王亨利二世也曾有过类似需求和举动:1164年的《克拉伦敦宪章》(Constitution of Clarendon),就是对国王依习惯所享有之权利(依亨利二世的说法,即他的外祖父亨利一世在世时所享有的权利)的书面化表达。由此可以看出,将习惯成文化此时已经成为了国王和民众之间进行权力博弈的一种有力工具:白纸黑字总比空口无凭更难抵赖! 但其结果却是,原来不成文的习惯现在开始成文化了——尽管其并非成文法。

---

　　① 关于这一点,后文讨论制定法时还有详述。
　　② (1) 若书面为法律之必要条件,则形式就会超越实质而主宰法律;(2) 要使全部法律皆为成文亦不可能。H. D. Hazeltine, "The Interpretation of Law by English Medieval Courts", as an introduction or general preface, in T. F. T. Plucknett, *Statutes and Their Interpretation in the first half of the fourteenth century*, Cambridge: Cambridge University Press, 1922, p. xi.
　　③ 亦如波威克博士(Dr. Powicke)所言:"为了回应地方势力的压力,在亨利二世统治的阴影之下,在从英格兰到加斯柯涅的帝国各个部分,法律原则和习惯都在转化为书面的文字。"

其三是政治体制的变革所导致的近代意义上的制定法开始出现。约翰王的穷兵黩武、横征暴敛以及随之而来的被迫签署《大宪章》，转变了自诺曼王朝以来国王相对于民众的强势格局，一种新的传统开始形成，即国王要受到由贵族所组成之委员会，当时称为大咨议会（grand council）和英格兰法律的约束。而亨利三世年幼即位的事实则延续并强化了这种新的传统。等到他成年亲政之时，大咨议会的枷锁已经套在了其脖子之上。虽然他也有过挣扎，但以西门·德·孟福为首的贵族的抗争最终还是让这个枷锁保留了下来。到亨利三世统治结束时，除过去纯咨询性的御前会议之外，现在国王的身边又多了一个对他构成制约的大咨议会。而且贵族们为了巩固这一机构的合法性和正当性，又开始从地方上吸收普通的民众代表。到 1295 年时，爱德华一世召开了第一届"模范议会"（model parliament），这成为了后世议会的模板。套在国王脖子上的枷锁变得越来越复杂了！而从对亨利三世进行摄政的贵族委员会开始，他们就制定法律，著名者如 1236 年的《格罗斯特法》（贵族们宣称他们将不改变英格兰的法律）、1258 年的《牛津条例》（对国王通过不断颁发新令状侵蚀贵族领地法院的司法管辖权提出抗议并设定限制措施）等。到爱德华一世时，所谓议会的立法更为频繁，以致爱德华国王本人被称为"英国的优士丁尼"。14 世纪，议会正式获得了颁行法律的权力。而这种由议会主导的"立法"与此前国王通过御前会议进行的立法相比，在形式上更接近于今天的立法，从内容上则更多体现了民众的意志。更为重要的是，这些"立法"的数量不断增加。韩泽廷说，"中世纪英格兰的立法比我们有时想象的要多。"①而这一点我们从《王国法律大全》（Statutes of the Realm）中也可以看得清楚。

议会立法的大量增加和普通法的迅速崛起使得原来二元制的英格兰法律分类（法律和习惯）开始出现变化。到柯克著述之时，他已将英格兰法主要分为了普通法、制定法和习惯三种。② 而且，此时以判例法为体现形式的普通法和议会的制定法已经成为了相互对立的两大最为重要的法律渊源，而习惯则失去了往日的荣耀，只能屈居第三的位置。③ 韩泽廷认为，只有当英国的议会享有了如托马斯·史密斯爵士（Sir Thomas Smith，伊丽莎白一世时的政治家）所说的"英格兰最高、最绝对的权力"（the most high and absolute power of the realme of England）之时，英国的法律家们才最终接

---

① H. D. Hazeltine, "The Interpretation of Law by English Medieval Courts", as an introduction or general preface, in T. F. T. Plucknett, *Statutes and Their Interpretation in the First Half of the Fourteenth Century*, Cambridge: Cambridge University Press, 1922, p. xiii.

② Sir E. Coke, *First Institute*, 110 b.

③ H. D. Hazeltine, "The Interpretation of Law by English Medieval Courts", as an introduction or general preface, in T. F. T. Plucknett, *Statutes and Their Interpretation in the First Half of the Fourteenth Century*, Cambridge: Cambridge University Press, 1922, p. xi.

受了罗马法上成文法和不成文法这两个术语。在黑尔和布莱克斯通那里,英国的成文法就是议会的制定法,而不成文法则是普通法。①

英国法律和政治体制的独特发展历史,导致它在法律分类方面采取了和欧陆并不完全一致的方法和路径。我们大致可以这样说,在这里,成文与否的形式并不是那么重要,重要的是规则的实际来源,即是来自国王加议会的立法,还是来自于普通法法官的创造和发现,抑或来自民众长期的生活习惯。我们以普通法、衡平法、制定法为标题来探讨英国法的三大渊源,正是基于这样一种法律理论和背景。

---

① Sir M. Hale, *A History of the Common Law*, London: Printed For Henry Butterworth, Law-Bookseller, 1713; Sir W. Blackstone, 63 *Commentaries* I(注:此处意指布莱克斯通的《英格兰法释评》第1卷第63节,此为英美法学界对该书的通常引用方式,而无论是哪一个版本。下文同)。

第二章 普通法

第一节 何为普通法

本书所谓的普通法,是指发端于12世纪的英格兰、并由英格兰王室法官发展出来的一套共同适用于整个英格兰王国的法律体系。

从时间范围上来说,普通法自12世纪开始发展以来,历经数世纪的社会涤荡和冲击,一直延续到今天仍然存在。因此本书所说的普通法,不仅是过去的普通法,也是今天的普通法,是那个从12世纪后半期一直绵延至今依然鲜活的普通法。

从空间范围上来说,本书主要讨论的是英国的普通法。这里所谓的"英国",包括以后提到该词且它与普通法相关时,是指"England"(英格兰,实际上也包括了威尔士),而不是我们今天所实际上指称的联合王国(the UK)。因为普通法实际上产生于英格兰,也只适用于英格兰;之所以也包括威尔士,是因为它很早就被纳入了英格兰国王的掌控之下,因而也适用英格兰的普通法。因此,这里的"英国"是一个法律意义上的概念,特指英格兰和威尔士①;而我们今天日常所熟知的那个"英国"则是一个政治上同时也可以说是地理意义上的概念,它包括英格兰、威尔士、苏格兰,这三者构成了大不列颠岛,和北爱尔兰。而同样众所周知的是,作为今天联合王国一部分的苏格兰和北爱尔兰所适用的法律与英格兰并不相同,尤其是苏格兰更是采取了欧陆法的传统。另外,随着英国的向外扩张,普通法也随之扩展至世界各地,因而产生了美国普通法、加拿大普通法、澳大利亚普通法、巴基斯坦普通法、香港普通法,等等。但这都是一些不太严谨的表述,我们马上会发现这些普通法和英国的普通法在实质内容上差别很大。但我们仍然还在用"普通法"一词来表述这些地方的法律,而且没有引起多大争议,这说明它们之间还是存在相当大的关联性,正如我们后面将要谈到的,这种关联不在于法律的实质内容,而在于方法。此时讨论这些会偏离主题,还是返回正题:列举其他地方的普通法其实正是为了从地域上将其排除在外,而明确本书探讨

---

① 这一点在英国1978年的《法律解释法》中也得到了认可。其中有一条规定,任何制定法中提到的英格兰如无特别指明,同时也包括威尔士。

的仅仅是"英国的普通法"。不过,在行文过程中笔者也会在必要时采用一些其他国家的材料和事例,希望读者明鉴。

从法律渊源上来说,本书所说的普通法并不包括传统上作为英国法三大渊源之一的衡平法。之所以作如此声明,是因为有一种对普通法概念的宽泛理解,它也将衡平法包括在内了:如在比较法意义上讨论英国法和法国法的差别时,会说前者实行的是普通法,后者采取的是大陆法,或者说香港地区实行的是普通法,等等。之所以能够将衡平法纳入"普通法"的概念中,是因为它们区别于成文的制定法都是法官法、判例法。但本书的讨论是将普通法作最为狭义的概念来理解的,并将之与衡平法并列,分章探讨。

因此,如一开始就提到的那样,"普通法"一词含义众多,但本书讨论的是最为狭义上的普通法,即:作为英国法渊源之一的,产生于12世纪并绵延至今的,由英国的王室法官创建且适用于整个英格兰王国的,与衡平法和制定法相互并立的英国普通法。

第二节　漫长历史的简短描述

普通法的产生说起来多少是个意外。因为1066年诺曼征服,甚至是1154年亨利二世登基之前,不列颠法律(也许还应该包括其他方面)的发展基本上与西欧大陆是同步的。早期的凯尔特人、罗马人和后来的盎格鲁—撒克逊人实际上都来自于欧洲大陆,我们不能说他们的法律对不列颠就没有产生任何影响。尤其是盎格鲁—撒克逊人对不列颠的控制实际上使得后者的法律与西欧大陆的法律更紧密地联系在了一起,因为它们同属日耳曼法。11世纪之前,我们看到英格兰(不列颠自盎格鲁人入侵之后的名称)在法律方面几乎发生着和大陆非常类似的事情,尤其是对日耳曼习惯的成文化、法典化。很难想象,如果没有诺曼征服将英格兰与欧洲大陆隔开,英格兰后来是不是也会走上和欧陆一样的法律道路,被罗马法征服,法典化?

但诺曼征服改变了英格兰的命运和发展道路,也改变了英国法的发展。它最重要的成果就是在英格兰建立了一个当时在全欧洲只有教会才实现了的、强有力的中央集权,这使得英国法的发展可以在这个欧洲大陆所没有的背景下展开。普通法实际上就是英格兰国王加强中央集权的副产品。[①] 安茹王朝的第一个国王亨利二世

[①] 参见 S. F. C. Milsom, *Historical Foundations of the Common Law*, London: Butterworths, 1981, p. 11; Sir F. Pollock & F. W. Maitland, *The History of English Law Before the Time of Edward I*, vol. I, Cambridge: Cambridge University Press, 1968, p. 24.

(1154—1189年在位),一般被认为是普通法的奠基者。为了挽回其前任斯蒂芬国王(1135—1154年在位)因内战而造成的王权衰微,亨利二世不遗余力,尤其加强了法律方面的改革。他的多项司法改革措施被认为为后来普通法的诞生奠定了基础。比如,1178年,他将其御前会议中的5人留在威斯敏斯特专门处理普通民众间的民事纷争,同时继续加强巡回审判,从而形成了一个从中央到地方相对完整的司法机构;他还创造性地引入了陪审制和令状制,为其司法机构的运作配备了得力的工具……①毫无疑问,亨利二世也有很多立法,但其最重要的成果是在司法方面:从这个时候起,英国有了一个王室的法院体系和一套自己的司法制度。在这个框架之下,王室法官将他们所得到的各种法律资源(如王室的立法,他们自身的罗马法、教会法知识,通过陪审团所了解到的地方习惯,等等)加以整合、加工,从而形成了一套可以共同适用于整个英格兰王国的法律体系,这就是普通法。尽管直到亨利二世驾崩,这个体系也没有出现,但它无疑是建立在亨利二世所构建起来的司法框架基础之上的。后人认为亨利二世并不是刻意要造就这样一个法律体系,他的目的只是加强中央集权,司法只是其中的一个手段,但普通法却就这样产生了。

从一开始普通法就是围绕通过令状提供司法救济而展开的,因此它的理论,如果说有任何理论的话,是以救济而非规范为出发点的。因此我们发现,早期的普通法著作几乎无一不以令状为主体内容,格兰维尔、布拉克顿、布里顿、弗莱塔都是如此。但这并不意味着立法就不存在或意义不大,相反,12—13世纪的许多重要立法对普通法来说都是奠基性的,普通法的许多重要制度都来源于这些立法。②而爱德华一世(1272—1307年在位)更以"英国的优士丁尼"闻名于法律史。因此,经过王室法官和王室立法的共同努力,普通法在13世纪后期已经形成。当奠基的时代过去,接下来就是在各个具体的领域发展各自的规则了。

而在这接下来的发展过程中,司法要比立法起到更大的作用,其中又以王室法官的作用最为突出。他们是普通法规则的确立者,是普通法发展真正的动力源泉。从13世纪开始,以王室法官为中心逐渐形成了一个法律职业阶层,其中还包括高级律师、法院书记官、代诉律师、代理律师和法律学徒等。这个阶层围绕法律职业在14世纪时已经形成一整套的运作和传承体系,如何在法庭进行诉答,如何聘请律师,代诉律师和代理律师之间的差别,学徒如何、在哪里、通过什么材料和方法学习法律,本行业的职业伦理及礼仪,等等。律师会馆和年鉴就是这个过程中的产物。而如梅特

---

① 关于亨利二世的司法改革与普通法诞生之间的关系,请参见程汉大:《亨利二世司法改革新论》,载《环球法律评论》2009年第2期;李红海:《亨利二世改革与英国普通法》,载《中外法学》1996年第6期。
② 这一点后文讨论制定法时有详述。

兰所言，它们反过来又维护和加强了普通法的传统，使之能够在16世纪避免被罗马法复兴的浪潮所席卷，更加独立于欧洲法律的发展进程之外。

总体而言，从14世纪开始，普通法进入了稳步发展的阶段。此时无论是法院体系还是相应的司法制度，无论是法官人才还是律师队伍，无论是令状还是诉讼程序，都已具备了基本的规模，所剩下的只是在实体规则方面的充实。尽管过去的盎格鲁—撒克逊习惯法和前两个世纪的立法已经提供了一些实体方面的依据，但这更多的还是基本原则方面的，而且多为粗线条的规定，操作性很差。再者，随着时间的推移，社会形势也在不断发展，生产力的提高以及黑死病的造访都极大地改变着英国的社会关系。因此，在笔者看来，十四五世纪更多的是普通法在实体规则方面发展和完善的时代，尤其体现在地产权、契约和侵权等民事方面，所以有了利特尔顿的《论土地保有》。这是继格兰维尔和布拉克顿以来第三次对于普通法的重要总结，但与前两人重点关注令状不同，利特尔顿注重的是某一领域（土地法）的实体性规范——不能不说，普通法在不同时期发展的重点也是不一样的。

在经过了两个世纪的平稳发展之后，普通法来到了风雨飘摇的十六七世纪。1485年建立的都铎王朝和1603年开始的斯图亚特王朝以专制为特征。因此，本来源自国王，后来又已独立于国王的普通法，与国王之间的关系开始变得微妙：它既要维护自身的原则和利益，又不能完全与国王针锋相对。面对都铎国王们的强势，普通法和当时的议会一样，选择了顺从和合作。一个重要的表现是，此时众多的特权法院兴起，如衡平法院（其起源要早于15世纪）、高等委任教务法院、星宫法院等。它们是作为常规法院（即普通法法院）之外的特权法院出现的，这使得普通法法院的地位受到了极大的挑战，英国人引以为骄傲和自豪的自由和权利受到极大的威胁。普通法（连同议会）和王权之间的关系开始变得紧张，这根弦在斯图亚特王朝时期被绷断了。有人说，普通法之所以都铎时期还在忍受而到了斯图亚特王朝时期则忍无可忍，是因为前者的专制还是一种英格兰式的专制，而后者则是一种法国式的专制。① 但强势人物的出现也是一个不容否认的原因。无法想象，亨利八世碰到柯克会是一种什么样的情形。无论如何，以柯克为代表的普通法和以詹姆士一世为代表的王权之间发生了激烈的冲突，柯克在多个案件中屡屡冒犯国王，结果是他被革职。从政治斗争的角度而言，法律职业阶层并没有显示出多么强大的力量。我们无法想象，如果没有接下来的内战和国王被送上断头台以及后来的光荣革命，普通法在17世纪后半期会是什么

---

① P. Croft, *King James*, Palgrave Macmillan, 2003, pp.60—81; I. Carrier, *James VI and I: King of Great Britain*, Cambridge: Cambridge University Press, 1998, pp.3—27. 这一观点受益于中南财经政法大学2010届毕业生张伟麟同学的毕业论文（《王权与普通法——以詹姆士一世与柯克的冲突为视角》）和与他的讨论。

样的命运和结局。

所以回头看来,十六七世纪对于普通法来说的确是一个非常困难同时也非常关键的时期,它那时所面临的危机,迄今看来还是空前绝后的。虽然政治上并没有取得多少成果,但严重的危机却使得普通法不得不在理论上进行反思,重构自己。这之前它并没有什么竞争对手,因此也没有任何危机感,而这一次则不同,在专制理论(包括后来霍布斯的理论)面前,普通法先前的主张显得漏洞百出,不堪一击。因此,十六七世纪的普通法法律家们开始认真研讨普通法的基本理论问题。作为对此时专制主义的回应,以柯克和黑尔为代表的普通法法律家们提出了一套被后人称为经典普通法理论的学说。该理论全面阐述了普通法的性质、特点和基础,反击了专制主义的各种进攻,使得普通法在理论上更为扎实和坚固,也使得普通法的发展上了一个台阶。

光荣革命之后,英国政治体制的新框架得以确立,各种力量各归其位,普通法也进入了新一轮平稳发展的时期。接下来它所面对的,主要是工业革命所带来的社会挑战。工业革命使得人与人之间的交往增多、交易行为复杂化,各种新的问题层出不穷,而保守的普通法在面对越来越快节奏变化的社会形势时就显得力不从心。19世纪初,社会改革的呼声越来越高,立法重又站到了法律变革的最前沿,而普通法则因回应无力而成为了变革的对象。对司法的改革从19世纪初一直延续到世纪末,从最初对于程序的小修小补,直到最后对司法进行全面的改革,1875年的《司法法》(*Judicature Acts*)最终实现了对普通法司法制度的全面变革:地方郡法院进行了重组,中央各个法院被合并为统一的高等法院,令状和诉讼格式被废除,普通法和衡平法在体制上的区别也被取消,任何法官从此都可以既适用普通法又适用衡平法。一身轻松的普通法法院开始踏上新的征程,而且统一司法体制的确立也导致遵循先例原则的最终确立。相比之下,实体法方面的变革延续的时间更长一些,这以财产法方面的改革一直拖延到1925年为证。这一年的《财产法》(*Law of Property Act*)彻底废除了过去的封建保有制及相应的各种地产权,在普通法领域将其简化为类似于大陆法的所有权和租赁权两种权利。到此为止,我们可以很不恰当但又并非没有道理地说,普通法终于实现了现代化。

而随着英国加入欧共体和欧盟,尤其是1998年《欧洲人权公约》在欧盟各国的直接适用,普通法又遇到了全新的挑战。依据剑桥大学法律系罗斯·鲍英国法讲座教授杰克·彼特森(Jack Beatson, Rose Ball Professor of English Law)的说法,普通法是"内忧外患",在国内受到不断井喷的制定法的压力,在国外又受到《欧洲人权公约》及其他国际法的约束,民众日常生活中的很多规范都接受这些规范的调整,传统的普通法规则受到挤压甚至是排挤。2016年英国通过公投决定退出欧盟,相关法律问题的适用迄今还在协商之中。而根据现阶段的退出法案,英国主要是将现有的已适用的欧盟法律转化为国内法,只是在正式脱欧后,新的欧盟法律才不会再直接适用,但先前欧盟法造成的制定法井喷的压力依然存在。为此彼特森甚至提出这样的问题:普通法还有未来吗?① 但无论如何,普通法在今天仍然保持了强大的活力,在与欧陆法的"竞争"中并没有显示出任何衰败的迹象。与此同时,也有很多学者在为它辩护、颂扬它的优点,如哈耶克、鲁宾②等。

第三节 普通法的形式与载体

众所周知,制定法的规则蕴藏于制定法或法典本身之中。那么,普通法的规则呢? 这实际上是一个普通法规则的体现形式问题,其含义在一定意义上可理解为我们可以,或应该从什么地方去寻找乃至能够找到普通法规则。这和下文谈到的普通法规则的实质来源不同,后者意指普通法规则的实体性内容是来自习惯还是议会的立法等。

从普通法发展的整个历史来看,其体现形式大致有过以下几种,即法官的头脑、法院卷宗、案例报告和先贤的法学论著等。其中后三种也曾为布莱克斯通所提到过。③

总体而言,普通法最经常的体现形式是判例,即普通法规则一般都蕴藏于**先前的判决**中。这也是为什么在普通法诉讼中法官和律师经常诉诸先例的原因所在。但先前的判决也有不同的表现形式,比如可能登记在法院的卷宗(plea rolls)中,也可能经报告后体现在案例(判例)报告或法律报告(law reports)中。④ 在大规模或正式的案例报告出现之前,**法院卷宗**显然是普通法最为重要的藏身之地。事实上,从 1234 年开始,皇家民事法院(Common Pleas)和王座法院(King's Bench)就开始拥有各自连续的法院卷宗(plea rolls *de banco* and *coram rege*)⑤,这为普通法的发展提供了"文本"上的基础。但法院卷宗的缺点在于不便查找,特别是不便于律师和当事人查找,有人甚至

---

① 关于此,后文在讨论普通法和制定法之间的关系时还有详述。
② F. Hayek, "The Use of Knowledge in Society", 35 *American Economic Review*, 1945, pp. 519—530; F. Hayek, *Law, Legislation and Liberty*, vols. 1—3, 1973—1979; P. H. Rubin, "Common Law and Statute Law", 11 *Journal of Legal Studies*, 1982; P. H. Rubin, "Growing a Legal System in the Post-Communist Economies", 27 *Cornell International Law Journal*, 1994, pp. 1—47.
③ Sir W. Blackstone, 64 *Commentaries* I.
④ 需要指出的是,法院的判决书和案例报告并不完全相同,后者是从第三人(或局外人)的角度对这个案件、事件作出的报告,尽管其涉及的内容大部分都与我们所熟悉的判决书相同。
⑤ Sir J. H. Baker, *An Introduction to English Legal History*, Oxford: Oxford University Press, 2007, p. 23.

认为早期的卷宗对律师和当事人来说是很难接触到的,如果不是不开放的话。① 而且,即使可以接触到,又如贝克(J. H. Baker)所言,此时的法院卷宗并非总像它们所看起来那样理想,极少包括后来判例报告所包含的、同时也是法律报告核心内容的对法律问题的分析,而主要是对事务性信息的记载,如当事人的姓名等。因此我们无从知道其中究竟争辩了些什么,或者确定究竟是否存在争辩。② 这对于急于从中获取法律规则的律师和当事人来说,缺乏针对性。因此,在作为最早之案例报告的年鉴(*Year Books*)出现之后,法院卷宗作为普通法主要载体的地位就大大下降了,人们开始更多地通过年鉴来了解、学习和引用普通法。

在讨论案例报告之前需要提及的一点是,在正式或连续的法院卷宗出现之前,如果已存在任何普通法规则的话,它们又是以何种形式存在的呢?毫无疑问,这个问题的提出本身就值得怀疑。因为上述两个王室法院开始拥有连续之卷宗的时间较早(1234年),而财税法院则可能更早——财政署的卷筒卷宗(*Pipe Rolls*)开始于1130年③,而早至1234年之时很难说已经有多少"普通法"规则存在了。英国法律史学界一个比较公认的说法是,英国法律史的开端是理查一世登基的1189年9月3日④,到爱德华一世登基的1272年普通法才算基本形成。由此我们可以机械地问(尽管这不是一个很好的问题),在普通法形成之前,哪来的普通法规则?再者,普通法不同于大陆法的法典——如1900年1月1日起施行的《德国民法典》,人们无法为其产生提供一个明确的时间,它是在长期的司法和社会实践中慢慢形成和被接受的,武断地为其指定一个日期显然是不明智的实际上也不可能。因此,探讨在连续的法院卷宗出现之前普通法是否存在,本身很可能就是一个伪问题。退一步说,即使此时的确已经存在了这样的"普通法"规则,它们也只能是存在于**法官的头脑**之中,并通过**口耳相传**的方式予以传播和延续。如贝克就认为,此时如果有任何法律规则的话,那也不是通过判决来确立的,而是一些当时为法律职业阶层所接受的**共同知识**(common learning),

---

① 普拉克内特在谈到布拉克顿对当时使用法院卷宗的描述,部分印证了我们此处的结论。布拉克顿说当时许多法官无知而愚蠢,断案靠的是拍脑袋,而不是依据确定的规则。而他的目的就是要力图向后来的法官揭示过去的规则,方法则是使用过去法院卷宗中的案例。当时只有他自己这样做,还没有其他人,包括其他法官和律师,进行这样的尝试。普拉克内特认为这是布拉克顿在方法上的创新,并指出当时在没有索引和标题的情况下,卷宗的阅读是需要从头读到尾。参见 T. F. T. Plucknett, *A Concise History of the Common Law*, New York: the Lawyers Co-operative Publishing Company, 1929, p.303.
② Sir J. H. Baker, *An Introduction to English Legal History*, Oxford: Oxford University Press, 2007, p.197.
③ Ibid., p.21. 尽管其记载的内容未必与财税法院的司法事务有关。
④ 这标示着理查之父亨利二世对普通法之产生所起到的奠基性作用。

而法官自己就是这些共同知识的主要存储者。① 所以,普通法第一个阶段的载体是法官自己的头脑而非法院卷宗,而传播方式则主要是口耳相传。

现在我们再来看案例报告产生后普通法存在的形式。首先需要明白的是,直至今天,案例报告都是普通法规则最为重要和最为权威的形式和载体。但案例报告从13世纪末产生以来,也发展出了不同的形式。我们大致可将其归纳为**年鉴**(*Year Books*)、**私人法律报告**(private law reports,著名者如柯克的法律报告)和**有组织进行的法律报告**(official law reports,如今天的《全英法律报告》[*All England Reports*])三个阶段。② 案件及其判决经过报告之后,人们便可以方便地通过阅读这些判例来了解、归纳其中所适用的法律规则,并将其运用于将来类似的案件中。需要指出的是,判决书和判例报告(法律报告)是不同的,这一点后文还有详细论述。

最后,先贤们的**法学论著**也是普通法规则存在的重要形式和场所——这一点已为布莱克斯通所提到③。普通法从一开始,就是缺乏体系性的,然而也是从其一开始普通法法律家们就致力于对其进行体系化。早在12世纪末,当时的摄政官(Justiciar)拉努尔夫·格兰维尔就写出了《论英格兰的法律与习惯》(*Tractatus de Legibus et Consuetudinibus Regni Angliae*, *Treatise on the Laws and Customs of the Kingdom of England*)④,该书被认为是对普通法进行体系化的第一次尝试。研究显示,其内容主要是对当时所使用的各种令状进行了列举和说明,告诉人们如何使用这些令状。半个多世纪之后,王室法官亨利·布拉克顿用同名著作对普通法进行了第二次系统化的总结。与前书相比,布拉克顿著作最大的特点是采用了欧陆罗马法学家阿佐之著述的体系,即整部书也像罗马法那样分为了人、物、诉三部分,但这三者篇幅7∶91∶356的比例则凸显了诉讼在普通法中的特殊地位。15世纪的托马斯·利特尔顿被认为是对普通法进行系统化的又一位重要法律家,尽管其著述主要是关于封建土地保有的。接下来是16世纪末17世纪初的爱德华·柯克,他的《英格兰法律总论》和《法律报告》也是了解英格兰普通法的重要文献。当然,对英格兰法律进行体系化的集大成者是18世纪后半期的威廉·布莱克斯通爵士,他的《英格兰法释评》被认为是对传统英格兰法律最为全面的系统化。这五部著作被视为英格兰法历史上关于英格兰法的经典著作,它们不仅为学习英格兰法的人所诵读和引用,而且也曾,或仍在为普通法法官们在司法过程中所引用。

---

① Sir J. H. Baker, *An Introduction to English Legal History*, Oxford: Oxford University Press, 2007, p.198.
② 参见后文判例法部分的相关论述。
③ Sir W. Blackstone, 64 *Commentaries* I.
④ 尽管关于该书的作者至今仍存在争论,习惯上学界还是将其简称为"*Glanville*"。

成文的形式对任何形式之法律的体系化都具有吸引力,普通法也不例外。最典型者如在今天的美国,人们开始通过"法律重述"(restatement)的形式对过去判例和其他渊源中的普通法规则进行成文化的尝试。无独有偶,英国在19世纪的改革大潮中对某些领域普通法规则也曾有过类似的重述活动。如贝克在其著述中提到,里克(S. M. Leake)曾于1868年提出过一个编著有关财产法和合同法规则精要的草案和计划。① 因此,这种"法律重述"也是普通法在今天的重要体现形式。

综上,从法官的头脑到法院卷宗,再到各种形式的法律报告,再加上法律先贤们的论著、今日的法律重述,构成了普通法存在的不同形式和其规则的蕴藏之地。它揭示了普通法从过去到今天存在形式的多样性——当然其中最为重要的还是法律报告;也显示了它与以单一的法典或制定法为体现形式的欧陆法之间的重大差别。

第四节　普通法的实质内容

关于普通法的实质内容,很多时候都是一个谜。可以这样说,即使你就此询问本土的普通法法律家,通常也很难得到满意的答复。你所能得到的最多只是一些普通法的具体规则或格言,但绝对无法穷尽。个中原因,部分在于普通法是在不断变化和发展的:有些规则在生长,有的则已经死亡;有的正值壮年,有的则刚显端倪,而有的则已进入了垂垂暮年……在这样一个流变的、动态的过程中,的确很难说清普通法究竟包括哪些内容。另一个重要原因则在其体现形式:由于没有体现为法典或制定法,而是蕴藏于判例中,所以普通法的规则都不是现成的,而是需要现场或临时归纳和总结,而归纳、总结的结果又会随归纳、总结者的不同而可能不同。于是在谈及普通法的规则究竟是什么的时候,我们很难像描述大陆法那样拿着一本法典对人说:看,我们的规则就是这些!

但这并不意味着我们就无法了解普通法的实质内容,更不意味着了解是无意义的。相反,了解普通法的实质内容会更有助于我们理解普通法的本质,从而更好地借鉴。对比各种论述后,本书认为,就普通法的实质内容而言,可以从实体和程序两个方面加以讨论。但对这两个方面的论述还要从其产生之初的情况说起。

普拉克内特认为,从最终极的起源上来说,普通法源于王室法院的习惯,即王室法官们在司法过程中发展出来的常规性规则,依此民众可以对法院将来的判决进行预测。② 这种说法没有问题,但却容易带给人一种误解,即普通法是普通法法院产生

---

① Sir J. H. Baker, *An Introduction to English Legal History*, Oxford: Oxford University Press, 2007, p. 219.

② T. F. T. Plucknett, *A Concise History of the Common Law*, New York: the Lawyers Co-operative Publishing Company, 1929, p. 302.

之后的东西,它跟此前的规则没有关系。这显然是错误的,因为为我们所熟知的还有另外一种说法,即普通法是那些超出人们记忆的习惯。福蒂斯丘①、柯克②等人都曾宣称,普通法自特洛伊王子登临不列颠之时就产生了;甚至还有人宣称或相信,普通法自创世纪以来就存在③。普通法中肯定有一部分内容是王室法官对过去习惯的认可、接受和继承,而导致前一种误解的关键则是因为没有区分普通法的实体性规则和程序性规则。大略言之,在普通法产生之初,其程序性规则几乎是全新的,而实体性规则则是对过去习惯的延续。

很多研究都已表明,普通法的产生在很大程度上只是安茹国王亨利二世加强中央集权努力的一个副产品。为了重建昔日统一的中央集权,为了制止从内战时延续下来的对土地的侵占,亨利二世比此前任何一位诺曼国王都更注重司法的作用,他创设了一些新的制度(如诉讼形式),或是创造性地运用了先前的某些制度(如令状、陪审等),从而使王室法院成为一个为民众提供司法救济的场所。而他之所以这么做,不是为了给民众确立行为的规范,而是为受到不法行为之侵害的受害者提供司法救济。为此,亨利二世做了两方面的事:一是尊重并延续既有的习惯,二是建立和完善王室的司法制度。前者就构成了当时普通法的实体性内容,而后者则是普通法的程序性规则。

一、早期普通法中的程序性规则

首先来看程序性规则。早期普通法的程序性规则是王室法官在为民众提供司法救济过程中逐步确立的,这主要体现在各种令状和诉讼格式上,比如早期的四种土地占有诉讼令(petty assizes)、关于土地权利(近乎罗马法中的所有权)的大陪审诉讼令(grand assize)、指令令状(praecipe)、进占令(writ of entry),和后来逐步发展起来的关于债务、其他盖印契约、侵权、类案诉讼(action on the case)等方面的诉讼格式或令状。此外还有一些逐步确立起来的诉讼规则或原则,如无国王令状,则被告无须出席在领主法院开始的针对其自由保有地的诉讼(nemo tenetur respondere);在领主法院进行的

---

① 参见〔英〕约翰·福蒂斯丘:《论英格兰的法律与政制》,〔英〕谢利·洛克伍德编,袁瑜琤译,北京大学出版社2008年版,第58页。

② 参见 D. E. C. Yale, "Hobbes and Hale on Law, Legislation and the Sovereign", 31 *Cambridge Law Journal*, 1972, p. 127, n. 33.

③ *Wallyng v. Meger* (1470) 47 SS 38, per Catesby sjt. 转引自 Sir J. H. Baker, *An Introduction to English Legal History*, Oxford: Oxford University Press, 2007, p. 1.

权利诉讼中,被告有权在陪审和决斗之间进行选择。① 还有更晚一些逐步形成的规则,如事实问题由陪审团而不是法官进行裁断,被告不能被强制甚至是不被允许举证,等等。

但需要注意的是,这些程序性规则(它们属于普通法的内容)的确立方式是多种多样的。有很多都是通过非正式的方式实现的,如梅特兰所言:"(此时)许多决定我们后来法律之命运的措施,都不是通过华丽体面的立法实现的,而是采取了非正式的方式。(国王)留给其法官的几个字或是几句话就可能建立一种诉讼程序。"② 如上一段提到的无须应诉的原则、被告可以在陪审和决斗之间进行选择的原则等,今天已经无法找到其制定法的根源;甚至是陪审这种普通法的标志性制度的确立,及其从宣誓调查转化为对事实进行裁断,也都很难说是通过正式的立法引入的,而更多只是当时的权宜之计。③ 实际上,对普通法而言最为重要的皇家民事法院的产生也与此类似。④ 尽管当时的立法文献并未流传下来,但后世有文献曾提到过当时的立法,其中并未提及上述原则和制度。如此看来,当时普通法的很多程序性规则实际上是通过非正式的方式确立的。

但也有一些程序性规则可以追溯到当时的某些立法。如作为当时(甚至包括后来)最为重要之地产占有诉讼令的新近侵占之诉(assize of novel disseisin),据说就是来源于1166年的《克拉伦敦法》(Assize of Clarendon)⑤;而收回继承地诉之诉(assize of mort d'ancestor)则来源于1176年的《北安普顿法》(Assize of Northampton)⑥。不过需要注意的是,正如密尔松所分析的那样,这两则立法的原意可能并不在于创设这两则诉讼令或诉讼格式——前者是为了将检举犯罪的义务加于地方上的民众,而后者则主

---

① 关于令状对普通法发展的影响,参见李红海:《司法地解读普通法》,载〔比利时〕范·卡内冈:《英国普通法的诞生》,李红海译,"自序",中国政法大学出版社2003年版;李红海:《普通法的历史解读》,清华大学出版社2003年版,第137—142页。

② Sir F. Pollock & F. W. Maitland, *The History of English Law Before the Time of Edward I*, vol. 1, Cambridge: Cambridge University Press, 1968, p.136.

③ 普拉克内特认为,陪审团从就其所知提供信息向就事实问题作出裁断是在1215年神明裁判被禁止后开始的。当时法官就事实的裁断问题陷入了迷惘——因为传统上法官是不负责裁断事实的,而是交由神明裁判、宣誓或决斗。1219年发给总巡回审法官的一则令状给出了一个临时指示,要求他们可以向其他百户区的陪审团就被告人所受指控征询意见。这可能催生了近代意义上的陪审团。参见 T. F. T. Plucknett, *A Concise History of the Common Law*, New York: The Lawyers Co-opertative Publishing Company, 1929, p.106;李红海:《普通法的历史解读》,清华大学出版社2003年版,第129—137页。

④ 该法院的建立起初只是亨利二世国王的一种临时做法而已,其在1234年之前的不稳定表明了这一点。参见 Sir J. H. Baker, *An Introduction to English Legal History*, Oxford: Oxford University Press, 2007, pp.17—20.

⑤ 参见 S. F. C. Milsom, *Historical Foundations of the Common Law*, London: Butterworths, 1981, p.138.

⑥ Ibid., p.135.

要针对的是领主对其权力的滥用。但它们都被扩展使用了,其中前者是由刑事跨入民事领域,后者则是旁及领主封臣关系之外的其他人。

无须赘列过多的例子,上述关于早期普通法中程序性规则的来源表明,普通法的产生,部分与国王及其臣下、法官的意志和行事有关——哪怕是临时起意;部分则是当时立法的结果,或至少是可以在立法中找到根源和依据。因此,那种认为普通法的发展和立法、制定法没有任何关联的说法和观念是完全错误的。这一点后文还会有详细论述。

二、早期普通法中的实体性规则

实体性规则是那些直接影响到当事人权利和义务分配的规则。对于这一点,诚如梅特兰所言:"我们甚至可以怀疑他(指亨利二世——笔者注)是否公布过任何可被称为实体法规则之类的新东西。"①那么我们就会问,既然没有制定新的实体性法律,法官又不对事实进行裁断,那么其判案的实体性依据是什么?

是习惯。梅特兰说,亨利二世忙着做的不是颁布法典、制定新的实体性规范,而是设计落实、执行法律的新工具、新方法。②这话好像意味着法律已经是存在了的,而亨利二世和他的臣下、法官们所苦心孤诣追求的无非是将这些既有的法律付诸实施而已,令状、陪审、法院制度等程序性内容的完善,都是为了这个目的。那么这些既存的法律又是什么?

如果考察此前英格兰的法律,会发现,它就是从盎格鲁—撒克逊时期流传下来的习惯。布莱克斯通在其《英格兰法释评》中曾追溯过这些法律的来源。③布氏认为,总体而言,英格兰法的发展不是一个一种法律正式取代另外一种法律的过程,而是一个不同法律(如罗马人、皮克特人、撒克逊人、丹麦人和诺曼人等的法律)被引入,然后与其他先前法律进行融合的过程。阿尔弗雷德大王(871—899年在位)对当时的习惯法进行了汇编(据说传至爱德华四世时遗失),这被认为是奠定了后世英格兰习惯法或普通法的基础,因为其中已经包含了后来普通法许多的格言、对轻罪的惩罚和司法程序方面的内容。后来又有丹麦人的入侵,最终导致11世纪初英格兰主要有三种法律在流行:一是中北部的迈西亚法,二是西部和南部的西撒克逊法(多为上述阿尔弗雷德大王之法),三是中东部沿海地区的丹麦法。忏悔者爱德华国王(1042—1066年在位)又在阿尔弗雷德大王的基础之上对王国的法律进行了重新整理和统一,这一

---

① Sir F. Pollock & F. W. Maitland, *The History of English Law Before the Time of Edward I*, vol.1, Cambridge: Cambridge University Press, 1968, p.136.
② Ibid.
③ 本部分以下内容请参见 Sir W. Blackstone, 64—69 *Commentaries* I.

法律在布莱克斯通的眼中就是后世普通法的基础。而这些法律就是诺曼人到来后本土英国人所力争维持的、也是后世历代国王为内忧外患所迫时所经常承诺维持和恢复的、体现英国人权利和自由的法律。它们经受住了罗马法的反复冲击,并在后者致使大陆诸国失去政治自由时,提升而不是贬抑了英格兰的自由宪制。这就是英格兰古老而弥足珍贵的习惯,正是它们,构成了后来英格兰普通法的实质性内容。

布莱克斯通将这种普遍适用于英格兰王国、并形成后来英格兰普通法的习惯,区别于只适用于特定地域的特别习惯和诸如罗马法、教会法、商人法等特别法。而就其内容而言,这种构成后世普通法实体性规范基础的普遍性习惯指导着王室法院的司法程序,其主要涉及:土地的继承问题,获得和转让财产的途径和方式,合同生效所必需的形式和合同义务,遗嘱、法律文书和议会制定法的解释规则,针对民事侵害行为所提供的相关救济,世俗性犯罪的种类及对其进行惩罚的方式和限度。此外还有无数的细节,使之广泛扩及为实现正义所需要的每一个角落。依此,英格兰将存在四个高级的存卷法院,即衡平法院、皇家民事法院、王座法院和财税法院,长子是土地继承中唯一合法的继承人,财产的获得和转移需要采用书面方式,契据非经盖印和交付不具有法律效力,对契据的解释要比遗嘱更为严格,依借款契约所借款项可通过债务之诉得以返还,对公共秩序的破坏构成犯罪并可以处以罚金和监禁,等等。

这就是早期普通法中实体性规范的大致情况。可以看出,其来源主要是王国过去的习惯,而不是任何立法。但这并不意味着从实体性规范的角度而言,立法就对普通法没有任何影响。事实上,早期的普通法无论是从程序方面还是在实体方面都受到了立法的强烈影响。这主要通过两种方式来实现:一是通过立法直接变更过去的法律,从而使普通法发生变化。这方面最典型和集中的例子是爱德华一世时的那些立法,如他的《封地买卖法》(*Quia Emptores*,1289)就用同级转让(substitution)取代了次级分封(subinfeudation)。二是通过立法创设新的诉讼格式,而这些诉讼格式又会影响到实体的权利和义务。这方面最典型的例子是源于1166年《克拉伦敦法》的新近侵占之诉,后来实际上创设了对于土地的占有权,从而使对于土地的占有从事实转变为一种权利。① 有关普通法和制定法之间关系的话题将会在后文集中探讨。

到了后来,普通法又从罗马法、教会法、商人法、制定法等渊源中不断汲取实体规则方面的营养,并借此吐故纳新,与时俱进。如后文所述,这都得益于它采用了判例的形式。由此可以看出,就实体性内容而言,普通法其实有着多种规则来源,如盎格鲁—撒克逊的习惯、王国的立法等,同时我们也不能否认普通法法官在此过程中的作

---

① 参见李红海:《所有权抑或地产权?——早期普通法中的地产权观念》,载易继明主编:《私法》第1辑第1卷,北京大学出版社2001年版,第112—143页。

用。那么这几方面之间是什么关系？大略而言,我们可以将普通法法官视为"巧妇",而将习惯、制定法等规范视为"米",而普通法就是这最后的"炊"。不同的"米"对普通法的贡献是不一样的。盎格鲁—撒克逊习惯法实际上为普通法提供了最为基础性的规则和内容,如有关英国人的基本权利和自由。这也是为什么普通法被称为"至今唯一传播于世界的日耳曼法"的原因所在。14世纪之前的很多制定法,也包括后来一些重要的、里程碑式的制定法,如1352年的《叛逆法》、1535年的《用益权法》等,所贡献于普通法的也是一些**基础性、根本性**的制度,如禁止次级分封、何为叛逆,等等。而这之后的制定法,尤其是一般的制定法,则更多的只是普通法规则形成的资料来源之一。从普通法发展的历史来看,罗马法、教会法、商人法等也都曾为它作出过贡献……

实体性规则来源的多样性表明,普通法是一个开放的体系,它可以将各种不同的规则吸纳进来为我所用。同时也必须注意,普通法是以盎格鲁—撒克逊习惯为基础的法律体系,这至少部分使它在气质上区别于以罗马法为基础的欧陆法和其他法律体系。如下文所即将分析到的那样,笔者虽然强调普通法作为一种法律方法的特性,但盎格鲁—撒克逊习惯作为其实体内容的基础,还是为其型塑了独一无二的精神气质。

第五节 习惯、理性、历史:经典普通法理论眼中的普通法

以上是关于普通法的一些基本知识,而要真正理解普通法,最好是借助于有关普通法的经典理论,因为普通法经典理论家们的论述总会比其他人的看法更切中肯綮。幸运的是,在普通法的法学史上还的确存在这样一套有关普通法的经典理论,这就是十六七世纪在普通法与专制王权的对抗中,由以柯克、黑尔为代表的普通法法律家们发展出来的一套论证普通法合理性、正当性且关涉普通法自身性质的学说和理论,后人将其总结为经典普通法理论(Classical Common Law Theory)。它涉及普通法的性质、地位,普通法与制定法、历史、理性的关系等一系列主题。[①]

经典普通法理论的内容可以简单归纳为三个核心词语:习惯、理性和历史。其含义是,普通法是由超出人们记忆之外的习惯经过长久的历史积淀发展而来,它能够得以延续和留存本身就说明它是合理的。它是整个王国历代智识的体现,是全体民众集体智慧和经验的结晶,再加上普通法法律家们的整合和加工,使得普通法本身就成

---

① G. J. Postema, *Bentham and the Common Law Tradition*, Oxford: Clarendon Press, 1986, pp. 3—4.

为了理性。

可以看出,无论是将普通法归于习惯还是理性,都是为了说明普通法的正当性、合理性和权威性,尤其是它相对于王权和议会主权及作为其产品之制定法的正当性和权威性。为了(以此)论证这一正当性和权威性,经典普通法理论采取了历史主义的路径,即无论是从习惯的角度还是理性的角度,它们都离不开历史。时间和历史赋予了习惯在社会生活中的实际效力,也正是时间和历史最终将纷繁复杂的习惯中的合理因素积淀下来,使得普通法规则成为了一种合理的规则。因此,历史是经典普通法理论的核心词语,也是普通法的生命所在。没有历史,就不会有普通法;离开了历史,普通法也就失去了存在的基础。尽管时势变迁,普通法在与制定法的角力中已不占优势,但理解普通法及其在今天的发展模式和机制,仍需以其历史性为基础。这正是我们今天反复强调普通法历史性的意义所在。接下来,本书将围绕这三个主题词来展开论述。

一、普通法与习惯

在经典普通法理论看来,普通法来源于社会生活,是民众生活习惯、规则的长期积淀,它反映的不是某个人或某些人的意志,而是整个英格兰社会长久的生活规律,是对英格兰社会现实的长期历史记录。布莱克斯通就曾指出,所有英格兰的法律都是普通法,或都基于普通法,而普通法则是一种共同的、古老的习惯,一种"古老的、不成文的习惯和格言的汇集"。它记录于民众的头脑中。它是一种态度、实践、观念和思维模式的集合,"通过传统、运用和经验得以传承"(1 *Comm.* 17)。因此,普斯特玛(G. J. Postema)认为,要证明一条规则是普通法规则的唯一办法,就是要证明它经常出现在常规的法律论辩中。[①] 布莱克斯通也指出:"证明它是普通法规则的唯一办法就是证明它一直被作为习惯而得到了遵守。"(1 *Comm.* 68)只要被作为判决依据而使用,那么这些规则就是存在的,其权威和效力亦蕴藏其中。

由此可以看出,普通法规则的效力是和历史联系在一起的。某一习惯或规则之所以能够成为法律规则或具备法律效力,是因为它"被沿用已久,或自人们有记忆以来就没有采取相反的做法"(1 *Comm.* 67),因而被人们认为是好的习惯或规则,并一直沿用下来,为民众所普遍使用和接受,进而为司法所引用和接受,最终具有了法律的效力。黑尔认为:"(普通法规则)通过长期和久远的惯例,通过习惯和被王国接受之事实获得拘束力。其实质当然是书面的,但其形式、强制力则通过长期的习惯和使

[①] G. J. Postema, *Bentham and the Common Law Tradition*, Oxford: Clarendon Press, 1986, p.4.

用而得以成长。"①

如梅因在《古代法》中所分析的那样,从形式上来看,习惯成为习惯法或开始具备法律效力、成为法律规则的基本前提,是为司法判决所引用。②但普通法的效力却不仅仅源于司法实践,甚至不主要在于为司法所引用,而更在于长期以来公众对这种实践的认可和参与③,其基础最终在于为大众所普遍使用和接受。这种"**长期的使用**"和"**接受**",被经典普通法理论家们在讨论普通法之效力依据时赋予了非同寻常的意义。

人生于这个社会,既有自己的独立空间,又无往不在和他人共同构成的社会之网中,于是便有了习惯和规则。有些习惯只属于自己,谓之个人习惯。个人习惯如果不涉及他人,便很难成为社会规则,如个人的生活习惯。但人和人在交往过程中也会产生经常性的交往规则,或曰"社会习惯",如一个圈子里、一个共同体行事的习惯、惯例。个人习惯有好也有坏,有人沉溺于某种恶习终身无法自拔,有人则能幡然悔悟,弃恶习而走上正道。社会习惯则稍有不同。这倒不是说不存在"社会恶习","恶习"与"良俗"涉及价值判断问题,贸然说西方的习惯优于东方,城市的习惯优于农村,无疑是武断和幼稚的。社会习惯因涉及至少两方,当一方觉得这个习惯或交往规则有问题时,他可以选择退出交往,从而使该习惯失去意义,这一点是社会习惯和个人习惯不同的地方。

因此,经过长期反复的博弈,大浪淘沙,积淀流传下来的社会习惯往往都是能够被民众所接受的,因此也可以说是好的、合理的习惯,或曰良俗。如果这些良俗被作为公共权威机构的立法或司法机关通过正式的途径加以确认,那么它们就成了具有正式法律效力的法律规则。毫无疑问,习惯"晋升"为法律规则主要是一个形式或程序上的问题,但这并不意味着形式或程序就足以构成规则的效力渊源——"法律具文"一词就生动地揭示了纸面上的法律并非实际生活中的法律之事实。法律史上也不乏"恶法"之法:虽名为法律,却遭万人唾骂。

因此,规则要真正成为规则,要从纸面到现实都变得鲜活起来,就必须挖掘规则本身的合理性。而这种合理性则应来自规则本身,来自于人们在长期实践中对它的适用、检验,进而接受。换言之,一个规则的好坏,很大程度上在其是否经过了民众长期实践的检验并得以留存下来。经过长期的实践和砥砺,规则的棱角被磨平,它所顾及的因素越来越多,所汇集的民众智慧也越来越多,其合理性也愈强,权威和效力也

---

① Sir M. Hale, *A History of the Common Law*, London: Printed For Henry Butterworth, Law-Bookseller, 1713, p.17.
② 参见[英]梅因:《古代法》,沈景一译,商务印书馆1959年版,第5—7页。
③ G. J. Postema, *Bentham and the Common Law Tradition*, Oxford: Clarendon Press, 1986, p.5.

就随之愈大。

所以,规则的效力是与其历史恰适性(historical appropriateness)联系在一起的。时间、历史和实践赋予并不断地修正了其合理性,而这种合理性又赋予其作为规则的权威和效力。不仅如此,当它"晋升"为法律规则后,它还需要为持续的司法实践所表明和强化,从而不断地证明自己的存在、权威和效力。这就是规则,一条真正有效的规则。当没有纠纷发生时,它为民众所无意识地遵守着,以一种默默的、消极的方式起作用①;当纠纷发生时,它又作为裁断的依据而出现,积极地体现着自己的权威和效力。

经典普通法理论就是这样评价和认识普通法的!所以布莱克斯通才会说,"某一习惯之良善在于其被沿用已久,或自人们有记忆以来就不是采取了相反的做法。正是这一点赋予了其力量和权威。"(1 Comm. 67)历史恰适性对规则之权威是必要的,因为法律存在于实践中,且只有通过实践才能被了解。只有被吸收进社会、民众之实践时,一条规则才变成了法律,一个判决才能标示法律的发展。只有时间,只有长时间的实践与运用,才能使规则生效。② 由此,普通法的习惯性、历史恰适性、合理性、权威和效力联系在了一起,从而构成了一套迥然区别于实证主义法学的理论。③

二、普通法与理性

(一)"普通法本身就是理性"

经典普通法理论的另外一个主要观点,是关于普通法与理性之间的关系问题。柯克认为:"理性是法律的生命,而普通法不是别的,它本身就是理性。"④如何理解柯克的这一说法?辛普森(A. W. B. Simpson)在解释普通法与理性之间的关系时这样说:"在普通法中,说对某一具体问题的特定解决方案与法律相符,和说它是理性的、公正的,或说它是一个恰当的解决方案,没有明显的区别。"⑤这说明,如果将普通法视

---

① 梅特兰说:"最有效的规则往往是那些我们听说最少的规则,它们是如此的有效以致不会被打破"。F. W. Maitland, *Constitutional History of England*, Cambridge: Cambridge University Press, 1946, p.482.
② G. J. Postema, *Bentham and the Common Law Tradition*, Oxford: Clarendon Press, 1986, p.5.
③ 在实证主义法学看来,规则的效力来源主要在于形式,即为法定机关通过法定程序所制定。另一方面,它也集中体现了规则的意志性。但毫无疑问,这两点都无法从实质上保证所制定之规则的内在合理性。换言之,检验一条规则是否合理并不主要在它制定的程序或是究竟谁的意志,而是要看它是否真的体现了社会规律并为社会所接受。当然这种说法并不意味着所有的规则都是规律性而非意志性的——比如今天经济领域里政府很多的调控规则都是意志性的,笔者只是在此指出这两种法律思想之间的不同。
④ Sir E. Coke, I *Institutes*, sect. 21. (注:表示柯克的《英格兰法总论》第1部分第21节。下同。)也参见 Sir W. Blackstone, 1 *Comm.* 77.
⑤ A. W. B. Simpson, "The Common Law and Legal Theory", in A. W. B. Simpson (ed.), *Oxford Essays in Jurisprudence* (Second), Oxford: Clarendon Press, 1973, p.79.

为一套对社会问题的解决方案,那么这套方案是合理和公正的。或者说,作为英格兰社会的基本规范,普通法由于积淀了历史和社会的精华且为历代法律家们所不断整合、修正、优化,因而是合理的、公正的。由此也可以看出,理性在这里就是合理性之义。显然,这里的"合理"是从实质或从结果意义上而言的。换言之,说普通法是理性,就等于说普通法是良法。

但良法之"良"又源于不同的原因。在实证主义法学看来,法之良在它经过了正当的程序、由权威机关制定和颁行,体现了主权者(一个人、一个团体或全体民众)的意志。自然法学则认为法之良在于法符合了某一超验的、形而上的或抽象的原则、精神、理念。那么经典普通法理论又是如何看待这一问题?普斯特玛进一步指出,辛普森的上述说法并不意味着普通法规则是因**与某些独立的正义标准或理性相符**——这可以为它赢得认可——才为民众所接受的,普通法本身即被视为了某些为民众所分享之价值信条的体现或对这些信条的表述,是有关理性和善好的观念。在他看来,普通法原则不是由理性赋予的效力,而是一个理性推理过程的产物。该过程经由普通法法律家们的专业智识和技艺的形塑,对一个民族的社会习惯进行提炼整合,最终形成了一套内在统一的规则。①

因此,经典普通法理论认为,如柯克和普斯特玛所认为的那样,普通法不是因符合某种外在的标准而变得理性或符合理性,而是它本身就是理性,是对理性、公正、合理性、善好观念的表述和体现。退一步说,即使它不是理性本身,那也是对理性的表述。在这个意义上,经典普通法理论不仅和实证主义法学明显不同,而且也与自然法学有很大差异。较之前者,经典普通法理论根本不承认普通法是某个人或某些人意志的产物;较之后者,它又消弭了自然法学在自然法和实在法之间所划下的鸿沟——经典普通法理论其实并不是消除了自然法学所谓的自然法和实在法之间的差别,而毋宁是将这一差别转化为了普通法和制定法之间的差别。经典普通法理论认为普通法本身即是理性、自然法(如果我们可以将这二者视为一体的话),或如普斯特玛所言,普通法是自我证成的(self-justifying)——这也是它和前期普通法理论(如圣日耳曼和福蒂斯丘的观点)的不同之处。

(二)作为历代智识与集体智慧的普通法

那么普通法又是如何获得这种超乎寻常的地位和品质的呢?我们可以从两个方面予以解释。一方面仍与历史有关,因为经典普通法理论将普通法视为英国民众历代智识的结晶,而且也是集体智慧的结晶;另一方面,这些来自民间的智慧后来又为普通法法律家们所加工和整合,去粗取精、去伪存真,最终使普通法形成了一种来自

---

① G. J. Postema, *Bentham and the Common Law Tradition*, Oxford: Clarendon Press, 1986, p.7.

于民间却又高于民间的法律智慧。考虑到与本书主题的关系,此处只重点讨论第一方面。

经典普通法理论认为,法律的权威最终在于其公正和合理性,但何以见证、表明或显示这种公正和合理性?只有时间、历史。即某一规则只有长久连续地存在并被使用,才能证明它是公正和合理的。① 这仿佛又回到我们前面所谈到过的关于规则的效力之源的问题,但持久的存在和被使用的确可以赋予一个东西以合理性。所以黑尔才会说,就这个王国的治理而言,我更愿意使用已顺畅统治之达四五百年之久的那些规则,而不会去冒险试用我自己的某些理论——尽管我对自己这些理论的合理性较之前述规则更为熟悉。② 普斯特玛在谈到这一问题时说,我们必须屈从于那些在历史长河中建立起来的规则所带给我们的更大的智慧:这倒不是说就个人而言我们的祖先比我们要更聪明、更有智慧,而是说没有哪一个或哪一代人能够比得上这个民族历经无数代所汇集起来并贮存于法律中的经验和智慧。法律就是一本有关社会经验的厚重的教科书,它记录了这个社会就秩序安排所进行的持续不断之尝试所产生的成果。③ 柯克也说,我们的法律历经数代,经过长期和持续的试用,不断得以优化和再优化,它集中了那些最杰出人士的智慧。

因此,普通法被视为是英格兰民族历代社会经验和智慧的结晶,它就像一个池塘或仓库,里面汇集着历史的经验和智慧。它不是哪一个人、哪一代人、哪一个团体的智识成果,而是全体民众在整个民族的历史发展过程中所积累和创造的。因此,任何个人或团体都没有资格就其合理性进行评判,普通法理性已经超出了任何个人或哪一代人的视野范围。④ 就此我们可以理解,为什么在普通法眼中制定法不应该成其为法律,或至少不应高于普通法,因为它只是一部分人的智慧而已,而普通法则是这个民族全部历史的经验和智慧。柯克认为:"没有人仅凭其个人的自然理性就会比法律更智慧,因为法律(指普通法——作者注)是理性之极致(perfection of reason)。"⑤

如果说将普通法视为英格兰民族历代智慧之结晶是从时间角度而言,那么从主体的角度而言,普通法则是集体智慧(collective wisdom)的结晶。所谓集体智慧,指的是普通法并不是某一个人或某一代人、某一些人的创造,而是全体英格兰民众集体智慧的结晶。在这里,集体、群体、共同体(community)成为了理解这一概念的关键。每

---

① G. J. Postema, *Bentham and the Common Law Tradition*, Oxford: Clarendon Press, 1986, pp. 63, 65.
② Sir M. Hale, "Reflections on Hobbes' Dialogue", p. 504. 转引自 G. J. Postema, *Bentham and the Common Law Tradition*, Oxford: Clarendon Press, 1986, pp. 63—64.
③ G. J. Postema, *Bentham and the Common Law Tradition*, Oxford: Clarendon Press, 1986, p. 64.
④ Ibid., p. 65.
⑤ Sir E. Coke, I *Institutes*, sect. 138.

个民族都会有自己的传统、文化和成就,只是不同的民族其成就可能侧重于不同方面,所以才有希腊人擅长哲学、罗马人擅长法律、俄罗斯人擅长艺术等似是而非的说法。和文学、艺术、科学、哲学等相比,法律也是一个民族的智慧和成就,是其传统的体现,而且和普通民众的生活联系更加紧密。在这个意义上,说法律是民族传统的贮藏地,是维系一个共同体的主要(如果不是唯一)纽带,并不过分。但作为民族传统的宝库,法律也是这个民族全体民众智慧的体现和结果,因为规则的自然形成不是某一个人或某些人的事,而是全体民众参与并选择的结果。一个社会中的每一个民众都会通过参与社会生活和交往而体验、经历社会规则,并在一定条件下对其进行反思,促成其确立或变革。因此,你很难说究竟是谁、在什么时间确立了某一规则,而只能归之于这个民族全体。经典普通法理论就是这样评价普通法的。

在参与确立规则的同时,民众也受到规则的影响。每一代人都不会也不可能将其前辈的东西完全推倒重来,必然是在其基础上的继续发展。这一方面体现了社会主体受规则影响之事实,另一方面也体现了规则以及受规则影响之民众生产生活方式、思维模式、精神气质等方面的连续性。这是一个互动的过程,是一个相互影响、相互决定的事实:制度和规则的形成和发展受制于民众的精神气质,但反过来它也会对后者起到形塑作用。于是卡内冈才会说,在普通法之下生活一段时间,你会沾染上一些盎格鲁—撒克逊气质。[①]

(三) 作为技艺理性的普通法

在某一传统中的个人未必就能很好地理解、掌握或阐释其所每天都要经历的规则。换言之,处于某一传统之中的人未必都能用该传统中的规则对纠纷作出裁决。个中原因自然可以用"不识庐山真面目,只缘身在此山中"来作解释,但更深层次的原因则在于:面对作为集体智慧结晶的传统和法律,我们很容易在一般性结论上达成一致,但一旦具体到个案,则会分歧重重。黑尔在反驳霍布斯时,曾就道德哲学家和普通法法官之间的推理作一极具启发性的区别:哲学家可以在抽象的观念之间追溯其逻辑联系,但却无法从中得出任何确定的和实际的解决方案。社会生活的实际情况无限复杂,将简单抽象的观念适用于这些无限复杂的情形只会带来无休止的争论,因为每一个人都只会从其有限的个人视角来运用这些概念。而一个完备的解决方案必须充分考虑当下的各种情势,必须对其判决保持敏感,并从整体上来看它会对民众的实际生活产生什么样的影响。而诉诸简单抽象的理论或自然理性、本能、直觉,只会使问题简单化,因而也是歪曲问题本身。要做到前者、避免后者,就必须有对社会

[①] 〔比利时〕R. C. 范·卡内冈:《英国普通法的诞生》,李红海译,中国政法大学出版社2003年版,第112页。

生活的丰富经验和长期观察、体验。尽管很少有人能够达到这一地步,但普通法法官无疑却是最好的人选。这倒不是因为他们自己的经验或理性,而是因为他们是从法律内部予以实践的,而法律(普通法)又是汇集了这个共同体千百年经验、传统之宝库。法官们经过长期的研习和实践,能够将具体的个案放置于这个经验库中,并从中类比推理以得出一个合适的解决方案。①

因此,在柯克和黑尔这两位经典普通法理论的代表人物看来,仅仅拥有自然理性或通过对某种系统知识之宽泛原则的学习,并不能够获得以法律来审判案件的资格。普通法是历代智识和经验的积聚,是集体智慧的结晶,是"理性之极致"。它拥有太多的细节和变化,只有完全浸淫于这个社会及其传统之中,通过长期的阅读、研习和观察,使自己的自然理性接触并习惯于这些细节、变化和相应的解决方案,从而上升为柯克所谓的技艺理性(artificial reason),才能够运用普通法来审判案件。② 正是在这样的背景下,我们才能够理解詹姆士一世国王的迷惑和愤怒:在其要求审判案件的请求遭到柯克拒绝后,国王说:"朕以为法律以理性为本,而朕和其他人与法官一样有理性。"我们也才能理解柯克对此的回应:"的确,上帝已赋予陛下天纵神明和非凡天资,但陛下对王国之法律并不精通,且这些关涉其臣民之身家财富的案件却不能由自然理性加以裁断,而必须由技艺理性和普通法来判断,但普通法又必须经过长期的学习和实践才能掌握。"③

不止自认为,或被推定、恭维为天资聪颖的国王,哪怕更为博学的道德哲学家,在经典普通法理论家们看来,也不适合做判案的法官,更不用说只拥有自然理性的普通人。道德哲学家所掌握的只是宽泛原则在逻辑上的一致而非具体的情势——此时我们能够体会到霍姆斯名言的真谛:"法律的生命不在逻辑而在经验。"而普通人所谓的自然理性如果不是盲目的偏见,那也只是未经驯化的直觉:它的缺点在于没有对通过参与社会实践而习得的经验和做法进行反思,也就更谈不上改进。而这正是普通法法律家对于普通法的贡献。

普通法法律家之于普通法的关系,非常类似于王洛宾之于我国西部民歌的关系。没有先前那些早已存在的民歌,也许就不会有王洛宾奉献给我们的经典之作;但如果没有王洛宾,这些我们今天耳熟能详的歌曲也许仍然只是飘荡在某个山谷里的田野小调。同样,普通法以习惯为基础,习惯为普通法提供了基本的实体内容;没有这些习惯,让任何人来创造一套"普通法"规则都是困难的。普通法法律家不是创造了这

---

① Sir M. Hale, "Reflections on Hobbes' Dialogue", pp. 502—503, 转引自 G. J. Postema, *Bentham and the Common Law Tradition*, Oxford: Clarendon Press, p. 32.
② Sir M. Hale, "Reflections on Hobbes' Dialogue", p. 505, 转引自 ibid., p. 33.
③ Sir E. Coke, 12 *Coke's Reports*, 63, 65.

些规则,而是在旧有习惯的基础上运用更高的理性对之进行整合、加工、完善,这才有了后世的普通法。当然,纳入普通法法律家整合范畴的并非只有习惯法,罗马法、教会法、商法、国王的制定法等,都是他们"田野采风"(通过巡回审判、经由陪审团等)然后"法律创作"的对象。但如果没有普通法法律家,习惯可能还是粗俗的习惯,罗马法、教会法、商法、国王的制定法也都可能各自为政。即使有大陆式的法学家、立法者对其进行整合、整理,但其结果可能会是大陆式的法学著作和法典,而肯定不会是英国式的普通法。因此,普通法是一个"草根"与"精英"、下里巴人和阳春白雪相结合的产物:普通法来自于民间,却又没有停留在民间,而是为普通法法律家们升华为更具普适性、永久性的规则体系。可是话又说回来,纵观法律史,又有哪一种法律体系不是或不应该是这样的发展模式呢——尽管其可能采取了和普通法不同的表现形式?

综上,我们从两个方面论述了经典普通法理论对普通法特征的评述。就内容而言,普通法来自习惯;就性质而言,普通法本身就是理性。这二者之成就皆因历史:没有历史的积淀,鱼龙混杂的习惯无以晋升为普通法规则;没有时间的考验,规则之合理性无以显现。所以是历史成就了普通法,成就了普通法的特征和优势,成就了它与制定法及其相应思维模式之间的巨大差别。普通法既然与历史联系如此紧密,那么对"历史"的理解便构成理解普通法的关键。我们又该如何理解历史?

三、普通法的历史之维

(一) 历史:作为客观与主观的结合

何为历史?这是一个为史学家们所持久争论的话题。一方面,我们可以把历史看做是过去所发生的一切的总和,即采取所谓的客观史观。在这个意义上,尽管历史的参与者们当时都有着自己的意志,但他们仍然只是客观历史这张图景上的星星点点。就个人而言,他们对于历史发展方向的作用力因被与他人所形成之合力所冲淡而总是有限的。因此,历史是客观的。但从历史参与者的角度而言,历史又是主观的。因为从一定意义上说,历史无非是人们选择的结果,而在现实中人们并非完全被动地接受历史,而是可以进行选择,不仅如此,他甚至还可以在一定程度上改变历史。因此,历史又是主观的。从史学研究来看,也有基于此二者所产生的不同流派。如兰克学派便强调回到历史的真实,而克罗齐则认为"一切真历史都是当代史"。

当我们讨论历史对于普通法的意义或普通法的历史性含义之时,这里的"历史""时间"也是客观和主观并存。说它是客观的是因为,在这里,历史是对一个民族言行、思维、情感予以记录的挂毯,习惯、规则自然也是这张挂毯上的元素。人们(包括这个民族的人们)虽然参与了这些习惯、规则的形成和发展,但却无法感知和掌控它。人们只能知道某一时刻相关的习惯是什么,但却不知道它是何时成为这样的,旧的习惯又是何时消失或发生改变的。

要理解这一点,我们还需要了解普通法理论是如何看待规则的发展的。经典普通法理论严格区分法律和对法律的表述①;在它看来,法律是存在于社会中的规则或规律,而无论是法官的判决还是议会的制定法,无非都是对这种规则、规律的宣示和表述而已。② 因此,严格说来,法官在作出一项判决时,其实也是对相关法律规则进行表述。当然,如果只是例行案件,如果人们对所适用的法律没有或很少有异议,他可能只需要**重申**这个规则就行了。相应地,此时他并不需要长篇大论地进行判决书说理。但如果碰到的是疑难案件,对规则进行**重新表述**就是必不可少的了。普斯特玛认为,新情况的出现总是要求对法律予以重新表述,因此任何对于法律的特定表述都不具有终极性,都是可修正的。③ 再者,先例只有在对法律进行正确表述的情况下才会对后来的法官产生拘束力。因此法官总是要将先例中对规则的表述与法律共同体及民众的实践进行对比、检验④,并在发现问题时对先前的这一表述予以修正,法官就是借助这种对法律进行重新表述的机会推动法律发展的。因此,普通法其实是一个动态的、变动不居和有机的规则系统。旧规则在不断地逝去,新规则不断取而代之,如同细胞的新陈代谢一般。去掉这一部分,修正或强化那一部分;将一部分从其所熟悉的区域扩展到一个新的领域……通过这些方式,法律在不知不觉中改变着。⑤ 就习惯和普通法规则的发展而言,它是一个无法为我们所把握的、动态的过程,正是在这个意义上,我们说普通法所谓的历史是客观的。

另一方面,对于普通法来说至关重要的"历史"又是主观的。如前所述,习惯获得规则之效力的一个重要环节是为民众所认可和接受。如我们所熟悉的那样,一条规则虽然经过了议会的正式程序而被赋予法律的效力,但如果不为民众所认可,其实效和生命力是值得怀疑的,人们可以通过退出或放弃交易、规避法律而使该规则实质上失去效力,或从来就不具有效力。因此,"获得民众的认可"是理解普通法主观历史观的关键。

但与实证主义法学的观念不同,普通法不是先有了规则的文本(代议制会议通过的法律)再去"征求"民众的认可,它本身就是民众认可和选择的一个结果。在这个意

---

① G. J. Postema, *Bentham and the Common Law Tradition*, Oxford: Clarendon Press, 1986, p.9.
② F. A. Hayek, *The Constitution of Liberty*, Chicago: Chicago University Press, 1960, p.163.
③ G. J. Postema, *Bentham and the Common Law Tradition*, Oxford: Clarendon Press, 1986, p.10.
④ Ibid.
⑤ Ibid., p.12.

义上,民众是不可被代表的。普通法规则来源于英格兰民族的习惯,而这些习惯又形成于民众长期的生活实践中。如前所述,习惯形成于实践,又不断地受到实践的检验。一个习惯能够得以长存并晋升为规则,在于其所蕴含的经验和智慧能够不断地为民众的经验所确认,或与之达成一致①,为民众所屡试不爽,人们真正觉得它好用、管用。换言之,就是这些经过历史考验而留存下来的规则具有合理性。这个认可的过程是一个实践的过程而并非简单的意志表达或意思表示的过程。人们在实践中默默地甚至是无意识地接受了某些习惯和规则,自发地使用,也就是对它的认可。虽然可能并没有,实际上经常是没有具体认可的仪式,但这种实际使用、采纳和遵循要比任何庄严的仪式(如议会的立法程序)都更有效力。因此,本应是一个主观的认可行为在这里具备了客观的特征:人们甚至没有意识到自己是在"认可"这些规则!

更为重要的是,这种对普通法的接受建立在这样一种对其理性和历史恰适性的共同观念之上:不仅每个人都相信这些规则是合理的,是良善和智慧的体现,而且他们也相信其他人也都是这么认为的。② 相对于单个人对规则的认可和接受而言,我相信他人也能够认可和接受这些规则可能更难,它对于普通法被接受、被全体民众所接受、被历代的民众所接受,则更加重要。如果说前者只是一个个人问题、只是规则本身合理性问题的话,后者则涉及对他人的信任以及整个共同体得以建立和存在的心理基础。如何才能做到这一点?唯有历史,唯有历史的连续性。只有长期反复地在公共场合显示其合理性从而使其合理性深入人心,才能真正赋予规则以法律的效力。

所以,对规则的认可只靠个人的实践是不够的,还必须有公共机构,对普通法来说尤其是司法机关,同样的实践。法官作出判决时对先例的引用就是对先前规则的认可,先例的反复被引用就是先前规则不断被认可和强化,而且是公开的认可和强化。这是一种横向的认可进程,再加上民众生活方式之延续这种历史的、纵向的认可进程,最终使得普通法这一规则体系能够不仅为同时代广大民众所接受和认可,而且还能为历代的民众接受和认可。

民众和规则之间的关系并非单向,民众在认可规则的同时,其精神气质、生活方式、思维模式、心理预期等也在受到规则的形塑和影响。人生而必然处于一定的社会背景中,其思维、行事必然带有这个背景的痕迹,而规则是这个背景中非常重要的元素。个体的人如何与其共同体的其他成员相互认同?他必定是根据语言、生活方式、思维方式、宗教等民族特性、要点来确认自己的身份,并与本民族的其他成员形成一种"同类、同伴或同伙"的关系(partnership)。这其中自然就包括了对这个民族、群体

---

① G. J. Postema, *Bentham and the Common Law Tradition*, Oxford: Clarendon Press, 1986, p.7.
② Ibid., p.8.

中某些共同的习惯或规则的认可;即如果要成为这个群体中的一员,就必须认可和接受其习惯和规则。同样,包括司法在内的公共行为也是对长期以来为本群体所认可之行为方式的重新及不断的颁行和确认,是对维系、约束此社会中成员之"同类"关系的那种连续性的不断确认。

因此,"客观"的规则和"主观"的人之间是一种互动、相互影响的关系,而普通法就是一部记录这种互动关系的史诗,也是这种互动、相互影响作用的结果和产品。理解普通法就是要理解这种互动,理解这一主观与客观并存的历史。

(二) 历史:流变而非静止

既然普通法是历史的产物,与历史联系紧密,那么我们能否将今天某一法律之源头追溯至过去某一具体时代、具体的规则? 在大多数人看来,这可能是证明普通法历史性的最好也是最直接、最简单的办法。

柯克对这个问题的回答是:能。不仅如此,他甚至夸张地认为,为了从历史的角度论证普通法规则的效力,很多宪制可以并且应该直接被追溯至盎格鲁—撒克逊时代,甚至是特洛伊王子登临不列颠的那一刻!① 但柯克的这一说法显然无法得到任何实证材料的支持。如 17 世纪英国的平等派(Levellers)就认为,历史证明,今天法律中的内容与撒克逊时代不存在任何类似之处;事实上,今天法律中的元素都可追溯至每一次具体的法律变革。② 因此,柯克的上述说法不是支持而是削弱了普通法的历史性特征。那么该如何了解这其中的悖谬?

有关这一问题的主流观点来自于黑尔。针对上述二者的争论,黑尔认为,柯克和平等派都错误地认为历史性是可以将法律追溯至过去某一具体的源头,因而都误解了普通法历史性的真正含义。一方面,机械地探寻今天某一规则的源头不仅不可能,而且也不必要,说法律历经世纪而不变也是没有意义的,因为法律实际上是处于不断变动之中的。从本质上来看,法律要适应民众的生活状况、需求和便利,而这些东西的生长是无法感知的,所以法律的生长同样无法被清晰地感知,尤其是在长期的历史进程中。所以不可能说哪些法律是新的,哪些是旧的,又是在什么时候起源的。③ 因此,在黑尔看来,探寻普通法规则是由谁,如罗马人、盎格鲁—撒克逊人、丹麦人,还是诺曼人,带来的或来自于谁并不重要,因为这并不构成它们成为规则、具备法律效力的真正原因。他坚持认为,它们之所以能够成为法律,是因为它们被这个王国的民众

---

① D. E. C. Yale, "Hobbes and Hale on Law, Legislation and the Sovereign", 31 *Cambridge Law Journal*, 1972, pp. 121—156, at p. 127, n. 33.

② J. G. A. Pocock, *The Ancient Constitution and the Feudal Law*, Cambridge: Cambridge University Press, 1957, p. 127.

③ G. J. Postema, *Bentham and the Common Law Tradition*, Oxford: Clarendon Press, 1986, pp. 39, 41.

所认可并接受了。①

另一方面,无法追溯今天法律之历史起源并不意味着普通法就不具有历史性。普斯特玛说,因为法律处于不断的变动、调适、影响与被影响、发展、衰落及重生的过程中,将今天法律的某一部分等同于撒克逊时期的某一法律没有任何合理的依据。但它们仍然是同一个法律。古今规则间历史联系性的关键不在法律**构成要素**上的一致性,而在今天的法律与过去保持了**稳定的连续性**。② 黑尔认为,尽管历经几个世纪的变迁,我们仍然可以说,今天英国的法律还是600年前的英国法,就如同"阿尔戈英雄的战舰,在其外出远航的漫长岁月里,历经修缮,返回时先前船上的材料已几乎荡然无存,但它回来时却依然是原来的那艘战舰"。③

对于普通法的历史性而言,这种今天和过去之间稳定的、动态的连续性而非**构成要素上的、静态的一致性**是至关重要的。所以黑尔说,普通法历史性的唯一证据内在于普通法之中。但光有这种连续性是不够的,它甚至不是最重要的,最重要的是这个民族之民众对于这种连续性的感知、认可和确信。每个民族都有自己的历史,但却并不是每个民族都能认识、感知和尊重自己的历史。要做到后者,就需要一种理性而非功利的态度。换言之,只有客观的历史是不够的,还需要人们主观上对这种客观历史的感知、认可和确信,后者也许更为重要。

因此,当你追溯今天某些普通法规则的源头时,也许会发现已然面目全非,甚至其祖先已经死去了很多年。但并不能依此就否认普通法的历史性,因为过去的虽然已经面目全非甚至是死去,但它在历史的某个时刻又获得了新生。就好像蚕蛹或蛇的蜕皮一样,今天是从过去的躯壳中蜕变而出的,谁又会否认这个新的生命和旧的躯壳之间存在联系?理解普通法历史性真正重要的,也许不是对过去简单、机械的返回和复原,而是民众内心对过去的真正认可和确认,并具有将之延续下去的信心和决心。

(三) 观念、立场上的历史主义与方法上的非历史主义

上一部分的论述反映出,普通法在观念和立场上是历史主义的,但在方法上却是非历史的——如果不是反历史的话。通俗地说,就是在日常的司法论辩和法律著述中,人们总是诉诸历史,并借助历史来增加自己论辩的权威和力量,但实际上并没有多少人真正地去探究今天规则和过去之间的联系是什么。这其中包含了两个问题:

---

① Sir M. Hale, *A History of the Common Law*, London: Printed For Henry Butterworth, Law-Bookseller, 1713, p.43.
② G. J. Postema, *Bentham and the Common Law Tradition*, Oxford: Clarendon Press, 1986, p.6.
③ Sir M. Hale, *A History of the Common Law*, London: Printed For Henry Butterworth, Law-Bookseller, 1713, p.40.

一是人们之所以诉诸历史并非出于功利或矫情,而是真切地认识到并且相信法律的最终权威不在意志,而在长期的社会实践。二是真正的历史主义其实并不在通过精确追溯某一规则的历史起源来建立古今之间的联系,而在通过实践来承继过去,发展过去。

因此,观念、立场上的历史主义是针对法律之根基究竟何在而言的。在这一点上,普通法和实证主义法学是完全相对的。在实证主义法学看来,法律是主权者意志的体现,而无论它是一个人,还是一个团体,或是全体民众。但普通法却否认这种人为意志的确定性。如柯克和布莱克斯通都认为,导致英国法混乱、不一致和不公正的唯一,或至少是主要事由,是议会的立法。① 在布莱克斯通眼中,议会之意志具有临时性和武断性,再加上议员之变动更导致了其意志无法形成一个连贯的整体,而不像普通法那样因为必须从先例中寻找解决方案,从而使得其规则体系更具有连续性(1 *Comm.* 46)。黑尔对此的解释可能更有说服力:在他看来,能否成为法律的关键不是它被引入法律体系的方式,而是其现实的权威基础。制定法所导致的激进变革如果能够为民众的实践所接受,那么它也会融入这个法律体系。事实上,今天普通法的很多规则都来自于过去的制定法。而如果制定法严重脱离民众的生活现实,那也只能是一纸具文。② 这样看来,产出制定法的"意志"就不再像实证主义法学所认为的那么重要,因为制定法能否成为"法律"还必须经过司法实践的检验,而司法实践仍然是普通法的话语范畴。如此,制定法即被纳入普通法的理论体系之中。需要反复强调的是,普通法所强调的、作为法律之基础的长期的社会实践其实就是历史,因为只有通过历史才能真正检验一个规则的生命力。

相比之下,普通法理论和发端于德国的历史法学倒是有很多契合之处。比如双方都否认立法者意志构成法律规则的效力基础,都认为法律不能够由立法者有意识地、任意地创造。作为德国历史法学的代表,萨维尼特别强调"民族精神"对于法律的意义,即法律只有符合民族精神,才能够真正具有生命力和效力。经典普通法理论虽然没有提出民族精神的概念,但其所主张的普通法来源于民众之历史实践,实质上与萨维尼的民族精神有着很多相似之处。如果非要说这二者有什么不同的话,那就是萨维尼主张习惯法要经过学术法再由国家以法典法的形式体现出来,而普通法则从

---

① G. J. Postema, *Bentham and the Common Law Tradition*, Oxford: Clarendon Press, 1986, p.15. 这让我们想起了边沁对普通法的批评,他的观点和柯克、布莱克斯通正好相反:导致英国法律混乱的正是普通法。但双方的观点并不能被视为矛盾,因为彼此基于了不同的立场,而且是在描述不同的问题:边沁主要是从普通法的形式而言的,而柯克和布莱克斯通则讨论的是法律的实质根基。

② Sir M. Hale, *A History of the Common Law*, London: Printed For Henry Butterworth, Law-Bookseller, 1713, p.43.

来没有主张过任何形式的法典化。如此看来,经典普通法理论与德国历史法学之间的差别不在法律之根基,而在法律的最终体现形式。

另一方面,也正是萨维尼对"学术法"阶段的强调,他所领导的历史法学才在后来致力于对罗马法和日耳曼法历史的深入探究,以正本清源,汇集民族之法律精华。通过近一个世纪的努力,最终成就了《德国民法典》。但反过来看普通法,除了为数不多的法律史学者之外,作为普通法实践之主体的法官、律师、法学家及民众很少有通过历史考证之方式来求得法律之真义的。在他们看来,承继历史的方式不主要是历史学家的考据和叙述,而是民众和法律人对社会实践的参与,以及对过去经验的尊重与继承,如遵循先例。因此,在与德国历史法学的对比中,我们不仅可以进一步理解普通法在观念和立场上的历史主义,而且也可以更好地理解它在方法上的非历史主义。

普通法方法上的非历史主义还基于这样一个重要的事实:要为今天的普通法规则寻找它在过去的影子不仅是没有意义的,而且也几乎是不可能的。这也是我们前面提到过的,柯克如此刻板地坚持可以将今天宪制中的很多内容追溯到盎格鲁—撒克逊时代,不仅没有增加,反而有损普通法的权威。

实际上,普通法在方法上反而带有浓厚的分析实证主义色彩。回顾罗马法的发展历史、格拉提安为教会法体系化所作出的努力以及德国历史法学为本国法律体系化所做的工作,再看看分析实证主义法学为建立一个科学的法学体系而付出的努力,我们就会明白:逻辑、分析的方法对于任何法律都是必不可少的。就司法实践而言,法官、律师必须分析、解释相应的法律条文、先例,将相关事实类型化,通过归纳、类比、演绎等逻辑方法得出结论。就法学研究而言,法学家也必须将相应的社会事实与法律条文相对照,将不同的法律条文、先例相对照,提出新的解决方案,这些方案还必须和先前的体系相协调,这些也少不了逻辑和分析的方法。在这个意义上,两大法系或世界各种法律体系之不同仅在于它们所具体使用的分析方法。

回顾一下普通法法官审理案件的过程:他在寻找规则时并非要运用历史的方法去考证某一规则的来龙去脉——尽管这对他理解该规则的准确含义极有帮助;而是要根据其经验从众多先例中查看类似问题的解决方案,并总结出将要适用的规则。为此,他需要区别各个案件之间那些细微的差别,正是这些差别可能会导致前后两案所适用的规则有所不同;同时他还必须遵循类似案件类似处理的基本原则,以维持法律的稳定性和可预见性。这些虽然需要顾及过去,但却很难说是历史的方法。如果非要说普通法在这一点上与历史有任何关系的话,那最多也是普通法是运用逻辑和分析的方法对历史上遗留下来的先例等法律材料进行逻辑、实证的分析,而不是要运用历史的方法去探究什么。

著名的美国法律史学家莫顿·霍维茨(Morton J. Horwitz)1997年在《牛津法学杂

志》(*Oxford Journal of Legal Studies*)上发表了一篇文章,其标题即为"为什么英美法学是非历史的?"("Why is Anglo-American Jurisprudence Unhistorical?")。该文秉承了边沁、奥斯丁、哈特一系实证主义法学的立场,论证了为了建立一个可以被称为科学的法学体系,历史、政治和道德是必须被排除在这个体系之外的。霍维茨的这篇文章以及实证主义法学派的立场,也许可以帮助我们理解普通法在方法上的非历史性。①

四、结论

与大陆法不同,普通法没有将自己的权威和合理性建立在意志的基础上,而是诉诸了历史。它相信,真正合理的东西应该是历史积淀并经过实践反复检验而留存下来的,而不是某个人或某些人临时意志的产物。因此,要理解普通法,树立这样的历史观是一个基本的前提。

在普通法看来,历史又不是对客观过去的简单重复,而是充满了主观性。民众通过实践对于规则的认可以及司法通过案件裁断对规则的反复确认,是规则获得效力的实实在在的基础。但这却是一个包含客观性的主观过程。

而且,历史还是流变的。普通法并不认为历史是今天和过去之间的直接、客观、一对一、机械的联系,而是强调规则发展的连续性、持续性。正是这一点不仅赋予了民众对于过去的神圣感,同时又使之获得了不拘泥于过去的实用精神。

立场和观念上的历史感并不排斥普通法方法上的实证精神。事实上,无论司法断案对既有规则的认可(遵循先例),还是对规则的进一步发展(推翻先例),都是通过实证的、逻辑的方法来完成的。因此,普通法的历史性是通过无数个细节构建起来的,是通过实证的方法来实现的。

最后需要补充的是,普通法认可自然理性和作为法律特性之技艺理性之间的区别,注重历史和大众对法律的贡献,追求民间资源和社会精英之间的完美结合。这些都值得我们反思和借鉴。

第六节 普通法的特性

关于普通法的特性,我们最经常讨论的是三方面,即它的连续性、开放性和适应性。

---

① 参见 Morton J. Horwitz, "Why is Anglo-American Jurisprudence Unhistorical?", *Oxford Journal of Legal Studies*, Vol. 17, 1997, pp. 552—586.

一、连续性

所谓连续性,是指普通法的发展是一个连续的过程,其间没有明显的割裂和中断。这并不意味着普通法没有发展,而是说它的发展不容易被感知而已。如果考察普通法的历史就会发现,虽然英国历史上自 1066 年之后也有王位的传承和王朝的更迭,不乏内战和政治斗争,但这一切对于普通法好像并没有明显的影响。1640 年的内战可以使英国的政治体制从君主制变为共和制,1688 年的光荣革命又使之转变为君主立宪,但普通法却并没有受到多大冲击。

这一点与欧陆法及其他法律体系非常不同。在罗马法中,哈德良皇帝在公元 130 年下令颁布《永久告示》,以此终止了裁判官法的发展;优士丁尼皇帝对《国法大全》的编纂也终止了过去罗马法的发展,从此之后罗马法的发展必须以《国法大全》为基础。1804 年《法国民法典》的颁布也使得法国的民法从此不得再诉诸过去的规则,转而必须以民法典为基础,民法学的发展也要建立在民法典的基础之上。1900 年的《德国民法典》也具有同样的效用。传统中国的每一个朝代在建立之初,甚至是每一个皇帝在登基之后不久,就立即着手制定新的规则,尽管宋之后出现了祖宗之法不可变的信条,但我们仍然可以看到朝代更迭所带来的律典的频繁和复杂的变化……当然,所有这些例子并不意味着后来的法典就和先前的法律彻底一刀两断了,事实上这也是不可能的。无论是形式、内容还是精神气质,后来的法典都必然对先前的法律进行继承和延续。但同样不容否认的是,几乎所有的人都会认为,随着新王朝的来临,新的法律也将出现。天变了,法自然也要变。

为什么普通法会体现出强烈的连续性?在笔者看来,这主要是因为普通法是法官之法,而普通法法官作为普通法法律家的重要成员,又是一个有着自己独立传统的职业共同体。因此,国王可以改变、王朝可以更迭,但固守普通法传统的普通法法律职业阶层却一脉相承地延续了下来:只要其传统不变,普通法就不会发生类似于法典法那样的断裂式变化。而普通法法律职业阶层之所以能够固守其传统,还是得益于它们在较早的时候就实现了司法独立;而这种独立的获取自然是它们作为利益集团为自身利益斗争的结果。在这一斗争过程中它们借助了判例报告、律师会馆、司法方式等体制性和技术性工具,从而使自己的传统变得与别人非常不同,使外人难以理解和接近。所以梅特兰才会强调年鉴和律师会馆对维系普通法传统并使之在 16 世纪免遭罗马法复兴浪潮之冲击的意义。[1] 而欧陆法与其他法律体系则不同,它们的法典

---

[1] F. W. Maitland, *English Law and Renaissance*(Rede Lecture, 1901), Cambridge: Cambridge University Press, 1901, pp. 27—28.

或制定法都是立法而非司法的产物,而国王往往都是最重要的立法者(之一),因此制定法、法典一定程度上是其意志的产物,是其治国的最重要的工具。而一代又一代的国王、统治者、议会和其他立法者,即使有连续的治国方略和政策,也很难说有类似于普通法法律职业阶层那样的连续、独立,因而也是超越个人的法律传统——这种传统是需要付出精力去刻意维护的,而且还需要一定的技术性、体制性因素予以支持。如此,法典法的断裂式发展也就有了其内在的逻辑。

普通法的发展能够保持连续性的另外一个重要原因在于它采取了判例而非法典的形式。如后文分析的那样,判例的形式使得法官在对每个案件作出判决时,能够有机会对其所适用的规则进行重新表述。在这个重新表述的过程中,法官就可以将新的条件或因素加入规则之中,从而使规则得到发展。由于他通过判决书说理强调了(事实方面的)新条件、新因素对新规则的意义,人们因此并不会认为过去的规则是错误的,而只是认为它不被适用于本案而已,所以不会明显感觉到规则的变化。但等到一段时间之后,当刻意地去对比前后的规则之时,才可能发现规则的确是变了。而今天的法典则不同,由于它表述的多是一般性规则而很少提及事实——实际上不提及事实是不可能的,而是不可能像判例那样深入事实的细节,即使提到也是高度抽象化了的事实——且法典是通过文字将规则固定化了,所以新法典生效之日人们总是能感觉到它和昨日规则之间的不同,其断裂感自然明显。关于这一点,后文在讨论判例法时还有详述。

二、开放性

所谓开放性,如前所述,是指普通法在发展过程中能够而且也的确吸收了各种不同的法律资源,如盎格鲁—撒克逊习惯法、罗马法、教会法、商人法,等等,并形成一套自己的规则。故而有比喻说,英国法就像一条河,开始只是涓涓细流,后来不断有普通法、衡平法、制定法、罗马法、教会法、商人法等支流的加入,最后汇成了一条波涛汹涌的大江。英国法如此,普通法亦如此。

这并不意味着欧陆法或其他法律体系就不从别的法律资源中汲取营养。实际上,任何法律体系都必然会或需要从其他法律那里有所借鉴,只是普通法借鉴的方式是如此独特,以致体现出了比其他法律体系更为显著的开放性。这与它所采取的判例的形式直接相关。

回想一下成文法体制下法律如何吸收外来的法律资源。如果有扎实的法学研究作支撑,一般会将外来法律资源进行符合自身情况的加工和转化,并体现在法典中。如果没有,那多半就是直接翻译、生吞活剥了,如明治维新以后日本对法国法律的效仿,清末修律对日本的参照,大多如此。无论是哪一种情况,其最终的结果都是学习者有了自己新的法典,不管它与其模板之间如何类似,其在政治和法律意义上的差别是显而易见的:这是我的,那是你的。如果说这其中存在任何开放性的话,那也是体现在立法之前的准备阶段,体现在作出决策的政治家和从技术上进行改造的法学家那里,而法典的内容本身只是前者开放性的证据。

而普通法的开放性则是一种司法的开放,一种法律家而非政治家的开放。由于法官在判案时要为手头的案件寻找合适的规则,所以他必须动用他所能够接触到的一切资料来总结出所需要的规则。因此,任何现成的规则(rule),如制定法规则,都不是直接拿来适用,而是法官为了找到本案所需适用之规则(ruling)而"查找和研究"的资料,经过这种"研究",法官"创制"出了本案所需的规则。而各种来源的法律资源经过法官在判决书中的说理论证,被整合到了法官所创制的规则中。由于这其间对具体事实的强调,人们感觉不到生搬硬套或刻意雕琢的痕迹,你的资源被不露痕迹地吸收到了我的规则中。普通法的开放性就是通过这种方式得以体现和实现的。这其中判例的形式是一个至关重要的因素,它使得规则的形成总是和具体事实联系在了一起,从而消减了因为从抽象到抽象、从概念到概念、从原理到原理、从术语到术语所产生的,母体和受体间规则的相似性,以及其带给人的强烈感官冲击。

当然,我们也不能忽略陪审制在这其中所曾起到过的重要作用。无论是普通法早期还是后来的曼斯菲尔德勋爵时期,普通法法官正是借助于陪审团或商人陪审团,才了解了地方或商人们的习惯,然后将它们整合入普通法的。从这个意义上说,陪审制实际上是沟通平民(普通民众)和精英(普通法法官)之间的一座桥梁,使得作为精英的法官们能够了解普通民众的法律智慧,并将其加工、升华。因此,普通法既是普通法法官的法律,也是普通民众的法律,是草根和精英相结合的产物。

开放对于普通法来说不仅是一种心态、态度,而且还是一种方法、生活方式和基本的价值取向。由于采用判例的形式,还使得普通法的开放成为了一种可以信赖的机制和本能,普通法也因此而有了自我发展的强大动力。这也是它直至今天仍能保持青春和活力的原因之一。

还须注意的是,开放与保守并不矛盾。英国人素以保守著称,有人会质疑此处说其开放是否准确。但这里所说的开放是与封闭相对的,而与保守相对的是激进;前者是一种面对外界的心态,而后者则是一种处事的倾向和方式。行事保守的人心态仍然可以是开放的,正如激进很可能正是心态过于封闭所致。

三、适应性

所谓适应性,是指普通法能够适应不同时代、不同空间、不同文化传统的特性。从时间上来说,普通法从12世纪走到今天,仍然活力四射。从空间上看,普通法早已扩展到全球多个地方,并在那里生根发芽。从对不同文化传统的适应来说,无论是佛教、伊斯兰教还是古老的中华文化以及其他地方的文化,如新西兰、非洲等地,都有普通法适用的代表。

那么普通法为什么会有这样超乎寻常的适应性?这主要是因为普通法除了是一套制度、一个规则体系、一套理念外,最重要的还是一种方法。如果说规则、制度、理念均有其适用的条件或局限,那么方法则具有更为宽泛的适应性。而这种方法的核心则在于,普通法不是以自己既有的规则来取代殖民地本土的规则,而是将此二者都作为自己解决当地案件的"资料来源",汲取各自之所长,抛弃各自不合理或不适应当地情况之部分,重新冶炼出一套适合当地且合理的、新的普通法规则来。

这与参照欧陆法进行法律变革的情况颇为不同。在以法典为载体对欧陆法进行移植之时,如果没有扎实的法学研究为基础,那就只能是本土的和尚为外来和尚所驱赶。法律在形式上也许移植成功了,但由于人们的思维和传统并没有相应改变,从而导致引进的规则无法真正发生效用——这在近代中国的法律变革过程中体现得非常明显。退一步说,即使有法学研究作为后盾,由于其最终的产品仍是一般性的规则体系,是法典,民众在具体纠纷的解决中,在适用之时仍能强烈地感觉到其外来的特性。

而普通法则不同,它不是以一般性规则而是以个案为出发点的。民众对规则的体验往往集中在个案上,他们会以自己对个案之结果公正与否的感觉来回溯性地判断规则的好坏。普通法由于上面提到的机制,它吸收了当地民众社会生活中的规则,因而能够更好地反映民众的诉求,从而更适合解决当地的纠纷。适用于个案的规则究竟适合与否,最重要的还是看这个规则是否来自于民众的生活,如下文即将谈到的普通法与习惯之间的关系一样,这恰恰是普通法的特点和优势所在,它的方法保证了它能够做到这一点。这可能是普通法具有良好适应性的根源所在。可以想象,如果这个规则是外来的,是外界强加于民众生活的,甚至是先验的,总之是脱离民众之生活的,那么它怎么能够很好地解决具体的纠纷,因而具有适应性?要知道,民众对于规则好坏的判断总是具体而非抽象的,而规则适合与否也绝不是可以拿任何先验的标准来衡量的。

但普通法要做到很好地适应当地的情况也绝非易事。它要求法官必须有开放的心态,能够虚怀若谷,能够同情和理解当地民众的生活,而不是以真理的唯一掌握者自居。此外还需要存在一种法官能够借以了解当地规则的机制,如地方陪审团,需要法官具备将各种不同规则冶于一炉的业务能力。总之,它需要的是优秀的法官。同时,亦如之前提到的,判例的形式也有助于其适应性特点的形成。

第三章 衡 平 法

第一节 衡平与衡平法：从方法、做法到制度

在英文中，用于指称我们所谓的"衡平法"的是"equity"一词，"equity"一词含义很多，胡桥在其博士学位论文中提到："equity"一词首先"是'平均'、'公平'、'正义'（的意思），特别是实质正义的代称，这时 equity 就作为名词使用，称为衡平；其次，它是一种法律方法、途径或手段，这时 equity 称做衡平或衡平方法；再次，它是一种法律矫正或补救的行动，这时 equity 作为动词使用，称做衡平司法；最后，它才是一种矫正或补救法律的原则和制度，这时 equity 叫做衡平原则或衡平格言或衡平法，即它是一种法律原则，一种法律的法律或者是一种辅助的法律"。①

胡桥以上的总结相当全面，不过也许还可以略微精简一下。在笔者看来，就与本书的主题相关而言，"equity"一词首先指的是一种方法和做法②，即亚里士多德意义上的"衡平"。它是对一般法律规则的矫正，因为后者的性质决定了它不可能考虑到每一种例外。它特别要求成文法要依其意图，而非文义，进行解释。③ 这也是胡桥提到的第二和第三个含义，具体到我们所讨论的主题，"equity"是对当时普通法僵硬性的一种矫正，是在普通法之外提供司法救济。其次，是指在这种方法和做法的基础上发展出来的一种和普通法、制定法相并列的法律体系，准确来说应该是法律渊源，即我们所说的衡平法。如后文所述，这前后两层含义其实体现的是英格兰衡平法发展的历程，即从由 14 世纪开始的一种方法、做法，演变为 17 世纪之后的一种制度；而当 19 世纪末衡平法与普通法合并之后，这种制度实际上是又返回到了先前的方法或做法。

---

① 胡桥：《衡平法的道路——以英美法律思想演变为线索》，华东政法大学 2009 年博士学位论文，第 46 页。

② 作为"方法"的衡平，即使在普通法中也存在——如贝克所指出的那样，而且很可能在任何法律体系中都存在。作为"做法"的衡平，特指大法官在普通法法院之外提供司法救济的做法，还可以，也许是应该，作进一步划分——如胡桥所做的那样。但出于突出显示衡平法从"非制度"到"制度化"这一演变过程的考虑，本书此处做了简单处理。

③ Nicomachean Ethics 5. 10. 5. 转引自〔爱尔兰〕约翰·莫里斯·凯利：《西方法律思想简史》，王笑红译，法律出版社 2002 年版，第 27 页。

需要补充的是,正如梅特兰所指出的那样,在英国法中并没有使用"equitable law"或"law of equity"等这样的说法,而是径直使用"equity"来指和普通法、制定法并列的一种法律渊源:衡平法。事实上,在英语法律文献中,经常和"equity"相对应的正是"law",后者可以而且经常指普通法,也可以指作为一般规则的法律。非常巧合的是,如果"law"指的是普通法,那么相应的"equity"就是指作为制度或法律渊源的衡平法;而如果"law"指的是一般性的法律规则,那么"equity"就是指作为方法或做法的衡平。但无论如何,这些都与作为思想观念的衡平,即胡桥提到的第一个含义,"公平、正义、平等"紧密相连。可以说,没有这样的公平观念,也就无所谓作为方法、做法,更无所谓制度化了的衡平。

那么,什么是衡平法?当年梅特兰在总结了许多定义之后最终给出了这样一个定义:衡平法是由今天的英国法院实施的,如果没有1875年的《司法法》的话就是由过去的衡平法院实施的一套规则体系。① 如他本人所言,这显然不是一个令人满意的定义:因为它不符合我们下定义的要求,也没有揭示出衡平法的任何实质性特征,而且还有循环定义之嫌,但事实上这又是我们所能得到的关于衡平法最合适的定义。为了说明这一点,梅特兰提供了另外两种可能的定义作为对比。一种是将衡平法视为英国现行实在法中特定的一部分,但当我们力图将之与其他部分相区别时,还是必须提及先前的衡平法院。另一个选择是列举出一系列的规则说这就是衡平法,但要探讨这些法律规则的一般特征和将之区别于其他法律规则时,又必须返回到它就是过去衡平法院实施的规则这一点上来。② 就这一点而言,衡平法和普通法是一样的,这样的定义是它们作为法官法或源出于法官之法所必然导致的结果,我们断然无法像拿着《六法全书》说这是法国法一样,也拿着某个东西说这就是普通法或衡平法。

第二节　衡平法的发展历程

一、衡平法产生的原因和背景

既然衡平法的定义与衡平法院密切相关,那么在讨论衡平法产生的原因时,就不可能不从衡平法院开始探讨。1875年之前,衡平法院(court of equity)在英格兰就是指由大法官主持的大法官法院(Court of Chancery; Chancery)。要了解衡平法院,就必须先了解大法官和大法官法院。而要了解这两者,就必须对诺曼征服以来的英格兰

---

① F. W. Maitland, *Equity also the Forms of Action at Common Law: Two Courses of Lectures*, ed. A. H. Chaytor & W. J. Whittaker, Cambridge: Cambridge University Press, 1909, p.1.

② Ibid., pp.1—2.

政治,尤其是司法体制有必要的了解。因此,我们必须首先讨论一些相关的观念和制度背景。

(一) 观念上的背景:国王的和平秩序和国王的统治权

盎格鲁—撒克逊人当中存在一种所谓"和平秩序"或"安宁"(peace)的观念。其含义是,每一个人都有保持安宁和自己生活不受侵犯的权利,这被称为某某人的和平与安宁(one's peace)。如果这种和平与安宁遭到了破坏,比如人身或财产受到侵害,就被称为破坏了这个人的和平与安宁(break one's peace),其后果一般是同态复仇。这种和平与安宁首先和个人的活动范围或所处空间密切相关,好似以个人为圆心向外辐射所形成的一个相对封闭的空间,凡未经允许而触及者即破坏了这个人的和平与安宁。显然,一个人的影响力越大,其和平和安宁的范围也就越大。后来,这种观念又从个人扩及机构、地方单位等,比如教堂、自治市、十户区、百户区等也有自己的和平与安宁。当然,王、领主也都有自己的和平与安宁,而且影响更大。当王权的观念在盎格鲁—撒克逊人中兴起之后,尤其是诺曼征服之后,国王的和平秩序(king's peace)在英格兰不断扩展:原来仅限于一定地域内,如王宫所在地等,后最终扩至整个王国,并逐渐压倒了其他类型的和平与安宁。这其中的内在缘由部分在于,只有国王才能担负起在整个王国的范围内对违法行为进行惩罚和报复的责任,事实上这也是全体民众的需求和意愿。于是,王国范围之内所有的犯罪,在早期也包括今天意义上的侵权,都被视为对国王和平秩序的破坏,因而要通过公诉程序受到国王司法机关的惩罚,也算是国王对这些破坏行为的报复。

毫无疑问,这种国王和平秩序的观念至少可以从一个方面说明国王统治权(如果不是主权的话)的形成和演进过程,此外它对于国王的统治权也有着重要的证成意义。这种统治权绝不仅是一种扩张性的、能动的、积极的权利和权力,而且还是国王这个特定人物对全体王国民众承担的义务。而我们在讨论衡平法起源问题时,如后文所显示的那样,所着重强调的正是国王统治权中的后一层含义,即国王有义务、有责任为他的臣民维持社会秩序,主持公道,实现正义。

(二) 制度上的背景:普通法法院及其缺陷

我们只是在比较晚近的时候,如古典自然法学那里,才将一个王国或国家的统治权明确地划分为立法、行政和司法三种权力的,在16世纪之前的英格兰这种区分并不明显。此前,国王主要是通过御前会议及后来的咨议会对王国进行统治。随着分工的发展,财政署、文秘署以及三大中央普通法法院得以从御前会议中分离出来而独立。但如同财政署和文秘署一样,普通法法院也只不过是国王行使自己统治权,具体为司法权,的专门机构而已,尽管它们在趋于独立。它们的建立并不意味着国王的司法权就消失或穷尽了,如同代理人通常并不能穷尽被代理人的权利一样。因此,当时有谚语说,国王是一切正义的源泉。司法权是国王统治权的一部分,过去由国王亲自在御前会议的建议和协助下行使,而现在则交由普通法法院代为行使。而熟悉普通法法院成长历史的人都知道,普通法法院的建立无非是国王与地方领主、教会争夺司法管辖权的措施而已,后来都铎时期的各类特权法院的建立也是基于同样的权力和理论基础。

但同时也必须注意到,普通法的发展后来对国王原本的司法权或统治权形成了一种宪政意义上的制约。从13世纪开始,普通法逐渐成为英国人所受制约的唯一的法律制度,任何人未经正当法律程序不得被剥夺生命、自由和财产,而且他们只受普通法法院的管辖——这逐渐成为了他们与生俱来的权利。中世纪许多绵延流传下来的制定法都在保障这一点,同时也在制约或限制国王再建立新的司法机构。都铎时期,正当程序原则开始变得更具宪政意义。国王通过建立普通法法院已穷尽了其司法权的观念,被柯克推向了极致。1608年,他告诉国王詹姆士一世国王,无权参与自己法院的裁判活动。他还认为,国王的委任令不能独自创设任何衡平性质的法院。①

毫无疑问,包括对罗马法的拒绝,这些都与普通法法律职业阶层维护自身利益的努力有关。但问题是,如果普通法法院不能很好地实现正义、主持公道呢?现实中这种令人担心的情况的确发生了。经过一个多世纪的发展,普通法虽然逐渐成为英国人的基本法律,但它同时也显露出很多缺点。基于贝克和梅特兰的分析,笔者将其归纳如下。

第一,当原告是贫穷、年老、多病等弱者,而被告是国王之外的富有、强势者时,被告就可能贿赂、恐吓陪审团,使用诡计、意外,利用常规程序中的漏洞等,来影响或左右普通法法院的判决。

第二,普通法与其程序密不可分。皇家民事法院和王座法院都受制于令状制度,其中间程序有赖于郡长的尽忠职守,还进一步受到诉答格式、证据规则和陪审团审判之不确定性的影响和限制。在这样的运行体制下,法律出现技术失误的可能性相当大。

第三,实体法的不断发展也会带来不公平。法官们更倾向于忍受个案的不公,而不会去为本已明确的规则制造例外。

第四,当国王为被告时,原告只能通过请愿,而不是在普通法法院起诉的方式来实现其权利。如国王动辄收回土地,然后让其下属证明自己对土地享有合法的权利。这样的请愿被受理后会交由文秘署予以调查,事实问题交由王座法院的陪审团处理,

---

① Sir J. H. Baker, *An Introduction to the English Legal History*, 4th edn., Oxford: Oxford University Press, 2002, pp. 97—98.

然后由原告收回土地。①

姑且不论规则的僵硬解释和适用是否会导致不公的问题,单是上述几点就足以表明,由于普通法自身的问题或是某些法律之外的因素,有些时候正义无法在普通法的体制之下得到实现。那么,面对这样的情形,臣民该怎么办?他们还是会直接转向国王本人。如前所述,国王是一切正义的源泉,他有义务为自己的臣民主持公道,更何况他在即位时还宣誓说:"要本着仁爱和尊重事实的态度实现公平和正义,行使其裁量权。"而且,国王不能因为没有行使其统治权就被认为丧失了这种权力,实际上他保留了一种高高在上的、保留式的、兜底的、在常规司法制度之外进行司法的权力。因此,如果常规的程序被证明有缺陷,国王不仅有可能,而且有责任提供其他救济。

(三)请愿至国王

到13世纪末,基于上述提到的种种问题和不公而生发的各种诉请都以请愿书(bill)的形式呈贡国王,请求他予以救济。国王的回复通常都是:"让他诉诸普通法!"在合适的情况下,其诉请会被直接转给巡回法官,但有时请愿者会指控当事人或王室官员有破坏普通法的不当行为。爱德华三世时,这些诉请一般会转给相关的法院,并附信要求他们正当行事。只有在少数例外情形下,国王才会直接采取行动,但也主要通过咨议会来运作。实际上,包括衡平法院(大法官法院)以及16世纪所产生的众多特权法院在内的新的司法机构,都是国王行使上述保留司法权的结果。②

14世纪早期,通过请愿书提交国王寻求恩典和救济的请愿是如此普遍,以致这些业务不得不转交咨议会或议会的某个或某些特别会议处理。在听取这些诉请时,咨议会实际上是延续了盎格鲁—撒克逊时期贤人会议及诺曼御前会议的角色。到14世纪中期,只有那些具有特别重要性的诉请,如寻求对法律和诉讼程序进行总体上或永久性的改变,才会留给议会处理。在此,如果其请求被批准,就会变为制定法③。私人性的诉请通常交由咨议会或是委托某些个人予以处理,如御前大臣、海军事务大臣(Admiral),或是王室典礼官(Marshal)。后来,请愿者遂开始绕过国王而直接将案子诉诸这些个人。基于后一点产生了好几个独立的法院,但大部分都没有产生太大影响,而其中最重要的就要算御前大臣的法院,也就是我们所说的跟衡平法直接相关的大法官法院。

---

① F. W. Maitland, *Equity also the Forms of Action at Common Law: Two Courses of Lectures*, ed. A. H. Chaytor & W. J. Whittaker, Cambridge: Cambridge University Press, 1909, Lecture 1.

② 关于这些特权法院以及它们和咨议会或国王特权之间的关系,请参看 Sir J. H. Baker, *An Introduction to the English Legal History*, 4th edn., Oxford: Oxford University Press, 2002, chp. 7.

③ 这也印证了后文在讨论制定法时提到的结论,中世纪的很多制定法其实都源自于民众的请愿或个案。

二、从文秘署到大法官法院

因此,大法官法院(Chancery)其实是在处理向国王之请愿的过程中逐渐发展起来的。但起初"Chancery"并不是任何意义上的法院,而只是国王的文书机构,故早期我们倾向于将之翻译为"文秘署",它与司法逐渐产生关联的原因可以归结为以下几个方面。①

(1) 其首领御前大臣(Chancellor②)掌管着国玺,用于证实其书记官起草的各类文书,后者都要在这里加盖国玺。从文秘署签发的普通法上的起始令状也一样,通过这些令状,御前大臣和常规的司法事务产生了联系。

(2) 文秘署本身某些专门或特定的行政事务就带有一定的司法色彩。如与国王封赠相关的问题可以在此提出;它还负责对与国王财产相关之事务进行调查;御前大臣还对涉及其职员的对人之诉有排他性的普通法管辖权;文秘署也收到针对国王(即国王为被告)寻求救济的诉请,因为国王不能在其他法院被其自己的令状所起诉。权利请愿(petitions of right)问题的处理,显然是国王为其臣民实现司法公正之保留司法权的功能,而不属于任何常规的普通法法院。在这个意义上,它预示了一种新的衡平诉状程序的成长。文秘署在处理以上事务时也被称为是在"国王面前"进行开庭,这些事务都在文秘署的"小袋事务处"处理,因其档案如同其他中央法院一样,为拉丁文书写而被称为拉丁事务部(Latin side)。在这个意义上其管辖权与王座法院非常相似,而且它们之间合作密切,案件的事实问题一般都会送到王座法院去审理,就好像它是那个法院的一部分。因此,文秘署自身或从一开始就带有普通法司法的色彩,这集中体现在其拉丁事务部方面——尽管它并不是,也不能被称为普通法法院。

(3) 本部门之外、来自于国王咨议会处理各种诉请的管辖权,也使它与司法发生了关联。如前所述,由于普通法程序上的缺陷和其他一些外在原因所导致的案件不公,被当事人诉至国王面前,其中有一些案件被转交御前大臣自行处理。正是从对这些事务的处理过程中,御前大臣和他的文秘署逐渐发展出了一种既不同于普通法法院(主要是皇家民事法院和王座法院),也不同于其自身拉丁事务部的程序、做法和理论,而这就是衡平法的最早渊源。需要指出的是,文秘署在处理这些事务时,其诉状、诉答记录都使用英语而不是拉丁语,因此又被称为英语事务部(English side)。

---

① 参见 Sir J. H. Baker, *An Introduction to the English Legal History*, 4th edn., Oxford: Oxford University Press, 2002, pp. 101—104.

② 关于"chancery"一词,其含义随时代不同而有变化。本书在这里将早期的"chancery"翻译为"文秘署",大约14世纪之后的翻译为"大法官法院"。相应地,将早期的"Chancellor"翻译为"御前大臣",而将后来的翻译为"大法官"。

因此，文秘署与司法之间的关联是从一开始就有的，但其"衡平司法管辖权"则主要来自于其英语事务部，来自于国王咨议会处理各种臣民诉请的管辖权，而非其常规的行政业务。当然，这其中也许也不能排除其拉丁事务部中处理国王为被告之事务（即权利请愿）对该管辖权的贡献。但无论如何，这种管辖权在 14 世纪出现了。那么，它又是如何从"带有这种（司法的）色彩"发展到具体明确的管辖权的呢？

三、从信息中心到独立的处理机构

前文提到，14 世纪时针对普通法受到干扰的情况，有人向国王咨议会提出诉请，然后这些诉请会转给法官处理。14 世纪更晚一些时候，这类诉状就直接提交给御前大臣。在这些案件中，他的职能不再是简单地予以分拨、安排，以使之在其他法院得以处理，不再是简单地作为"信息中心"出现。相反，通过拟制，御前大臣被认为是代表"国王及其咨议会在文秘署"处理事务，当然其管辖权还是咨议会的。

到理查二世之时，又有了进一步的发展。不断有诉状请求从御前大臣那里直接获得某种特定的救济，而不管其程序是否正在普通法法院进行。显然，御前大臣已经开始签发法律手续并在文秘署作出决定，而不只是简单地将诉状转至别的地方处理。文秘署可能会被认为是一个可以提供新的救济的合适场所，因为传统上它在对起始令状所涉事务行使一种监督性的权力，申请起始令状者在一定意义上可以说是在向文秘署提出诉请。在这一背景下，"值得帮助的原告不会被空手送出文秘署"就成了当时的谚语——文秘署总会为他提供救济。

13 世纪时，对于原告诉请的一种可能的答复是允许使用一种新的格式的起始令状；当这种权力被1258 年的《牛津条例》剥夺之时①，原告的诉状可能会被提交议会通过立法处理；但更为经常的是，原告所寻求的救济都是特定的，源自于特定案件中的特定事实，此时作出一个仅针对当事双方而不具有普遍约束力的决定也是合适的。这种决定首先是以国王加咨议会（King in Council）的名义作出的，然后是由"该法院"作出，有时还列有当时出席庭审的法官、国王的律师（King's Serjeants）和咨议会成员的名字。但 15 世纪时，御前大臣已开始以其**自己的名义**作出决定。在作出这类决定之时，中世纪的咨议会成员或是御前大臣并不认为自己是在施行一种不同于英格兰法（以普通法为主体）的法律体系。在正义因常规程序或人的缺陷之妨碍而无法通过正当程序予以获得时，他们将通过自己的途径来保证正义和法律得以实现。它们不

---

① 该法禁止文秘署再签发新的令状，因为这被认为是侵犯了领主法院的司法管辖权。但这一点后来为1285 年的《威斯敏斯特法》第 24 章所缓减："当将来就一个案件发布一项令状，而对另一涉及同一法律问题的案件却没有发布时，文秘署的官员应制作令状或者中止该案直至下次议会召开时发布一个令状。"这等于是允许文秘署将既有令状适用于未来的类似案件上。

能摧毁法律,而只是实现它。

面对普通法法院在程序上的困难和无奈,文秘署采取了一种不同的路径。大法官不受这些为上述不公正"遮风挡雨"之僵硬程序的限制,他的法院是一个良心法院,在这里被告会被强迫做案件实际情况要求其依良心所应该做的一切。这样的法院显然采取了一种和皇家民事法院非常不同的司法方式。

四、早期大法官法院的程序

鉴于英语事务部并非其原来的常规业务,"大法官法院"早期的程序不大可能很正式,而更多的只是一种"做法"。事实上,在14世纪,这里除诉状外几乎没有其他文件留存下来。不过贝克认为,很可能是在理查二世之时英语事务部的管辖权就明确确立了,因为早在1393年就有了对其权力滥用的申诉,而这种确立很可能发生在沃尔瑟姆的约翰(John of Waltham)出任掌卷法官(Master of Rolls)之时(1381—1386)。此时教会法法律家是文秘署的主要成员,这使得大法官法院从一开始就与教会法存在着难以名状、也难以分割的关联。显然,其程序从教会法院的纠问制那里有所借鉴,并很可能模仿于教会的福音告发制度(denunciatio evangelica)。① 我们来看一下早期大法官法院的一般程序。

在大法官法院不需要起始令状(original writ)——这对于在普通法法院开始诉讼来说是必不可少的,所有的诉讼都以诉状(bill)或口头等非正式的申诉(complain)开始。一般来说作为第一道程序的传票(writ of subpoena),只是一个简单的要求被告在文秘署出庭,否则将会受罚的通知。至少在后来的实践中,其所宣称的惩罚并未落实过,而不服从的被告将会被纳入藐视法庭的程序。诉答采用英文,尽管普通法术语在方便的时候会被采纳,但并不像后者那样注重技巧性。在这样的诉讼中,不必为某一个单独的争点另开诉讼,证据可以通过询问或书证的方式获得;这里也不使用陪审团,法院会收集相关信息,直至他们认为已适合采取行动。文秘署始终开门,不受开庭日、回程日等限制,尽管出于方便计他们也尽可能地遵守某些规则。它可以在任何

---

① 科英认为,衡平法起源于中世纪后期教会法发展出的一种特别类型的诉讼——福音告发制度。该制度得名于《圣经新约》:"倘若你的弟兄得罪你,你就去趁着只有他和你在一处的时候,指出他的错来。他若听你,你便得了你的弟兄。若是不听你,就告诉教会。若是不听教会,就看他像外邦人和税吏一样。"作为一种特别种类的程序,福音告发制度发展于12世纪的教会法。最初,它纯粹是用做忏悔,后来被用来救济不法行为,由此获得了法律性质。该程序在早期教会中似乎已经被切实遵守,但是直至12世纪,它才确实成为一种常规的程序,此后很快开始用于获得对不法行为的补偿。罪孽的告发与法律上的诉求结合在一起,受侵害者按照福音书规定的方式劝告他的对手,如果没有效果,就向主教或者主教的代理法官告发他,同时陈述自己的要求。H. Coing, "English Equity and the Denunciatio Evangelica of the Canon Law", 7 *The Law Quarterly Review*, 1955. 转引自冷霞:《中世纪教会法对英国衡平法的影响》,载《华东政法大学学报》2008年第3期。

地方开庭,甚至是在大法官自己家里;案件也可以通过委任地位显赫者、乡间绅士等,而在法院之外的地方进行审理……

也许只有通过与普通法法院令状程序的对比,我们才能体会到大法官法院上述做法的便宜性。密尔松曾指出,亨利二世之前的法院诉讼对技巧的要求达到了极致,因为原告的陈述必须使用"确定的、正式的术语",而且要"从书面和口头两方面都予以精确表达"。[①] 尽管布兰德认为这种说法可能夸大了诉状的形式化特征,但是他也承认:"对于原告来说,……必须避免自相矛盾,并清除、准确地说出其诉讼请求的性质和内容,因为判决是依据其在法院上所实际陈述而不是意图陈述的内容作出的,而且他先前所说后来是不能被推翻的。"[②] 这些都表明,当时普通法在程序方面存在很多问题。比如,在王室法院进行诉讼通常都需要王室令状的启动;向当事人开放的令状数目有限,亨利二世统治末期不超过 15 个,到爱德华一世统治末期才超过了 100 个;许多令状允许被告寻找很多借口来拖延诉讼,等等。[③]

即使仅与此处所列举的有限的问题相比,以上所描述的大法官法院在程序上的优势也是一览无遗。这些优势使得中世纪的大法官可以提供便捷和便宜的司法,尤其是对穷人和受压迫者。在担心不当压力时,郡长和陪审团可以被绕过去,腐败无法阻挡一次正当的听审。大法官的眼睛不会被正当程序所蒙蔽,他会深入查究事实,直至获得必要的证据。如果契据或其他文书只会带来不公正的结果,他会下令取消之;相反,如果对法定权利的执行是必要的,他又会下令披露相关文书。他可以下令履行口头合同,落实信托义务,他要确保弱者和智障者未被不公正地利用。被告不可能轻易地规避这种新的强大的司法,因为顽固者将可能被拘禁或者其财产可能被没收……通过以良心来行使这种管辖权,大法官并没有带来任何普通法所戒绝的不便。在其法院,每一个案件都会诉诸其本身的事实,大法官并不干预普通法法院遵守的一般规则。其决定只对个人有效,只对案件的当事人有拘束力,此时它还并非对其他人也有拘束力的判决记录。

五、从特别法院到普通法院

从 14 世纪开始至 15 世纪末,大法官法院的业务一直都在稳步增长,16 世纪时这种增长更为迅速,以致其门前车水马龙,室内人满为患,甚至到了难以应付的程度。

---

① S. F. C. Milsom, *Historical Foundations of the Common Law*, 2nd edn., London: Butterworths, 1981, pp.38—39.
② 〔英〕保罗·布兰德:《英格兰律师职业阶层的起源》,李红海译,北京大学出版社 2009 年版,第 4—6 页。
③ 同上书,第 55—70 页。

这种增长使得大法官法院成为了威斯敏斯特大厅第三个主要的法院(另两个分别为皇家民事法院和王座法院),随之而来的是其处理业务所涉内容也在悄悄地发生变化。

1400年左右的几十年内,典型的诉请还是诉称自己贫穷或弱势,或是抱怨说对方滥用了自己的强势地位。这与后来我们所熟悉的衡平管辖权主要针对用益权、信托等,提供实际履行、禁令等救济非常不同。比如,此时原告可以就普通法上的侵权,如殴打或过失,在大法官法院起诉,理由是被告利用其在地方上的影响阻止了普通法予以公正救济。大约同一时期,它也发展出一种针对下级市镇法院(包括伦敦市)的上诉管辖权,这些下级法院会审理一些商业方面的案件,偶尔也有侵权案件。在其他案件中,原告所寻求的救济通常与普通法上的诉讼相关:原告依普通法可能需要披露某些文件(discovery),而被告可能会依普通法要求停止此行为。

当大法官法院的业务大潮澎湃涌入之时,其主要内容还是集中在不动产领域,而这又主要集中于用益权问题。如后文所示,这类案件的数量之大,民众对于用益权要求司法保护的呼声之高,以及普通法法院对此类问题的反应之迟钝,实际上使得大法官法院在普通法和议会关于其合法性的"围剿"之下仍然能够得以幸存。尽管理论上大法官法院并不能干预普通法上的权利,但它却可以判定占有,可以保证胜诉的一方占有土地。都铎时期所确立的执行程序是向当事人签发执行令状,如果该令状未得到遵守,再向郡长发出扣押令、转移占有的执行令和协助执行令。它还可以下令保护"平静"占有('quiet'possession,以和平方式占有),或者是保护实际占有者的占有,或者是在真相查清之前下令返还以武力取得的土地占有。

正当财产权方面的管辖权蒸蒸日上之时,大法官法院在其他方面的管辖权却衰落了。它对于都市法院的上诉管辖权大部分都放弃了;在合同法领域,其最重要的业务逐渐变成了下令完成财产转移和为从抵押及罚款保函(penal bond)中解脱出来提供救济。15世纪晚期大法官法院变得相当受欢迎,这被认为对普通法法院构成了挑战,从而迫使后者必须改变自己的行事方式,这成为王座法院通过例案诉讼(action on the case)对合同法和侵权法进行深度改革和采纳衡平诉状程序的诱因之一。再者,它起初所经办的那些业务已经转至他处,常规司法系统很难处理的权力滥用或是特殊暴力事件需要最高层的关注,这类诉请加速转向全席咨议会,并成为了星宫法院(Court of Star Chamber)管辖权的基础;咨议会也找到了处理穷人案件的新办法,即建立上访法院(Court of Requests)。① 到伊丽莎白女王之时,大法官法院已经是太过忙

---

① 关于此二者,请参看 Sir J. H. Baker, *An Introduction to the English Legal History*, 4th edn., Oxford: Oxford University Press, 2002, pp. 117—120.

碌,以致根本无法处理轻微案件。此时,它实际上已不再是一个特别的法院,尽管它保留了普通法之外的诉讼程序,这一点使它区别于常规的普通法法院,并且已开始发展自己的法律原则,但它已经变成了一个民众经常诉诸的常规法院。

六、从衡平到衡平法

作为对普通法僵硬性的矫正,衡平法的实质在于它不应拘泥于任何既定的规则,而应更注重个案的事实和公正。但如果不存在任何具有内在一致性的原则,或这些原则得不到遵守,类似案件中的当事人就不可能得到类似对待,平等也就落空了,而平等是衡平法所必不可少的。约翰·塞尔登在17世纪中期曾讽刺道,如果衡平法的尺度是大法官的良心,那么我们同样可以把一英尺的标准视为大法官的脚步。圣日耳曼和托马斯·莫尔爵士都同意,主观的衡平法在一个法律体系中没有位置。圣日耳曼争辩说,大法官必须依普通法来驾驭自己的良心;他不能试图执行那些最为苛刻的良心的意旨,因为在某种意义上说诉讼必须在某个时候予以终结。因此我们看到,大法官法院并不总是像我们想象的那样打破砂锅问到底,或毫无顾忌地追求所谓的实质正义,而是有时也不会取消欺诈所导致的结果,也并不总是推翻小陪审团裁断调查之诉(attaint)中的裁断,或是被伪证罪所玷污的宣誓(wager of law)。

大法官法院适用于用益权的很多规则也并没有道德内容;受托人在良心上受到它们的约束,仅仅是因为它们是实实在在的法律。1522年的一个案件显示,一位受托人不被允许遵循其良心,而是依其受益人的指示行事;他的良心如同大法官一样,也是受法律的规制。

再者,最高立法机关制定的法律也不能因诉诸良心而被推翻。制定法可以依良心而解释,但它们不能因不合良心或一方没有意识到其效力而被大法官法院所忽略。

促使大法官规范其至上权力的另一个因素,是其管辖权成功地吸引了难以应付的诉请者。面对数以千计的诉请,他们不得不发展出一套例行的程序和观念来处理反复出现的类似案件。一直以来就存在一种向大法官申诉的程序性惯例(cursus cancellariae),这构成了这个法院的一般程序。到16世纪中期,这一惯例中逐渐纳入实体性的内容。1660年之后,有人开始对大法官法院的案件进行例行报告,为其判决发布一般性理由以及为此目的进行判例报告,最终将衡平法像普通法那样化约为了一套原则体系。

于是,衡平固化为了法律。信托和抵押都由和普通法一样清晰的规则予以规制。在合同和侵权领域,大法官法院则一般会遵循普通法:几乎不存在衡平性质的侵权,合同也不会经常受到干预,从而使之显得不那么严苛:"大法官法院不会去改变民众自己的约定。"先例在衡平法上和在普通法上一样具有拘束力,现在甚至是大法官法院一离开其既有的规则,也会感觉到困难和麻烦。的确,衡平法还是要比普通法更为灵活,因为它可以更多地考虑个案的情况,比如救济可因迟延、利益相关方的介入或原告方完全缺乏诚信而失去。指导原则看起来要比僵硬的规则更为管用:关于衡平法的第一本著作就是围绕14条最为宽泛的一般性原则构建框架的,如"平等即衡平""衡平要防止损害"等。但大法官法院对财产权问题的专注,大法官和众多衡平律师会馆领袖非同寻常的智慧和才能,以及后来其判例报告的高质量,结合起来使得衡平法如同普通法一样确定和讲究技术性。这一进程甚至已走得更远,僵硬的衡平法(rigor aequitatis)出现了,衡平法几乎丧失了发掘新理论的能力。

七、大法官法院后期实践中的缺陷

再也没什么比这样的事更具讽刺意味了:源于避免普通法程序之缺陷的衡平法院,在其后来历史中所发展出来的程序上的缺陷反过来要比普通法法院还要厉害得多。在狄更斯写作《荒凉山庄》之前的两个世纪,"大法官法院"已经与昂贵、拖沓和失望变成了同义词。但这个法院还是生存了下来,部分是因为其官员的既得利益,但更重要的还是这样的事实:昂贵和拖沓磨灭不掉希望!造成这一结果的原因在贝克看来主要包括两个方面。

首先,问题很大程度上在于,该法院一切行为的最终责任都要由大法官自己来承担。显然,如果他是全职法官的话也许会好一些,但实际上因为他的很多时间都花在了国务大事上,因而变得更加糟糕。晚至1885年,他沉重的行政事务负担才通过创设大法官办公室,由一位过去负责文秘署的国王文书办公室的秘书长负责,得到缓减,其司法实务也不可避免地被宽泛地委任了下去。但即使采取了这些措施,尚未听审或只是部分听审之案件还是在不断增长。除非是所有的相关事实都得到了确证,否则大法官不愿意提供衡平救济,这主要是因为其判决通常都是终局性的。如果某些事实缺乏,唯一能做的就是延期审理;当重新开庭时,很可能就得花更多时间来重新组织构建原来的论证。整个17和18世纪,悬而未决的案件估计达到1—2万件,处理它们所花费的时间可能会长达30年。

其次,大法官法院的官员依赖计件工资制,数以百计的文书官员中大部分都没有固定的薪金,而是从完成的每一件工作中获得报酬。客观地评价,很多这类报酬都是强索而来,两位杰出的大法官弗朗西斯·培根和麦克莱斯菲尔德勋爵(Lord Macclesfield)就因接受"礼物"而被解职。但对其下属来说,索取礼物则几乎是体面大方的。黄金或白银可以打开通往大法官法院泥沼的道路,根据长期以来形成的惯例,许多礼物变成了可以当然索要的费用,而且不会受到良心上的煎熬。鉴于诉讼中的每进一步都可以收到更多的费用,冒险变革的动力便失去了,更不用说程序性的改革了。即使有改革,其措施也遭到敌视而几乎彻底失败。官职本身就是财产,改革被视为野蛮的没收充公而遭到抵制。①

不过大法官法院的程序也并非全都一无是处,事实上,今天高等法院的程序更接近于大法官法院的程序,而不是普通法的令状制度。主事官面前的中间程序,披露程序的可用性,书面证词的使用,由法官独自审理,除赔偿损失外更多的救济形式,扣押和涉讼财产管理制度的使用,都源自于大法官法院的程序,而无法从普通法那里获得。不过到18世纪时,这些优点都被其滥用而抵消掉了。大法官法院的诉答变得冗长而复杂,为获取每一点细小的证据而精心起草的书面询问可能是阻碍而不是加快了诉讼的进程,而大部分衡平诉讼中产生的文件都是海量的。埃尔顿勋爵(Lord Elden,1801—1827年间出任大法官)就因其主政时期的这种状况而备受指责。他以拖延而知名,以致其法院被称为是"只听不审"(oyer sans terminer)。他并没有制造这些混乱,但其苛刻的司法标准与他肩上的重负不相匹配。他一直反对在辩论结束时当庭作出判决,因为他认为随着衡平诉讼的增多,律师们不像以前那样准备充分,因此他的责任是保证没有什么细节被落下。结果是,比如,Morgan v. Lord Clarendon 一案开始于1808年,到1824年时还处于中间程序阶段,例行程序走了16年,律师尚未聘请,费用却已花去了3719镑。

八、衡平法和普通法的融合

上述关于大法官法院发展中出现的问题,部分导致了19世纪关于司法体制的改革。关于司法人员的问题通过以下方法得到了处理:1813年委任了一位副大法官,1842年又委任了两位。掌卷法官的管辖权也被扩大。1833年之后,掌卷法官被授权可以和大法官同时在不同的法院开庭,当然大法官还有最终的发言权。直至1851年在大法官法院内部建立了一个上诉法院,除当时已有的衡平法官外,还有一些额外的"衡平上诉法官"。通过废除该法院大部分的官员,更深层次的问题得以解决。1842年,原来的那6名书记官被取消。1852年,卷档主事官被取消;国家动用公共财政买断了其未来的应得利益,以保证没有人在其中受到伤害。这些职位被取消,其业务得以流水作业。1852年之后,根据新的规则,案件在掌卷法官或副大法官及其"首席书记官"面前进行审理。

这些措施激励了人们对普通法和衡平法进行合并的讨论,为更为彻底的改革铺平了道路。依据1854年的《普通法程序法》,大法官法院被授权可以处理普通法问

---

① Sir J. H. Baker, *An Introduction to the English Legal History*, 4th edn., Oxford: Oxford University Press, 2002, pp.111—113. 关于其中的书记官的情况,请参见该书第100页。

题,可以使用陪审团审理事实问题,也可以判处赔偿损失;普通法法院被授权可以判定强制披露,签发禁令,在一定程度上也可以允许进行衡平答辩。这样,各个中央王室法院的工作在很大程度上就被同质化了,融合只需要迈出相对微小的一步。这一步最终还是在1865年的郡法院改革和1875年的高级法院改革中迈出了。

但这种融合只是程序性、形式性的,还是也包括实体性内容?如果普通法和衡平法之间没有区别,最终的制度应该被认为是普通法的还是衡平法?应该说,维多利亚时期立法的主要目标是程序性、形式性的融合。原来的普通法法院和大法官法院都被废除,而被整合成为高等法院(High Court of Justice),后者包括5个分庭:皇家民事分庭、财税分庭、王座分庭、大法官分庭以及遗嘱检验、海事和离婚分庭。原来普通法上复杂的令状和诉讼格式被一并取消,取而代之的是统一的简单的传票(writ of summons)。最高法院①的所有法官都被授权既可以实施普通法,也可以实施衡平法。无论哪个分庭的法官都有义务适用任何应适用于本案的规则,无论其是普通法规则还是衡平法规则。他不能回绝说,这是一个普通法问题,我无权裁断,或者这是衡平法权利,我无权管辖。高等法院中大法官分庭的建立只是出于专业分工便利的考虑,而不反映所提供救济的性质。

1875年的《司法法》基本上没有改变实体法,没有改变英国人权利的性质,没有提供新的救济措施,而只是在程序上作了彻底的改变,引进了一套新的程序性规则。这些规则部分来自于普通法,部分来自于衡平法,部分属于完全新设。②

但立法的推动者还预见到了更深层次的融合。与此相关的唯一一项直接立法规定:"在所有事务中,如果相关普通法原则和衡平法原则相悖或不同,则衡平法原则优先。"这一条款的准确含义被证明是难以捉摸的。有些法律家一开始认为普通法和衡平法之间的区别已经被间接取消了,比如普通法和衡平法上的地产权之间已经没有区别了。首任上诉法院民庭庭长掌卷法官乔治·杰塞尔爵士(Sir George Jessel)倾向于将衡平法理论合并入普通法,他曾建议可以给予合同前虚假陈述受害者一方以赔偿损失。但其继任者掌卷法官埃谢尔勋爵(Lord Esher)据说曾公开批评杰塞尔,说他"强行在上诉法院拿衡平法来取代普通法,而他和他的同事不会这样做"。③ 无论如何,到1897年时,当埃谢尔勋爵退休时,上述条款的意义显然已经微乎其微。新的救

---

① 这个最高法院指的是包括高等法院和上诉法院在内的两个法院,但不包括真正作为最高司法机构的上议院,也不同于2009年10月成立的新的、真正意义上的最高法院。

② F. W. Maitland, *Equity also the Forms of Action at Common Law*, Two Courses of Lectures, ed. A. H. Chaytor & W. J. Whittaker, Cambridge: Cambridge University Press, 1909, pp.150—151.

③ J. H. Baker, *An Introduction to the English Legal History*, 4th edition, Oxford University Press, 2007, p.114.

济措施没有再被创设。当然,如梅特兰所指出的那样,该条款本来就奠基于误解基础之上。普通法和衡平法从未相悖或有过任何不同,因为衡平法并不是一个自足的法律体系,在任何问题上衡平法都预设了普通法的存在。

因此,就这场变革的后果而言,也许贝克的说法更为中肯:虽然说出于历史的原因,衡平法已经演变为了大法官法院特有的法律,然而从一种非常宽泛的理论上说,衡平法仍然只是一条通往正义的道路而已,只是比普通法更注重案件的具体情形,更注重疑难案件而已。相当悖谬的是,当大法官法院的衡平法固化为僵硬的规则之时,普通法却已努力消减为类似抽象的衡平性的东西,结果是丧失了其明确性和确定性。因此,贝克认为,今天高等法院的大法官分庭已不再是一个良心的法院,而"是由普通法法律家进行衡平司法的场所"。①

总体而言,1875年司法改革所带来的,不仅是法院建制和人员上的合并和重新洗牌,法官司法方式上的统一化和规范化,审判程序和救济方式上的一体化,更是衡平法和普通法在实体上的融合,是它们共同作为法官法,因此区别于制定法,在新的历史起点上的新发展。

第三节　衡平法的贡献及其宪政意义

从宏观上来说,衡平法的出现无疑在**实体**上丰富了英国法的内容,英国法这条大河由于衡平法这一支流的加入而更加波涛汹涌。而在**司法的方式**上,衡平司法无疑也矫正了普通法司法的严苛和僵硬,从而使英国的司法在今天更为理性、公正和中庸。从微观上来说,正如梅特兰所指出的那样,衡平法为英国法增加了一种全新和高产的制度,即信托——它使得英国法摆脱了普通法所带来的僵硬性,从而能够"像合同一样具有极强的柔韧性"②;还为它带来了三种全新和实用的救济手段,即实际履行、禁令和对财产的司法管制③。这些都使得英国法不是远离,而是更贴近了世界其他法律体系(主要是欧陆法),并能够从后者中汲取自己所需的营养,这也是英国法为世界法律文明所作出的贡献。

至于衡平法的宪政意义,梅特兰在另一本著作中指出:大法官的司法权其实是国王不受限制之特权的体现,而衡平法经过后来的制度化,也采取了遵循先例的原则,

---

① See *Hill v. Parsons Ltd* [1971] 3 All E. R. 1345 at 1359, per Lord Denning MR. cited from J. H. Baker, *An Introduction to the English Legal History*, 4th edition, Oxford University Press, 2007, p.115.

② F. W. Maitland, *Equity also the Forms of Action at Common Law*, *Two Courses of Lectures*, ed. A. H. Chaytor & W. J. Whittaker, Cambridge: Cambridge University Press, 1909, p.23.

③ Ibid., p.22.

这就使得这种不受限制的特权和恣意、自由意志有了一个制度化的发泄或表述途径,从而缓减了这种不受限制的权力对社会的强烈冲击力,在一定意义上避免了英国走上专制的道路。

英国没有像欧陆的法国和德国那样走上专制的道路,其原因是多方面的,比如经常提及的力量均衡等。但梅特兰提到的衡平法对此的独特作用,却让我们从另外一个角度来思考这一主题。那就是,英国人试图将任何东西都制度化、规则化,甚至包括最不受规则约束的特权。我们所能反思的只能是:不知道这种民族精神或气质性的东西是一种原因,还是结果?

第四节 衡平法与普通法的关系:自足的普通法与不自足的衡平法

探讨衡平法和普通法之间的关系,对于理解衡平法的性质有很重要的意义。而在这个问题上,布莱克斯通的评论和梅特兰的演讲至今仍值得我们深思,也是我们无法绕过去的阶梯。我们不妨就顺着他们的思路来展开这个话题。

布莱克斯通认为,大法官法院所谓的衡平法实际上就是普通法,而三个古老的普通法法院的普通法在一定意义上也是衡平法。他宣称,任何力图在这两种管辖权之间划明界线的做法、任何将普通法和衡平法对立起来的观点,或者是完全错误的,或者在一定程度上是错误的。比如,有人说英格兰衡平法院的任务是缓减普通法的严苛,但实际上前者并没有争取这种权力。他还给出了普通法中许多僵硬和过时之规则的例子,但衡平法对此均无缓减。再者,有人认为衡平法院是依照规则的精神,而不是拘泥于字面来作出决定的,但布氏认为普通法法院同样如此,二者都同样应该而且都宣称要依据立法者的意图来解释制定法。还有人说,诈欺、意外和信托是衡平法院特有的管辖领域。但布氏说:所有的诈欺都同样受普通法法院管辖,而且有些诈欺只能在普通法法院审理;很多意外都可以在普通法法院得到救济;尽管普通法法院的确不受理技术上称之为信托的事务(由受限的两重用益创设),但它却受理寄托,而寄托实际上就是信托的一种。还有观点认为,衡平法院不受规则或先例的约束,法官的意见建立在每个具体案件的具体场景基础之上。但布氏认为,衡平法院是一个受先例统治的、麻烦的、相互关联的制度,它并不轻易背离其先例。最后,布氏总结道:"我们的普通法和衡平法法院,都一样是人为构建的制度体系,都建立在同样的司法和实在法的原则基础之上,但会随其诉讼的格式或形式方面的惯例有所不同:前者源自于封建习惯,这些习惯曾在撒克逊和诺曼不同时代的司法中很盛行;而后者则源自于由教士出身的大法官引入的罗马帝制和教皇的诉讼程式。二者都有所改进。"①

布莱克斯通的论述至少让我们明白,衡平法和普通法之间的差别并非想象的那么明显,二者的相似性可能还要大于其差别。但二者之间究竟是怎样的一种关系,布莱克斯通并未予以明确的表述。这个问题在梅特兰那里得到了经典和明确的表述。

关于梅特兰在这个问题上的观点,笔者将其凝练为他自己的一句话:我们不能将普通法和衡平法视为两种敌对或对立的法律体系,衡平法不是一种自足的法律体系,在每一点上它都预设了普通法的存在;而普通法是自足的。对此他解释说,如果立法说"从此取消衡平法",那么我们还可以继续过下去,并且过得不错——尽管在某些方面我们的法律可能会比较粗俗、不公正和荒谬,但我们最基本的权利还会得到保障,合同能够得到执行。而如果立法说"从此取消普通法",就必将会带来混乱。在每一点上衡平法都预设了普通法的存在,以信托为例,衡平法说甲为了乙的利益而是布莱克艾克(Blackacre,地名)的受托人是没有用的,除非有法院说甲是布莱克艾克的所有人。没有普通法的衡平法将会成为空中楼阁,将会是不可能的。

那么,衡平法之于普通法是什么地位?梅特兰解释说,我们应该将衡平法视为一种补充性的法律,一种加在我们法典之上的附录,或者写在法典周边的一种解释。简言之,即普通法和衡平法相当于法典和附件、文本和注释的关系②。他用拟人化的手法表述道,衡平法不是说,"不,不是这样的,你错了,你的规则是荒谬的、该废弃的"。而是说,"是的,你说的当然没错,但这并非事实的全部。你说甲是这块土地的所有人,毫无疑问是这样的,但我必须补充的是,他要受到所谓信托加给他的义务的限制"。基于此,梅特兰不认为任何人曾将,或会将衡平法视为一种单一的、连贯的制度,一套清楚明了的法律体系;相反它只是一套附录汇编,其内容间并不存在紧密联系。如果假定所有的法律都按照一定的顺序体系化了,我们将会发现有些章节已被衡平法作出大量的说明,而其他则基本上没有说明。如刑法、侵权法基本上没有衡平法的身影;合同法中有一些衡平法的内容,主要是实际履行、修改和取消合同等方面;而衡平法最主要的领域是财产法。

此外,梅特兰还从我们所熟悉的部门法范畴对衡平法的不自足性予以了论证。比如他说,我们不能说有一个部门法叫衡平法——就如同我们说有一个叫宪法的部门法一样;而只能说在财产法的领域中,普通法的原则占了主体,衡平法和制定法的原则也很多,而在合同法和侵权法领域中则主要是普通法的天下。虽然我们同样不

---

① F. W. Maitland, *Equity also the Forms of Action at Common Law*, Two Courses of Lectures, ed. A. H. Chaytor & W. J. Whittaker, Cambridge: Cambridge University Press, 1909, Lecture 2.
② Ibid., p.156.

能说存在一个叫普通法的部门法,但没有衡平法和制定法,普通法的原则足以构建、充实其整个财产法、合同法和侵权法的领域;而没有普通法,无论是衡平法还是制定法则都做不到这一点。

如果说布莱克斯通是从反面批判了一些关于衡平法和普通法关系的错误观点的话,那么梅特兰则是从正面给予了这种关系一个准确的定性。他的定性是如此的经典和权威,以至于直至今天我们在谈到这个问题时基本上仍然只能重复他的观点。不过,梅特兰讨论的是1875年司法改革之后的衡平法和普通法之间的关系问题,他所用到的论据和材料也是这之后的。尽管其结论对此前二者的关系也适用,但我们还是可以运用一些过去的材料对其结论予以佐证。在接下来的内容中,本书就力图尝试这种狗尾续貂式的工作;此外,还想就涉及此二者之关系的相关问题作进一步的说明和讨论。

其实布莱克斯通和梅特兰的结论都体现了这样一点,那就是其实衡平法和普通法之间,同时也包括这两种法院之间,有着极深的渊源关系。我们可以从不同历史时期、不同的事实中清楚地看到这一点。比如,当最初如13世纪各种诉请被呈贡国王并请求他施恩或网开一面时,国王的回复通常都是"让他诉诸普通法",而不是诉诸任何特别的法律。到15世纪,当大法官脱离国王及其咨议会的羁绊而自行作出判决时,他并不认为自己是在施行一种不同于英格兰法(即普通法)的法律体系。在大法官看来,他只是在正义因常规程序或人的缺陷之妨碍而无法通过正当程序获得的情况下,通过自己的途径来保证正义和法律得以实现。他不是在,而且也不可能摧毁法律(即普通法),而只是在实现它。而且,在普通法和衡平法的区别僵化之前,有证据表明大法官法院和普通法法院之间的关系曾非常和谐:两个中央普通法法院的法官经常前来文秘署提供法律意见。在1452年文秘署的一个案子中,首席法官福蒂斯丘在反驳一项法律争辩时说:"我们这里讨论的是良心,而不是法律"。到了1676年,一位大法官以下面的话来反驳衡平法完全依靠其内在良心的观念:"我审判案件所依赖的良心只是法律和政策,并与某些规范相连。"①因此,衡平法和普通法之间不是你死我活的敌对关系,而是前者协助后者的君臣辅佐关系,如梅特兰所言,衡平法不是为了摧毁普通法,而是为了更好地实现之。

但历史上的确出现过衡平法法院和普通法法院之间的矛盾。17世纪初,大法官法院开始签发禁令,禁止不道德的当事人申请执行从王座法院获得的有利于自己的判决,这直接引起了王座法院首席法官柯克和大法官埃尔斯米尔之间的争论,并最终

---

① See J. H. Baker, *An Introduction to the English Legal History*, 4th edition, Oxford University Press, 2007, p.108.

导致了詹姆士一世国王裁定衡平法优先于普通法。1875年的《司法法》第25条也规定:"在所有事务中,如果相关普通法原则和衡平法原则相悖或不同,则衡平法原则优先。"这些好像都表明,衡平法不仅不是"辅佐"普通法,相反还是高于普通法;不仅不是普通法的补充,相反还可以在实质上推翻普通法。对于前者,梅特兰分析说,大法官法院从未宣称自己高于普通法法院,从未想过向后者发出命令——就像王座法院向下级法院那样,告诉它们必须如何或不得如何,否则就推翻其程序、大法官的禁令(injunction)在理论上与命令(mandate)、禁止令(prohibition)、移卷令(criterion)非常不同,它**不是发给法官**,而是**发给当事人**。大法官不是说普通法法院的判决不对,也不是要取消它,而是说因当事人个人的原因执行此判决就是不公平的,因此你不能执行此判决。大法官法院并未宣称自己高于普通法法院,但它可以阻止当事人诉诸后者,而后者不能阻止人们前往大法官法院。对于后者,贝克认为,上述《司法法》条款的准确含义被证明是难以捉摸的:有些法律家认为普通法和衡平法之间的区别一开始就已经被间接取消了,而有些则认为还存在。而梅特兰则认为,该条款本来就奠基于误解基础之上:普通法和衡平法从未相悖或有任何不同,因为衡平法并不是一个自足的法律体系,在任何问题上衡平法都预设了普通法的存在。无论如何,到19世纪末,该条款的意义显然已经微乎其微。其间和后来虽然也不乏对判决不满之律师诉诸该条款,但并没有判决因此条款而被推翻过。梅特兰曾专门用一个专题(Lecture XII),通过1875年之后的很多实例,来具体讲述与此条款相关而体现出来的衡平法和普通法之间的差异,其最终的结论是所谓衡平法优先于普通法的说法几乎没有出现过,因此其先前的结论仍然成立。

但衡平法和普通法之间的关联与协调性并不能抹杀它们的不同,也只有在了解了这些不同之后才能够更好地理解它们之间现今的这种和谐关系。在笔者看来,这些不同主要体现在衡平法的三个特性上:程序上的灵活性和强制性;救济上的广泛性和实用性;更注重个案的具体事实和场景,注重实质正义。而衡平法之所以有这三方面的特点,这跟大法官司法权的来源有关。前文已经述及,大法官的权力最终来源于国王的保留司法权,而国王司法不受通常的程序和形式的限制,可以直接触及案件的实质,并提供任何他认为合适和可能的救济。因此大法官可以拥有更为宽泛的自由裁量权,可以突破法律形式和程序方面的限制,为当事人提供更为广泛和实用的司法救济。

首先来看程序上的灵活性和强制性。在大法官法院诉讼不需要起始令状,所有的诉讼都以诉状或口头等非正式的申诉开始。之后是签发强行拘传令,这其实只是一个简单要求被告在文秘署出庭(否则将会受罚)的通知,与起始令状的强烈格式行要求非常不同。诉讼过程中,大法官会要求被告宣誓逐句回答原告的指控①。诉答采用英文,且不像普通法那样讲究技巧性。它不必为某一个单独的争点而另开诉讼;证据可以通过询问或书证方式获得;不使用陪审团,法院会收集相关信息直至他们认为已适合采取行动。大法官法院不受开庭日、回程日等限制,它可以在任何地方开庭,案件也可以委托他人在法院之外的地方进行审理。大法官的眼睛不会被所谓正当程序所蒙蔽,他会深入查究事实直至获得必要的证据。如果契据或其他文书只会带来不公正的结果,他会下令取消之;相反,如果对法定权利的执行是必要的,他又会下令披露相关文书。他可以下令履行口头合同,落实信托义务。他要确保弱者和智障者未被不公正地利用。被告不可能轻易地规避这种新的强大的司法,因为顽固者将可能被拘禁或者其财产可能被没收。

具体到用益权和信托事务,大法官的程序是非常适合处理这类事务的。因为这些事务中更多涉及的不是法律文书等形式方面的东西,而是受托人基于委托人之信任而作出的承诺,是良心问题,而非法律问题。很显然,作为一种并不强迫甚至是不允许被告提供证据的制度,一种要将每一个事实问题都提交陪审团进行裁断的制度,普通法是无法充分应对这类信任关系的。而教会法院一直都在采用宗教谴责、惩罚和革除教籍的方式惩罚违背信托关系者。如此,在很大程度上采纳了教会法院程序的大法官法院就被认为较之普通法法院,更适合来落实处理用益权、信托和信任关系方面的事务。

另外,在高等法院成立后,新程序中的很多内容都来自于大法官法院,如披露程序、书面证词、涉讼财产之管理等,都源自于大法官法院而非普通法。这些都从不同方面表明,衡平法和普通法采取了非常不同的程序。

其次是普通法受令状和诉讼格式的限制,所提供的救济方式是特定因而也是有限的。比如在合同中最主要的救济是赔偿损失,而有时赔偿损失对当事人来说意义不大——譬如保管人拒不返还对寄托人来说具有纪念意义的物品,这时普通法法院就无能为力了。而衡平法院则可以强制对方当事人实际履行,这样的救济在某些场合要比赔偿损失更为务实。禁令同样为大法官法院所广泛使用,它可以用来强制某当事人为或不得为某种行为。后来大法官法院更发展出一种"一般禁令",它适用于当其他法院的程序无法保证实质正义之时,大法官将会以此责成当事人停止相关行为——包括执行普通法法院判决。对于争议财产予以司法管理同样如此。显然,衡平法的这些救济不像普通法那样是依据令状和诉讼格式来被动提供的,而是根据案件的实际情况所需而定。如果说前者是产品决定市场,那么后者就是市场决定产品,

---

① 这是一种源于教会法院的简易程序,曾被用于镇压异端。

显然后者更容易实现正义。

最后,大法官法院更为注重实质正义,更注重个案的具体事实和场景。相比较而言,大法官关注得更多的是个案而不是一般性规则,而且在接受遵循先例原则之前,其法院的判决都只是针对本案当事人,而不具有任何普遍的效力。他集法官与陪审团的角色于一体,当良心要求他对手头的特定案件进行深入探究之时,他并不在法律与事实之间作截然的区分。这一点部分解释了衡平法法律理论的发展为何如此缓慢。在大部分案件中,法院的目的都是像未来的陪审团那样厘清案件的是非曲直,而不是适用法律规则。这也解释了为什么大法官的司法被视为好像高于另两个不那么灵活的法院。① 大法官不受那些为各种不公正遮风挡雨的僵硬程序的限制,他的法院是一个良心法院,在这里被告会被强迫做案件实际情况要求其依良心所应该做的一切。

这三点使得大法官的司法和普通法法院的司法在方式上产生了很大的差别,但这些差别并不能证成它们二者所适用的实体性规则也不一样。我们所看到的只是,对于同一套甚至是同一条规则,如果你得到的案件事实信息不同,你能够将事实和法律结合的程度、最终所得到的判决也必定是不同的。而衡平法如果说和普通法之间有任何差别的话,其实并不主要在于实体性的规则方面,尽管衡平法也的确形成了一些不同于普通法的实体规则,而在于它们对待案件事实的态度,和因此而在发现事实方面所花费的精力:衡平法要刨根问底,为此甚至要"刮蹭"当事人的良心(scrape his conscience)让其说出事实的真相;而普通法只是简单地、一股脑地将这些交给了陪审团去完成,而自己则专注于对规则的发展。而其后果则是我们都已经看到的:衡平法虽然灵活但却可能产生,事实上也却曾产生过专断和腐败,而普通法虽然墨守成规,却成为了英国民众权利和自由的守护者;衡平法终究只发展出一些支离破碎和抽象的原则,而普通法则形成了成型的规则体系,并占据了财产、合同和侵权三大基本的私法领域。因此,衡平法和普通法之间的区别不是实体法意义上,而是司法方式上的——这也解释了这二者为什么最终能够合二为一的原因所在。

因此,在衡平法与普通法的关系问题上,梅特兰的观点仍然有效:普通法和衡平法不是两种敌对或对立的法律体系,衡平法不是一种自足的法律体系,在每一点上它都预设了普通法的存在;而普通法是自足的。普通法和衡平法相当于法典和附件、文本和注释的关系。它们之间的差别最主要还体现在司法方式方面。

---

① Sir J. H. Baker, *An Introduction to English Legal History*, Oxford: Oxford University Press, 2007, pp. 106—107.

第四章 制 定 法

除普通法和衡平法外,制定法也是英国法中一种非常重要的渊源,但由于作为判例法意义上的普通法的特殊性,我们却几乎忘却了在英国,在英美法系还有制定法这种东西。而本部分内容就在于揭示英国制定法的基本情况,以纠正上述有意无意的误解,为真正理解英国法打下基础。

第一节 历 史 发 展

英国的制定法有着漫长的发展历史,最晚从6世纪开始,就有了日耳曼人编纂的法典,此后历朝历代都有众多制定法出台。这些法典因所处时代不同而体现出了不同的特点。下面本书就将沿着历史发展的脉络,来对英国制定法的发展进行梳理,以求更好地理解这一主题。

一、盎格鲁—撒克逊时期:宣示既有的习惯,奠定后世普通法的实体内容

从6世纪一直绵延到11世纪,英格兰制定法的数量并不少,著名者如埃塞伯特、霍瑟尔、伊德里克、威特里德、伊尼、阿尔弗雷德、奥法、长者爱德华、艾塞尔斯坦、爱德蒙、爱德加、艾塞尔雷德及克努特等国王,都颁布有自己的法典。[①]

就这些"立法"的内容而言,如贝克所言,主要是宣示已有的习惯[②]——尽管并不排除国王可以通过敕令等"立法"之外的形式来体现自己的意志。但这并不意味着这些"立法"就与后世的普通法没有联系;相反,从一定意义上可以说这些法律为后来的普通法提供了很多实体内容。通常说普通法源于日耳曼法,就是基于这一点。关于这一点,布莱克斯通在其《英格兰法释评》有过讨论:到阿尔弗雷德大王之时,他对当

[①] 参见 F. W. Maitland, *Constitutional History of England*, Cambridge: Cambridge University Press, 1946, pp.1—3.

[②] Sir J. H. Baker, *An Introduction to English Legal History*, Oxford: Oxford University Press, 2007, p.205.需要指出的是,这绝不意味着当时就没有任何创制新法的努力及其成果,事实上很多国王也在发布体现自己意志的命令,这些无疑就不属于单纯的对过去习惯的肯认。

时的习惯法进行了汇编,这被认为是奠定了后世英格兰习惯法或普通法的基础,因为其中已经包含了后来普通法的许多格言、对轻罪的惩罚和司法程序方面的内容。到忏悔者爱德华国王时,他又在阿尔弗雷德大王的基础上对王国的法律进行了重新整理和统一,这一法律就是后世普通法的基础。而这些法律就是诺曼人到来之后本土英国人所力争维持的,也是后世历代国王在内忧外患所迫之时所经常承诺维持和恢复的东西。它们经受住了罗马法的反复冲击,并在后者致使大陆诸国失去政治自由之时提升而不是贬抑了英格兰的自由宪制。这就是英格兰古老而弥足珍贵的习惯,就是它们,构成了后来英格兰普通法的实质性内容。

二、从诺曼征服到 14 世纪中期:创制普通法,奠定普通法的基础

对于诺曼征服之后到 14 世纪前的制定法,我们要给予重点关注。因为此时的制定法不仅区别于此前盎格鲁—撒克逊时期的法律,而且与后来的制定法也非常不同。更为重要的是,从一定意义上可以说,正是它们"创制"了后来的普通法,或者说奠定了普通法的基础。笔者将其特点归纳如下:

第一,很多立法具有开创性和奠基性,其所关注的多为深刻和恒久的利益,所确立的规则或原则多为后世法律的根基性内容。①

比如亨利二世的《克拉伦敦法》(1166)就被认为是创设了新近侵占之诉②,《北安普顿法》(1176)被认为是创设了收回继承地诉之诉③——这两种诉讼格式不仅是后来贯穿整个中世纪英格兰地产权法的重要诉讼形式,而且还在实质上将占有——原来只是事实——"升格"为了一种权利④。此外,在一定意义上可以说正是它们引入了陪审制——亨利二世通过它们将过去的宣誓调查(sworn inquest)引入了民事、刑事司法过程中。爱德华一世时的《封地买卖法》(1290 年)则废除了次级分封,取而代之以同级转让,从而终结了土地的分封制度;《附条件赠与法》(1285 年)也为地产权的处置确立了基本模式——从非限嗣继承发展为限嗣继承;《永久管业法》(1279 年)则禁止将土地转让于教会从而成为死手财产。此外,早期的令状也可归入"立法"的范畴,因为它在不断地提供新的救济方式,因而影响到实体权利的发展。考虑到后来普

---

① 参见 F. W. Maitland, *Constitutional History of England*, Cambridge: Cambridge University Press, 1946, pp.189—190.

② 参见 S. F. C. Milsom, *Historical Foundations of the Common Law*, London: Butterworths, 1981, p.138.

③ Ibid., p.135.

④ 有关占有从事实转变为权利的问题,请参见 Sir F. Pollock & F. W. Maitland, *The History of English Law Before the Time of Edward I*, vol.2, Cambridge: Cambridge University Press, 1968, pp.29—80.

通法所使用的绝大部分令状都是在14世纪之前确立的①,作为"立法"的令状在奠基普通法方面所起的作用也是显而易见的。

英国法律史学界的一个基本共识是,普通法的形成和奠基是在从亨利二世到爱德华一世的这段时期。斯塔布斯告诉我们,爱德华一世时期是英格兰法律定型化的时期。黑尔认为,这一时期是英格兰法律发生重大变化和突飞猛进的时代。② 而奠基普通法的,不止是我们所熟悉的王室法官(通过总结司法经验形成共识、遵循先例),还有国王及其御前会议(通过立法),甚至还包括普通的民众(通过陪审的形式向法官提供有关地方习惯法的信息);也不止其至不主要是所谓的"判例"(因为这一时期显然不存在遵循先例的原则,尽管的确存在这种做法),还包括制定法和令状,甚至是国王临时的耳提面命。因此普通法是一个多种力量共同作用的结果,是集体智慧的结晶,而制定法便是这其中的力量之一。因此贝克说,诺曼和安茹时期的制定法并非意在改变普通法,而在一定意义上是创制之。③ 正是在这个意义上我们说,14世纪以前的制定法创制了普通法。

如果拿这一时期的制定法与14世纪之后的制定法相比较,它的上述特点就更加显著了,因为后来的制定法已逐渐开始陷入琐细的泥沼。如爱德华三世和理查二世时就有规范劳工工资、不同阶层男女所穿服饰等商品之价格的制定法。④ 到18世纪,制定法关注琐细问题的这一特点体现得更为明显。据梅特兰统计,1786年当年有一半多的公共事务法(public act)是关于诸如批准在某市某条街道铺设道路等琐细事务的,而允许张三和李四离婚、批准王五归化入籍的私人事务法(private act)就更不用说了。如果查看18世纪的任何一册制定法汇编,都会发现其篇目相当巨大。但仔细审视又会发现,任何可在最严格意义上称之为立法的东西及任何对一般性法律规则的改动,当时又要比今天少得多,甚至少于头三位爱德华国王在位之时。⑤ 尽管19世纪

---

① 包括后来普通法所涵盖的财产、契约、侵权和刑法等领域的基本令状在14世纪前都已确立——这也是普通法得以形成的一个标志。以后新创制的令状多为对这些基本令状的补充。参见屈文生:《令状制度研究》,华东政法大学2009年博士学位论文,第92页。作者将令状的定型化时期定位于爱德华一世驾崩的1307年。

② 此处斯塔布斯和黑尔的观点,均转引自 H. D. Hazeltine, "The Interpretation of Law by English Medieval Courts", as an introduction or general preface, in T. F. T. Plucknett, *Statutes and Their Interpretation in the first half of the fourteenth century*, Cambridge: Cambridge University Press, 1922, pp. xx—xxi.

③ 参见 Sir J. H. Baker, *An Introduction to English Legal History*, Oxford: Oxford University Press, 2007, p. 204.

④ 参见 F. W. Maitland, *Constitutional History of England*, Cambridge: Cambridge University Press, 1946, p. 189.

⑤ Ibid., pp. 382—383.

时议会的上述做法有所改变①,但其制定法已不再是经常性地**确立恒久性的原则**,而只是**确立某一类事务**如归化入籍的**一般性规则**。

一般而言,当人类社会活动中的基本交往规则已经确立和被表述后,剩下的也就只能是对其进行修修补补了。这令我们想起了丘吉尔对亨利二世的评论:"他奠定了习惯法的基础,使后人得以在此基础上添砖加瓦,其'图案'会有所变化,但'外形'不会发生任何变化。"②还让我们想起了罗马法,它在很早的时候就已经对商品社会的基本交往规则进行了令人难以置信的发现和卓越的表述,以致后世的相关立法都只能以之为基础。14 世纪之前的制定法为英格兰所做的,就类似于亨利二世的功绩,类似于罗马法于后世欧陆法的作用。

第二,司法性很强,无论在立法还是在司法(解释)方面,普通法法官对于此时的制定法都有很大的影响力。

我们首先来看立法。直到亨利七世之前,国王加咨议会(King in Council)都在整个王国的治理过程中起着主导作用,而且 14 世纪中期以前,立法和司法的区别并不明显③,再加上法官(主要指三个中央王室法院的法官)一直都是咨议会的重要成员④,因此,在王国的治理采用近代的分权体制之前,就有这样一些人既参与了法律的制定,随后又在实施这些法律。这些人是国王的近臣、王国的高级官员,在某些时候你可以称之为行政官员,在另一些时候他们又是王室的法官。因此,准确地说,并不是王室法官影响了当时的制定法,而是当时有一批王室重臣对制定法的产生有着直接影响,而这批人恰好也在作为法官实施、适用这些制定法。

具体来说,就法律的制定而言,法官对制定法的影响主要集中在两个方面。一是他们作为咨议会成员参与立法讨论,因而会直接影响到制定法的内容和含义。这一

---

① 议会此时放弃了"管理"这个国家的努力,而开始制定有关这些"杂事"的一般性规则,并将其工作部分委托给法院,部分委托给官员、国务大臣和专门的委员会,这些个人或机构因而被授予新的制定法上的权力。参见 F. W. Maitland, *Constitutional History of England*, Cambridge: Cambridge University Press, 1946, p. 384.

② 〔英〕W. 丘吉尔:《英语国家史略》,上卷,薛力敏、林林译,林葆梅校,新华出版社 1985 年版,第 206 页。

③ 参见 T. F. T. Plucknett, *A Concise History of the Common Law*, Rochester: the Lawyers Co-operative Publishing Company, 1929, p. 296.

④ 咨议会的前身可以追溯到诺曼王朝和亨利二世的御前会议,今天则演变为枢密院。其职能主要是为国王提供咨询,在一定意义上可将国王加咨议会看做后世三权分立体制中的"行政"分支。无论过去还是今天,咨议会的成员多为王国政府或司法部门的现任或曾经的高级官员。关于咨议会的情况,贝克在其《英格兰法律史导论》第七章结尾提供了一些参考文献,如 W. S. Holdsworth, *A History of English Law*, Vol. I, 2nd edn., London: Methuen & Co Ltd, 1925, pp. 477—580; J. F. Baldwin, *The King's Council in England during the Middle Ages*, Oxford: The Clarendon Press, 1913. 但也请参见 F. W. Maitland, *Constitutional History of England*, Cambridge: Cambridge University Press, 1946, pp. 60—64, 91—96, 199—203, 216—221, 387—390, 400—407。

点我们可以拿普拉克内特引用的亨纳姆法官(Hengham,1309 年之前皇家民事法院的首席法官)的例子来证明。在一个涉及继承问题的案件中亨纳姆法官说:"我们在议会中一致同意,如果令状中未提及此妻子,则她不能被法院所接受。"他就解决了这个难题。当律师提议对另一制定法进行解释之时,他又给出了一个权威的答复:"不要解释那一法律,因为我们比你更懂它,那是我们制定的。"① 法官参与法律制定的事实显然无可争议。二是法官参与了制定法法案的起草。贝克曾谈及中世纪制定法的制定情况。当时很多制定法的动议都发端于民众的请愿,这也是为什么他会说当时的立法经常是基于个案而产生。② 这种请愿在咨议会讨论通过后——一般是国王和咨议会决定赋予某种救济,再由法官、书记官依此决定来起草相应的法律草案,然后交由国王御准签署,最终作为具有制定法效力的法律规范出现。③ 这种"事后立法"完全可能导致最终的法律文本和民众起初的请愿差之千里,也因此后来立法程序发生重大变革:呈递于国王的不再是一纸请愿书,而是按照制定法形式起草好的、供国王与议会讨论和修改的法案。这成了常规的做法,并在亨利七世时为许多重要法律的制定所采用。④

再来看法官在司法过程中对制定法的影响。这也主要体现在两个方面。首先是对制定法的解释。普拉克内特对于 14 世纪中期以前制定法解释问题的研究表明,此时法官对于制定法的解释并无定规,而是体现出了很大的随意性。有时他们会进行严格的字面解释,有时又会予以很大的扩张,有时又大大缩小了制定法的适用范围,有时还会直接拒绝某法的适用——在他们认为合适时可以完全置制定法于不顾。如果理性要求他们忽视制定法中的某些语词,他们只是平静地将之放置一边,法官和律师都不会去探讨诸如制定法和立法的性质、议会主权、普通法至上、司法的职能及所有其他现代人看来感兴趣的话题。而且判定制定法无效也不会像今天这样引起轰动,对案件审判进行报告的人也是将之作为一般事项予以报告,并没有对此表现出多少差异,或感觉多有问题。更为重要的是,法官们并不对其上述做法进行多少解释,也不为之提供任何法理或政治理论上的依据,也不像我们想象的那样或今天所见到

---

① 本案发生在 1305 年,参见 Sir J. H. Baker, *An Introduction to English Legal History*, Oxford: Oxford University Press, 2007, p.209; T. F. T. Plucknett, *A Concise History of the Common Law*, Rochester: the Lawyers Co-operative Publishing Company, 1929, p.299.

② 参见 Sir J. H. Baker, *An Introduction to English Legal History*, Oxford: Oxford University Press, 2007, p.204.

③ Ibid., p.206.

④ 参见 F. W. Maitland, *Constitutional History of England*, Cambridge: Cambridge University Press, 1946, p.189.

的那样进行严格的法律推理。① 这种随意和极不规范的做法显然会影响到制定法的实际效果,而且反映出在法官的心目中,此时制定法同其他法律渊源如习惯并无太大不同,都是法官处理案件时的规范来源,都可以为法官所剪裁使用并加工而产生出新的规则。尽管这涉及的是法律解释问题,但其随意性却直接导致了法官可以且确实公开造法,普拉克内特就引用了两个这方面的例子,分别来自于前述亨纳姆法官和其后继者贝福德(Bereford)。② 而由咨议会通过审判案件而得出普遍性规则的例子更是不胜枚举。③

由此来到了法官通过司法影响制定法的第二点,即很多议会立法经常是个案的结果。不能否认,无论何时何地,都有很多制定法是立法者的主动行为,但在中世纪的英格兰,也有很多制定法是基于个案而产生的。贝克提到了1285年的《附条件赠与法》(*De Donis Conditionalibus*):这是一部关于普通法地产权制度的基础性法律,限嗣继承地产权即由此而起。但其缘起却是因为很多受赠人中途将受赠土地予以了转让,从而使得赠与人的意图落空,也使受赠人的继承人(他们获得土地也是赠与人的意图之一)的权利受到损害。法官在司法实践中碰到很多这样的案件,再加上赠与人的请愿,最终才导致了该法的产生。④ 对于用益权制度和信托有着重大影响的1535年的《用益权法》(*Statute of Uses*)也同样如此。⑤ 尽管针对社会问题进行相应立法并不是什么稀罕事,但这一段时期的特殊性则在于,很多制定法是基于民众的请愿和法官的司法实践而通过的,是对所发生之问题的一个积极回应,主要是提供相应的救济措施。布莱克斯通所谓的救济性制定法基本上就属于这种情况。⑥

综上,14世纪中期以前英格兰的制定法体现出强烈的司法性特征,这主要体现在法官在立法和司法过程中对制定法的产生起到了重要作用。14世纪中期之后,随着

---

① 参见 T. F. T. Plucknett, *A Concise History of the Common Law*, Rochester: the Lawyers Co-operative Publishing Company, 1929, p. 296;也参见 T. F. T. Plucknett, *Statutes and Their Interpretation in the first half of the fourteenth century*, Cambridge: Cambridge University Press, 1922, p. 70.

② 亨纳姆法官首先私下里向法院书记官们提出一条极具重要性的一般性规则,然后又在本开庭期剩下的时间里适用了该规则。这种程序问题并非不重要,因为在14世纪中期结束时,程序问题已只能通过制定法来改变。贝福德法官则直接说,"通过此决定(关于一项承认并声明正当性的答辩),我们将为王国制定一项法律。"参见 T. F. T. Plucknett, *Statutes and Their Interpretation in the First Half of the Fourteenth Century*, Cambridge: Cambridge University Press, 1922, p. 22.

③ 参见 ibid., pp. 22—25.

④ 参见 Sir J. H. Baker, *An Introduction to English Legal History*, Oxford: Oxford University Press, 2007, p. 204 and note 66; pp. 273—274.

⑤ Ibid., pp. 255—257.

⑥ 布莱克斯通曾将制定法分为宣示性和救济性两类,都是针对普通法而言。参见 Sir W. Blackstone, 86—87 *Commentaries* I.

议会的不断成长及其体制的不断完善,立法和司法的区分开始变得明显起来,司法也逐渐趋于独立,形势逐渐趋向于今天的格局。相应地,英国制定法中的司法性特征也趋于消失,迈入了近代化的门槛。

三、14 世纪中期到光荣革命:走向规范

在经历了 14 世纪中期之前的不规范之后,英格兰制定法的发展开始步入了正轨,一切都逐渐变得类似今天的做法。首先,爱德华三世时(1327—1377)平民开始形成独立的下议院;1400 年后,任何立法都必须经平民同意的原则得以确立;1407 年,今天议会的议事程序最终确立,立法议案由贵族和平民分别讨论,只有在二者都通过后才能提交国王御准。① 其次,在法案的起草方面,过去是由法官或书记官事后依咨议会针对请愿所作之决定起草法律,在都铎时期则转变为由专人事先准备好法律草案供议会讨论。② 再者,从 14 世纪中期开始,立法和司法的分工开始明确化,法官对于制定法的解释也从此前的"随意"转向了严肃,对制定法的解释也逐渐形成一套明确的规则。普通法法官开始更为严格地解释制定法,而之前他们衡平性质的自由裁量权则转给了衡平法院和咨议会。③

尽管这一时期制定法在形式和程序上逐渐趋于规范化和近代化,但其在实体内容上却没有太多特色。换言之,在普通法已经形成之后,制定法已经很难再像此前那样对英格兰的法律起到奠基性的作用;在社会交往的基础性规则已经形成之后,它也很难再去关注任何恒久性的利益和法律关系。相反,就实体内容而言,它与光荣革命之后的制定法更为一脉相承,即更多的是以单行法的形式关注社会生活的某一个具体方面,具体的问题。当然这并不意味着这一时期就没有重要的制定法,事实上,爱德华三世时关于叛逆的制定法、亨利八世时的用益权法的重要性和意义,丝毫不亚于爱德华一世甚至是亨利二世时的任何立法。只是相对而言,这一时期更多的制定法都比较"平庸",有更多的法律都属于"平凡的大多数"。

---

① 参见 Sir J. H. Baker, *An Introduction to English Legal History*, Oxford: Oxford University Press, 2007, pp. 205—206.
② Ibid., pp. 206—207;又见 F. W. Maitland, *Constitutional History of England*, Cambridge: Cambridge University Press, 1946, p. 189.
③ 参见 T. F. T. Plucknett, *A Concise History of the Common Law*, Rochester: the Lawyers Co-operative Publishing Company, 1929, pp. 296—299; Sir J. H. Baker, *An Introduction to English Legal History*, Oxford: Oxford University Press, 2007, p. 204, note 66; pp. 209—210.

四、18 世纪:事无巨细,对国王权力的高度警惕[①]

18 世纪英格兰制定法最大的特点就是,关注细节和具体问题的制定法占了很大比例。当年梅特兰在讲课时曾经拿 1786 年的制定法清单为例,当年有 160 项公共事务法和 60 项私人事务法。其中有一些公共事务法的主题为:有关在黑弗灵建立一所济贫院的法律、使国王批准在马盖特修建一所剧院的法律、有关在米德尔塞克斯修建一所教养院的法律、有关克莱德·马林协会改组为社团的法律、有关铺设切尔滕纳姆镇街道的法律、有关拓宽博德明自治市道路的法律,等等。足有一半的公共事务法是有关这类微不足道的地方性事务的。

关于私人事务法,涉及的则是一些特定的个人:有关归化安德烈亚斯·埃默里赫的法律、有关使科尔内留斯·萨维吉采用图顿姓氏的法律、有关更正卡姆尔福德勋爵及夫人婚姻财产处置文书中错误的法律、有关使威廉·弗赖伊的监护人可以出租其地产的法律、有关解除乔纳森·特威斯和弗朗西斯·多里尔之间婚姻关系的法律,等等。此外还有几乎难以计数的制定法是涉及圈占这块或那块公用地的。所以,有人倾向于把 18 世纪称为特别法的世纪。

梅特兰认为,此时的制定法看来是害怕上升到一个一般性陈述的层次。它不会说,"所有的公用地都可以依此一般性规则被圈占""如果充分了这些或那些条件,所有外国人都可以被归化""所有的自治市都将有拓宽其道路的权力""如果妻子的通奸行为被证实,那么所有的婚姻都可以被解除"。实际上,它处理的是这块公用地和那桩婚姻。

梅特兰将此归结为议会对国王的嫉妒:建立专门的委员会并授权其可批准圈占公用地或拓宽道路,使国务大臣可以归化为外国人,都将会提升国王的主导地位和影响力。事实上,光荣革命在一劳永逸地终结了国王在颁发谕令和批准豁免适用法律方面的权力后,议会就力图通过制定法的形式来亲自完成这些工作。它力图规范社会生活的方方面面,因此制定了大量特权法(*Privilegia*)而不是一般性的制定法(*Leges*)。18 世纪任何一年的制定法汇编其篇目都相当巨大,显然当时议会完成的工作要比今天多得多。但仔细审视又会发现,任何可在最严格意义上称之为立法的东西及任何对一般性法律规则的改动,当时又要比今天少得多。18 世纪英国制定法所显示出来的特点,是和当时及此前的政治背景密切关联的。当这一切烟消云散之后,当议会和国王的对立不再成其为问题之时,制定法便又恢复了它本应具备的特征。

[①] 本部分内容主要参考了梅特兰关于宪政史的讲义,具体参见 F. W. Maitland, *Constitutional History of England*, Cambridge: Cambridge University Press, 1946, pp. 382—383.

五、19 世纪至今：回归正常，关于具体事务的一般性规则

随着时间的推移，议会对国王已不再像原来那样满腹狐疑，因为与 18 世纪君主立宪体制刚刚确立而国王还不时地想恢复昔日的权力相比，"国王"已逐渐成为一种非常不同的东西，权力受到限制。这种变化是慢慢发生的，但自 1832 年的《改革法》之后不久，它就变得非常明显了。议会开始以非凡的活力进行立法，要对王国的法律予以全面修订——刑法、财产法、程序法，法律的每一个部门。大约也是这个时期，它放弃了"管理"这个国家的努力，不再说哪块公用地应被圈占、什么道路应被拓宽、什么自治市应有领薪的警察长，等等；而开始制定有关这些事务的一般性规则，并将其工作部分委托给法院，部分委托给官员、国务大臣和专门的委员会——这些个人或机构因此而被授予新的制定法上的权力。①

因此，19 世纪是英国社会立法非常活跃的时期，也是政治体制发生重大变革的时代：议会更多地只是制定社会事务的一般性规则，具体的落实则留给了政府官员或专门的委员会。相应地，其制定法的特点区别于 18 世纪的事无巨细，但同时也不同于 14 世纪中期之前的奠基性和关注恒久利益，而是限于某类事务的一般性规定。毕竟，奠基性的工作早已为前人所完成，恒久性的利益和原则也早已被关注和表述过，今天所需要做的只是在具体的领域体现之。

第二节 英国制定法的特点

在对英国制定法进行历史考察之后，我们还需要从总体上对其特点进行总结和描述。接下来，笔者将采用与大陆法法典或制定法相对比的叙述方法，来对英国制定法的总体特点进行描述。

一、数量之多，汗牛充栋

英国制定法数量之巨，远超出想象。据李秀清教授的统计，盎格鲁—撒克逊时期存在 14 部法典。② 诺曼征服之后，英格兰开始拥有更多的成文性质的法律，综合性立法如《威廉一世之法》《亨利一世之法》、亨利二世的《克拉伦敦宪章》和约翰王时期的《大宪章》等，单行性立法如威廉一世将教会法院和世俗法院相分离的立法、亨利二世

---

① 参见 F. W. Maitland, *Constitutional History of England*, Cambridge: Cambridge University Press, 1946, p.384.
② 李秀清：《日耳曼法研究》，商务印书馆 2005 年版，第 80—98 页。

的《克拉伦敦法》《北安普顿法》《武装法》等。1215 年之后英格兰的制定法就都有了记录。① 出版于 1810—1825 年间的《王国制定法大全》(Statutes of the Realm,以下简称《大全》),据称就涵盖了 1235—1713 年英格兰全部的制定法,共 11 卷,分 12 册。

至于今天,我们可以来看一组来自于英国官方的制定法网站的数据,并将之与我国的立法情况相比较。

表 1 英国与中国立法情况比较

国别	立法年度	立法机关	立法种类	立法数量	
英国	2004—2008	UK Parliament	Public General Act	181	
		UK Parliament	Local UK act	16	
		Scottish Parliament	Act	71	
		Welsh Assembly	Measure	2	
		Northern Ireland Assembly	Act	16	
		Church of England	Measure	7	
		King in Council	Order in Council	121	
		总计		414	
中国	2003—2008(一个五年的任期)	第十届全国人民代表大会及其常务委员会	宪法修正案、法律、法律解释和有关法律问题的决定	审议	通过
				106	100

注:以上关于英国的数据来源于英国制定法官方网站:"英国制定法数据库",http://www.statutelaw.gov.uk/Home.aspx(最后访问时间:2009-8-23);中国的数据来源于吴邦国委员长在十一届全国人大一次会议上作的关于全国人大常委会工作的报告,资料来源:http://npc.people.com.cn/GB/28320/116286/6973842.html(最后访问时间:2009-8-23)。

在上表中,我收集了中英两国在五年内的立法数据。从表中可以看出,这五年内英国立法的总数达到了 414 件,而我国人大的立法只有 100 件。排除行政性质的枢密院君令(Order in Council,由国王在咨议会颁布,类似但并不完全相当于我们的行政法规),也还有 293 项立法;即使再排除英国国教会、威尔士、苏格兰和爱尔兰议会的立法,英国议会的立法还有 197 项,仍然多出同时期我国全国人大立法几乎一倍。

这其中也许还应该考虑制定法内容的不同所带来的双方在数量上的差别,如我国人大的立法多为某一领域的综合性立法,而英国议会的立法则多为具体性的内容。但毫无疑问,上述所引我国的立法数据中也有具体性的立法,如法律解释和有关法律问题的决定,尽管它可能数量有限。政治体制上的差别以及由此所带来的立法种类上的差别给这里的对比带来了困难,但这并不影响前面所得出的基本结论:作为普通

---

① 贝克简要地追溯过英格兰制定法的记录保管史:1484 年之前全为手抄记录,而且多为私人收藏;此后,法律即通过印刷出版,1508 年后由国王指定的印刷机构负责印刷;1500 年后手抄本消失。Sir. J. H. Baker, *An Introduction to English Legal History*, Oxford: Oxford University Press, 2007, pp. 178—179.

法传统的英国,其制定法的数量并不像我们想象的那么少!

综上,在英国制定法数量的问题上大致可以得出以下结论:英国制定法的数量其实非常多,至少超出了我们通常的想象。当然这其中随时代变迁会有一些变化,比如在立宪政体确立之前或 19 世纪之前,英国的制定法数目并不是特别多,这可能跟当时的社会治理方式及由此导致的对制定法的需求较少也有关系。而 19 世纪之后,则出现了立法的狂飙突进。今天,英国以及任何英美法系国家,几乎都可以适用梅利曼的下述断言:加州一个州的法典可能比任何一个大陆法系国家的全部法典还要多。①

那么,在判例法传统的英国为什么会有这么多制定法?其一大概是因为很多事情都必须依制定法或由议会决定后方能运行,所以要立法。② 如预算的批准和划拨、(过去)常备军的维持等,这些事务是不能依普通法来展开的。而且这类事务需要由议会,而不是政府,每年都表决一次,因此很多制定法在内容上实际上是重复的,且其效力只有一年,如过去对常备军的维持就需要议会每年都通过法律予以批准,预算方面的法律同样如此,因此需要经过议会每年的批准。这些都大大增加了英国制定法的数量。

其二是因为英国的议会无所不能,它具备就任何事情进行立法的可能性,而且它也在亲身实践着这种可能性。自 13 世纪末议会出现到光荣革命,它逐渐获得了至上的地位,可以处理一切事情,无论是宏观的立法,中观的有关某类事务之一般性规则的制定,还是微观的个案,如褫夺某人公权、允许某夫妻离婚、准许某某使用某个姓氏等,无一不可。有谚尝言,英国议会除了不能将男人变成女人、女人变成男人,其他任何事情都可以做到,足见其权力、能力之大。③ 所以它几乎可以就任何事情制定法律,而且事实上也确曾这么做过,今天也只是在必要时才将权力授予政府官员或法官,这种授予并不影响它觉得在必要时予以收回。职业性的议员和更长的会期使得英国议会制定数量众多的法律成为了可能。④ 而在我国的人民代表大会体制下,其成员组成和议事规程都决定了它不可能制定出很多法律来。在这种情况下,人大及其常委会就只能制定更为重要的法律,更多的事务是留给了政府去完成。

---

① 〔美〕约翰·亨利·梅利曼:《大陆法系》,顾培东、禄正平译,知识出版社 1984 年版,第 29 页。
② 实际上这也是法治政府的表现:政策意向需要经过法律程序变为法律后才能运行,而不是直接以政策治理国家。
③ 有关英国议会至上理论历代的简短论述,请参看 Sir J. H. Baker, *An Introduction to English Legal History*, Oxford: Oxford University Press, 2007, pp.208—209;有关英国议会的发展历程,请参看 F. W. Maitland, *Constitutional History of England*, Cambridge: Cambridge University Press, 1946;有关英国议会至上的理论,请参看〔英〕戴雪:《英宪精义》,雷宾南译,中国法制出版社 2001 年版,第一编,关于议会主权的部分。
④ 英国议会每年开会两次;第一会期从 3 月末开始,到 8 月初结束;第二会期从 10 月底开始,到 12 月圣诞节前结束。会期总共为 7 个月左右。

其三,英国议会将大部分权力留给了自己,而授予政府部门的权力比较小,导致很多事务的处理都需要议会立法。这部分反映的是英国议会对政府部门的不放心。这种不放心,如前所述,源自于光荣革命后议会对国王复辟的狐疑和警惕。因此,有很多事情在我们看来仅需行政法规或行政规章就可以办妥,但他们都必须要以议会制定法的形式出现。如 2009 年为应对金融危机,英国议会出台了有关给予工业和出口金融支持的法律(Industry and Exports [Financial Support] Act,2009)。而相应地在中国,最多就是行政法规层面由国务院发布十大产业振兴规划、支持中小企业发展所需的金融服务等,还有很多还只是规章层面地方政府颁布刺激经济措施。还有一个例子是 1906 年的《狗法》(Dogs act),其内容是关于养狗问题的,包括养狗人的义务、流浪狗的处置等,内容非常详细,而这些事务在我们这里根本不可能拿到全国人民代表大会或其常务委员会去讨论。看看英国的制定法汇编,仅从其标题看,此类琐细的事务俯拾皆是。

这几个方面决定了英国的制定法数量不可能不多。实际上它的很多制定法都只具有形式上的意义,即法治的原则要求这类事务的处理必须依照制定法,而其实质内容则显得不是那么重要了。尽管英国议会通过的所有文件并非全都体现为制定法,有时也体现为决定或其他,但体现为制定法的文献的比例要远大于我们全国人大及其常委会的制定法比例,这可能也是导致其制定法数量远多于我们的原因之一。

二、鸿篇巨制,深入细节

英国不仅制定法数量多,而且近代以来很多制定法的篇幅也很长。在我所考察过的近年来的英国的制定法中,动辄上百页 A4 纸,洋洋万言者,比比皆是。而目前我所见过的最长的制定法,为 2009 年的《公司税法》(Corporation Tax Act),共 1128 页,308 710 个英文单词。

这么长的篇幅在欧陆法传统下是很少见的,即使长如《德国民法典》也未必能与之匹敌。原因何在?这可能跟英国制定法的结构和它所关注的问题有关。首先,在很多制定法中,即使是在每一部分,都要对本部分所使用到的相关术语进行详尽的解释,以明确其含义。这就要花掉很大篇幅。其次,它关注的问题过细,篇幅自然会拖得很长。比如本法的简短引用名称、生效日期、对其他相关法律之相关条文的修改或废止等。此外,一般每项制定法都会有很多附件。这些都使英国的制定法变得相当冗长。再者,在英国的议会体制中,为了使某项非财税法案在上议院通过,有时下议院会在其中夹带一些财税方面的条款,这样会使得法案顺利通过。这些夹带条款无形中也会增加制定法的篇幅——尽管这种情况发生的频率和夹带条款对篇幅增加的贡献还有待进一步的研究。①

有人曾拿英美的制定法与合同来类比,认为这里的立法者是在以律师起草合同的方式起草制定法②,这是很有道理的。不过这是从立法的技巧上来说的,至于制定法如此细致入微的其他原因,茨威格特和克茨认为,"在欧洲立法者满足于使用单个综合性概念的场合,英国立法者……会使用五个没有增加任何意义的特殊词语",而这仅仅是为了约束法官。波洛克也认为,18世纪末英国的立法技术是"尽可能多地堆砌有意义和无意义的辞藻,希望在这种大量的词汇堆砌中,确保制定法意图的安全"。③ 这种对于被授权者,包括政府官员和法官的不信任,还体现在英国国会还专门制定了一部关于法律解释的法律,即1889年(最新版本为1978年)的《法律解释法》(Interpretation Act),该法对如何解释法律予以一般性规范,类似于我们的《立法法》对立法进行规范一样。

琐细、冗长的制定法肯定为大陆的立法者所不屑,但必须承认,它在法律的明确化和可操作性方面都要高于大陆法传统下的立法。因此,你很少看到这些制定法还需要像我国那样由国务院颁布条例予以细化,或由最高法院发布司法解释来指示其应该如何适用。④ 而其缺点则可能是使得法律越来越复杂,当事人越来越需要法律专家的帮助。詹姆士·古迪(James Goudie)将英国现行制定法的缺点归纳为难于查找和难以理解两方面,而他及其他人所提出的改进建议,也都集中于立法技巧方面。⑤但显然,立法技术背后是对于相同问题的不同解决思路,是对于规则的不同表述习惯,是通过法律实现对社会治理的不同理念及其实践的反映。

最后,尽管近代以来的制定法一般都很长,但中世纪的制定法却并非总是如此,相反,很多都非常简短。典型的中世纪制定法一般都要花很长的篇幅来阐述立法的理由,即解释所出现的社会问题、陈述民众的请愿,然后可能只用一两句话来宣布国王所提供的解决办法。如《封地买卖法》拉丁文原文差不多一页,《附条件赠与法》拉

---

① 这一点是陈绪刚博士提醒的,而且他认为这种情况在美国国会中也是存在的。具体这方面的情况请参看 F. W. Maitland, *Constitutional History of England*, Cambridge: Cambridge University Press, 1946, pp. 310—311.

② Williston, *Contracts*, VII, 2nd. ed., 1938, 6 III. 转引自〔德〕K. 茨威格特、H. 克茨:《比较法总论》,潘汉典等译,法律出版社2003年版,第388页。

③ 同上书,第387页。

④ 在这个意义上,你很难说英国的法官在解释今天的制定法时,至少是大部分制定法时享有比欧陆更大的自由裁量权。

⑤ J. Goudie, "The Paper Chase", in *Counsel*, June 1991, p.8; A. Samuels, "How to do it properly", in *Statute Law Review*, 1997, pp.58—64. 两者都转引自 M. Zander, *The Law-Making Process*, 6th edn., Cambridge: Cambridge University Press, 2004, *The Law-Making Process*, 6th edn., Cambridge: Cambridge University Press, 2004, pp.124—126.

丁文原文为三页,等等,都是这样。这是下面所提到的救济性立法和构建性立法之间的不同,前者在过去非常常见,而后者则多见于近代之后。

三、宣示性和救济性立法,多于正面规范性立法

所谓正面、积极地对行为予以规范,就是立法者通过主动为民众设立正面的行为模式以供其遵循,由此来达到治理社会之目的。在立法思想上,这是理性主义的思路,总体上为欧陆法国家所采用,具体可以欧陆法传统下各国的法典、物权法定原则、传统中国的礼(如其"亲亲""尊尊"的原则)等为例。这种治理模式的最大好处是,如果这些法律能够得到很好的遵循,那么社会的一体化程度会很高,秩序也应该会不错。但其最大的问题在于,它没有也不可能充分考虑到民众自身需求的多样性和复杂性,因而所提供的行为模式菜单可能会比较有限,可能导致民众或者为了自己的需求而不断突破现行法律的规定,或者受到法律的强力压制而无法进行更充分有效的社会交往,从而影响社会的发展。①

而在普通法传统之下,人们认为法律不是被制定出来的,而是被发现的,即使议会的制定法也是如此,只是其发现者为议会而非法官而已。这种发现必须来源于民众日常的社会生活,必须从他们的日常行为中进行总结、得出规律,而法律无非是这些规律的反映而已。当然这并不意味着你不可以对民众这些日常的行为方式进行限制和规范——事实上很多制定法都在这样做;而只是说制定法并不能取代民众自己来为他们选择行为的方式,因为这在一定意义上相当于对民众自由和权利的剥夺。

在这种思想指导下,法官和议会都只是在发现法律,尽管其发现和表述的方式并不相同,其成果分别体现为普通法和制定法。因此,如同普通法一样,制定法在很大程度上也是对法律的宣示;当然,它也可能是出于明确化的目的对普通法本身的宣示。随着议会逐渐在英国取得至上的地位,议会制定法也可以对普通法予以修正、补充或救济,这是由普通法自身的局限性,如令状的僵化所导致的。所以英国的制定法多为宣示性和救济性的,它宣示的是法律或者普通法自身,救济的是普通法所带来的不便和问题。在布莱克斯通那里,对英国制定法的分类有一种就是宣示性的制定法和救济性的制定法,而没有在这个标准下提及其他类型,便充分体现了英国制定法的这一特点。②

需要指出的是,只要有对社会的治理,构建性的、正面规范性的制定法就必定存

---

① 关于理性主义的治国思路,请参看李猛:《除魔的世界与禁欲者的守护神:韦伯社会理论中的"英国法"问题》,载《法律与价值》,"思想与社会"第1辑,上海三联书店2002年版,第154—163页。
② 另一种分类是公共事务法和私人事务法,参见 Sir W. Blackstone, 86—87 Commentaries I.

在,无论古今,不别中西。同样,宣示性、救济性的制定法也是无处不在。不同的只是二者谁占主导和优势,这反映了一个社会基本的治理理念。事实上,自19世纪以降,随着国家对社会的干预日趋增多,构建性的、正面规范性的制定法在英国也越来越多,这从近代以来制定法的内容就可以看得清楚。但在此前,英国的制定法还是以宣示性和救济性的规范为主,这从上述布莱克斯通写作于18世纪后半期的著作只将制定法作此分类就可以看得清楚。

四、综合性、法典式立法少,单行法多

尽管法典的概念异常复杂①,但从法律史上来看,就形式而言,立法的产品大致可以分为三类:第一类是名为法典实为法律汇编的法律大全或法律全书,以古代两河流域的法典、罗马的《十二表法》及中世纪前期日耳曼人的法典为代表,其至还可以包括18世纪末的《普鲁士国家普通邦法》;第二类是体现一定或相当编纂技巧的综合性法典,如优士丁尼的《国法大全》、1804年的《法国民法典》和1900年的《德国民法典》及现代各国的民法典,也包括当今各国的宪法典、刑法典、诉讼法典、商法典等;第三类是单行法,即其所涉范围没有法典大而仅限于某一方面的问题,如我国的《劳动合同法》《行政许可法》等。

我们可以将盎格鲁—撒克逊时期的法典归入第一类,它们在总体上属于日耳曼法典的一个支系,这其至还可以包括后来亨利二世的《克拉伦敦宪章》、约翰王时期的《大宪章》等。但就诺曼征服之后英国历代的制定法而言,基本上都属于第三类,而很少有上述第二类法典,即以《德国民法典》为典范的、欧陆法传统引以为骄傲的法典。这其中的原因可能还是跟法律传统有关。

必须承认,以民法典为代表的法典化是大陆法的传统,而这种传统真正开始于罗马法。至于罗马法法典化的原因,在我看来与当时的政治状况,即帝制后期的专制,有极大关系,专制政体对于法律的统一有着极大的需求,而法典的形式正好可以满足这一点。萨维尼的说法也许可以证成这一点:当罗马国家生气勃勃发展时罗马法并没有编纂法典,法典是罗马衰落时期的产品,它是与国家的衰亡同时发生的。② 此外,古典时期罗马法学的高度发展及官方开始法典编纂之前法学家私人编纂法典的活

---

① 封丽霞曾总结法典的概念及分类达10余种之多,参见封丽霞:《法典编纂论》,清华大学出版社2002年版,第7—16页。
② 参见〔英〕G. P. 古奇:《十九世纪历史学与历史学家》(上册),耿淡如译,商务印书馆1997年版,第35—43页。

动,也为罗马法最终的法典化提供了强有力的智力支持。① 后来,罗马法以《国法大全》形式在中世纪的复兴,各国为实现法律统一而对罗马法的继受及以罗马法为基础的法律学术在各国的深入展开,都使得法典化的传统完整地延续了下来。新的民族国家的政权显然也需要法律的统一,而法典在满足这一要求的同时又完全可以成为法律发展的新起点。在这样的传统支配之下,再加上法典自身的优势,如更易于法律明确化、更便于移植等,欧陆走上法典化的道路便是自然而然的事了。

而英国则走了一条完全不同的道路。诺曼征服之后,英国同样面临法律统一的问题,但普通法的发展为我们提供了另外一种法律统一的可能性。必须清楚的是,法律的统一化绝不只有法典化一条道路:普通法是通过司法,包括统一的中央法院、统一的法官、统一的诉讼格式和程序、全国范围内的巡回审判等,来实现对于法律的统一的,它并没有借助罗马法的法典化形式——尽管有可能部分或些许借鉴了其实体内容。更为重要的是,英国的这一切都是和罗马法的复兴同步进行的。因此,在法律的统一已通过其他方式完成之后,在已经存在一个主要的不成文的普通法法律体系,在社会的各个主要方面已有普通法予以规范之时,制定法起到的最多只是宣示和补救普通法的作用。此时,这个国家为什么还需要法典?

因此,英国并不存在类似于《德国民法典》那样的制定法,也没有宪法典、刑法典,它甚至很少有契约法、侵权法、财产法这样以大陆民法典某一编为基础的制定法。它的制定法几乎完全是单行性的法律,处理的都是某一方面的事务或某一特定问题,如关于叛逆罪、用益权、英格兰制定法在爱尔兰的效力,等等,诸如此类,不一而足。

但英国的确也有一些某一方面具有一定综合性的制定法,也未尝不可以称之为"法典"。如前述提到的《公司税法》,在笔者看来,无论是实质内容,还是篇幅、结构,它和我国相关制定法都非常类似。笔者从实质内容上来说,它也有一般的原则性规定(如第二部分),也对公司的不同身份(如是否在本土进行注册)进行了区别对待,也涉及核算周期问题,也对公司不同种类的收入来源进行分别规定,也有例外规定,等等。就形式方面而言,也有相互参照,后面条款中某术语的含义参见前文者比比皆是;而且从大纲层次也能看清整部法律的编排结构,断然不像我们曾经想象的那样杂乱无章。如果说它和大陆法的法典有什么不同的话,那就是它太细了,这种琐细的程度多数情况下甚至超过了我们的合同。在这一点上,又很难称之为法典。

所以,所谓法典与否,在一定意义上只是一个规则整合的程度和方式的问题,包

---

① 法典从一定意义上来说是一个智力产品。如萨维尼就曾将法律的发展分为习惯法、学术法和法典法三个阶段,法典法是学术法之后才出现的。罗马帝国后期的法典和近代德国的民法典都是在各自的法律学术发展到相当高程度之后的产物。

括所涉主题的范围大小(即综合性程度)、规则表述的抽象程度(法律技术方面)、体系化程度,等等。而实现这些通常又需要法学家的加工和提炼,但在不同时期、不同法律传统下,法学家介入的程度以及他们所使用的方法都有很大差别,由此导致法典形式迥异。即使大陆法传统下的法典也不是一成不变,而是有一个发展演变的历程,《国法大全》《法国民法典》与《德国民法典》三者之间的差别,其至要超过今天英国制定法与大陆法系制定法的差别。如果将大陆法传统下的法典定位于《德国民法典》,那英国的确不存在这样的东西;但作为大陆法传统主体的单行法,英国还是存在的——尽管这两种单行法之间也存在不小的区别。

五、制定法不是法律发展的起点,而只是为了澄清或明确规范

当论及制定法是法律发展的起点时,笔者指的是以下情况:即就该制定法所涉问题而言,自本制定法出台后,与此问题相关的法律的发展都要在此制定法的基础上展开,而此前的法律将很少或几乎不会再被考虑。据说优士丁尼皇帝在编纂完其法典后将此前所用到的材料付之一炬,一方面是表明此后帝国的全部法律都统一于此,另一方面也说明他的法典将是日后法律发展的基础。《法国民法典》和《德国民法典》颁布之后也有同样的效果:此后两国民法的发展,无论是通过修订法典本身,还是通过判例的方法,还是法律学说的发展,都是以这两部法典为基础的。不独如此,这种法典的影响甚至会超越本国之范围而扩及他国。毫不夸张地说,19或20世纪之后直至今天,大陆法诸国民法典的发展几乎完全是建立在这两部民法典的基础之上。[①]

从法学研究的角度看也大抵如此,尽管研究者仍然可以,时而的确诉诸法典颁行之前更早的法律材料。在法典出现之前,古罗马的法学呈现出多元化的特点,并且存在两大对立的法学流派:萨宾派和普卢库罗斯派。12世纪罗马法复兴之时,先后兴起的三个学派却都只能以《国法大全》为基础,后来德国历史法学中的罗马法学也主要是以《学说汇纂》为基础。20世纪之后大陆法传统之下的许多国家民法理论的发展,又都是建立在德国民法典基础之上。

因此,在大陆法传统下,法典因其汇集了先前优秀的法律成果,包括政治层面立法者对规则的认识、揭示、选择,和法学研究层面法学家对这些规则的表述等,而成为某一时代、某一地域法律成就的集大成者,它没有理由不成为法律发展的新起点。这不仅是一个传统的问题,而且是一个法律发展的成本问题:很显然,看集大成的东西要比你重新收集先前的资料更为经济和有效。

[①] 关于这一点,请参见〔德〕K. 茨威格特、H. 克茨:《比较法总论》,潘汉典等译,法律出版社2003年版,第145—149、225—230页,第八、十三、十四章。

但在普通法传统之下,一切完全不同。法律是被发现而非被制定出来的,判例和制定法都只是这些发现活动的成果。按照经典普通法理论的观点,普通法是历代智慧和集体智慧的结晶,任何个人或单个的法律成果都不能说自己就终结,哪怕是局部或阶段性地终结了法律的发展。① 用柯克的话说就是,没有人会比普通法更聪明,因为一个人不会比历代智者的总和还聪明。② 因此,在英国,制定法更多只是为了宣示或救济普通法,或者对某一领域进行规范,而不可能像大陆法的法典那样穷尽某一领域过去法律已有的发展。在这里,无论是法官还是法学家,在解释法律或对法律进行表述之时,随时都可以并且时刻准备着追溯到过去的判例,甚至是回到布莱克斯通这样的英国法集大成者之前。③

第三节 普通法与制定法的关系:"水和油"抑或"水与乳"

一、水和油:传统的观点

在英美法律界,传统的观点认为普通法和制定法是两种非常不同的法律渊源,根本不能等同视之。这些差别主要体现为:普通法是由法官在司法实践中"创制"或"发现"——的,而制定法则是议会"制定"的。普通法源于民众的社会生活,是对其规律的总结,体现的是规律性的内容;而制定法则根基于政策和人的意志,带有临时性、意志性甚至是武断性。普通法更多体现的是整个法律体系中的基本原则,因此可以从此案类推到彼案,事实上普通法也主要是通过这种方式实现发展的;而制定法由于不是扎根于原则,因此不能将制定法条款类推适用于普通法,在某些情况下甚至不能类推适用于其他制定法条款。④ 普通法并无明确的边界,而制定法的适用范围一般都由其自身的条款予以了明确的限定⑤……

这些说法在笔者看来多少充斥着意识形态的色彩,其中的很多结论很难说就是事实。比如就法律作为社会运行的规律而言,很难说法官的"发现"就不会或没有掺

---

① G. J. Postema, *Bentham and the Common Law Tradition*, Oxford: Clarendon Press, 1968, p.64.
② Sir E. Coke, I *Institutes*, sect. 138.
③ 毫无疑问,布莱克斯通是英国法的集大成者,但他的著作只是以普通法经典的形式出现的,显然不是任何制定法性质的东西,而且也没有终结判例的作用。
④ J. Beatson, "The Role of Statute in the Development of Common Law Doctrine", 117 *Law Quarterly Review*, 2001, p.248.
⑤ T. Allan, *Law, Liberty and Justice*, 1993, pp.79, 81. 转引自 J. Beatson, "The Role of Statute in the Development of Common Law Doctrine", 117 *Law Quarterly Review*, 2001, p.248.

杂个人意志;而议会的"制定"就完全是人意志作用的结果,而没有建立在对社会规律之认识的基础上。而某些普通法原则本身就来源于制定法的史实证伪了上述的很多结论。因此,英美法律界就普通法和制定法关系的这些传统观点,与其说是事实,还不如说是信念,是这个共同体千百年来一直秉持和延续的基本信念和价值观。

也许正是由于这种信念和价值观,导致很多法律家,包括法官、律师和法学家等,对制定法采取了一种漠然置之的态度。庞德(R. Pound)曾对此有如下描述:

> 今天美国法的一个并非不显著的特点是,我们有着太多的立法,而另一方面法院和律师却对此漠不关心。法律教科书的编写者们认真地从最偏远的角落里收集来那些已遭废弃的判例并加以引用,却很少去引用制定法——除非是那些已经成为我们美国普通法一部分的界碑式的制定法;即使引用制定法,也是通过司法判决来适用的。同样,法院倾向于对重要的制定法置之不理:不止是裁决其为宣示性的,而且有时候会悄无声息地认定其为宣示性的而不给出任何理由,他们只是引用先前的判例而并不提及相关的制定法……[1]

剑桥大学法律系的公法学者艾伦(T. Allan)认为:制定法在制定之时要考虑到既有普通法规则的存在,在这个意义上制定法会受到普通法的影响;而普通法则有着更为深厚的法律原则基础,因此并不受制定法的影响。彼特森将艾伦的这种说法归纳为一种单向度的影响,"尽管普通法原则会注入制定法之中——除非后者明文排除之或明确与之相悖,但一般情况下制定法不应影响普通法。"[2]

类似的说法还有很多,反映出来的都是一种对于制定法的敌视和警惕态度,即普通法法律家们生怕议会通过制定法侵蚀自己的权力而忙不迭地要和制定法保持距离,甚至是划清界限。这被彼特森形象地比喻为"油和水"的关系,即制定法和普通法就像油和水,二者源出不同,并肩流淌,彼此独立。[3]

那么普通法法律家们为什么会对制定法抱有这样一种心态?这和普通法法律职业阶层的兴起和发展密切相关。普通法法律职业阶层的兴起大概开始于13世纪的英格兰,作为其核心代表的是王室法官,其后又包括围绕在伦敦中央王室法院周围而出现的普通法律师。王室法官本来是国王的臣仆,是国王委以行使国王固有司法权

---

[1] 这里庞德部分地引用了他人的看法,参见 R. Pound, "Common Law and Legislation", 21 *Harv. L. Rev.*, 1908, p.383.

[2] J. Beatson, "The Role of Statute in the Development of Common Law Doctrine", 117 *Law Quarterly Review*, 2001, p.248.

[3] J. Beatson, "Has the Common Law a Future?", 56 *The Cambridge Law Journal*, 1997, p.300.

的王室官员,但一些机缘和因素①使得他们逐渐趋于独立。有关该独立过程经常提及的一个例子是,12世纪后半期格兰维尔的著作中还引用了优士丁尼《法学阶梯》中的话"皇帝的命令就是法律",而到13世纪中期布拉克顿在他的著作中则提出,"国王不在任何人之下,但却在上帝和法律之下"。布兰德的研究也表明,法律的技术化和专业化使得普通法律师开始在13世纪兴起,并且和王室法官一道形成了一个分享某种共同知识、遵循某些共同职业伦理规范的共同体。从一定意义上说,正是这个群体阻止了罗马法在英格兰的复兴②,并且在后来垄断了英格兰的法律事务,掌控了英格兰法律的发展。

但这个生发于国王却又竭力独立于国王的阶层,在十六七世纪却面临了空前的生存危机。都铎和斯图亚特王朝的专制,衡平法院、咨议会等特权法院作为行使国王所保留之司法权的机构对普通法法院管辖权的侵蚀,以及这两类法院之间的对立,王权相对于以前任何时代,尤其是此前的约克和兰开斯特王朝的强大,使得普通法法官和国王、司法和国王之间的关系必须予以重新明确。司法权本源自于国王,但普通法法律家们却总是力图主张自己的独立地位。这种紧张在16世纪末17世纪初就有过许多表现③,但其顶点却是那场众所周知的、詹姆士一世国王和柯克之间面对面的冲突。其结果是柯克被免职,普通法传统和普通法法律职业阶层面临前所未有的危机。

正是在这样的背景下,普通法法律家们才开始全面、集中、认真地论证普通法的基本理论问题,即普通法的本质,其正当性、合理性,普通法和制定法,因而也是和主权者之间的关系,等等,是为经典普通法理论。就和制定法的关系而言,经典普通法理论主要是通过说明普通法与制定法之间的不同、普通法自身的优点等,来与制定法划清界线,这也是彼特森"油和水"关系说的实质。这些观点经过柯克、黑尔和布莱克斯通的论证、发展和完善,为英美的普通法法律家们所继承和接受,并成为了他们的

---

① 比如令状、格式诉讼所带来的法律技术化、专门化,实际上提高了诉讼的难度,为法律的专业化、职业化"创造"了前提。关于这一点可参见〔英〕保罗·布兰德:《英格兰律师职业阶层的起源》,李红海译,北京大学出版社2009年版,第3章。

② F. W. Maitland, *English Law and Renaissance*, Rede Lecture(1901), Cambridge: Cambridge University Press, 1901, pp.20—35.

③ 典型者如大法官埃尔斯米尔与王座法院首席法官柯克之间曾就衡平法和普通法何者优先的问题发生过激烈冲突,并提交国王詹姆士一世裁决,后者决定衡平法优先于普通法。当时大法官曾发出"禁令",禁止某当事人在普通法法院提起或继续诉讼,或者停止执行当事人已在普通法法院获得的生效判决,这导致了衡平法和普通法之间的冲突。柯克认为,大法官无权粗暴地禁止在普通法法院管辖诉讼的继续进行,或禁止执行普通法法院依合法方式作出的判决,借此对普通法法院的审判进行干预。埃尔斯米尔则答道:"如果普通法法院作出的一项判决是依靠压迫、错误和昧着良心取得的,大法官就要挫败它,并把它们搁到一边。这样做不是由于判决中的任何错误或缺陷,而是由于当事人一方昧着良心。"

基本信念。①

彼特森用油和水来比喻制定法和普通法的关系,主要强调的是这二者之间的相互独立,这在前文已有论述。除此之外,为经典普通法理论同样强调(至少是述及)但却并未为彼特森所明示的一点是,在普通法法律家那里,普通法是高于制定法的。恰如日常所见,油总是浮于水上,并且彼此相对分离。在这个意义上,彼特森的油和水的隐喻其实恰好地体现了经典普通法理论中关于普通法和制定法之关系的内涵:一方面,二者相互分离,彼此独立;另一方面,普通法还高于制定法,是制定法的基础,如水处于油之下那样——尽管彼特森自己并未对这后一点予以明示。下面笔者将集中讨论这后一点。

关于普通法高于制定法的观点,可以举出许多理论和实际的例子。

首先是实践方面。在普拉克内特对13—14世纪中期英国制定法的解释进行的研究中,可以发现很多有关普通法高于制定法的"蛛丝马迹"。13世纪晚期和14世纪早期,某些法官作为咨议会成员曾参与了某些法律的制定,而后来他们又在司法过程中来解释这些他们制定的法律。他们有时进行严格的字面解释,有时进行了很大的扩张,有时又大大缩小了制定法的适用范围,有时还会直接拒绝该法的适用,合适时会完全置制定法于不顾……如普拉克内特所言,至少在这一时期,法官的司法并不规范,制定法之于法官只是他判案时的一种规范来源、一种资料而已,而这种来源或资料未必就比习惯、国王的令状等具有更高的神圣性、权威性。因此,此时法官对制定法的形塑不仅是可能的,而且作用还很大:可以扩大、缩小,也可以不适用,甚至还可能宣布其为无效。在这样的背景下,法官高于制定法、普通法高于制定法的结论完全是可以被接受的。

实践方面另外的典型事例是17世纪的博纳姆案(Bonham's case)和后来美国联邦最高法院的司法审查权。② 在博纳姆案中,柯克引用了14世纪的先例说,"在很多情

---

① 认为关于普通法的基本理论,其中就包括关于普通法和制定法的关系,是由以柯克、黑尔为代表的经典普通法理论家们形成的,还存在一个反例:在柯克之前,基本上不存在关于普通法的系统理论;尽管格兰维尔、理查·菲茨·尼尔在其《财政署对话录》中曾就森林法作为国王意志反映的特别法和普通法之关系进行过论述,霍尔特在其《大宪章》中曾有部分引用(参见〔英〕霍尔特:《大宪章》,毕竞悦、李红海、苗文龙译,北京大学出版社2010年版,第75页)、布拉克顿、圣日耳曼(据说其关于普通法的学说掺杂了自然法的思想)、福蒂斯丘(主要是在和法国法对比过程中予以阐述的)等都曾有过相关论述。其原因在我看来可能在于,早期立法和司法的分工并不像后来那样明显,普通法法官不仅司法,而且也参与甚至是主宰、起草立法,他们和国王之间的对立尚不明显,也没有感觉到明显的生存压力,因此也很难有动力去为了生存而探讨、论证自己的合理性。

② 关于此二者,一个简单的办法是参看〔美〕爱德华·S. 考文:《美国宪法的"高级法"背景》,强世功译,生活·读书·新知三联书店1996年版。但关于博纳姆案的详情,可参看 T. F. T. Plucknett, "Bonham's Case and Judicial Review", 40 *Harvard Law Review*, 1926—1927, pp.30—70。

况下,普通法会审查议会的法令,有时会裁定这些法令完全无效,因为当一项议会的法令有悖于共同理性、权利或自相矛盾或不能实施时,普通法将对其审查并裁定无效。"①如普拉克内特所言,后来有些英国的判例接受了这一理论;尽管18世纪时它又被平静地抛弃了,但却被美国接受了,形成了司法审查的制度。只要法官可以审查制定法的效力,只要遵循先例的原则还在起作用,就可以说普通法高于制定法的结论是有意义的。

再来看理论方面的支持。经典普通法理论家就认为普通法高于或优于制定法,之所以如此,是和他们对法律概念的理解直接相关的。经典普通法理论认为,法律并不是人意志的反映,而是对社会生活规律和人们生活习惯、规则的揭示和体现。换言之,法律是被发现的,而不是被制定的。不仅普通法如此,制定法也一样,它们之间的不同仅在于揭示者是法官还是立法者,和揭示之后果的体现形式是判例还是制定法。

问题恰恰在于,议会立法这种形式在完成揭示社会生活规律方面存在很多缺陷。如,与边沁完全相反,柯克和布莱克斯通都认为导致英国法混乱、不一致和不公正的唯一,或至少主要事由,是议会立法而不是普通法。之所以如此,布莱克斯通认为这是因为议会立法存在某些内在而绝非偶然的缺陷,主要体现在:作为议会立法之核心的人的意志具有临时性和武断性,而不是对现存社会秩序的理性反思,因此无法保证其合理性。更为糟糕的是,议员变动不居,无法保证其产品形成一个内在一致的合理体系;而不像普通法那样必须从先前的资源如判例中寻找规则,并以此为出发点对手头案件所适用的规则予以重新表述,因而可以保持规范的一贯性和连续性。

更为严重的是,布莱克斯通认为,制定法威胁到了法律的性质及其所提供的自由。他说,制定法是最高权力之行使显而易见的表征,但司法决定并非权力之行使而是对其所发现之既存秩序的报告。该秩序并不是创设的,也非从民众共同生活之外强加,而是自发形成的,而法律是对这一生活秩序的表述,因此法律应使自由成为可能,而非对自由的限制。在此意义上,普通法可以说来源于民众并建基于民众的同意之上,这种同意要比代议制之同意深刻得多,因为它来自于这样一种认同感:规制其生活的规则是他自己的规则,它们限定其生活、赋予其空间和含义,且早已施行并根深蒂固,以致对他来说完全是自然而然的。

因此,从传统的角度而言,制定法与经典普通法理论家们所认可的法并不一致,在他们看来制定法甚至不能算做法,因为它并没有符合经典普通法理论上述关于法的定义。但自17世纪以来,经典普通法理论的上述观念已经开始受到挑战。人们发

---

① 〔美〕爱德华·S.考文:《美国宪法的"高级法"背景》,强世功译,生活·读书·新知三联书店1996年版,第63页。

现，一些人可以通过行使其意志而创制法律，法律不仅被视为现存社会甚至是自然秩序的正式和公开的表述，而且还是改变或重生这一秩序的工具。这样的现实让经典普通法理论不得不为制定法在其理论体系中重新寻找合适的位置。在这方面，黑尔的说法更具有说服力。

黑尔认为，法要成其为法，不在于其产生或引入既有法律体系的方式，而在于其现实的权威基础，即要为民众在社会生活的实践，自然也包括司法实践中使用、检验并接受。如果不能为民众所接受，那么无论这种"法"宣称自己有多高的权威、来自于何处，都只能是一纸具文。他解释说，今天的普通法有很大一部分实际上起初来自于制定法，但后来它们被吸收进了普通法，成为了普通法的一部分，从而成为了真正的法。今天英格兰的法律中有很多规则起初是来自于罗马法或教会法的，但这并不意味着认可罗马或教会的权威；它们之所以能够成为普通法法律，是因为这些规则为实践所接受从而融入到了法律中。习惯或习惯法同样如此。并不是所有的习惯都成了普通法，它们也有一个被选择、被吸纳或被放弃的过程。制定法也不例外，它也需要接受实践的检验，并在既有的法律体系中找到自己的位置，才能真正具有效力。①

而所谓普通法，就是这些在民众社会生活中真正起作用的规则的总和。制定法要想真正成为法，就必须为社会实践、为普通法所接纳。在这个意义上，较之于制定法，普通法更具有基础性、权威性，因而也可以说是如自然法一般地高于制定法、实在法。

显然，与柯克和布莱克斯通比起来，黑尔的解释更为圆满也更能让人信服。它使得普通法高于制定法的观点在理论上得到了强有力的论证。

综上，在普通法和制定法的关系问题上，英美法律界传统上采取了彼特森所谓的"油（制定法）和水（普通法）"的关系说，即：普通法和制定法彼此分离，各自独立；普通法是制定法的基础，因此在一定程度上高于制定法。这种传统观点至今甚至还在主宰着今天的英美法律界，但其根源则在于普通法法律职业阶层为了自身的独立而"人为"地和制定法划清界线，在于以柯克为代表的经典普通法理论家们对于普通法立场的极力维护。

二、真实的谎言：对油水关系说的批判

但源自于经典普通法理论家们的这种"顾影自怜"，其实从一开始就遭到了质疑和反对。本着君主至上和实证主义法学的立场，霍布斯在17世纪就对柯克的观点进

---

① 关于上述所引柯克、布莱克斯通和黑尔的观点，请参见 G. J. Postema, *Bentham and the Common Law Tradition*, Oxford: Clarendon Press, 1986, pp.14—27.

行了批判。实证主义法学认为,只有主权者制定的法律才是真正的法律。霍布斯认为:创制法律的不是智慧,而是权威;除非一个人拥有立法权,否则他就不能够创制法律;使得法律具有效力的不是法律的文本,而是那个拥有统治权者的权力。因此国王是我们的立法者——不仅是制定法的立法者,也是普通法的立法者。① 显然,霍布斯采取了一种和柯克完全不同的法律观:在这里,法律是权力和意志的结果,而不必然与智慧和对社会规律的揭示有关;法官也不再是任何法律的"发现者"或"创制者",而只是一个执行国王意志的臣仆。在这种法律观主导下,作为国王意志主要体现方式的制定法自然要高于普通法,因为后者只是作为国王臣仆之法官的意志,是国王意志的间接体现。用简单的公式表示即为:国王——制定法;国王——法官(国王之臣仆)——普通法。

霍布斯对柯克的批判是致命的,它直接点中了经典普通法理论的要害,因为他的理论更能够反映当时的社会政治现实,更为实证;而柯克那些意识形态式的说教最多只是普通法法律家们的一厢情愿,是一个真实的谎言——它可以成为法律家们的理想和信念,但却很难说是事实。因此普拉克内特认为,普通法高于制定法的说法属于无稽之谈;贝克也认为,这只是法律家的观点而并非历史事实。② 尽管后来黑尔基于霍布斯对柯克的批判有一个回应,尽管黑尔的理论较之柯克更为缓和也更具说服力(见上文),但17世纪以来在英格兰蓬勃发展的关于主权的政治观念还是改变了人们的法律观。中世纪的法学认为,制定法履行着与法官同样的职责,宣示、阐释和说明早已存在于民众实践中的法律,只是更为明确和概括。到了17世纪,制定法不仅被视为现存社会甚至是自然秩序的正式和公开的表述,而且还是改变或再生这一秩序的工具。因为人们发现,一些人竟然可以通过行使其意志而创制法律。③

令人惊异的是,普通法并未在17世纪的危机中消亡或垮塌,而是有惊无险地渡过了难关。王权过度膨胀导致的结果是其自身受到了限制,而站在王权对立面的普通法反而巩固了自己作为英国民众自由之堡垒的地位及象征的角色。接下来的政治斗争主要发生在议会和国王之间,普通法没有再受到此二者的特别压制。同样,经典普通法理论也并未因霍布斯的批判就销声匿迹,毕竟普通法法律家是法律界的主流。相反,它的观念还随着普通法延续了下来,并注入和主宰了普通法法律职业阶层,直至今天。

---

① 参见〔英〕托马斯·霍布斯:《哲学家与英格兰法律家的对话》,姚中秋译,三联书店2006年版,第1—20页。
② 参见 Sir J. H. Baker, *An Introduction to English Legal History*, Oxford: Oxford University Press, 2007, p. 195.
③ G. J. Postema, *Bentham and the Common Law Tradition*, Oxford: Clarendon Press, 1986, p. 15.

但经典普通法理论存续下来的事实,并不意味着其关于普通法与制定法关系之论述中所存在的问题就消弭了。我们还是从油水关系说的两个方面分别对之进行解构。

第一,所谓的普通法和制定法相互分离、彼此独立的状况,其实从一开始就不是事实,今日尤甚。一个突出的例证是,早期普通法的很多内容其实都来源于制定法。比如贯穿整个中世纪最主要的一种不动产诉讼形式的新近侵占之诉,就来源于1166年的《克拉伦敦法》(Assize of Clarendon)。如果考虑到普通法中救济可以决定权利的特点,普通法中对不动产的占有从事实——如大陆法通常认为的那样——上升为权利的过程也源于该法。而取消次级分封并代之以同级转让的《封地买卖法》、设立限嗣继承的《附条件赠与法》也都是普通法重要的规则来源。甚至像陪审这种最为典型的普通法制度的引入,其实在一定程度上也要归功于1166年的《克拉伦敦法》和1176年的《北安普顿法》。当然,站在普通法的立场上,也可以说这些里程碑式的制定法后来以黑尔所说的方式融入到了普通法中。但无论如何,我们所看到的是普通法和制定法紧密地交织在一起,难以区分和分离,而不是分立和互不干涉。而到了今天,二者的这种相互交织、相互影响的状况更为明显。比如,英国很多制定法(比如1925年的《财产法》)的用语都来自于普通法,这样普通法就会通过法官对制定法的解释来影响到制定法的实际含义和运行。因此,普通法和制定法之间并非像传统的油水关系说所描述的那样,相互独立、互不干涉,而是从一开始就纠缠在一起,无法分离。

第二,所谓普通法高于制定法的说法也并不总是事实,司法审查表明有的时候也许是。一个最直接和明显的证据是,制定法可以取消或改变普通法。比如《封地买卖法》取消次级分封,1535年《用益权法》将受益人用益权从衡平法权利转化为普通法权利,1873—1875年的《司法法》废除普通法诉讼格式,1925年《财产法》取消过去众多普通法地产权,等等。

更为重要的是,不止是油水关系说本身受到了批评,越来越多的人已开始对其理论基础提出了怀疑和批判。早在20世纪初,庞德就对经典普通法理论中的某些说法提出质疑。如有人认为,制定法"没有根基",而只是"草率和很不审慎地被采纳";它们很粗糙,与其所将要适用的情形很不适合,因此几乎无法执行;制定法还是"导致诉讼的渊薮",相反普通法并无这些缺陷,"而是奠基于公正的原则之上""是各种对立的利益长期斗争、协调的结果"。针对这些说法,庞德指出:

> 几乎无须认真考虑就可以断定这些经常提及的说法是不符合事实的。戴雪(A. V. Dicey)已经告诉我们,已婚妇女法在关于分割财产的衡平法理论中拥有很深的根基。我们能说那些取消普通法关于不适格证人之规定的制定法、那些允许被告人作证和允许刑事案件上诉的制定法,都是没有根基的吗?难道任何

普通法原理都要比这些制定法或……①更为坚实地建基于公正的原则基础之上吗？衡平法的精致和大法官加于受托人身上的过于道德化、不可能的要求，就一定比受托人救济法有更深厚的根基和更代表公正和正义吗？难道任何司法判决的制作都比统一州法专员委员会或国家统一离婚立法委员会所提出的法律草案更为精细认真，或与其所将适用之情形更适合吗？哪个法院在作出与工业有关之判决时能够（甚至是假意）像立法委员会那样经常深入基层和生产第一线进行调查，并听取雇主、雇员、医生、社会工作者和经济学家关于工人和公众需求的证言？

因此，在庞德这里，普通法并不比制定法有着更深、更合理的基础。

还有人争辩说，因为普通法是习惯法而且建基于被统治者的同意，因此高于制定法。为此，庞德回应道：

> 今天我们看到，所谓的习惯只不过是司法裁决的习惯，而非公众行为的习惯。我们还看到，（国会）立法是一种真正、更为民主的法律制定方式，在这里民众可以更为直接和明确地表达其意志。我们还被告知，未来的立法在于将民众的认可置于社会实验室生产出的东西之上，而很显然，法院是无法操控这种实验室的。法院喜欢说他们是在将旧原则适用于新情况，但更为经常的是，它们必须将新原则适用于新旧两种情况，而新原则就在制定法之中，旧原则则在普通法中。②

第三，自工业革命以来，英国的社会问题越来越复杂，这需要议会以制定法的形式来快速应对，并以带有普遍性的方式来推进和实现社会变革，而在这方面法官从个案到个案的缓慢演进式变革显然力不从心。因此整个19世纪，英国的制定法呈爆炸式增长之势，其数量之巨绝不亚于任何大陆法国家。而普通法代表的是农业社会的经验③，当工业时代到来时，它就无法适应更为复杂的社会形势了，更不用说全球化时代了，因此只能被制定法的汪洋所淹没。就对二者关系的描述而言，如果说此前我们需要说普通法时代的制定法的话，那么19世纪之后我们就必须说制定法时代的普通法（卡拉布雷西语）了。

再者，彼特森曾指出，随着欧洲一体化进程的不断推进，欧盟的法律和指令等不断涌入英国，它们或者需要由英国的法官直接适用，如1998年的《欧洲人权公约》；或者需要由英国议会通过制定法将之具体化后再由法官适用，如各种指令。在第一种

---

① 几部美国著名的制定法，为简洁引用而省去。——引者注
② 这两处均参见 R. Pound, "Common Law and Legislation", 21 *Harv. L. Rev.*, 1908, pp.404—407.
③ 参见 Ibid., p.404.

情况下,英国法官所需要解释的是一种以不同于英国之立法方式所起草的法律,关于这一点可参看前文关于英国和欧洲大陆制定法的差别的论述;即使在第二种情况下,英国议会在对欧盟的指令或立法进行转化时很多时候也是采取原文照抄(copy-out)的方式,其结果是法官面临的问题和第一种情况差不多。类似的问题在法官解释国际法规范时也会出现。大陆法性质的制定法进入英国的结果是,英国法官需要以一种不同于以往的方式,也许是大陆法的解释方式,来面对和解释这些制定法,而在大陆法的传统中是不存在所谓的"油水关系说"的,大陆法法官并不会以普通法法官的眼光来审视制定法。在这些情况下,所谓的油水关系说早已不是事实,或者从来就不是事实;而面临彼特森所说的内外压力,指国内制定法越来越多、作用越来越大、涉及的范围越来越广,国外或国际上大陆法性质的制定法不断涌入,普通法法律家必须重新定位他们看待制定法的视角。作为局外者的我们,也必须重新审视普通法和制定法的关系。

三、水乳交融:普通法和制定法关系的真谛

既然传统的油水关系说已经不再适合于,也许从来就没有适合过描述当下的普通法和制定法的关系,那么应该如何来重新看待这个问题呢?笔者将这种关系定位为"水和乳"的关系,意思是普通法和制定法之间是水乳交融的关系,二者相互影响,彼此难以分开,因此也很难说谁高谁低。先来看制定法对普通法的影响。

第一,制定法确立或转化为了普通法。这指的是如下的情形:因为该制定法确立了英格兰法律体系中的某些基本制度或者揭示了英格兰社会生活中的某些基本规律,而成为英格兰法中的基础性、根本性、恒久性的规范,从而转化为普通法。典型者如十二三世纪尤其是亨利二世和爱德华一世时期的那些里程碑式的制定法,曾确立早期普通法某种基本诉讼格式和引入陪审制的《克拉伦敦法》《北安普顿法》,取消次级分封制的《封地买卖法》,确立限嗣继承的《附条件赠与法》,1352年确立基本叛逆行为的《叛逆法》,1535年的《用益权法》,等等。一定意义上这些制定法确立或创制了普通法;但更为准确的说法应该是,这些制定法因其内容确立基本制度或揭示基本规律,因而具有根本性,为英格兰社会所普遍接受和认可,而这正是普通法所要求的,因此具备了普通法的特征,融入了普通法,成为了普通法或英格兰法的一部分。

第二,从制定法的适用过程中衍生出普通法。这是制定法生发出普通法最常见、最普遍的方式。具体是指,普通法法官在将制定法适用于具体案件时,通过对该制定法的解释,将抽象的制定法规则(rule)与具体的案例场景相结合,从而产生出一个适合于本案的新的、具体的规则(ruling)或理论。这后一规则、理论显然来源于前述制定法,但又不同于该制定法,因为它是该制定法适用于本案的结果,属于法律的适用,

而非法律本身。当后来的法官碰到类似场景之时,他所依据的可能就不是前述的制定法本身,而是前述法官总结出的那一新的具体的规则或理论;而当后来的法律学生、律师、法官阅读该先例并试图总结出其中蕴含的规则、理论之时,他们总结出的也是后面的新的具体的规则和理论,而不是前述体制定法中的规则——这个规则不需要总结和提炼而是现成的。这集中体现了法律和法律的适用之间的不同,但更重要的是,它也揭示了普通法生命之树长青的原因所在:法律条文必然要付诸实施,因此法律条文和法律适用之间的距离必然存在;只要制定法还需要法官去适用和落实,只要遵循先例的做法或原则还存在或被认可,普通法就会从制定法中源源不断地吸取营养,普通法就有存在的空间和可能,就会永葆青春。

第三,制定法改变或取消普通法。关于这一点,前文已经举过很多例子,其实质是立法者对法官在司法实践中的某些做法不满,而通过制定法改变或取缔之,是制定法影响或高于普通法最直接也是最激进的例子。此处不再详述。

下面再来看看普通法对制定法的影响。

第一,普通法通过司法审查取消制定法条款。这是所谓普通法高于制定法的最典型和最激进的例证,但它带有更多宪政含义,因此并不是任何时期、任何英美法国家都具备的。从国别上来说,司法审查在美国最为典型,联邦最高法院不仅可以对政府的行政命令进行司法审查,而且还可以对国会通过的法律进行违宪审查。从时间上来说,柯克在17世纪时博纳姆案中曾主张过法院具备这样的权力,这也被后人视为了司法审查权的理论和实践之源,这一点前文已有述及。但就英国而言,司法审查并未像美国那样发展成为宪政性的制度安排,法院最多只能对政府的行政命令进行审查;对于议会的立法,后来则因为戴雪所说的议会主权而一直不能说三道四。不过,自1998年的《欧洲人权公约》进入英国之后,这方面也在发生变化。《英国人权法》授权英国的法院可以审查国内的立法,并宣布某法与公约相悖而弃之不用。[1]

第二,法官自由裁量权的大小,决定着普通法对制定法影响的程度。既然法律的适用不同于法律本身,既然制定法在适用过程中必须经过法官的解释,那么法官自由裁量权的大小,就会对制定法最终的含义产生重要影响。比如,普拉克内特的研究就表明,14世纪中期以前,法官对于制定法的形塑作用就非常大:他们可以扩大、缩小其含义,或者径直搁置不用,而不必解释说制定法因为违反什么更高位阶的法律而无效。到了14世纪中期,法官司法时的这种随意态度开始消失,法官们开始严格解释制定法。制定法也不再被认为是宽泛的、法官可以在其间行使广泛裁量权的政策性

---

[1] Sir J. H. Baker, *An Introduction to English Legal History*, Oxford: Oxford University Press, 2007, p.212.

建议;相反,它们被认为是应当予以精确执行的文本。接下来,在被剥夺裁量权之后,法官们遁入了逻辑之中,力图设计出一些规则供解释时遵循:句子的语法结构加上对制定法之性质的一般性考虑。立法和司法的分离达到了这样的地步,以至于法官认为自己所面对的是一个完全外来的文本,他只能通过其语词和文本来了解立法者的原意,也就是所谓的严格解释。这就到了近代。

但伦敦经济学院的荣誉教授迈克尔·赞德(Michael Zander)在其对近年来法律解释的研究中发现,20世纪以来,英国法官在制定法解释方面的总体趋势又更加自由。这集中体现在以下几方面:法官在解释制定法过程中可以而且需要探寻立法者的本意或目的;法官不仅要落实议会所说、字面反映出来的意思,而且还要落实其所指——指字面背后的意图;法官对制定法的解释应该反映时代和情势的变迁;欧盟成员的身份致使英国法官有时会采用欧陆法的方法对本国的制定法进行解释。另外,鉴于欧盟法律很大部分内容已纳入到英国法律体系中,即使在英国"脱欧"后,英国法官会以同样的方式继续对原来欧盟的制定法进行解释。而法官对制定法的解释有时甚至会被认为是一种立法。[1] 迪普洛克勋爵(Lord Diplock)也曾举例说:法官在税法案件中经常会解释并实际上创制法律,因为现实生活中的很多情况都是立法者当时没有预料到的,而有的则是纳税人为了规避立法之规定而事后有针对性地设计出来的。[2]

当法官可以探寻立法者的原意时,当法官对法律的解释是为了落实议会"所指"而非其"所说"时,当法官对制定法的解释可以甚至是应该反映时代和情势的变迁时,司法和立法之间的关系就不再是简单的前者被后者所决定,而是前者会对后者产生深刻的影响。而只要遵循先例的原则存在,后一个法官就会参考甚至是必须遵守前一个法官对制定法已作出的解释——此时制定法本身的重要性已经退居其次,真正重要的是法官的解释。正是通过遵循先例的原则,通过法官对制定法的解释,普通法在实际上强烈地影响甚至是控制了制定法。

第三,法官个人在解释法律时保守或自由的倾向,也会强烈地影响到制定法的含义。如前所述,自14世纪中期以来,普通法法官对于制定法的解释趋于严格,即特别强调对制定法的文义解释,而不强调对其背后立法者立法意图的探寻。可以为这种现象找到很多的原因:诸如普拉克内特所提到的立法和司法在此时开始比较明显地分离——在今天分权的宪政体制下,这已成为一种对于制定法进行严格解释的体制

---

[1] M. Zander, *The Law-Making Process*, 6th edn., Cambridge: Cambridge University Press, 2004, §11, chp. 3.
[2] Lord Diplock, "The Courts as Legislators", *Holdsworth Club Lecture*, 1965, pp. 5—6. 转引自 ibid., pp. 211—212.

性的理由,否则就可能构成对立法权的"赤裸裸的侵犯"。又如,普通法法官为了排除制定法或立法的影响,也经常通过严格解释的方法将制定法限定在特定的比如制定法自身明确规定的范围之内……

但这并不排除某些持自由倾向的法官仍然可以在这样的传统之下对制定法予以较为积极的解释,这方面的一个典型人物就是丹宁勋爵(Lord Denning)。丹宁勋爵是20世纪英国伟大的法官,他强调法官或司法在面对社会变革时应该秉持更为积极的态度,主动承担更多的责任,主张在法律缺失或不当之时法官应该发挥更多的自由裁量权,以更好地实现社会公正。这种积极主动应对社会变革的态度和传统的英国法官的保守倾向形成鲜明的对比,这也是他后来从上议院重返上诉法院的原因所在。[①]另外一个众所周知的例子是,相比之下,在面对制定法的解释、判例的推翻和发展等方面,美国的法官要比英国的法官总体上更为自由。这些例子表明,在英美的法律传统之下,法官个人的思想倾向也会强烈地影响到制定法的含义和适用,影响到普通法对制定法的能动性作用。

第四,促使普通法影响制定法的因素还有很多,除开前述提到的各种原因,有一些客观因素也导致制定法不得不受到普通法的影响。比如近代以来的很多**制定法都采用了传统的普通法的术语**,这方面最典型的例子是1925年的《财产法》(*Law of Property Act*)。该法虽然废除了过去纷繁复杂的普通法上的封建地产权利,但却保留并大量使用了普通法的术语,这使得该法在解释、适用时必须采用普通法的进路,其受到普通法的影响自然在所难免。近些年来,**欧盟法**开始大量**涌入英国**,但它们中的很多却使用了英国人并不熟悉的欧陆式的术语和表述方式,而英国议会在通过国内的制定法落实这些欧盟法时也不假思索地直接采用了其原来的术语而未作任何解释和限定。这虽给英国法官解释这些欧盟的法律造成了困难,却也给他们恢复往日宽泛的自由裁量权、为普通法在新时代新的情势下影响制定法带来了客观上的机遇。[②]另外,**制定法**中有时所**使用**的**宽泛和模糊的术语**也给普通法发挥作用创造了条件,因为它们必然需要普通法法官予以解释和限定,并因此而形成一系列的判例,而判例是普通法影响制定法最直接和明显的方式。阿蒂亚(P. S. Atiyah)就说过,美国宪法宽泛和模糊的语言意味着宪法问题在现代美国相当程度上是判例法问题。[③] 美国联邦最高法院前大法官奥康纳(O'Connor)也曾说过,国会希望法院能够通过借助普通法传

---

① 参见刘庸安:《丹宁勋爵和他的法学思想》,载〔英〕丹宁勋爵:《法律的训诫》,杨百揆等译,法律出版社1999年版,序言。

② J. Beatson, "Has the Common Law a Future?", 56 *The Cambridge Law Journal*, 1997, p.292.

③ 转引自 W. M. C. Gummow, *Change and Continuity—Statute, Equity and Federalism*, Oxford: Oxford University Press, 1999, p.63.

统来形塑制定法的宽泛命令。①

再者，普通法汇集了整个英国法中的许多**基础性原则**，如私有财产神圣不可侵犯，契约自由，未经合法程序任何人不得被剥夺生命、自由和财产，任何人不得从其违法行为中获利，等等。它们分布在实体法领域如宪政、财产法、契约法和侵权法，程序法领域和司法过程中，不仅包括实体性的，也包括程序性的，还包括一些基本的理念、共识和做法——如布莱克斯通就曾总结过关于法律解释的十大原则。它们不仅构成了议会立法的前提和基础，而且也是司法过程中法官解释法律时所必须考虑的因素。如此，制定法在被解释之时也必然会受到这些普通法原则的影响。虽然制定法可以改变这些原则，但实际上它们很少这样做。

还有，当制定法并无明确规定即出现所谓的**法律真空**之时，法官就不得不动用普通法来填补这样的规则空缺。而制定法无明确规定又分两种情况，一种是客观上尚未制定某方面的规范，这在一个传统上制定法只是起辅助和补充作用的国家是很常见的；另一种是立法者不愿意或很难就某些棘手的问题及时制定出法律——其实法院也不一定愿意处理这些问题，但他们却无法像议会那样回避或搁置之，而是不得不立即处理。后一种情况如1989年之前英国并无关于对精神病人是否可以予以医学治疗的立法，但法院却必须立即处理就此发生的诉讼。类似的例子还有，1991年上议院决定婚内强奸为犯罪；1993年上议院规定负责医生无义务为永久性植物人提供治疗，包括人工进食喂养；1991年，上议院承认不当得利原则，等等。而在这些规则出台之前，是存在相关的法律真空的。但无论何种原因导致的规则空缺，法院都必须解决手头的案件，这是由这个机构的性质决定的——它不可能像议会那样一个法案通不过可以无限时地等待或撒手作罢。而普通法法院千百年来积累起来的荣誉和形象，多少也跟它积极主动地为民众提供法律救济的责任感有关。实际上大陆法对法院也有着同样或类似的要求：《法国民法典》要求法官不得借口没有相关法律规定而拒绝审理案件②；《瑞士民法典》也规定，法官审理案件时，有法则依法，无法依习惯，无习惯则依法理。③ 而普通法本身的优点，如它可以通过判例发展出新的规则，又为它在社会变革中承担积极的角色提供了可能性。如彼特森就认为，普通法的这种活力在

---

① 转引自 W. M. C. Gummow, *Change and Continuity—Statute, Equity and Federalism*, Oxford: Oxford University Press, 1999, p.8.

② 《法国民法典》第4条规定：法官如果以法律无规定或不明确或不充分为由拒绝依法判决，那么他们得因此而负责任。转引自〔德〕K. 茨威格特和H. 克茨：《比较法总论》，潘汉典等译，法律出版社2003年版，第139页。

③ 《瑞士民法典》第1条第(2)(3)款规定：如本法没有可为适用之规定，法官应依据习惯法，习惯法亦无规定时，法官应根据其作为法官阐发的规则判案。在此，他要遵循业已公认的学说和传统。转引自同上书，第262页。

法院对行政机关行为的合法性进行司法审查时就体现得特别明显。①

最后,遵循先例的判例法传统也为普通法影响制定法提供了必然性。一个新的制定法生效之后,必然会有第一个法官对其进行解释、适用,此时的解释和适用可能会采用文义解释,会探寻立法者的意图;但之后就会就此制定法,准确来说是其中的某一条文,形成一个判例,后来者在解释该条文之时就不一定再重复原来的解释过程,而很可能是参照这第一个判例。如此,围绕这个条文就会形成越来越多的判例,而我们前面提到过,只要遵循先例的原则还在起作用,只要法律和法律的适用之间的差别还存在,制定法就必然无法逃脱普通法的影响。彼特森在谈到普通法对制定法的影响时说,普通法的技艺还将延续,判例还会堆积,而判例堆积越多,制定法就越失败。②

四、结论

从以上的分析我们大致可以得出以下几点结论。

第一,从过去到现在,普通法和制定法之间从来都是相互影响、相互促进的,传统的油水关系说关于二者彼此分立、相互独立的说法从来都不是事实。

第二,关于普通法高于制定法或制定法高于普通法的讨论没有太大意义,较为中肯的说法可能是,在某一历史时期、某种场合或某个具体的案件中,普通法或制定法占据了一定的优势。但这样的讨论对于理解这二者之间的关系并无太多助益。

第三,综合以上两点,我们与其将普通法和制定法的关系定位为油和水,还不如视之为水和乳的关系,以体现二者相互交融、难以分离、难分高下的关系。此外,还必须从司法和立法的对立、从司法过程和法律解释的角度去理解这二者间的关系。

第四,从制定法的角度来看,历史上它在整个英国法律体系中的地位的确无法和在大陆法相比:它不是整个社会或某个领域的基础性、基本性规范,而只是普通法的补充或修正;很多时候只是例外,而不是常规;它不是某个领域法律发展的起点,而只是对该领域法律发展的调整……但今天,制定法的状况已大大发生了变化,不仅数量、篇幅有大幅增长,而且在社会问题、责任限定、劳动法、公司法、家事法、国际私法等领域意义重大,甚至在侵权、合同这些普通法的传统领域,其影响也在不断提升。③ 况且,欧盟法和国际法的涌入也都是以制定法的形式出现的,这都增大了制定法在英国法律生活中的影响。因此,对制定法来说,它在英国的法律体系中是一个地位不断上升、作用和影响不断增大的趋势,是一种朝阳式的法律渊源。过去它曾遭到普通法法官的"歧视",后随

---

① J. Beatson, "Has the Common Law a Future?", 56 *The Cambridge Law Journal*, 1997, pp.296—297.
② Ibid., p.302.
③ Ibid., p.301.

着其地位的不断抬升而被普通法法律家策略性地"隔离",但今天它早已是普通法所必须面对的对手,不仅如此,它还是普通法永葆青春重要的"源头活水"!

第五,对普通法而言,笔者认为它经历了或正经历着一个和上述制定法相反的下降趋势。就管辖范围而言,如上所述,纯粹的普通法核心地带在不断萎缩,其传统的领域在不断遭到制定法的侵蚀。更为可怕的是,就法律适用而言,在普通法可以解决的问题中,英国法官也开始直接诉诸欧洲人权公约——这甚至是要摧毁作为整个普通法基础的判例制度![1] 彼特森在其就职演说中从国内制定法的扩张到国外欧盟法、国际法的涌入,描述了今天英国普通法所面临的严峻形势,甚至并非危言耸听地指出,背负普通法传统的英国有可能会沦为下一个路易斯安那、魁北克而成为制定法汪洋中的普通法孤岛,并忧心忡忡地提出"普通法还有未来吗"的问题。但在笔者看来,普通法面临制定法(无论是国内还是国外)的挤压并非今天才有的事,古已有之。制定法并不是今天才有而是一直就存在于英国,外来规则如罗马法和教会法的压力在十六七世纪也许不亚于今天,因为当时它还结合了国王的特权和专制。但普通法还是挺了过来,这其中虽然有一些偶然因素,如议会对国王的胜利使得普通法得以渡过难关,但它也从另一个侧面揭示了普通法所面临的真正威胁不是国内外的制定法,而是与普通法法治传统相违背的专制和特权。这并不仅是普通法,而且是任何法律都面临的最大敌人。至于制定法、罗马法、教会法这些敌人,梅特兰强调了普通法的技术性因素的功效,如律师会馆、年鉴等。[2]

同样,面对今天汹涌澎湃的制定法大潮,笔者对普通法的前景并没有那么悲观。其原因在于,和梅特兰类似,笔者也强调的是普通法的技术性特点。普通法是一种开放性的法律体系,它之所以能够历千年而不衰,而且扩及全球,就是因为它能够通过判例的机制将其他法律渊源的精华吸收到自身中来,从而使自己实现吐故纳新、与时俱进。在英国,制定法是必须经过普通法法官的解释才能适用;因此,只要立法和司法之间的差别还存在,只要法律和法律的适用之间还有不同,只要遵循先例的做法或原则还在延续,普通法就会存在下去。而且这种差别今天还有扩大的迹象,2009年10月英国最高法院摆脱上议院而成立就是一例。因此,普通法不仅不是一个夕阳式的法律体系,而且将永远是那艘充满活力的、从过去驶到今天并将驶向未来的"阿尔戈英雄的战舰"(黑尔语)!所不同的,也许只是它将以一种新的形式来和制定法保持关系。而维系它如此生命和活力的,正是那些作为法律职业共同体的历代和今天的普通法法律家,是它高度的技术性和专业性,是它永保开放的宽阔的胸怀!

---

[1] J. Beatson, "Has the Common Law a Future?", 56 *The Cambridge Law Journal*, 1997, pp. 293—294.
[2] F. W. Maitland, *English Law and Renaissance*, *Rede Lecture* (1901), Cambridge: Cambridge University Press, 1901, pp. 27—28.

第二编　普通法的历史及相关问题

第五章　亨利二世之前的英国及英国法概况

第六章　亨利二世改革与英国普通法的诞生

第七章　普通法法院的建立

第八章　陪审制

第九章　令状制与诉讼格式

第十章　封建主义与普通法

第十一章　保有制下的地产权制度

第十二章　英国的法律教育与法律职业阶层

第五章　亨利二世之前的英国及英国法概况

探索一国的法律史总是要追溯到这个国家的源头，这可能是对历史完整性和连续性的追求和尊重，事实上，源头对人类学家比起对法律史学家来说也许更有意义。梅特兰并没有将英国法律史追溯到史前时代，他的起点是罗马法，但为了历史的整体性，不妨回去得更远一些。

第一节　史前时期

丘吉尔在他的《英语国家史略》中曾经详细地描绘了史前时期不列颠的概况，包括气候、地形、人种、与大陆的联系等。[①] 从中可以看出，不列颠同样经历了旧石器时代、新石器时代、青铜时代和铁器时代等，而他们同大陆的联系则从人类诞生时起就没有中断过。在铁器时代涌入不列颠的是来自于大陆的凯尔特人的各个部落，公元前55年恺撒进入不列颠岛所见到的就是被称为"凯尔特文明"的社会组织形式，而这与同时期罗马人在西北欧的发现非常相似。[②]

第二节　罗马不列颠时期

公元前55年，恺撒进入不列颠，这不是大陆对不列颠岛的第一次征服，也不是最后一次，而只是不列颠所经历的无数次入侵中极为普通的一次。但从此，不列颠沦为了罗马的一个行省，时间长达近400年。法律史学者对此极为敏感，这400年正是罗马法兴盛的时期，缘何未在不列颠留下痕迹？一个比较中肯的解释是不列颠的经济太落后，罗马法对它来说是一种奢侈品。彼得·萨尔维认为，到罗马征服不列颠时，

[①] 参见〔英〕温斯顿·丘吉尔：《英语国家史略》（上卷），薛力敏、林林译，林葆梅校，新华出版社1985年版，第18—25页。

[②] 参见〔英〕肯尼思·O.摩根主编：《牛津英国通史》，王觉非等译，商务印书馆1993年版，第8页。

后者的文化差不多要比前者落后1500年。①

  征服者虽然轻而易举地制服了布立吞人②,并把他们纳入自己的社会生活轨道,但是除了阻止部落战争外,并没有给他们带来增加农业收入的好办法。这个新社会尽管结构很好,还有浴场、宴会、礼服、学校、文学和雄辩术等文明和奢华的东西为它增添色彩,可是它的基础仍然是史前的落后农业。……所以不列颠没有富强起来,只是比较文明一些。③

另外,到达不列颠的罗马人数量有限,且大部分是驻军。他们居住在城市里,只与土著人的上层打交道。据此可以推断,罗马法在不列颠要比它在大陆上的罗马行省中适用的范围小得多。再者,罗马人迫于盎格鲁—撒克逊人的压力从不列颠撤走之后,不列颠缺乏同种情况下大陆形成法律属人主义所需要的人口环境④,仅存的一点罗马法氛围也因此湮没在蛮族的铁蹄之下。丘吉尔总结说:"那么这段时期过后留下了什么呢?留下了壮观的罗马大道……留下了宏伟的罗马墙……还留下了要塞、集镇和乡宅,……至于罗马的语言、法律和制度,却没有留下什么痕迹。"⑤

第三节　盎格鲁—撒克逊时期

  公元5世纪到1066年是英国法律史上的盎格鲁—撒克逊时期。这一时期不列颠同欧洲大陆上一样,都经历了日耳曼人的入侵,在不列颠主要是盎格鲁、撒克逊、裘特等部落,"英格兰"(England)一词即来源于"盎格鲁"(Anglo)。与同时期欧洲大陆日耳曼法的发展相比,英格兰日耳曼法(盎格鲁—撒克逊法)的发展相对来说要简单和单纯一些,以至于后世研究日耳曼法的学者都非常重视英格兰的文献档案。说它简单和单纯,是因为它没有罗马法和教会法的过多"纠缠"——尽管这些"纠缠"也存在,并产生了一定的影响。

  "P&M"的第一编第二章讨论了盎格鲁—撒克逊时期的法律⑥。作者首先介绍了

---

① 〔英〕肯尼思·摩根主编:《牛津英国通史》,王觉非等译,商务印书馆1993年版,第8页。
② 不列颠的土著人——引者注
③ 〔英〕肯尼思·摩根主编:《牛津英国通史》,王觉非等译,商务印书馆1993年版,第46—47页。
④ Sir F. Pollock & F. W. Maitland, *The History of English Law Before the Time of Edward I*, vol. I, Cambridge: Cambridge University Press, 1968, p.24.
⑤ 〔英〕W.丘吉尔:《英语国家史略》(上卷),薛力敏、林林译,林葆梅校,新华出版社1985年版,第6页。
⑥ 梅特兰与波洛克合著的《爱德华一世之前的英国法律史》讨论了盎格鲁—撒克逊时期的法律。Sir F. Pollock & F. W. Maitland, *The History of English Law Before the Time of Edward I*, vol. I, Cambridge: Cambridge University Press, 1968, pp.29—69.

关于盎格鲁—撒克逊法的相关文献，主要包括这一时期内国王的立法、敕令等，诺曼征服之后对前朝法律的重述，地产特许状（land-book；charter），编年史中的相关内容和当时的法律文书（documents），尤其是《末日审判书》（*Domesday Book*）。然后又分别从个人的身份和地位、法院的建制和司法、违法犯罪、财产法四个方面论述了盎格鲁—撒克逊时期的法律制度。从中我们发现有以下几点值得强调：

（1）首先是个人身份与社会地位问题。盎格鲁—撒克逊时期的英格兰不像古罗马那样自由人与奴隶泾渭分明。自由人与奴隶之间存在鸿沟，但自由人内部也有等级之分，有领主与附庸之分，这成为当时社会秩序的必要部分。10世纪上半期每一个自由民都应有自己的领主，"lord"一词也用来指国王，意味着所有人对他的效忠，后来大领主有与国王抗衡的趋势。自由人分为领主与附庸（lord and man），加上国王作为最高领主，与后来的依附性地产保有相联系，形成了中世纪封建主义的制度安排和支配性理念。

（2）马尔克公社的民众大会是地方自治的最高权力机构，同时兼具司法职能，每一位公社成员都有权参加大会，并参与表决。这成为后世庄园法庭的前身，庄园法庭也是庄园的管理机构，由领主的管家主持，全体保有土地的自由民都有出庭充任封臣裁判官（Doomsman；Suitor）的权利和义务。而十二名塞恩（Thegn）向民众大会指控品行不端者的做法则有可能是后世大陪审团的渊源之一。此外，贤人会议（Witanagemote）和后来国王的御前会议（Curia Regis）、全体民众大会与王国各界大会（Assembly of the three estates of the realm）都有着相当的对应关系。最后，盎格鲁—撒克逊社会的封建化过程就是马尔克公社不断解体、自由民逐渐沦为附庸、自主地（alodium）转为封地、民众大会渐趋衰落的过程，也是王权不断加强、大土地所有者不断涌现、封地及其管理机构不断完善的过程。鉴于同为日耳曼人，同是开始封建化的进程，要不是长期战争对王权的洗礼和诺曼征服的及时出现，很难保证英格兰不会像同时期的欧洲大陆一样陷入四分五裂的封建割据状态中。

（3）司法权一般由被称为"gemot"的各类法院行使，国王本身也有司法职能，但不同于后来的国王是正义之源的观念——这是在王权非常强大之后的观念，这种功能在于行使一种特殊的和保留的权力，以保证因对方势力过于强大而招致不公的当事人得到救济。国王的这一功能后来在英格兰制度化为衡平法院。① 另外，国王和平（King's Peace）的观念逐渐发展起来，其含义是国王对于一定地域内，如王宫所在地，及针对特定人施以的犯罪行为有专门的惩处权，在这些区域内犯罪就被视为是破坏了国王的和平，将被予以严惩。后来，国王和平的地域不断扩大，直至整个王国，这样

---

① Sir F. Pollock & F. W. Maitland, *The History of English Law Before the Time of Edward I*, vol. I, Cambridge: Cambridge University Press, 1968, pp.40—41.

王国境内发生的犯罪均被视为是对国王和平的破坏,国王对刑事犯罪的司法管辖权也由此而来。相应地,每一领主、教堂也有自己的和平,并因此获得在自己辖区内的刑事司法管辖权。在盎格鲁—撒克逊早期,对于杀人者要实行同态复仇,后来苦主可在同态复仇和赔偿金(bot)之间作出选择。每一位社会成员依其身份和社会地位都有自己确定的身价(wer),赔偿金即依身价进行支付。王权兴起之后,国王禁止同态复仇,苦主只能接受赔偿金,杀人者同时还要向国王支付赎罪金(wergild;wite)以示惩罚;若支付不能,则会被逐于法外(outlaw)。另外,还有一些罪行是不可回赎的(botless),如叛逆等,犯有这些罪行的人将会遭到严厉的惩罚。

(4) 在财产法中最突出的特点是缺乏罗马法中的所有权观念而强调占有。占有是当时的主流观念,一切争议都是围绕占有展开的,这与后来普通法地产权制度中的观念非常相近。①

盎格鲁—撒克逊法这一章是"P&M"中遭批评最多的章节,巧合的是这一章正好是波洛克单独完成的。② 尽管时任牛津大学近代史讲师的帕特里克·沃莫尔德博士(Dr. Patrick Wormald)找出许多证据力图证明梅特兰也曾经参与过本章的写作或修订③,但这一章的写作总体上应归于波洛克则应是不争之事实。事实上,梅特兰曾对维诺格拉道夫抱怨说,他很不情愿波洛克写了盎格鲁—撒克逊一章,部分是因为这将使他无法对这一部分内容加以阐述。④

其实,梅特兰关于盎格鲁—撒克逊时期法律的论述并不集中在"P&M"中,而是散见于《末日审判书》(Domesday Book)的第二部分和 1902 年他为不列颠百科全书写的"英国法律史"(History of English Law)的词条中。从沃莫尔德的研究可以看出,梅特兰对于盎格鲁—撒克逊法律的熟悉程度远逊于他对于安茹王朝法律的了解,他自己也曾自谦:"……我甚至分不清什么是'身价'(wer),什么是'赎罪金'(wite)。"⑤沃莫尔德认为,梅特兰在血亲复仇(bloodfeud)、特许地产(bookland)及封建主义等几个方

---

① Sir F. Pollock & F. W. Maitland, *The History of English Law Before the Time of Edward I*, vol. I, Cambridge: Cambridge University Press, 1968, p.57.

② 这一点不仅可以从波洛克本人同霍姆斯的通信中得到证实,还可以从这一章与其他章节的语言风格方面得到验证。Also see P. Wormald, "Maitland and Anglo-Saxon Law: Beyond Domesday Book", in J. Hudson(ed.), *The History of English Law—Centenary Essays on "Pollock and Maitland"*, Oxford: Oxford University Press, 1996, pp.2—3.

③ P. Wormald, "Maitland and Anglo-Saxon Law: Beyond Domesday Book", in J. Hudson(ed.), *The History of English Law—Centenary Essays on "Pollock and Maitland"*, Oxford: Oxford University Press, 1996, pp.2—4.

④ Fifoot CHS. *Frederic William Maitland: A Life.* Massachusetts: Harvard Unversity Press, 1971, p.140.

⑤ 这是 1904 年梅特兰在给 W. H. Sevenson 的信中所提到的。转引自 P. Wormald, "Maitland and Anglo-Saxon Law: Beyond Domesday Book", in J. Hudson(ed.), *The History of English Law—Centenary Essays on "Pollock and Maitland"*, Oxford: Oxford University Press, 1996, p.5.

面都存在误解。另外,在领主的司法管辖权、陪审制的盎格鲁—撒克逊起源和古代社会注重的是侵权(tort)还是犯罪(crime)等三个问题上他还详细分析了梅特兰的观点,提出与之不同的看法。沃莫尔德同时认为,梅特兰在盎格鲁—撒克逊法律方面的不足是三个方面的原因所导致的:一是他无法祛除头脑中 12 世纪初以《亨利一世之法》(*Leges Henrici*)为代表和 12 世纪末以格兰维尔《论英格兰的法律与习惯》(*Glanvill*)①为代表两种法律状况的巨大差别。他虽然完全意识到不能仅从表面来评估《亨利一世之法》的价值,但可能并没有想到这本法律文献会使人曲解诺曼征服之前英格兰法律的性质。二是梅特兰受德国历史法学派的影响深重,就盎格鲁—撒克逊法律而言,在许多方面他都直接接受了他们的观点。三是因为他对这一时期的文献材料掌握不够。② 梅特兰将大部分精力都花在安茹王朝法律文献的研究方面,在晚年又开始编校年鉴,这样基本上没有时间和精力去涉及盎格鲁—撒克逊时期的文献。而李伯曼博士对于盎格鲁—撒克逊文献的经典点校则是在梅特兰去世之前的第三年才完成,而此时"P&M"出版已近十年了。

就盎格鲁—撒克逊法律的研究而言,沃莫尔德对梅特兰的批评不可谓不中肯。但这毕竟是对 100 年之前一位法律史学家的批评,100 年来的学术发展无疑也是站在前人的肩上前进的,更何况梅特兰自己也说:"令我所高兴的是,我为后人提供了可供争论的主题。"③100 年之后的我们,理所当然地应该批判地接受前人的精神遗产,并将之发扬光大。

第四节 诺曼王朝统治下的英格兰(1066—1154)

1066 年的诺曼征服结束了英格兰历史上近 600 年之久的盎格鲁—撒克逊时期,开始了诺曼王朝的统治。无论从通史还是专业史的角度看,诺曼征服对英国的影响都是巨大的,学界通常认为它是英国历史的转折点,改变了英国历史的发展方向。具体到法律史领域也基本上有如下共识,即诺曼征服改变了英国法律史的方向。梅特兰在"P&M"第一卷第四章的第一句话也说:"诺曼征服是一场灾难,它决定了英国法未来的全部历史。"④不容否认的是,诺曼征服给英格兰带来的影响的确是无法估量

---

① 英国法律史文献中经常以人名指称其作品,此处即为一例。
② See P. Wormald, "Maitland and Anglo-Saxon Law: Beyond Domesday Book", in J. Hudson(ed.), *The History of English Law—Centenary Essays on "Pollock and Maitland"*, Oxford: Oxford University Press,1996.
③ Ibid., p.1.
④ Sir F. Pollock & F. W. Maitland, *The History of English Law Before the Time of Edward I*, vol.I, Cambridge: Cambridge University Press, 1968, p.79.

的。单从法律史的角度来看,1066年之前英格兰和西欧大陆上的状况基本上是相似的,都处于日耳曼法的控制之下,但这之后,后者陷入了罗马法复兴的洪流之中,而前者却得以安然度过险滩。这种直觉上的差异也带给我们对诺曼征服神奇效应的一种迷信,但究竟是否如此呢?

梅特兰在回答这一问题时提出:"如果从1066年起逐年解读我们的历史,那么在相当长的一段时间内诺曼征服在法律领域是否会带来大的变化就是一个颇值怀疑的问题。"①换言之,梅特兰的意思是,一方面,诺曼征服并未产生像人们所认为的那样显著的后果,另一方面,1066年之后英国法律所发生的变化也并非仅由诺曼征服单独引起。② 强调前者与梅特兰一贯的立场相吻合。在他的眼中,虽然诺曼征服是英国法律史上的一次重大事件,但普通法真正开始起步则始于亨利二世,而1154年在英国法律史上则是普通法得以形成的重要时期。此外,英国法律史上通行的观念也认为,普通法的历史从1189年,即亨利二世去世时开始。这一系列结论无疑会冲淡我们头脑中传统的关于诺曼征服的历史效应,那么整个诺曼王朝时期英格兰的法律状况如何,梅特兰又是如何得出上述结论的呢?

在众多关于诺曼英格兰法律的结论中,梅特兰着重批判的是将这一时期的法律视为诺曼法与盎格鲁—撒克逊法混合体的观点。③ 他认为,诺曼王朝统治下的法律并非诺曼法和盎格鲁—撒克逊法的简单混合,也不是两种法律中各自元素化学反应式的化合。④ 具体而言,首先,征服者威廉无意以诺曼法取代盎格鲁—撒克逊法;相反,他下令所有人都适用忏悔者爱德华(Edward the Confessor)时期的法律,即征服前的法律,但他会在此基础上作出补充规定。威廉以立法形式明确规定的事项并不多,主要涉及僧俗两界事务的分离,对教会的控制,国王和平涵盖所有英格兰人和诺曼人,自由民对国王的效忠,自由民的联保,禁止私下买卖牲畜,禁止将人口贩卖出境,以及对法国人的特殊保护,等等。⑤ 这些法令带有浓厚的管理色彩,很符合诺曼人的特点,⑥但毕竟还不能说是诺曼本土法。因为当威廉从圣瓦莱里(Saint Valery)扬帆起航时,

---

① Sir F. Pollock & F. W. Maitland, *The History of English Law Before the Time of Edward I*, vol. I, Cambridge: Cambridge University Press, 1968, p.79.
② 此外还有其他因素,如贵族与国王的斗争、国王及贵族、教士等的个人魅力等都是诺曼英格兰法律产生变化的原因。See Sir F. Pollock & F. W. Maitland, *The History of English Law Before the Time of Edward I*, vol. I, Cambridge: Cambridge University Press, 1968, p.80.
③ See Sir F. Pollock & F. W. Maitland, *The History of English Law Before the Time of Edward I*, vol. I, Cambridge: Cambridge University Press, 1968, p.80.
④ Ibid.
⑤ Ibid., p.88.
⑥ 参见〔美〕H. 伯尔曼:《法律与革命》,贺卫方等译,中国大百科全书出版社1993年版,第500—505页。

诺曼半岛还不需要这些法令,至少是其中的一部分。另一方面,在威廉将从哈罗德①手中没收来的土地分封给诺曼贵族时,它并不是为诺曼地产法进入英格兰扫清道路,而是将诺曼贵族置于了英国地产法的支配之下。② 因此梅特兰说:"这是一个既有利于诺曼公爵,又有利于英国国王的精妙结合。"③

梅特兰提出的另一个问题是,诺曼征服为什么没有在英格兰形成像几世纪前蛮族入侵西罗马后导致的法律属人主义的盛行。他认为,在某些程序性问题上,威廉似有采取法律属人主义的倾向。④ 一方面,来到英格兰的诺曼人为数很少,主要是前来争夺领地的贵族。另一方面,即使在大陆上,法律属人主义的时代也一去不复返了,法律的属地主义已经开始盛行,国王看中的是自己领地内的安宁和发展,而不是狭隘的民族利益。此外,诺曼法和1066年之前英格兰法的一些相似性也是在诺曼英格兰未形成法律属人主义的原因。⑤ 当然,诺曼国王并不信任英格兰人,英格兰人也遭受了残酷对待。"但残酷对待是一回事,而意图将之纳入诺曼法的轨道则是另一回事。"⑥

最后,威廉一世的成功之处在于他建立了完善的税收体制和将诺曼人的封建保有观念带入了英格兰。威廉不仅维持了英格兰以前的地产税,如丹麦金(danegeld)等,还通过宣誓咨审(sworn inquest)的办法制作了《末日审判书》,对全英的财产状况作了空前绝后的详尽调查,为征税打下了坚实的基础。而在这种税收体制中,诺曼贵族占据的只不过是他们的英格兰先辈所曾经处过的位置。⑦ 同时,威廉用效忠于自己的郡长(sheriff)取代了曾经掌管地方的伯爵(earl,亦称方伯)来维持地方治安,并负责征税。与此相关的另一个问题是封建保有制度的建立。在梅特兰的眼中,盎格鲁—撒克逊国王们在授予司法管辖权方面过于慷慨,而诺曼国王在保留这些权力的同时,还通过扩展地产保有制消除了某些前朝政治上的弱点,这其中最为重要的就是"一切

---

① 忏悔者爱德华去世后继承英格兰王位的人,在刚刚击退外族对英格兰东北部的入侵后,为诺曼公爵威廉以逸待劳所击败。

② See Sir F. Pollock & F. W. Maitland, *The History of English Law Before the Time of Edward I*, vol. I, Cambridge: Cambridge University Press, 1968, p.92.

③ Ibid., p.92. 这里所谓的诺曼公爵和英国国王都指征服者威廉,梅特兰这样表达主要是为了说明威廉将诺曼法和英格兰法的成功结合。

④ 如对诺曼人提起控诉的英格兰原告可以迫使他的对手参与决斗裁断,但该诺曼则可依诺曼法通过宣誓助讼洗雪冤屈。See Sir F. Pollock & F. W. Maitland, *The History of English Law Before the Time of Edward I*, vol. I, Cambridge: Cambridge University Press, 1968, p.90.

⑤ J. Hudson, "Maitland and Anglo-Norman Law", in J. Hudson(ed.), *The History of English Law—Centenary Essays on "Pollock and Maitland"*, Oxford: Oxford University Press, 1996, p.23.

⑥ Ibid., p.92.

⑦ Ibid.

地产都从国王处保有"观念的树立。① 圣安德鲁斯大学的中世纪史讲师约翰·哈德森博士（Dr. John Hudson）认为，诺曼人将这些东西带来时不是体现为书面的文件，而是存在于他们的头脑中。② 这种封建保有观念的引入对于诺曼王权的加强起到了积极的作用。

综上，就诺曼英格兰时期的法律而言，梅特兰的观点是，诺曼征服对法律变革的直接影响是缓慢和有限的③，而这一时期对于普通法形成的一个重要贡献就是**王权的加强**。④ 威廉及其继承者对于前朝王权政治上的软弱的"矫正"及对这种权力的维持为亨利二世开展他的伟业奠定了坚实的基础。而一旦缺乏了这种强大的王权，随之而来的就可能是地方习惯的盛行以及罗马法的最终胜利。梅特兰指出，斯蒂芬统治时期（1135—1154）乃是多事之秋，这时任何人对英国法的未来都没有丝毫的把握。如果英国法能够幸存下来的话，那也只能是斑驳繁杂的地方习惯法。如果真是这样的话，那么罗马法的进入将不可避免。⑤ 但亨利二世改变了这一切，正是在这个意义上，梅特兰突出强调了亨利二世时期的历史意义，而相对弱化了对盎格鲁诺曼时期的强调。

哈德森博士对此提出了异议，他认为梅特兰低估了诺曼征服对于后世英国法律史的影响，持同一观点的还有布伦纳（Brunner），后者在"P&M"1895年出版后就指出了这一点。哈德森从领主权、领地法庭、土地保有及刑事惩罚等几方面的发展论述了诺曼征服对于后来普通法形成所产生的影响⑥，最后得出结论说：

> 从创新和对盎格鲁—撒克逊过去的延续两方面来对盎格鲁—诺曼时代进行评估，我们会发现普通法的形成是一个比梅特兰的著作——尤其是"P&M"中"格兰维尔时代"一章所描写的更为渐进的过程。梅特兰关于盎格鲁—诺曼法和早期普通法的主要区别并没有太多考虑二者的继承问题，相反，他主要强调的是普

---

① 就英格兰和西欧大陆的封建保有状况和中央集权问题，由嵘教授曾提出作为法国附属地的诺曼为什么在入主英格兰后所建立的制度与其"母国"法国有如此大的差异的问题。其实这涉及这三个地方之间的关系。诺曼人原来属于北欧的维京（Viking）人支系，10世纪后半期才来到法国并占据诺曼底，迫使法兰克国王承认他们的地位，并向后者效忠。但事实上诺曼底公国相当独立，从978年入主诺曼底到1066年征服英格兰这近100年的时间内，它的法律并没有明显受到法兰克法律的影响，而是维持了自己长于管理的特色。因此它并没有在法兰克和英格兰之间起到什么媒介的作用，这两地法律和政治制度上的差别跟诺曼来自法国这一事实没有直接的联系。关于诺曼底公国的情况，请参看〔美〕H. 伯尔曼：《法律与革命》，贺卫方等译，中国大百科全书出版社1993年版，第13章关于诺曼底的部分。
② J. Hudson, "Maitland and Anglo-Norman Law", in J. Hudson(ed.), *The History of English Law—Centenary Essays on "Pollock and Maitland"*, Oxford: Oxford University Press, 1996, p.39.
③ Ibid., p.22.
④ Ibid., p.39.
⑤ Ibid., p.25.
⑥ Ibid., pp.39—45.

通法对于王室救济措施的广泛应用，以及以令状和陪审团为特色的诉讼格式。……这种发展①的确从1135年前就开始了，许多潜在的因素，如文明程度不断提高的政府，就是朝着这个方向运作的。当然斯蒂芬乱世可能只是在时机的选择和速度方面对于普通法的发展是一个巨大的刺激，它结束了一个强大的王权统治，使一切又都回到了盎格鲁—撒克逊时期，这是一个以简捷著称的统治政权，在这里王权只与大片的封地和主要的地方官员相联系，而无法顾及广大的民众个体。因此亨利二世的即位意味着一个新的统治政权的重建，在某些方面它体现为王室对过去习惯和程序更为常规化的执行，正是在这种语境中《克拉伦敦法》(Assize of Clarendon)和《北安普顿法》(Assize of Northampton)中那些条文才能够被更好地理解。同时王室政府有了新的发展方向，主要是通过巡回审判加强了同地方民众个体的联系，这种行政与既存习惯和程序的结合和互动造就了梅特兰所谓的普通法。②

第五节　格兰维尔时代(1154—1216)

1995年是"P&M"出版一百周年，在这一年，英国和美国的一些历史学家和法学家组织了一次纪念这本书出版的研讨会。会上，众位学者分别就自己的研究领域对"P&M"中的相关内容进行了研究探讨——当然主要是对梅特兰的盛赞、批评和梅特兰之后研究成果的总结，所提交的论文也被汇编出版，这就是由哈德森博士所编辑、牛津大学出版社出版的《英国法律史——"波洛克和梅特兰"作品百周年纪念论文集》(The History of English Law—Centenary Essays on "Pollock and Maitland")。其中主要涉及格兰维尔时代，即对"P&M"第一编第六章展开批评的是剑桥大学的中世纪史教授霍尔特爵士(Sir J. C. Holt)。不过，正如其论文标题《亨利二世时的令状》("The Writs of Henry II")所显示的那样，他主要探讨的是令状问题。

和其他人的长篇大论相比，霍尔特对梅特兰的批评极为简短。③ 这从一个侧面表明了梅特兰在对这一时期研究中的权威地位。事实上，梅特兰的长项正在于十二三世纪。纵观他的著作，很少会发现有超越这一时期之外的讨论。因此当他将1901年

---

① 指普通法的发展——引者注
② J. Hudson, "Maitland and Anglo-Norman Law", in J. Hudson(ed.), *The History of English Law—Centenary Essays on "Pollock and Maitland"*, Oxford: Oxford University Press, 1996, pp. 45—46.
③ 他认为，梅特兰对于令状的研究没有采用谱系学的方法，缺乏对特殊令状及其"家系"(pedigree)的研究。See J. C. Holt, "The Writs of Henry II", in J. Hudson(ed.), *The History of English Law—Centenary Essays on "Pollock and Maitland"*, Oxford: Oxford University Press, 1996, pp. 48—51.

里德演讲(Rede Lecture)的题目定为"英国法与文艺复兴"时,他自己也说,16世纪是他最不情愿接触的时代。①

在梅特兰的眼中,"亨利二世统治时期在我们的法律史上具有极端的重要性",因为这一时期"整个英格兰的法律从形式到实体都在发生变化"。② 这种变化具体是什么,当时的人可能很难体会到,"他没有颁布法典,我们甚至可以怀疑他是否发布过任何可称之为实体法规则的东西",但当他驾崩之后,英格兰的法律的确发生了变化。今天的人们看得很清楚,原来"深居简出"的王室法庭现在变得活跃起来,不仅成了稳定的机构,而且还有具体的分工;过去偶一为之的陪审制和令状制也被制度化。这一切不仅对于普通法的发展,而且对普通法制度本身都有着奠基性的意义。对此,丘吉尔的评价是:"他奠定了习惯法的基础,使后人得以在此基础上添砖加瓦,其'图案'会有所变化,但'外形'不会发生任何变化。"③也难怪人们会将英国法律史的起点确定在亨利二世驾崩的1189年。

对于亨利二世在英国法律史上的贡献,梅特兰将之归纳为通过建立由专业法官组成的长期稳定的法庭,通过经常向地方派出巡回法官,通过引进陪审制和令状制,使得整个英国法得以集中化和统一化。在该章下面的内容里,梅特兰分别从这四个方面详细描述了英国法统一化的进程。④ 如果求本溯源地考察亨利二世所采取的各种措施,会发现这些机构或制度早在诺曼王朝时就已经出现了。如王室法庭的前身是国王的御前会议(curia regis)⑤,亨利二世之前,它是一个咨询机构,由国王的直属封臣、主教、修道院院长及王室高级官员组成,当然它也帮助处理政务,如财政事务。同时,作为最大的领主,国王也把它作为自己的领主法庭,处理其封臣之间的纷争。随着王权的加强和王室事务的增多,从御前会议中分离出一些专门的机构,负责处理某一方面的事务。亨利一世时,财政署(exchequer)从御前会议中分离出来,专门负责王室的财政收支,并处理这方面的纠纷。御前会议的司法职能也是这样分离出来的,从1178年开始,亨利二世挑选了两名教士、三名俗界人士常驻威斯敏斯特,听审王国境内的争讼,这就是后来的皇家民事法庭(court of common pleas);后来国王又将随其

---

① Fifoot CHS. *Frederic William Maitland*: *A Life*. Massachusetts: Harvard Unversity Press, 1971, pp. 230—231.
② Sir F. Pollock & F. W. Maitland, *The History of English Law Before the Time of Edward I*, vol. I, Cambridge: Cambridge University Press, 1968, p. 136.
③ 〔英〕W.丘吉尔:《英语国家史略》(上卷),薛力敏、林林译,林葆梅校,新华出版社1985年版,第206页。
④ Sir F. Pollock & F. W. Maitland, *The History of English Law Before the Time of Edward I*, vol. I, Cambridge: Cambridge University Press, 1968, pp. 138—160. 关于亨利二世具体的改革措施及其对普通法所产生的影响,另请参见李红海:《亨利二世改革与英国普通法》,载《中外法学》1996年第6期。
⑤ 直到现在,御前会议和王室法庭还采用同一的拉丁文名称"curia regis"。

巡游的法官固定在威斯敏斯特,组成王座法庭(court of king's bench);这二者连同前面的财税法庭(court of exchequer)构成了后来王室法庭的主体,王室司法机构得以建立。同样,派出法官到地方巡视的做法早在亨利一世时就有了①,陪审制的渊源更可追溯到诺曼底公国、加洛林王朝甚至是盎格鲁—撒克逊时期②,令状在教皇和诺曼国王那里也早都是便捷有效的统治工具。③ 亨利二世所做的只不过是将这些业已存在的做法制度化、规范化和例行化而已,但这种例行化的后果则是王室司法系统的完善和高效运作,从而在与其他法庭的竞争中处于有利地位。④

如果考虑到12世纪前半期英格兰的社会现实,就能深刻体会亨利二世对于英国法律发展的意义。了解中世纪史的人都知道,贵族和教会是制约王权的主要力量,因此征服者威廉一开始就完善分封体制,展开财产大清查,并任命自己的心腹兰弗兰克为坎特伯雷大主教。这些措施限制了贵族与教会的势力,使英格兰的王权一开始就呈现集权化的发展趋势。鲁弗斯(Rufus,指威廉二世)的出尔反尔使他在与贵族和教会的斗争中也不处于劣势,亨利一世因为有其得力大臣索尔兹伯里的罗杰主教的协助,所以能在他兄长威廉二世的基础上将他父亲威廉一世的成就进一步加以发展。如果按照这样的发展趋势,再假定普通法将随王权的加强而产生,那么普通法也许会更早一些产生。但这一切都葬送在了斯蒂芬的手里。因其王位继承存在"瑕疵",斯蒂芬从一开始就遭到各界的声讨,他不得不向贵族作出让步,而教会也从中获得不少好处,恢复了以前所享有、后来为前代诺曼国王所剥夺的许多特权⑤,以前的中央集权化成果就这样轻易地付之东流。亨利二世就是在这种背景下登基的,他唯一可以主张的就是他的先辈曾经拥有过什么样的权利,这也成为他与教会斗争的重要筹码。⑥

亨利二世与教会、贵族斗争的政治策略自然高明,但他在法律方面的措施尤值称道。他没有试图以自己的强大权威将领主法庭取而代之,而是建立了一套完整、高效、与其他裁判机构相并列的王室法庭,与各类其他法庭展开"平等"竞争。令状制剥夺了领主的一些司法管辖权;陪审制取代神明裁判和决斗为当事人提供了更为理性

---

① 参见马克垚:《英国封建社会研究》,北京大学出版社1992年版,第110页。
② See Sir F. Pollock & F. W. Maitland, *The History of English Law Before the Time of Edward I*, vol. I, Cambridge: Cambridge University Press, 1968, pp.140—144, 151.
③ 参见〔美〕H. 伯尔曼:《法律与革命》,贺卫方等译,中国大百科全书出版社1993年版,第538页。
④ 实际上,亨利二世的举措许多都是非正式的,"御笔亲提的几个字,或是对王室法官的耳提面命就可能建立一种新的程序。"因此,与其说他是一个立法者,不如说他是一个组织者、管理者,他的司法改革也带有浓厚的行政色彩。Sir F. Pollock & F. W. Maitland, *The History of English Law Before the Time of Edward I*, vol. I, Cambridge: Cambridge University Press, 1968, p.136.
⑤ 参见〔英〕肯尼思·摩根主编:《牛津英国通史》,王觉非等译,商务印书馆1993年版,第8页。
⑥ 参见〔美〕H. 伯尔曼:《法律与革命》,贺卫方等译,中国大百科全书出版社1993年版,第311—312页。

的裁决方式,也使证据制度发生了革命;巡回审判将"优质"的司法服务"送货上门",方便了民众,加强了中央与地方的联系;王室中央法庭的完善则为大部分案件提供了最终的上诉管辖权。这一切都使王室法庭在竞争中占尽优势,但亨利二世所获得的却不只是司法上的胜利,而是整个中央集权的全面胜利,整个国家的政治、经济、司法都控制在王室手中。普通法就是在这样一种氛围中开始孕育的,这里有获取地方习惯最为方便的途径,即巡回审判和陪审制,它能为普通法的发展提供实体内容;这里有以前从未有过的高水平的专职法官,他们能够将复杂的习惯法整合成一般性的普通法规则。而这一切都是亨利二世建立的。但如果亨利没有做这些集权化的工作,如果斯蒂芬乱世持续下去,那么"英国法的未来将非常不确定,即使它存续下来,也可能会分裂为纷繁复杂的地方习惯法,如果的确如此,罗马法的最终胜利将不可避免"。① 正是在这个意义上,梅特兰特别强调这一时期对于普通法历史的独特意义。

第六节　布拉克顿时代(1216—1272)

告别了以亨利二世为主的格兰维尔时代,我们步入了"P&M"所关注的最后一个阶段:以亨利三世为主的布拉克顿时代。其实在亨利二世与亨利三世之间还有理查一世和约翰王,但除了后者被迫签订《大宪章》之外,他们在法律史上并没有留下太多的痕迹。当然这并不意味着这一期间法律就停止发展了。事实上,因为有摄政官(justiciar)的存在,有文秘署(chancery)的高效运作,即使在理查一世国王率十字军东征和在德国被扣押之时,国内的机构也能正常运行,王室法律也能在王室法庭的日常工作中静静地成长。

亨利三世统治结束时,英国中世纪法律的架构已基本上成型了,后世所需做的只是填充具体材料而已。② 无论是从法律机构、法律职业、法律观念方面,还是法律著述、法律的具体制度方面,都标志着英国法律开始趋于成熟。首先,经过几度沉浮,王室终于建立了自己完善的司法机关。如果说亨利二世时的王室法庭还处一种风雨飘摇、非常不确定的状态的话,那么爱德华一世即位之时的王室法庭已经相当稳定了。这不仅体现在它的建制、组成人员和开庭日程上,更体现在各个机构已经开始有了各自的印玺和卷宗档案。③ 具体来说,文秘署掌管签发诉讼开始令,国王及其咨议会行使最高的司法管辖权,皇家民事法庭、财税法庭和王座法庭分别管辖普通民事案

---

① Sir F. Pollock & F. W. Maitland, *The History of English Law Before the Time of Edward I*, vol. I, Cambridge: Cambridge University Press, 1968, p.110.
② Ibid., p.174.
③ Ibid., p.190.

件、财税方面的案件、刑事及涉及国王利益的案件,巡回法庭及地方的郡法庭、百户区法庭则行使地方上的司法管辖权。这一系列法庭构成了完善的等级,为普通法的发展奠定了组织基础。

司法机构的完善刺激了法律职业的发展。除在王室法庭充任法官的为数不多的法律精英外,帮助当事人参与诉讼的援讼者、代理人纷纷涌现。后者原多是能言善辩者,后经法官允许可在法庭旁听,并在法庭周围的客栈或类似地方住下研习法律,这成为后世律师会馆(inns of court)的前身。另一方面,早期的法官多为教士出身。随着他们对英国法知识掌握的不断加深,特别是英国法著述如格兰维尔的《论英格兰的法律与习惯》的出现,越来越多的俗界人士能够学习到英国法的知识,并参与到司法活动中。到亨利三世统治结束之前,王室法官中俗界人士的数目已经开始超过教士。① 同时,法律职业界行会式的知识传授方式加快了法律职业共同体形成的步伐,与前朝相比,此时法官对于国王的依赖已大大减轻。②

法律职业的发展使法律开始成为一门专门的知识,而法律知识、法律职业及司法活动之间的互动直接导致了法律著述的产生。这一时期的著述首推布拉克顿的《论英格兰的法律与习惯》,梅特兰将之称为"英国中世纪法律学的皇冠和花环"(crown and flower of English medieval jurisprudence)。③ 该书采取了优士丁尼《法学阶梯》的编排体例,分人、物、诉三部分。④ 为了法律著述的总体框架及法律的阐释和法律原则的调和,布拉克顿从罗马法及教会法吸取了很多营养。他还直接借鉴了大量的罗马法格言、规则和术语⑤,但其目的并不在于将英国法罗马化。从人、物、诉各自所占的篇幅比例 7∶91∶356⑥,就可以看出其意主要是描述王室法庭的诉讼程序。为此作者从王室法庭的卷宗中选取了 500 多个案例——当然后世严格意义上的判例法观念还远未在他的头脑中形成。同时从书中可以读出,布拉克顿坚定地站在英国法(王室法)的一边,极力地反对教会和封建领主,为此他甚至不惜歪曲历史以获取英国法的胜利。⑦ 基于此,梅特兰对此书所作的评价是"罗马法的形式,英国法的实质"。⑧ 该书

---

① Sir F. Pollock & F. W. Maitland, *The History of English Law Before the Time of Edward I*, vol. I, Cambridge: Cambridge University Press, 1968, p.205.
② Ibid., p.205.
③ Ibid.
④ Ibid., p.229.
⑤ Ibid., p.209.
⑥ Ibid., p.229.
⑦ Ibid., p.209.
⑧ Ibid., p.207.

取得了巨大的成功,后来的法律著述许多都以此为基础。① 实质上,它是将早期杂乱的英国法理性化的一次伟大尝试,这不仅有利于英国法的传播,对于英国法自身的发展也具有重要意义,这也是使它能够跻身于英国法律史上伟大著述之一的原因。

表征英国法成熟的另一因素是法律观念。梅特兰认为,英国的法律家们没有法哲学,也没有深入探讨法律是如何形成的这类问题,以至于在当时英国法还无须像罗马法那样去区分"ius"(权利、法律)和"lex"(制定法、法律),但人们已经意识到在通过法令确立的规则和基于在实践中长期使用所形成的规则之间进行区分的必要性。② 实质上,这是一种制定法和习惯法之间的区别③,在当时英国各种法律渊源的竞争中,习惯法逐渐取得了突出的地位,王室法官只能改进(improve)法律,而不能改变(change)法律,未经王国民众大会同意,国王颁发的令状可以超越(go beyond)法律,但不能违背(go against)法律。这种习惯法优先的观念实质上是对习惯和传统的尊重。传统的力量是无穷的,即使国王也不能违反,因此其另一种表达就是国王应该居于法律之下。④ 这在布拉克顿那里更被经典地表述为:"国王虽高居万人之上,但却在上帝和法律之下。"毫无疑问,这成为了后世普通法与国王特权抗争的旗帜和口号。

上面提到的这种习惯法不是通常意义上的习惯法,而是王室法庭的习惯法,就是后来所说的普通法。⑤ "普通法"(common law;ius commune;lex communis;commun dreit;commune lei)一词起初常见于教会法学家的作品中,作为俗界著述中的用语,它在《财政署对话录》(*Dialogue on the Exchequer*)中出现过,到了爱德华一世时,它已经常被用来指代这样一种俗界的法律:它区别于制定法、国王的敕令、地方习惯等,区别于任何带有特殊性的规则。⑥ 这就是英国的普通法,与罗马法相对的普通法。

国内对普通法存在很多误解,其实英国普通法的形成并不像我们想象的那么简单,它是王室法官在漫长的司法实践中点滴积累起来的。王室法官,尤其是巡回法官,他们在面对地方上的案件时,一般都是通过当地的咨审团(assize)或陪审团了解

---

① 如稍后的 Fletta 和 Britton 都是布拉克顿书的简编,只是省略了其中的判例。参见 *Oxford Law Companion* 中的相关词条(Fletta,Britton)。

② Sir F. Pollock & F. W. Maitland, *The History of English Law Before the Time of Edward I*, vol. I, Cambridge: Cambridge University Press, 1968, pp.174—175.

③ 当然这二者之间并非截然对立的,有时它们甚至可以相互转化,如亨利二世的法令所确立的规则早已融入了不成文的习惯法洪流之中,并为人们所耳熟能详,而确立这些规则的法令本身却被湮灭在历史的尘埃之中。See Sir F. Pollock & F. W. Maitland, *The History of English Law Before the Time of Edward I*, vol. I, Cambridge: Cambridge University Press, 1968, p.176.

④ Ibid., p.181.

⑤ Ibid., p.184.

⑥ Ibid., p.177.

当地的习惯法,然后再将法律适用于手头的案件,或者是将陪审团的裁决带回到威斯敏斯特作出判决,普通法中的日耳曼因素就是这样融入的。另外,王室法官的法律依据还有国王的敕令、大咨议会的法令、国王的巡回委任状,甚至是罗马法和教会法,因此,所谓普通法是日耳曼习惯法的说法,虽不无道理,但又失于片面。普通法的规范来源其实是非常杂乱的,但这并不影响王室法官们将它们融合到一块。我们可能低估了王室法官工作的复杂性,我们的教科书中普遍的提法是,"王室法官通过判决一个案件总结出一条原则,然后回到威斯敏斯特和他的同行们在一起研讨,相互承认彼此的判决和原则并在以后类似的案件中适用该原则。"① 这种听起来轻松的描述其实包含了极大的艰辛,普通法正是在上述那些反复的博弈中得以被归纳、总结而成为一种全新的法律制度的。它包含了多种元素,王室法官的伟大之处正在于他们将这些复杂的元素融合到了一起,形成了一个新的东西。正是在这个意义上,我们说早期普通法发展中王室法官的运作机制是一个非常值得研究的问题,因为它所涉及的可能不仅仅只是一个普通法发展的问题,还有可能是司法在法律发展中的作用,以及司法如何发挥其作用的问题。众所周知的是,法律从文本走向生活实践其中介就是司法的过程,因此在我们这样以法律文本为中心的大陆法国家,强调司法的作用和地位就显得尤其重要。而遗憾的是我们长期以来一直都忽视了这一问题,忽视了研究司法是通过一种什么样的过程和机制将文本中的法律和行为中的法律结合起来的。在推进法治建设的今天,在立法已经取得长足进步的今天,关注司法问题不仅必要,而且应该成为当务之急。早期普通法中王室法官的活动为我们提供了一个极佳的标本,因此关注早期普通法的发展问题具有相当重要的现实意义。

  从亨利二世开始到亨利三世经过100多年的积累,普通法已经初具规模。这时布拉克顿及时写出了《英格兰的法律与习惯》,对普通法进行了归纳和总结,使普通法开始理性化,这就为普通法发展奠定了更加坚实的基础。

  亨利二世所开始的英国法的统一化和集权化运动,使英国法的发展在后来的一段时间内领先于西欧的其他主要国家,梅特兰在总结这一时期英国法发展的特点时将之称为"英国法的早熟"(precocity)。② 所谓英国法的早熟是相对于法德两国的法律而言的。首先在**剔除早期社会的遗迹**方面,英国法走在了法德两国的前面。因为自阿尔弗雷德大王开创的强大王权一直保持了优先地位,它很早就用赔偿金(bot)和

---

  ① 参见林榕年主编:《外国法律制度史》,中国人民公安大学出版社1992年版;杨联华主编:《外国法制史》,四川大学出版社1992年版;皮继增、许显侯主编:《外国法制史教程》,中国政法大学出版社1992年版。

  ② See Sir F. Pollock & F. W. Maitland, *The History of English Law Before the Time of Edward I*, vol. I, Cambridge: Cambridge University Press, 1968, p.224.

赎罪金(wites)制度取代了血亲复仇(bloodfeud)。① 陪审制的引进带来了证据制度的革命,再加上1215年拉特兰宗教会议禁止教士参与神明裁判(ordeal),使得决斗(trial by battle)、宣誓助讼(compurgation)和神明裁判受到了极大的限制。其次,在**法律形式的完善**方面,英国法也取得了长足进步。这一时期,以《大宪章》(*Magna Carta*)为首,英国出现了一批重要的制定法,这在爱德华一世时达到了一个高潮,以至于后者被称为"英国的优士丁尼"(the English Justinian)。② 英国法上的许多制度,包括机构的设置、诉讼格式和令状,虽不能说是由这些法令明确规定的,但毫无疑问却是从这些法令中发展出来的。同时,各个重要的王室法庭,包括巡回法庭,都开始有了自己独立的档案记录。当然,**司法机构的完善**和**专业法官的出现**也是法德两国所望尘莫及的。更为重要的是,这一时期人们的各项权利已被各种令状整合进了英国法的保护网之内,而不至于沦为仅仅是名义上的虚权。最后,**法律著述**的出现推动了英国法的理性化过程,避免了英国法为纷繁复杂的习惯法所湮没的厄运。如果说格兰维尔的《论英格兰的法律与习惯》只是对王室令状的分类整理的话,那么布拉克顿的《论英格兰的法律与习惯》则是用罗马法的形式对英国法进行系统化分析的一次勇敢尝试,而这些在同一时期的欧洲大陆世俗法领域都不存在。

　　早熟的英国法带来的是英国法的一系列鲜明且近乎现代化的特点③:如**统一**,尽管这种统一仅限于王室法庭所及之处,那些特权郡、特权领地、自治市、庄园里的农奴仍适用各自的习惯法;**简明**,上层社会的法律成了全体自由民所适用的法律,如长子继承制(primogeniture);**确定**,这主要是考虑到令状的格式及其所确立的格式诉讼;最后,它还吸取了罗马法的许多营养,而这即使在罗马法复兴刚刚开始、习惯法依然盛行的法德两国也是来之不易的成果。

　　但英国法的这种"过早"的"现代化"也带来了负面影响。④ 法官们只知道他们自己的法律,而不会引进新的东西。几乎任何革新都需要一个睿智的立法者来废旧立新,使法律与社会的发展相协调,而法官所能做的更多的则是对令状和法令的规避性操作。而这恰好成为了英国法发展的一大特色。⑤

---

① See Sir F. Pollock & F. W. Maitland, *The History of English Law Before the Time of Edward I*, vol. I, Cambridge: Cambridge University Press, 1968, p. 224.
② Ibid., p. 225.
③ Ibid., pp. 224—225.
④ Ibid., p. 225.
⑤ 如英国法律史上常见的拟制、规避等现象。

第六章　亨利二世改革与英国普通法的诞生

　　司法制度是普通法赖以发展的前提和基础,我们从来没有像在普通法中那样在罗马法或是教会法、中国法、印度法、伊斯兰法中如此强调司法制度的重要性。在后面的几种法律体系中,地位凸现的是法律的文本,如《优士丁尼法典》《格拉提安教令集》《唐律疏议》《摩奴法典》《古兰经》等,它们以这些文本为核心,形成了各自独特的法律体系。但在普通法当中,我们没有发现这样的核心文本,它留给我们的只是高高在上的法官、唇枪舌剑的律师和各怀心思的陪审员,是巍峨高耸的法庭和律师会馆的建筑,还有那刻板的令状和堆积如山的判例……因此在一定意义上可以这样说,是司法而不是法律文本或立法成就了普通法。这也正是我们特别关注普通法司法制度的原因所在。

　　普通法的形成开始于12世纪。那时,在刚经历过诺曼征服之后的英格兰,被征服的盎格鲁—撒克逊人的敌对情绪还很高,教会势力也不断上升,王室急需建立强有力的中央集权来巩固统治,这其中自然离不开对法律的关注。而当时的法律状况是:盎格鲁—撒克逊习惯法、教会法、诺曼法并行,地方法庭(hundred court and county court)、封建法庭(manorial court)、教会法院(court Christian)分割案件管辖权。就通过法律来控制社会而言,王室的力量相当薄弱,这对巩固王权极为不利。前代诺曼国王们纷纷采取不同措施,力图在这方面有所突破,但由于各种原因都未能有太大成就。到安茹王朝的亨利二世(Henry II,1154—1189年在位)时,他进行了有效的司法改革,从而奠定了王室法律体系的基础,促进了普通法的形成。"事实上,为近代英国王室法律体系奠定基础的正是在亨利二世时期,这种法律体系的存在至少延续到十六七世纪。下面,本书将从三个方面简短总括亨利二世改革对普通法形成所起的促进作用,详细分解请参看接下来的三章。

第一节　建立王室司法机构

　　在一定意义上说,普通法是法官的法。没有高水平的法官,没有独立完整的司法机构,普通法是难以运作的。普通法的这一特点,可以从亨利二世改革的措施中找到一些根源。

　　早期的英国王室并没有专门独立的司法机关,在王室进行诉讼的许多案件都由国王亲自处理。国王审理案件常向御前会议(curia regis)咨询,后者由大封建主、主教及国王的其他近臣组成。随着王室事务日益繁杂,御前会议的功能也逐渐增多,后来更从中分离出几个职能部门,处理各种王室事务。较重要的有文秘署(chancery)和财政署(excheguer),其中前者负责起草王室文书,签发令状等,后者负责财政税收事务,并行使这一方面的司法权。事实上,当时财政署的官吏也帮助国王处理法律事务。另外,国王还任命了一位摄政官(justiciar)在他外出时代行政事。国王经常奔波于诺曼底和英格兰之间,忙于王室大事,对于他所关心的地方案件,则主要以令状的形式向地方权贵发布命令,指令他们如何行为。在12世纪初的几十年里,国王也曾选派过一些王室法官到地方主持巡回审判。总的看来,至少在亨利二世之前,英国的王室司法机构还没有正式形成,王室司法行为还带有很大的随意性和非专门性。在这样的条件下,自然很难发展出它自己的法律体系。

　　到亨利二世时,他对上述情况进行了改革,使以前临时性的机构固定化、专门化。1178年,他在威斯敏斯特建立了皇家民事法庭(court of commonpleas),受理普通人之间的"民事诉讼"。国王自己仍然带着他的法官四处巡回审判,在亨利统治结束之前,他将身边的一些法官留在了王室驻地,代表国王审判,这就是王座法庭(court of king's bench),后来其管辖范围限于刑事案件和涉及国王利益的案件;财政署则继续行使自己在财政税收领域的司法权。以上三者遇到疑难不能解决的案件,都要拿到由国王及其教士和贵族组成的智者会议(councils of wise men),即咨议会上去讨论决定。另外,也许最为重要的措施当提亨利二世使以前偶然进行的巡回审判制度化。他每年都要将王室原有的法官和雇来的法官分成几组,派遣到各地巡回审判,从不间断。这样,从国王御前会议到国王巡回审判,王座法庭、皇家民事法庭、财政署再到各地的巡回法庭,亨利二世就建立了比较完备的王室司法机构。

　　完备的王室司法机构对于普通法的形成有着非常重要的意义,这之间的关系也许在巡回法官(itinerant justices)身上体现得更为明显。巡回法官在各地审判,每经历一个案件都要为其总结出一条适合的规则,在以后遇到类似案件时,他还会适用上一次的规则,作出与上一次类似的判决。当各地的巡回法官重聚威斯敏斯特时,他们便在一起商讨各自经历的案件,相互承认彼此的判决以及体现于判决中的法律规则、原则。遇到分歧之处,又一起研究、修改、妥协,直至形成定论。在接下来的又一轮巡回审判中,他们各自便将这些规则——包括自己经历总结的和自己没有经历而由他人总结的,但都经过了相互讨论、确认——适用于具体案件。这样以往,日积月累,在王室法官们中间便形成了关于社会生活各个方面的统一指导原则,这就是普通法的雏形。可以看出，这些原则不是编纂在成文法典里，而是体现于个案中，不是由议会立法者们制定，而是由法官在司法实践中积累创造而成。另一方面，在中央的王室法庭也重复着同样的过程。整个王室司法机构系统一起协调运作，对普通法的形成起了极大的推动作用。

第二节　发展令状制度

令状（writ），是拉丁词 breve 的英译，后者意为简短之物，引申为信件，简短的书信，遂称令状。令状是早期教俗统治者行政管理的一种手段，通过它，教皇和皇帝可将命令直接下达指定的人。

亨利二世之前，诺曼国王也常用令状来干涉地方和封建法庭的审判，其内容主要是指令贵族或其他长官作出或停止作出某种行为，带有强烈的行政性质。亨利二世对行政令状进行了司法化改革，将指示臣下如何具体救济当事人改为要求当事人到王室法官面前接受审判，由法官决定其权利义务。这样起码在表面上证明国王是依法而治而非任意擅断，从而增强了民众对国王的信任感。

此后，令状成为到王室法庭进行诉讼的前提，没有令状自然不能请求王室救济。但反过来说，如果没有令状王室法院便不能受理该案件，王室法庭没有可受理的案件，普通法又从何形成发展？由此可见，令状制对普通法的形成有着相当重要性。具体来说，这种重要性体现为令状不断地为王室司法管辖开拓领域，从而使王室法官在日渐扩大的管辖范围内不断形成统一的法律原则，不至于使普通法成为只限于某一偏狭领域的部门法。

要想了解令状制是如何为王室法庭扩展领域，就必须先掌握此前英国社会司法管辖权的分配情况。12 世纪初，普通民事案件主要由地方法庭和封建法庭审判；教会法院则声称它们要管辖"一切涉及灵魂"的案件，包括婚姻、继承、宣誓契约及涉及教职人员、教会财产的案件等；至于王室，它只顾及那些得不到受理和直接涉及其自身利益的案件。由此可以看出，王室司法管辖权的扩大将主要针对封建领主和教会。国王自恃其司法的公正性，通过发布令状的方式向地方势力和教会争夺管辖权。

亨利二世在位期间颁发了许多令状，都对扩大王室司法权有很大意义。最为突出的还要数首批规定可以使用陪审裁决的四个令状。

一、地产性质诉讼令（*Assize of Utrume*）

它规定：当某块地产属僧还是属俗的性质发生疑问时，有关人士可向文秘署申请令状，由王室法官令人召集陪审团决定。这虽然表面上仅涉及土地性质问题，但因教会法院要管辖一切涉及教会财产的案件,所以土地性质在这里便成为了问题的关键,僧俗两界都力图控制这一关节点。后来亨利二世声称,由陪审团决定土地之性质是王国的一个古老习惯,遂有此令状。这一令状在一定程度上限制了教会的司法管辖权,相应扩展了王室法庭的势力范围。

二、新近侵占诉讼令(Assize of Novel Disseisin)

它规定:拥有自由地产而被他人非法剥夺者,可以申请令状,由王室法官召集陪审团裁决以恢复占有。这主要是针对封建领主剥夺封臣土地而言。它意味着封臣依法占有土地,不论其上级领主为谁,占有者的权利都直接受国王保护。后来亨利进一步规定,正在封建法庭进行的地产权利诉讼,封臣一方可以申请令状将案件移至王室法庭陪审裁决。这样,有关土地占有方面的诉讼便自然从封建法庭转到王室法庭。

三、收回继承地诉讼令(Assize of Mort d'Ancestor)

它规定:从拥有非终身地产者那里合法继承来的土地被他人侵占,继承者可申请令状,陪审裁决恢复占有,而不论侵夺者如何宣称他事实上更有权获得该地产。因为最可能更有权获得该地产的人往往是死者的领主,故此令状在"新近侵占诉讼令"之后又一次打击了封建领主的势力。

四、圣职推荐权诉讼令(Assize of Darrein Presentment)

它规定谁有权推荐圣职的问题当由有关人士申请令状陪审裁决,而不能由教区主教在教职空缺几个月后自动填补。这一令状是针对1179年拉特兰宗教会议关于推荐圣职的规定作出的,它与教会的决定针锋相对,并得到了广泛支持。在与教会的斗争中,王室又一次取得了胜利。

通过以上四个令状,许多原来属于封建法庭和教会法院管辖的案件现在已归王室法庭管辖。这其中有很大一部分是领主与封臣之间的纠纷,以前都在封建法庭审判,自然对封臣不利。亨利统治后期,王室又发展出债务令状(writs of debt)、收回被非法占有的动产令状(writs of detinue)、抵押令状(writs of gage)、收回非法扣留动产令状(writs of replevin)、违约之诉令状(writs of convenant)等。依这些令状,王室司法管辖权从原来狭窄的范围扩展到包括土地、契约、侵权等广泛领域,王室法官们在每一个新领域里都积累发展出自己的一套规则、原则,使普通法的形成能建立在一个广泛的基础之上。可以说没有令状制,没有广阔的司法领域,普通法是无法形成的。这正是令状制对普通法形成的意义所在。

第三节　引进陪审制

恩格斯曾把普通法称为"唯一仍传播于世界的日耳曼法",这体现了普通法与日耳曼法之间的密切关系。普通法与大陆法不同,它不是以罗马法为基础,而是在日耳曼习惯法基础上发展而成的。但令人费解的是,既然普通法的形成以日耳曼法为基础,那么它形成之前那为数不多的王室法官是如何通晓分布于全英格兰的、纷繁复杂的日耳曼习惯法的呢?这之中的奥妙全在亨利二世改革所引入司法领域的陪审制。

陪审原是加洛林帝国国王的特权。国王为了了解某地社会治安、官吏工作及土地归属等问题,往往召集当地最值信赖的12个人组成团体,经宣誓后回答他的提问。当时这种制度主要是用于行政管理,并带有浓厚的皇室特权性质。12世纪前后,亨利二世之父安茹伯爵杰弗里(Jeffery)曾在安茹和诺曼底的重要民事案件中采用陪审调查,征服者威廉也曾运用这种调查团对全国土地人口进行大清查。尽管如此,我们仍然可以肯定,在亨利二世之前将陪审团用于司法领域还是极少见的。亨利二世改革时,将陪审制正式引入民事审判。国王在令状中规定某些特定案件可以采用陪审,郡长依此令状召集邻居中的12个人组成陪审团,在王室法官面前回答提问。后来,陪审又被用于刑事控诉。

陪审对于普通法形成的意义在于它为王室法官提供了一条了解和熟悉各地习惯的有效途径,从而能够使他们在较短时间内很容易地了解全国各地不同的习惯法。当郡长在挑选陪审员时,他总是选择那些最了解案件情况和最熟悉当地习惯法的人。当后者组成陪审团在法官面前接受提问时,法官总要问及当地习惯法是如何规定的。这样,法官每巡回到一地,都能通过陪审团了解当地习惯法,并运用它作出判决;经过到各地巡回,他们便了解了全国的习惯法。当王室法官重返威斯敏斯特时,彼此聚在一起讨论研究各自了解到的东西,对它们作出评价,熔各地风俗于一炉,进而提炼出能适用于各地的统一原则。普通法就是在这种长期反复的实践中形成的。

对于普通法的形成来说,陪审制除了为王室法官提供了解各地习惯法的机会以外,还有一点值得注意,那就是陪审在一定程度上是接受与自己地位同等者的审判,因此更容易为常人所认同。这样,它就能吸引更多的人到王室法庭诉讼,从而增加王室法庭的业务,间接促进普通法的形成。事实上,在当时王室法庭扩大司法管辖权的过程中,它并不能凭借自己的皇室性质而采取多少强硬手段,因为地方和教会势力并不是可以被轻视的。王室法庭所能做的只是设立与地方法庭、封建法庭、教会法院相并立的司法管辖权,利用自己公平的优势与后几者展开竞争,将案件吸引,而不是强拿到自己这里来。在王室法庭引进陪审制时,地方和教会的法庭仍然在采用神明裁判、宣誓及决斗的落后方式进行裁决。相比之下,前者要文明、先进和公平得多。因此,许多案件纷纷转向王室法庭。如果说发展令状制是王室扩大司法管辖权所采取的积极主动措施,那么引进陪审制则是王室在这方面更为冷静也更为高超的招数。

  亨利二世改革所采取的这些措施并不是孤立的,这三者互相联系、共同作用,使英国法朝着一个全新的方面发展。这次改革用令状制和陪审制打开了王室法庭广阔的司法管辖领域,王室法官利用陪审制提供的条件,掌握了复杂的日耳曼习惯法,并在此基础上形成了普通法。

  不过在亨利二世时期,普通法尚未定型。到 13 世纪,普通法的内容得到了充实,诉讼程序也形成了比较固定的格式,出现了专门的法律从业人员,司法实践中积累了大量的判例,著名法学家布拉克顿(Bracton)写出了《论英格兰的法律与习惯》(*Treatise on the Laws and Customs of England*)一书,对普通法作了全面的总结,至此普通法基本形成。但所有这些事实丝毫不会影响也不会冲淡亨利二世改革对普通法形成所起的巨大作用。事实上,正是亨利二世改革才真正开始了普通法的形成过程,改革的具体措施为普通法发展建立了大致的框架,并塑造了普通法某些根本性特征。"他奠定了习惯法的基础,使后人得以在此基础上添砖加瓦,其'图案'会有所变化,但'外形'不会发生任何变化。"[①]亨利二世改革对普通法的形成意义重大。

---

  ① 〔英〕温斯顿·丘吉尔:《英语国家史略》(上),薛力敏、林林译,林葆梅校,新华出版社 1985 年版,第 206 页。

第七章　普通法法院的建立

普通法司法制度建立的第一个环节就是王室法庭的兴起和完善。① 所谓王室法庭是指区别于当时的教会法院、庄园法庭和地方法庭等,而由国王建立起来的各类司法机构。普通法的形成过程,在一定意义上也可以说是王室法庭不断拓展自己司法管辖权,并最终在众多法庭的竞争中取得压倒性优势的过程。因为按照格兰维尔的说法,普通法其实就是王室法庭的习惯法,普通法地位的确立必然以王室法庭成为司法载体的主流为前提。不过要理解这一切,还需要对过去"残酷"的司法管辖权竞争有"切身"体验。

第一节　外部竞争:与其他法庭的关系

"参与"当时司法管辖权竞争的主要有教会法院、地方法庭和领主法庭,当然"参与"这个词的主观色彩太浓,而事实上所谓的"竞争"都是静悄悄进行的,最终的"失败者"起初也许并没有意识到自己处于不利地位。但正是在以亨利二世为代表的改革者所采取的那些非正式却又有很强连续性的措施中②,一种制度渐渐地成长起来,而其他则趋于式微。这一切也许并不是那样简单,它们竞争的起点和条件并不相同,但这正是活生生的历史现实。历史并不为每一个竞争者提供同等的机会和道德基础,胜利者的每一次胜利都是各自努力争取的结果。

---

① 关于究竟应该使用"法院"还是"法庭",学界有不同的意见。笔者认为,在中文中,一个法院一般包括多个审判庭,而每个审判庭可以称为一个法庭。如果从这个意义上说,就英国而言,"法院"大略应该是近代尤其是1875年司法改革之后的事了,因为这之后才建立了高等法院(包括五个分庭)、上诉法院(包括刑事分庭和民事分庭)等。因此,本书区分使用了"法院"和"法庭"两个词语。具体而言,过去的 county court, hundred court, feudal court, court baron, customary court, manorial court, Court of Common Pleas, Court of King's Bench, Court of Exchequer, Court of Star Chamber, Court of Chancery 等,均倾向于使用"法庭"一词,而对于 church courts 和近代以来的 county courts, High Courts, Court of Appeal 则倾向于使用"法院"。当然,这可能更多只是笔者自己的表述习惯,而非有多么强大的理论基础。

② See Sir F. Pollock & F. W. Maitland, *The History of English Law Before the Time of Edward I*, vol. I, Cambridge: Cambridge University Press, 1968, p.136.

一、教会法院

（一）教会法院概况

教会法院是西欧基督教建立起来的司法机构，它在西欧有着统一的组织结构，并适用统一的教会法。教皇是教会法院的终局裁判者，各级教会法院一般由当地的主教或其他神职人员主持，其工作受教皇的监督，并有义务执行教皇及宗教会议的训令和法规。教皇经常委托自己的代表到各地直接主持地方的教会法院，以便更为有效和迅捷地执行自己的意旨。① 因此，中世纪西欧的教会法院是一个跨越"国界"和地域的、有着严密上下级体系的司法系统。而教会法之所以能够成为西欧第一个独立的法律体系，除了格拉提安的努力之外②，跟这种提前实现的统一的司法体系也有着密不可分的关系。

（二）教会法院在英格兰

在英格兰，自1066年之后，教会法院的管辖权却是随着教会相对于王权地位的变化而变化的。征服者威廉（1066—1088年在位）入主英格兰后对教会采取的原则是：一方面给教会法留出足够的空间，另一方面坚持教会在英格兰不应该主张它在诺曼底所不曾享有过的权利。③ 他所颁布的一系列法令明确禁止主教和副主教在百户区法庭听审涉及教会法的案件，这类案件将来应依据教会法而不是百户区的法律作出判决。尽管世俗的权力可以支持教会司法，但未经国王允许，不得制定教规，国王的贵族和大臣也不得被褫夺教籍。④ 威廉所采取的另一项措施是人事方面的，通过任命来自帕维亚的法学家兰弗兰克为坎特伯雷大主教，在一定程度上缓解了教会与王权之间的尖锐矛盾，事实上在这场"冷战"当中已经取得先机。就司法而言，威廉的贡献在于将教会势力逐出了地方上的世俗法庭。

威廉二世（1088—1099年在位）在其整个统治期间一直以背信弃义著称，他在与教会的斗争中先后作出许多承诺，却又先后背弃。他放逐了当时的坎特伯雷大主教安瑟伦（Anselm），却使得后者更坚定了斗争的决心。⑤ 威廉二世与后来的斯蒂芬就司

---

① See Sir F. Pollock & F. W. Maitland, *The History of English Law Before the Time of Edward I*, vol. I, Cambridge: Cambridge University Press, 1968, p.114.
② 参见〔美〕H.伯尔曼：《法律与革命》，贺卫方等译，中国大百科全书出版社1993年版，其中关于教会法律体系部分的论述。
③ See Sir F. Pollock & F. W. Maitland, *The History of English Law Before the Time of Edward I*, vol. I, Cambridge: Cambridge University Press, 1968, p.75.
④ Ibid., p.88.
⑤ See T. F. T. Plucknett, *A Concise History of the Common Law*, New York: the Lawyers Co-operative Publishing Company, 1929, p.12.

法而言在整个诺曼王朝并没有取得什么显著成果。

亨利一世(1100—1135年在位)即位后废除了其兄长威廉二世所采取的压制措施,全面恢复征服者威廉时期的政策,并在遍及整个欧洲的圣职授予仪式问题上与安瑟伦大主教达成妥协。国王同意放弃向主教授予戒指和权杖(ring and staff)的主张,而安瑟伦则同意将例行的宗教会议改在国王的教堂举行,并在其在场的情况下选举主教,从而给国王发挥影响留出了足够的空间。亨利一世后期主要由他的摄政官索尔兹伯里的主教罗杰主政,这为教会和国王的和平共处铺平了道路。①

在诺曼王朝(1066—1154年在位)的四个国王中,斯蒂芬(1135—1154年在位)是最后一个,也是最为软弱的一个,这种软弱部分来自于他王位继承合法性受到质疑的事实。② 斯蒂芬本人并不是亨利一世国王的子嗣,而是亨利的外甥,即威廉一世女儿的儿子。亨利的儿子在横渡英吉利海峡时遇难,因此只留下了一个远嫁大陆安茹公国的女儿玛蒂尔达作为继承人。但亨利去世时,斯蒂芬抢先登基,并马上着手镇压异己,由此引起了一场内战,史称"斯蒂芬乱世"。为了安抚民心,斯蒂芬不得不向其臣民作出让步。他用非常含糊的语句承诺,民众可以享有亨利一世时他们所享有的一切权利,对于教会,除了"应该自由"这样宽泛而又危险的承诺外,斯蒂芬又作了许多具体的允诺。宗教领域出现了许多立法,经国王恩准,那些严酷的教规又得以制定和施行,尤其是禁欲的规则被强加给那些并不太情愿的神职人员。而立法改革的精神在宗教会议,而不是国王的御前会议上重又变得活跃起来。③

教会势力重新抬头的趋势遭到了安茹王朝(1154—1399)首位国王亨利二世(1154—1189年在位)的阻击,一场持续了近一个世纪的对峙终于在亨利二世和贝克特之间爆发了。威廉一世将教职人员逐出世俗法庭的举措产生了许多意想不到的后果,也使原来许多隐藏的问题得以暴露。在接下来的一个世纪里,教会发展了自己的法律体系,并不断扩张自己的司法管辖权。刚刚被亨利二世从大法官一职提升为坎特伯雷大主教的贝克特就强硬地坚持教会法院应严格执行教会法,并强调教会法院的独立性和教皇对英格兰教会法院的权威。这在事实上使亨利二世不无沮丧地意识到自己力图模仿威廉一世,通过人事变动来达到同教会缓和关系的努力失败了。1164年亨利二世在克拉伦敦举行大会,大会最后通过了《克拉伦敦宪章》(*Constitution*

---

① T. F. T. Plucknett, *A Concise History of the Common Law*, New York: the Lawyers Co-operative Publishing Company, 1929, pp.12—13.
② 参见〔英〕W. 丘吉尔:《英语国家史略》,薛力敏、林林译,林葆梅校,新华出版社1985年版,第177—181页。
③ Sir F. Pollock & F. W. Maitland, *The History of English Law Before the Time of Edward I*, vol.I, Cambridge: Cambridge University Press, 1968, p.97.

of Clarendon），全体贵族以咨审团的形式认可了宪章中所列举的一系列据说是在亨利一世时就已经存在的习俗惯例，其中的一些还追溯到了威廉一世。《宪章》的第 1 条规定涉及圣职推荐权的诉讼都应在王室法庭进行；第 3 条规定被控犯罪之教士应先在王室法庭回答法官的提问，然后由主教法庭定罪，若有罪则要返回王室法庭接受惩罚；第 7、8、10 条规定国王的直属封臣被褫夺教籍和从英格兰的教会法院向罗马教皇上诉时都要首先征得国王的同意和恩准；第 15 条则严正声明不得因为债务诉讼中有当事人违反誓言的事实就剥夺王室法庭对此类案件的司法管辖权……①

亨利的这些主张与贝克特发生了激烈的冲突，后者拒绝签署《宪章》，两人之间的矛盾达到白热化，国王的一句愤懑之语不经意地使四名粗鲁的骑士刺杀了贝克特。② 但这不仅没有使亨利取得主动，反而使贝克特成就了殉教者的英名。国王陷入了被动，他不得不向教会忏悔和让步，不得不放弃所有的革新，当然他自始至终都在宣称他只是在继承祖上的习俗和惯例。教会胜利的直接成果就是"教士特权"的创制。③ 尽管此后教会的势力在英格兰有所恢复，并在英诺森三世时达到最高峰，但亨利二世赢得了历史的同情。正如梅特兰所指出的那样："在许多方面，亨利二世维护了自己的立场，从此以后，世俗法庭而不是教会法院扮演了'入侵者'的角色，并且在每一次的竞争当中都是获胜者。"④

究竟谁是获胜者，后来的历史已经显示得非常清楚。当数百年之后的我们重温这场流血的冲突时，贝克特和亨利的胜负已经无足轻重了，也许真正需要领悟的是这种竞争的机制及其所带来的后果。中世纪的伟大意义也许正在于它为那个社会提供了不同的力量和不同的声音，以及它们存在的空间和可能性，正是这些不同的力量、不同的声音之间的竞争和博弈才使得英格兰和西欧避免了走上极端专制主义道路的命运。

（三）教会法院的管辖权

到此为止，我们应该总结一下，在司法领域教会究竟获得了多少份额。教会首先认为她对与宗教体制有关的事项——如有关宗教的地位、教士的晋升和降阶、主教的

---

① 关于《克拉伦敦宪章》的内容可浏览：http://www.yale.edu/lawweb/avalon；Also see T. F. T. Plucknett, *A Concise History of the Common Law*, New York：the Lawyers Co-operative Publishing Company, 1929, pp. 15—17；Sir F. Pollock & F. W. Maitland, *The History of English Law Before the Time of Edward I*, vol. I, Cambridge：Cambridge University Press, 1968, pp. 124—125.
② 参见〔美〕H. 伯尔曼：《法律与革命》，贺卫方等译，中国大百科全书出版社 1993 年版，第四章。
③ 关于教士特权，请参看〔英〕J. W. S 特纳：《肯尼刑法原理》，王国庆等译，华夏出版社 1989 年版，第 10 页。
④ Sir F. Pollock & F. W. Maitland, *The History of English Law Before the Time of Edward I*, vol. I, Cambridge：Cambridge University Press, 1968, p. 125.

任职仪式,以及那些纯粹宗教职能方面的事务,如为履行宗教义务而举行庆典活动、宗教法人内部的规章和税收管理事务等——具有专属管辖权。其次是对神职人员和不幸者,如寡妇、孤儿等有属人管辖。在除此之外的普通民事诉讼领域,教会则分享或独占了婚姻、遗嘱继承、宣誓契约等案件的管辖权。①

(四) 王室法庭争夺管辖权的技术

教会最终究竟获得了多少管辖权并不重要,重要的是这场竞争本身。在这个意义上强调所谓的竞争技术,即王室法庭是通过什么样的具体措施获得涉及教会案件的管辖权的,这正是下文要关注的内容。

(1) 王室的第一个措施是禁止英格兰教会法院未经国王同意就向设在罗马的教皇上诉。这种主张体现为书面的文字虽然要推迟到 1164 年的《克拉伦敦宪章》②,但自从征服者威廉入主英格兰以来,王室就一直以此为目标。不能说王室的这种"立法"对教会取得了多少胜利,但因为它针对的是**当事人**而不直接面对**教会**,所以事实上还是非常有效的。在当时著名的安尼斯提案(Anesty Case)中,我们就可以看到原告是如何因为不服大主教法庭的判决而向国王请求允许他向教皇上诉的。③ 王室这种措施给我们的启发是,竞争的双方并不直接发生关系,而将难题留给了争讼的当事人,通过给当事人施加阻力,限制当事人的权利,达到事实上限制教会法院的目的。这种迂回的战术有着正面冲突所无法比拟的优越性,亨利二世与贝克特正面冲突的结局令前者陷入了被动,而后来那些更为"消极"和间接的措施却往往能收到意想不到的效果。关于这一点本书在下文还会涉及。

这种迂回战术背后所隐藏的是一种与我们习惯相异的思维模式。这种被我们称为"司法理性"的思维,其特点是就事论事,而不任意扩大字面的含义。比如上面提到的禁止非经国王恩准向教皇上诉的规定,按照王室法庭的解释就是任何想向教皇上诉的当事人都要事先征得国王的同意。这在字面上并不涉及教会法院的管辖权问题,但它却在事实上限制了教皇作为最高宗教法庭在英格兰的管辖权。对此王室法庭的解释是,受限制的是当事人而非教皇,王室并没有对教皇指手画脚,限制其权利,教会法院对此只能是一筹莫展。类似于这样的解释(比如拟制),无论是对制定法还是令状、判例,在英国法的发展中比比皆是,不独在王室法庭与其他法庭的竞争中高频率地运用,在后来王室法庭之间的管辖权竞争中也屡屡用到。实际上,它已成为英

---

① See Sir F. Pollock & F. W. Maitland, *The History of English Law Before the Time of Edward I*, vol. I, Cambridge: Cambridge University Press, 1968, pp. 125—131.

② 参见该宪章的第 8 条。

③ See Sir F. Pollock & F. W. Maitland, *The History of English Law Before the Time of Edward I*, vol. I, Cambridge: Cambridge University Press, 1968, pp. 158—159.

国法发展的重要途径之一。而在一个缺乏司法理性的环境中,这种措施是很难奏效的。

(2) 通过控制前提来影响案件的实质管辖权,这以对自由教役地产诉讼管辖权的争夺为最典型。教会主张,涉及自由教役地产(alms)的诉讼要归教会法院管辖。梅特兰认为亨利二世在这一点上作了让步,因为如果争议双方均认为争议地产属于自由教役地产,那么该诉讼归教会法院管辖就不存在疑问。但亨利并没有就此罢休,相反他将判断争议地产性质的诉讼争取到了王室法庭这一边。是的,确定争议地产的性质,即看地产究竟是属僧还是属俗,是确定上述案件管辖权的前提。亨利创设了地产性质诉讼令(*Assize of Utrume*),规定争议地产的性质应由当地的知情人士组成咨审团在巡回法官面前作出裁断①,这样就在事实上影响了自由教役地产诉讼的管辖权。具有讽刺意味的是,亨利二世的这种策略在地产继承领域遭到了教会的同等"报复"。后者没有去干涉地产的继承问题——因为这是普通法的辖区,而是关心继承的前提,即某子女是否有继承资格的问题,换言之,就是该子女是否婚生。因此,在发生地产继承诉讼时,王室法庭理所当然拥有管辖权,但某子女是否婚生的问题必须先送交教会法院裁决后才能在王室法庭继续原来的诉讼。② 无论如何,这种通过控制前提来影响结果的做法只是王室法庭在同其他法庭的司法管辖权竞争中所采取的众多策略中的一项,其他如增加上诉管辖、提供并列管辖、完善王室法庭内部制度等都是针对不同情况所采取的不同措施。正是这些经意或不经意的措施,这些亨利二世经过了无数个不眠之夜所苦心设计的措施,才使得王室法庭有了后来的辉煌以及普通法得以产生和发展的基础。

(3) 设立并列管辖权。教会一直宣称对宣誓契约的管辖权,其依据是通过宣誓作出承诺的人实际上是将其个人灵魂的拯救交给了对方当事人,这种涉及灵魂拯救的事情理所当然地归教会管辖。但王室法庭也主张了一种并列的管辖权。《克拉伦敦宪章》的第15条就规定,教会不得因为债务诉讼中的当事人违反自己的宣誓就排除王室法庭对这类案件的管辖权。事实上在这一领域双方一直都处于胶着状态,王室法庭虽然也不断地颁布禁止令制止教会法院涉足违反宣誓契约事宜,但实际上后者一直都没有停止对这类诉讼的管辖。

以上列举的只是王室法庭所采取的众多措施中比较典型的几种,事实上这二者之间的竞争远非这里所描述的那样简单。这种竞争从诺曼征服开始几乎贯穿了整个

---

① See Sir F. Pollock & F. W. Maitland, *The History of English Law Before the Time of Edward I*, vol. I, Cambridge: Cambridge University Press, 1968, pp.144—145.

② Ibid., p.127.

中世纪,从"冷战"到"热战",从不动声色到刀光剑影,王室法庭所取得的每一次成功都与其智慧和背后强大的后盾分不开,表面和平的争夺背后其实都是与强权和实力相联系的。

王室法庭的胜利和失败对于后世普通法的发展也产生了一些影响。比如梅特兰认为在教会所获得的与宗教体制有关事项的管辖权领域中,因为王室法庭的退出而导致英国法中法团制度和信托制度孕育的延迟和发展的迟缓。因为当时能够作为典型拟制人格出现的机构主要就只有教会的组织,而王室法庭一直都忽视了为了特定目的如赈济贫民而向教会捐助财产的问题。[1] 基于法律是反映现实生活状况的原理,再考虑到罗马法中法团制度在很早的时候就已经相当发达,而英国法则在这方面长期销声匿迹,我们不能不佩服梅特兰在这一问题上的洞见。普通法作为一种在司法过程中产生的法律,某一领域管辖权的真空势必导致该领域实体法律制度的真空。但考虑到当时的历史状况,谁又能否认这不是王室法庭不得已而为之的结果呢?当普通法后来不得不关注这一领域之时,也正是因为它的开放性和包容性,才使得教会法中的这些制度性因素能够很便捷地融入普通法。

二、地方法庭

地方法庭主要包括郡法庭(county court)和百户区法庭(hundred court),它们都是中世纪英格兰重要的地方行政和司法机构,由郡长或其副手主持,在当时的社会生活中扮演了重要的角色。

(一) 郡和郡法庭的历史由来

英格兰的地方法庭与日耳曼人的地方自治机构有着密切的渊源关系。早在向外扩张之前,民众大会就是当时日耳曼人基层组织马尔克公社的主要管理机构。其参加者是公社的全体成年男子,职责涉及公社日常的各种事务,对外的交往、对内的公共事务、公社与社员的关系,等等,总体上来说是一个行政与司法职能兼备的机构。随着向外征服的进行,马尔克公社因为族内"王"对有功将领的无偿分封而逐渐解体,原先处理公社事务的民众大会在很大程度上已经落入地方贵族手中。英格兰的盎格鲁—撒克逊社会就经历了这样的过程,而这也正是诺曼征服前夜的英格兰的社会状况。一个大的王国因为有着众多的被分封者而无形中形成了许多相互区别的区域,这就是后来的郡。郡由方伯(alderman;earl)控制,他对郡的治理也是通过昔日的民众大会,即今天的郡法庭来实现。所谓的郡法庭在英文中被称为"county court",或简称

---

[1] See Sir F. Pollock & F. W. Maitland, *The History of English Law Before the Time of Edward I*, vol. I, Cambridge:Cambridge University Press, 1968, p.126.

为"county"。按照普拉克内特的解释,"court"一词此时因为行政和司法尚未分离,与其说有司法机构之意①,毋宁说它是这样的一个场所,全体民众定期到此处处理公共事务或裁决司法案件。

(二)郡长的兴起及其主持的各类法庭

作为具备诸多职能的地方管理机构的郡法庭,从一开始就被诺曼征服者作为中央加强对地方控制和管理的切入点。王室的第一个措施是在方伯的手下设立郡长(sheriff)一职。我们已经很难确定郡长被设立的精确时间,但他的出现却对后来郡法庭的变化起到了关键的作用。郡长虽然地位低于方伯,但作为王室的官员,却掌握实权,负责各种税款的征收、十户联保(frankpledge)的巡查、地方治安和军事武装以及主持郡法庭等,俨然就是一郡的实际统治者。而方伯则满足于腰玄佩剑的荣耀和对法庭诉讼收益三分之一的无偿获得。② 因此,王室通过在方伯身旁安插郡长一职,事实上渐渐排斥了方伯对郡的影响和管辖,从而将地方治理纳入了王室的轨道。

郡长主持的郡法庭多数情况下每月开庭一次,出席者为郡内的自由地产保有人。郡法庭在**刑事方面**的职能因为日益受到一切刑事案件都与国王和平有关,因而要由王室法庭管辖观念的影响而变得非常有限,以至于后来仅限于为巡回法官作准备。**民事方面**,郡法庭主要受理对人诉讼(personal action),而对不动产权益诉讼(real action)则只能在庄园法庭不能实现司法公正时才有机会管辖。③ 在这两类案件中郡长只是主持法庭,具体判决要由参与审判的全体民众裁判官(suitors)作出。此外,郡法庭还可以审理王室中央法庭发送下来要求陪审团作出裁断的案件。

与郡法庭相关的是郡长治安巡视法庭(tourn),这种法庭每年开庭两次,其最主要的职责就是对十户联保进行巡查。当为此目的开庭时,理论上说郡内全体自由地产保有人都应该出席,但实际上各百户区都由自己的首保(tithingman)代表出庭,而镇区(township)则由其长官(reeve)和四名代表出席。所谓巡查十户联保,实际上就是看每一个联保之内的成员是否都在自己居住区内安分守己,并对违反者给予处罚。毫无疑问,这是王室加强地方治理的有效举措。郡长治安巡视法庭的另一项任务是主持治安法庭。它由镇区代表和陪审团对辖区内所发生的重罪、轻罪提出控诉,轻罪由

---

① See T. F. T. Plucknett, *A Concise History of the Common Law*, New York: the Lawyers Co-operative Publishing Company, 1929, p.86.

② See Sir F. Pollock & F. W. Maitland, *The History of English Law Before the Time of Edward I*, vol. I, Cambridge: Cambridge University Press, 1968, p.533.

③ 亨利二世时期相当流行的指令令状(praecipe)就规定,在保有人在庄园法庭提起的不动产权益诉讼中,如果领主不能为其实现司法公正,那么该案件就将移送到郡法庭审理。For the relative example, please see J. H. Baker and S. F. C. Milsom, *Sources of English Legal History private law to 1750*, London: Butterworths, 1986.

郡长当场作出决断,重罪则仅开始一些必要的准备程序,然后留待巡回法官来审理。与郡法庭同属地方法庭的百户区法庭一般也由郡长或其副手主持,但事实上这些法庭多数已经落入地方贵族手中,通常都由其管家主持。①

（三）对郡长的制约与限制

以郡长取代方伯,郡长可能如同以前的方伯一样成为地方上的头面人物而与王室对抗,为此王室采取了一系列措施对郡长加以制约。首先是在任命方式和任期上,郡长一般都为地方上的大户,他们在被任命时要向国王宣誓效忠,而且随时可能被解职,郡长的任期也被限制为一年。其次他每年都要前往威斯敏斯特向中央财政署做财政汇报。后来国王又在各郡设立四名验尸官(coroner),名为协助,实际上在很大程度上是监督和制约郡长,这一点在刑事诉讼中体现得尤为明显。② 验尸官的职责不是听审刑事案件,而是记录郡法庭的刑事诉讼程序,执行刑事司法,并保证对罪犯的刑事罚金纳入国库。③

后来大约自1200年开始,王室又在每郡任命数名骑士来维持和平。这些骑士的职能起初是军警而非司法性质,但后来在刑事巡回委任状中,他们被授权协助巡回法官处理刑事案件。到爱德华三世时他们的司法功能进一步增强并常规化,逐渐成为了后来的治安法官(justice of the peace),从而在治安方面排挤了郡长的影响。④

郡长受到的另一方面制约来自于王室的巡回法官。这实际上也是郡法庭作为地方司法机构所受到的来自王室法庭的压力,而不独是对郡长这一特定的官职所施加的限制。总体上说,在巡回法官到来时,郡长就要让位于巡回法官,由后者来主持郡法庭,无论是刑事的还是民事的案件。郡长此时就"沦落"为一名司法行政官,其职责是执行各种令状和判决,履行法庭各种带有司法行政性质的事务,这也是国内的某些辞书将"sheriff"一词翻译为"司法行政官"的原因所在。至此,郡长在司法方面的权力几乎已被剥夺殆尽,除了小额民事案件、治安和为刑事重罪做准备诸方面外,他剩余的权力就很少再有能被归为司法的了。

（四）郡法庭司法管辖权的萎缩

作为地方司法机构,郡法庭的命运是与其起初主持者郡长的命运息息相关的,郡长司法权的式微同时也意味着郡法庭的衰落不可避免。我们可以从以下几个方面加

---

① See Sir F. Pollock & F. W. Maitland, *The History of English Law Before the Time of Edward I*, vol. I, Cambridge: Cambridge University Press, 1968, pp.529—532.
② 国王主要是通过授予验尸官及验尸官法庭某些以前为郡长所享有的权力来实现,如对某些刑事和治安案件进行调查等。
③ See Sir F. Pollock & F. W. Maitland, *The History of English Law Before the Time of Edward I*, vol. I, Cambridge: Cambridge University Press, 1968, p.534.
④ See J. H. Baker, *An Introduction to English Legal History*, London: Butterworths, 1990, pp.29—30.

以阐述。

1. 总体论述

郡法庭所受到的冲击主要来自于巡回法庭,我们所能了解到的情况是当巡回法官到来时,郡法庭就要休庭,全体法庭的出席者转而奔向巡回法庭,当然巡回法庭经常就是在郡法庭开庭的地方举行。此时郡长就无权主持法庭,而变成了巡回法官的协助者,执行后者的各种命令。当巡回制度尚处于初期的时候,总巡回审法官(justice in eyre)会处理原来郡长所处理的全部事宜,而且还会有更多的其他事项。在后来特别委任巡回审(assize)兴起时,巡回法官就只处理其授权委任状中所列出的事项。这样,在巡回法官还没有到来的时间内,或是未被授权的领域,郡长理论上就有着与原来相同的司法管辖权,当然这没有考虑后来郡法庭事实上所受到的一系列限制。

2. 民事方面

关于郡法庭所受到的具体限制,我们首先考虑的是民事案件的管辖权方面。从总体上来看,郡法庭已经不像以前那样对它所处理的民事案件有着**终局的裁判权**,人们经常可以通过向文秘署申请移卷令(writ of pone)或是误判令(writ of false judgement)将案件从郡法庭转到中央王室法庭。① 在王权衰落和地方自治社区仍然是社会重心的时代,郡法庭在民事方面有着最终的发言权。随着王权的发展和王室势力向地方的逐步渗透,考虑到郡法庭本身的一些缺憾和王室法庭不断完善的制度优势,郡法庭在这场潜在的竞争中越来越感到力不从心。尤其是民事案件的终局裁判权方面,无论是权威性还是证据审查方式的合理性方面,无论是裁断者的专业水平还是判决的执行方面,它都无法与王室法庭分庭抗礼。对郡法庭来说,明智的选择就是放弃最终的裁断权,而争取保留传统的、那些有可能争取到的权力。

民事方面的管辖权又可细分为对人诉讼和不动产权益诉讼两部分。对前者,郡法庭后来被仅限于管辖契约和侵权方面的小额案件。即使是在这一领域,按照贝克的说法,由于缺乏陪审的机制和终审的权力,其管辖权终究被限于非常狭小的范围。② 这一领域郡法庭所受到的最为沉重的打击就是王室法官对1278年一项立法的歪曲解释所导致的后果。③ 1278年的《格洛斯特法》(Statute of Gloucester)规定,对于对人诉讼而言,只有标的达到40先令才能够到王室法庭起诉。这一规定本来只是为能够在王室法庭进行诉讼的案件规定一个条件,其本意并不在给地方法庭的管辖权规定一个上限,但后来经过王室法官的解释,40先令实际上成了王室法庭和地方法庭对人

---

① See J. H. Baker, *An Introduction to English Legal History*, London: Butterworths, 1990, p. 27.
② Ibid., pp. 27—28.
③ See S. F. C. Milsom, *Historical Foundations of the Common Law*, London: Butterworths, 1981, pp. 244—245.

诉讼管辖权的分界线,地方法庭遂不得管辖标的额超过40先令的对人诉讼。

关于不动产权益诉讼的管辖权,主要的竞争双方其实并不是郡法庭,而是王室法庭和领主法庭,但由于郡法庭为王室的命官郡长所主持因而也变成王室法庭,所以郡法庭在这一领域也受到"牵连"。中肯地说,当分封制成为封建社会的主流时,所谓郡法庭对地产案件的管辖权是没有意义的。因为封地方面的纠纷是与领主和封臣之间的封赠关系紧密相连的,而对于这一点,领主法庭是最有发言权的。① 因此习惯上土地方面的诉讼是在封建领主法庭(常见的是庄园法庭)进行的,王室法庭在争取土地案件的管辖权时是与地方法庭站在一起的。郡法庭所获得的就是依照王室指令令状从领主法庭转到这里来的不动产权益诉讼②,而此时它所代表的,已不再是地方,而是王室。

3. 刑事方面

如果说在民事方面郡法庭还保留有一些管辖权,那么它在刑事方面的管辖权则几乎是被剥夺得片甲不留。如前所述,郡法庭作为地方上的综合性自治机构,在盎格鲁—撒克逊时期有权处理所辖范围内的一切司法事务,无论是民事的,刑事的,还是治安方面的。诺曼国王所开始的做法就是要将这种地方的自治纳入到王室管理的轨道上来,为此它不仅设置了郡长一职,还将原来归郡法庭享有的刑事案件的管辖权收归王室法庭所有。国王对一切刑事案件主张管辖权,这有着许多的背景和渊源,但总体上与王权的日益增长有着密切的关系。王权势力日隆,使得国王有实力宣称自己可以对境内全体臣民的安全负责。这不仅是国王单方面的意愿,同时也是全体民众的基本需求,这种供求关系赋予了国王对破坏和平行为进行处罚的正当性。事实上,不只是国王,许多其他人,尤其是领主和教会,都在主张这样的权力,都力求获取至少是自己领地境内民众和平的保障权,但英格兰国王的势力终究还是扩展到了整个英格兰,而不是仅限于王室自己的领地。后世所谓的破坏国王的和平秩序(to break the King's peace),实际上就涵盖了在王国境内任何地方发生的侵权或犯罪行为,这也是国王能够对刑事案件主张管辖权的基础所在。由此看来,在郡内发生的刑事案件同样也应该归国王管辖,这就解释了郡法庭原来对刑事案件的管辖权为什么会让与王室法庭一方面的原因。而另一方面,一旦郡法庭事实上成为王室法庭——它现在是由作为王室官员的郡长所主持,它在很大程度上就已经失去了自己原来独立自主的能力,无法决定自己的权力范围。

郡法庭所失去的刑事案件管辖权现在归巡回法官所享有。除了少数轻微的犯罪

---

① 关于这一点请参看下文对分封制的描述。
② 关于王室法庭与领主法庭的管辖权竞争,请参看下文的相关部分。

可以由郡长直接处理之外,大多数比较严重的犯罪都是由郡长和郡验尸官共同勘验、调查,拘捕嫌疑人,并进行初步的讯问,为巡回法官的审理作准备。被委任处理刑事案件的巡回法官的职权一般包括清监提审(jail delivery)、刑事听审(oyer and terminer)和处理治安案件等几种,而以前的总巡回审法官则更可以主动地要求郡长召集各地方上的相关人士组成控诉团,对从上一次巡回审到现在当地所发生的刑事案件及相关的嫌疑人提出控诉。

4. 治安方面

郡法庭的衰落是一种全面的衰落,不独司法管辖权,治安方面的功能也受到极大的限制。对十户联保的巡查现在已更多地从郡长治安巡视法庭转移到了总巡回审法庭那里,百户区和村镇负责起诉的控诉团现在也越来越多地直接面对总巡回审法官。《大宪章》颁布之后,郡长治安巡视法庭就不能够再听审刑事诉讼,而只能对案件作预备性的审查,然后向王室法官起诉。更为重要的是越来越多的百户区逐渐落入私人领主手中,这样郡长治安巡视法庭在这些地方就为领主的领地刑事法庭(court leet)所取代,而后者的所得也成为领主收入来源的一部分。①

(五) 总结

作为地方自治机构的郡法庭从盎格鲁—撒克逊时期到十三四世纪经历了坎坷的发展历程,最终从一个由民众完全自治的机构转变成了由王室中央控制的、对地方进行治理的工具。将郡法庭的起源追溯到早期日耳曼人马尔克公社的民众大会似乎有些牵强,但后来作为郡的前身的方伯领地,其法庭无疑与这种民众大会有着相当的渊源关系。方伯领地及其法庭在诺曼征服之后受到了王室的关注,首先是方伯被王室以郡长架空,郡法庭为郡长所控制。此时郡长和郡法庭已经作为一个整体成为地方治理的核心,二者的命运休戚相关,这也是我们在分析地方法庭时为什么会大篇幅讨论郡长职位变化的原因所在。然后王室又开始对郡长各种制约和限制,这是与对郡法庭管辖权的剥夺相关联的。当郡长从一个全能的统治者"沦落"为普通的王室司法行政官之时,郡法庭也从行政、司法、财政、治安等全能型机构"蜕变"为几近单一的行政和治安的机构。我们也许夸大了这种变化,事实上,至少在 13 世纪,郡法庭还可以对 40 先令以下的对人诉讼、依据王室指令令状(praecipe)从领主法庭处转移过来的不动产权益诉讼和轻微的犯罪享有司法管辖权。在巡回法官未到来之时,郡长还可以巡查十户联保。但这和他们先前的权力范围相比明显缩小了很多。随着治安法官的出现,郡法庭就只剩下选举地方警长和议会代表,宣告将某人逐于法外等职能了,直到 1977 年 10 月 17 日其被彻底取消。

---

① See J. H. Baker, *An Introduction to English Legal History*, London: Butterworths, 1990, pp. 29—30.

郡法庭的"沉沦"意味着作为王国统一体代表的王室势力向地方自治团体渗透的胜利。从社会学的角度看,以郡法庭为治理中心的郡实际上是一个地方性的小共同体,它区别于以国王为代表的整个英格兰的统一的大共同体。在人类社会的早期,以宗法家族、血亲家族或区域性的组织为代表的小共同体占社会的主流。这种小共同体成为人们日常生活的基本空间,也成为与外界发生关系的基本单位。在小共同体的内部,其成员的地位并不像后世国家的公民那样的独立、自主,用梅因的话来说就是此时的社会还是一个"身份"的社会,这在古罗马共和时期和帝国的早期最为典型。与这种小共同体相对的,是以国家为代表的在一定区域和程度上统一的大共同体。在社会发展到一定阶段,这种大共同体就开始取代小共同体成为社会的主宰,而在此之前,则是两种共同体相互博弈的过程。可以说十二三世纪的英格兰正处于这样的一个阶段,郡法庭与王室法庭的此消彼长则正说明了小共同体让位于大共同体的历史现实。

秦晖教授在分析中国古代社会时,驳斥了视传统中国为小共同体占主流的观点。他认为中国自秦汉以降,作为大共同体的国家就已经开始主宰了整个社会,其影响力甚至直达基层民众个人。如此漫长的国家本位的历史所导致的结果是众所周知的,直到今天我们仍然缺乏必要的社区自治,以及代表某种力量的独立的组织。个人直接面对国君和国家所带来的负面效应,如专制所导致的人格不独立,也一直流毒至今。[①] 将秦晖教授的这种分析与我们所正在讨论的郡法庭与王室法庭相互博弈的历史结合,我们会惊奇地发现,英格兰同样经历了大共同体对小共同体的渗透与控制,但原来小共同体内部的个体却仍然很好地保持了他们原先所具备的各种品质。如果不考虑其他因素,那么这种渗透和控制的方式和程度就是重点需要关注的问题。我们注意到王室对地方的这种渗透与控制与其说是全方位的,毋宁说是有重点的,在程度上也有所保留。对郡法庭这样的综合性地方自治机构,王室所控制的只是司法、治安和部分的财政,最终它还是将许多的权力留给了地方自己。与其说这是王室对地方的一种控制和渗透,还不如说是王室对地方治理的一种参与或分参。反观中国古代长期维持了那种全面而深刻的控制:中央为地方任命或批准各种官员,授权征收各种税费,从思想到行动对个体进行塑造……上述参与或分参的模式,是以多种社会力量的并存和博弈为前提的,正是这些不同社会力量的相互斗争和制约才使得某一方不得不放弃吞并其他所有力量的企图,从而在事实上避免了专制的发生。

---

① 参见秦晖:《传统中国社会的再认识》,载《战略与管理》1999 年第 6 期。

三、领主法庭

(一) 领主法庭概况

作为中世纪另一种社会力量的代表,领主法庭的历史要晚近得多。按照梅特兰的分析,领主法庭的存在基于两种可能性。一种是由国王授予特权,典型的如巴拉丁郡(Palatine county),它们一般都有着类似于王权的权力,如司法权,征税权,甚至还包括铸币权等。其领地法庭通常都享有刑事管辖权,更不用说那些常规的民事司法管辖权了。当然,各种特权领地法庭所获得的特权是有很大差别的。①

另一种是基于以下的封建原则,即领主和封臣之间的封建关系,只要有三个以上的封臣,领主就可以为他们设立法庭以处理他们之间的纷争和其他事项,最典型的就是通常所说的庄园法庭。但这种法庭并不当然享有刑事管辖权,因为这种权力需要国王特别授予。② 庄园法庭通常分为两种,一种是为自由地产保有人设立的封臣法庭(court baron),由全体自由地产保有人出席并充任裁断者,由领主自己或其管家(steward)主持。另一种是专门为非自由地产保有人设立的习惯法庭(customary court),由非自由地产保有人出席,但由领主的管家出任法官。③ 梅特兰将庄园法庭的司法职能归纳为以下几方面:民事方面管辖标的额在 40 先令以下的对人诉讼、不动产权利诉讼(action in the right)以及涉及非自由保有地产的诉讼。另外,封臣和领主之间的某些争执也可以在此解决。刑事方面它虽然无权涉足破坏国王和平的犯罪,但对破坏庄园内习惯的行为具有排他性的管辖权。此外,它还可以就庄园内的事务进行立法和综合管理,大领主的法庭还可以受理下面庄园法庭的上诉案件。同时,与不动产最直接相关的土地的买卖、交付、转让等活动或仪式也在这里举行。

(二) 领主法庭与王室法庭的竞争

1. 领主法庭的管辖范围

领主法庭与王室法庭的管辖权竞争同样是多方面的,前者并不总是失意者。比如许多本来由郡法庭管辖的百户区后来纷纷落入当地领主之手,以至于郡长治安巡视法庭都无法光顾这些地区,对这些地方的治安巡视和对十户联保的巡查就由领主的庄园刑事法庭代管了。不过在这二者之间的竞争中,意义最为重大、对普通法影响最大的还是对不动产权益诉讼的管辖。

---

① See Sir F. Pollock & F. W. Maitland, *The History of English Law Before the Time of Edward I*, vol. I, Cambridge: Cambridge University Press, 1968, pp. 571—584.
② Ibid., pp. 571—584.
③ Ibid., pp. 592—594.

2. 不动产权益诉讼管辖权的变迁

作为一种以诉讼为中心的法律制度,不动产权益诉讼是普通法(尤其是早期)的核心部分,但理解这种诉讼要以对中世纪英格兰封建保有制度和地产权制度的理解为基础。尤为重要的是,地产权制度和不动产权益诉讼是一个相互关联不可分割的整体,是整个普通法中不动产制度的两个方面,对任何一方的理解都不能脱离开对另一方的关注。因此理解这一部分的内容最好能够结合本书后面关于地产权观念的描述。

在笔者看来,普通法不动产制度中最为核心的观念就是区别于罗马法绝对所有权的地产权观念。所谓地产权,实质上就是基于分封或其他原因而对特定土地所享有的一系列权利的总称。它可以是一项,也可以是多项,可以是现实的,也可以是未来才成就的。而这里所要探讨的不动产权益诉讼,其功能就是通过各种方式实现对地产权人权利的保护和救济。纵观中世纪英格兰法中不动产权益诉讼的发展过程,至少在十二三世纪,它经历了一个从对地产权本身实行保护和救济,到对地产的占有进行保护的过程。换言之,起初是直接保护地产权本身,后来则是通过对占有的保护来实现对地产权的保护。而不动产权益诉讼的这一转变所反映的,正是不动产诉讼管辖权从领主法庭向王室法庭转移的过程。

3. 权利诉讼

直接对地产权本身进行救济的不动产权益诉讼形式,我们称之为权利诉讼(action in the right)。这里的"right"就是权利人对地产所享有的各种权利、地产权。领主法庭对权利诉讼主张管辖权的依据在于,在分封制占主流的时代,因为土地的封赠仪式都要在领主法庭公开举行,因此对地产权的纷争最有发言权的就是领主法庭了。如果说领主法庭的刑事管辖权需要国王专门授予,那么对权利诉讼的管辖则是它当然的分内之事。

在庄园法庭进行的权利诉讼是一种带有浓厚形式主义色彩的诉讼。原告的起诉要遵循严格的程序,说固定的套话,然后要将自己的权利尽可能地追溯到最为久远的过去,而且要代代相连、不能间断。在一定程度上我们也可以说这种诉讼实际上是比较争议双方谁的权利更为古老,权利基础更为久远的一方将会获胜。无论原告如何精心地策划准备和费尽心计,最终被告的答辩都可以是一个简单的概括:"不。"接下来就是双方进行决斗,然后依据决斗的结果来裁断土地的归属。所以权利诉讼对原告来说过于苛刻,这种苛刻性还体现在被告可以以多种合法的出庭缺席事由(essoign)来拖延诉讼的进行,多少无法忍受这种拖沓冗长之诉的可怜人就不得不最终放弃了自己的权利。①

4. 权利诉讼管辖权的限制

王室对于庄园法庭权利诉讼管辖权的控制采取了多方面的措施。首先是亨利二世颁布命令规定,没有王室文秘署的令状不得在庄园法庭开始权利诉讼。这意味着在没有王室令状传唤的前提下,任何人都可以拒绝出席针对其自由保有地产所开始的诉讼。② 这一举动让我们想起了前面谈到教会问题时王室所采取的控制前提的方法。毫无疑问,在对待庄园法庭的权利诉讼管辖权问题上王室又是故技重施。

然后是规定在庄园法庭进行的权利诉讼中,被告可以在决斗断讼(trial by battle)和王室法庭提供的咨审团(grand assize)裁断之间作出选择,如果选择后者,则该诉讼就要从庄园法庭移送到郡法庭去审理。所谓的咨审团审理实质上是王室法庭提供的一种与传统的神明裁判(ordeal)(包括水审、火审、吞噬面包审等多种方式)、决斗裁判和誓证裁判(trial by oath)相并列的裁断方式。它的特点是不再将争议的焦点和证据的审查交于冥冥中的神,而是交由当事人的邻人来裁断。组成咨审团的一般都是当地有一定名声和威望的人,作为当事人的邻人,他们熟悉当地熟人社会中的日常情况,因此他们对土地权利状况的演变有着外人,包括法官,所无法比拟的发言权。这与传统的裁断方式相比,要理性得多。随着生产力的发展,人们对自身的认识不断加深,对神也有了重新理解,咨审团和其他裁断方式比较起来就更容易为人们所接受和更受欢迎。王室通过提供并列裁断方式,凭借其合理性与庄园法庭的传统裁断方式展开竞争,其结果也是可想而知的。到后来,王室法庭,主要是郡法庭,倒成了人们解决地产权利纠纷的主要场所了。

5. 占有之诉的出现

与上述两条措施相比,最为有效、对后来普通法影响最大的还要数亨利二世所创立的占有之诉(possessary action)。所谓的占有之诉并不是一种诉讼格式,而是一系列诉讼格式的总称,其核心代表就是新近侵占之诉(assize of novel disseisin)、收回继承地之诉(assize of mort d'ancetor)和以进占令(writ of entry)所开始的占有之诉。新近侵占之诉关心的是在一定期限内被告是否"不正当地且未经合法判决"(unjustly and without lawful judgement)就剥夺了原告对土地的占有。咨审团所要回答的问题有两

---

① 关于权利诉讼,请参看李红海:《早期普通法中的权利诉讼》,载《中外法学》1999 年第 3 期。Also see S. F. C. Milsom, *Historical Foundations of the Common Law*, London: Butterworths, 1981, pp. ch. 6; Sir F. Pollock & F. W. Maitland, *The History of English Law Before the Time of Edward I*, vol. II, Cambridge: Cambridge University Press, 1968, ch. 4. For the relevant writs and forms of action, please see J. H. Baker and S. F. C. Milsom, *Sources of English Legal History private law to 1750*, London: Butterworths, 1986.

② See Sir F. Pollock & F. W. Maitland, *The History of English Law Before the Time of Edward I*, vol. I, Cambridge: Cambridge University Press, 1968, p. 147.

个,一是被告是否不正当地且未经合法判决就剥夺了原告对土地的占有;二是该诉讼是否超过了诉讼时效。如果咨审团对此二问题的回答都有利于原告,则土地判归原告,否则判归被告。可以看出,这一诉讼适用于侵占人仍然在世且尚未将争议土地转让他人、自己还亲自占有该土地的情况,同时还需要被侵占人亲自提起诉讼。当被侵占人死亡、土地转手,该诉讼就不能再适用了。为此,收回继承地之诉在被侵占人死亡时可以由其继承人提起,要求返还占有。进占令适用的则是土地被转手的情况。无论土地现行占有人的权利多么合法,只要它的获得必须经过侵占人一手,那么土地就应该返还给原告。

可以看出,占有之诉的核心意涵是以对占有的保护来取代对地产权本身的直接保护,或者说是通过对地产占有(seisin)的保护来实现对地产权的保护。要理解这一点,还需要拿权利诉讼来做对比。在后来权利诉讼允许特殊答辩(special plea)[1]的时候:

>……被告的答辩必须紧紧围绕原告不能对争议土地享有权利这一主题展开,而不能涉及其他问题。例如,被告不能就原告祖先的权利问题提出异议,他不能说原告所称的那位祖先是通过非法的手段,如侵占,获取土地的,因此原告不能对该土地享有权利。他也不能以第三人比原告更应享有权利来作抗辩(合法继承人除外),因为法庭关心的只是他们两个人谁对争议土地享有权利的问题。相反,如果被告的答辩是围绕原告不能对土地享有权利进行的,那么其反驳将是非常有效的。如,被告可以说原告不应对土地享有权利,因为他还有一个活着的兄长,这时土地就将判归被告。另外他还可以以原告是私生子作为抗辩事由。[2]

同样,在占有之诉中,双方当事人都只被允许对占有问题提出意见,而不能涉及权利问题,因为王室法官所提出的问题早已在令状中列得一清二楚,判决所依据的仅仅是咨审团对特定问题的回答。事实上,在很多情况下,当事人并没有提出特殊事由的机会。一个并不夸张的说法是,在新近侵占之诉中,超出法定期限的原告,即使是该地产的真正权利人也会被判败诉。他在法庭的陈述中是不会被允许提及他的权利问题的,尽管事后他还可以通过提起权利诉讼来争取,但那毕竟是占有之诉之外的另一回事了。

由此所可能带来的一个问题就是,在某些情况下,真正权利人的权利无法得到救

---

[1] 所谓特殊答辩是和概括答辩相对而言的,后者如以笼统地否定的方式进行的答辩,前者则必须针对某一具体的问题提出异议。
[2] 李红海:《早期普通法中的权利诉讼》,载《中外法学》1999年第3期。

济和保障。比如原告因某种事由而延误了时间,如果他像侵占人那样再次"侵入"本来属于自己的土地,那么就有可能被被告提起新近侵占之诉而败诉,不仅得不到自己的土地,相反还可能因其侵占行为被处以罚金。占有之诉的这些缺憾也许是不可避免的,因为也许任何一种制度都不可能是完美的。正如耶林在分析为什么要对占有进行保护时所说,占有是所有权的外壳,保护占有所带来的那些负面效应是为更好保护所有权所不得不付出的代价。① 不过占有之诉并没有因为这些缺憾而退出历史舞台,相反,它取代权利诉讼成为了当时不动产权益诉讼的主流。之所以如此,是因为它和权利诉讼相比存在以下一些优点:(1)简便快捷。在英国法律史著作中占有之诉是被称为简易诉讼(summary action)的,原因就在于它不像权利诉讼那样冗长拖沓,有着无数的法定出庭缺席事由。相反,它的进展以咨审团回答令状中所列确定问题为核心,而郡长则可以依令状强制要求被告出庭。这些都保证了诉讼的顺利进行,降低了当事人参与诉讼的成本。(2)咨审团的参与。前面已经提到,在郡法庭进行的权利诉讼中就采用了咨审团,这一制度后来又被扩展适用于占有之诉,使得诉讼的进行更符合理性的原则。

以上诸种措施使王室法庭在管辖不动产诉讼方面具备了庄园法庭所无法比拟的优势。首先,它不仅可以与后者并列管辖权利诉讼,而且在证据的审查方式上所采取的咨审团审查比后者的决斗等更容易为民众所接受,因而也更具吸引力。加上王室所提供的移卷令,权利诉讼纷纷流向以郡法庭为主的王室法庭。其次,王室所创立的占有之诉因在很大程度上能够达到与权利诉讼相同的效果,又更简便快捷,逐渐取代权利诉讼成为当时不动产权益诉讼的主流。尽管权利诉讼作为当事人发起不动产权益诉讼的最终形式一直存在直至19世纪的司法改革,但在漫长的世纪里它扮演的始终是配角,因此以权利诉讼为主营业务的庄园法庭的命运也就可想而知了。

第二节 王室法庭自身的完善

王室法庭自身的完善是王室获得司法管辖权的重要举措。试想,如果王室法庭与地方法庭、教会法院、领主法庭在程序、裁判者、证据的审查方式、判决的执行等方面一样的落后、野蛮或是拖沓,它如何能够通过竞争,而不是靠强制,与后者展开管辖权的争夺?按照梅特兰的说法,这种完善具体包括专业法官所主持的固定法庭的建立,巡回审判以及陪审制和令状制的出现,正是这些措施才使得英国的法律得以集中

---

① Sir F. Pollock & F. W. Maitland, *The History of English Law Before the Time of Edward I*, vol. II, Cambridge: Cambridge University Press, 1968, pp. 41—43.

和统一。① 这里我们将从王室法庭体系的建立、职业法官阶层的出现和发展、陪审制和令状制的创设等几个方面加以论述。

一、中央王室法庭

（一）御前会议

能够纳入我们眼帘的最早的中央王室法庭应该算是诺曼王朝时期开始的御前会议了。它本来是一个综合性的机构，因为其中含有司法的功能而被视为最早的王室法庭。它是级别最高的王室法庭，许多重大的案件或对其他中央王室法庭判决的上诉都在这里处理。

根据普拉克内特的分析，中世纪英格兰御前会议的起源要从两个方面加以考虑，一是王室内务机构（royal household），二是盎格鲁撒—克逊时期的民众大会（national assembly）。② 王室内务机构是为国王提供各种服务的机构的总和，这些服务包括文秘、财政、生活起居、礼仪、政治、战争等许多方面，而这些部门的主管者都逐渐成为了王室重要的官员。王室许多政策的推行都需要征得地方贵族和主教的同意，因为他们代表了地方上的利益，在碰到较重大的事项时就需要召开民众大会性质的集会来解决问题。渐渐地这些地方上的要人连同王室官员，都成为了王室咨询服务机构的成员，他们就组成了御前会议，或称咨议会（Curia Regis）。御前会议是国王进行决策和管理的重要的咨询机构，而且很多措施的具体实施也都是由这个机构负责的，实际上是一个集立法、行政、司法、咨询、文秘生活服务等于一身的机构。

对英国王室来说，御前会议这样的咨询机构是一个非常特殊的东西。这里无法具体详尽地讨论它对于国王的意义所在，但它的确一直在王室的生活中扮演了重要的角色。无论是早期的全能型机构，还是后来在财政署、皇家民事法庭和王座法庭分裂出去之后保留议事、咨询和最终审判权，或者再后来甚至连审判权也被剥夺殆尽、仍然作为咨询机构而存在，直到今天，我们从枢密院（Privy Council）那里还能够依稀看见它的影子。③ 而对于我们所正在讨论的这一时期而言，它则是作为整个王室或国家管理活动的中心而出现的。在司法方面它作为最高审判机关居于其他王室法庭之上。无论是起初对于巡回法庭，还是后来对于皇家民事法庭和王座法庭的判决不服，

---

① See Sir F. Pollock & F. W. Maitland, *The History of English Law Before the Time of Edward I*, vol. I, Cambridge: Cambridge University Press, 1968, p.138.
② See T. F. T. Plucknett, *A Concise History of the Common Law*, New York: the Lawyers Co-operative Publishing Company, 1929, p.119.
③ 关于御前会议的一个简单的发展历程，可参看 F. W. Maitland, *The Constitutional History of England*, Cambridge: Cambridge University Press, 1946, pp.54—64; T. F. T. Plucknett, *A Concise History of the Common Law*, New York: the Lawyers Co-operative Publishing Company, 1929, pp.119—149.

都要在这里进行最终的裁决。御前会议作为最终裁决机关,其权利基础在于,它始终是以国王为核心而组成的一个团体,其成员则被视为是当时各界的杰出人士,因此有着极大的权威。

(二) 财税法庭

御前会议的分裂源于王室势力的增强以及随之而来诸种事务的增多。普拉克内特认为,御前会议分裂为专门的机构实际上是由于日常工作中某些类似的事项反复出现,引起事务的程式化所致。① 最早从御前会议中分裂出来的是财政署(Exchequer),它掌管王室的财政收支,同时兼管财政税收纠纷的解决,这就是后来作为王室法庭之一的财税法庭(Court of Exchequer)。需要注意的是,要把财税法庭和在财政署开庭的那些法庭相区别。事实上,后来的许多王室法庭,包括御前会议,都在这里开庭,这也是后来不同历史时期几个最高审判机构均被称做财政署内室法庭(Court of Exchequer Chamber)的原因。②

(三) 皇家民事法庭

但对于普通法的形成影响最大的并不是财税法庭,而是后来的皇家民事法庭(Court of Common Pleas)和派往各地的巡回法庭。从封建主义的原则出发,王室法庭作为封建法庭的一种,其职能起初限于管辖国王直属封臣之间及王室内部成员之间的纠纷,但其目标则是要尽可能地对一切诉讼进行管辖。王室法庭获取对刑事诉讼的管辖是一个很有意义的话题,前文已有简单的探讨。此处所关注的主要是民事方面,因此将着重论述皇家民事法庭和巡回法庭的情况。

前面已经提到,作为具备司法功能的综合性管理机构的御前会议,其运作总是与国王本人紧密相连的,因为按照稍后较为发达的观念,国王是一切正义的源泉。我们已经很难断定作为王室法庭的御前会议是如何开始其对普通民事诉讼的管辖的,但可以肯定的是,在较早的时期,王室司法并没有像今天的普通法庭一样能够深入到最基层的民众,而更像是作为一种"恩惠"(favor)出现的。在许多情况下,这种恩惠需要掏高价购买。因此哈德森博士指出,王室法庭的发展其实是一个将上述所谓的王室恩惠不断扩及地方普通民众的过程。③

毫无疑问,最早将王室恩惠施与地方民众的是巡回法官。早期的巡回法官其职

---

① See T. F. T. Plucknett, *A Concise History of the Common Law*, New York: the Lawyers Co-operative Publishing Company, 1929, pp. 125—126.

② 英国法律史上曾经先后出现过四个都被称为财政署内室法庭的最高法院,因都在财政署开庭而得名。See J. H. Baker, *An Introduction to English Legal History*, London: Butterworths, 1990, pp. 45—61.

③ J. Hudson, "Maitland and Anglo-Norman Law", in J. Hudson(ed.), *The History of English Law—Centenary Essays on "Pollock and Maitland"*, Oxford: Oxford University Press, 1996, p. 45.

能如同御前会议一样，都是综合性的。他们不仅审理诉讼案件，更重要的是要对郡长等地方官员的行为进行调查，对地方财政进行审核，对治安状况进行巡视等。与其说他是巡回法官，还不如说他更像我国古代的钦差大臣。作为将国王与民众联系起来的枢纽，巡回法官给民众带来了王室司法的快捷和有力，这使得对王室司法的渴求迅速膨胀。但在王室司法仍然以御前会议为施行主体，而且巡回法庭的拖沓和压制越来越明显之时，上述国王的恩惠是远远无法满足民众的需求的。更何况，御前会议并不是一个固定的机构，也没有固定的场所，它以国王为中心，而当时的英格兰国王本人却并非深居简出，而是四处巡游，经常不在英格兰——在约翰王失去在法国的领地之前，他们要经常光顾他们的根基地诺曼底。

面对这种需求和供给之间的尖锐矛盾，1178年亨利二世指定了两僧三俗五名法官留驻威斯敏斯特，听审来自王国各地的诉讼。曾有学者将此认定为后世皇家民事法庭的前身，应该说是有一定道理的。① 因为它区别于当时的许多中央司法机构，如财税法庭、御前会议，也区别于巡回法庭，还区别于随同国王巡回的、后来的王座法庭，它的许多特征也与后来的皇家民事法庭相似。② 但贝克教授则认为，1178年成立的这一机构并非后来的皇家民事法庭或王座法庭，无非只是亨利二世司法体系改革的实验品之一，一个开始在威斯敏斯特固定开庭的中央法庭而已。格兰维尔则将之称为 capitalis curia (chief court)。③

真正重要的也许并不是上述机构究竟是什么的前身，而在于它的建立开创了一个新的习惯：普通的民众从此至少可以诉诸一个确定的场所来解决他们的纠纷。梅特兰描述了这一中央法庭的情况：

> 法官们不离开这一王室法庭而听审来自王国境内各地的诉讼，他们无法作出抉择的案件将留给国王及其贤人……这是一个长期的中央法庭，但最高的司法权则归国王及其咨议会……它常年开庭，通常在威斯敏斯特，经常是在财政署的办公室。它由国王最信任的顾问或亲信组成……而且法官的数目也不确定，时而10个，时而12个，但它有一个底线，首席摄政官（chief justiciar）和财务大臣（treasurer）以及两三个主教是常任法官，其他人则变动很大。变动的人有的是外出巡回审理，有的则本身并不是法官……④

---

① See T. F. T. Plucknett, *A Concise History of the Common Law*, New York: the Lawyers Co-operative Publishing Company, 1929, p.127.
② See Sir F. Pollock & F. W. Maitland, *The History of English Law Before the Time of Edward I*, vol. I, Cambridge: Cambridge University Press, 1968, p.154.
③ See J. H. Baker, *An Introduction to English Legal History*, London: Butterworths, 1990, p.21.
④ Sir F. Pollock & F. W. Maitland, *The History of English Law Before the Time of Edward I*, vol. I, Cambridge: Cambridge University Press, 1968, p.154.

据梅特兰的考察，从1178年开始就有一系列档案留存下来，而且很可能是这个法庭的记录。① 如果考虑到当时中央法庭的情况，这一推测在一种保留的程度上是可以被接受的。当时财税法庭有自己的档案记录②，而当时被称为"curia regis rolls"的记录则很可能还包括了御前会议的活动记录，而不独是1178年所建立的中央法庭的档案，因为当时所有的王室法庭以及御前会议都可以被称为"curia regis"。③ 正如贝克教授所指出的那样，王室起初并不是设计好要设立皇家民事法庭和王座法庭，只是一种司法构建的尝试。1178年设立的这一法庭和后来的各种王室法庭一样虽然都被称为"curia regis"，但它自己毕竟有自己的发展历程。这一时间，除了财税法庭和御前会议之外，它就是唯一的中央法庭了，逐渐被称为"the bench"，以区别于随国王巡游的那个团体。这一法庭在理查一世的时候消失，在约翰王时期又恢复④，但此时其境况已经很不景气，1209年时便又停止运作了。原因是约翰王失去他在诺曼底的领地之后有了更多的时间停留在英格兰的威斯敏斯特，他将原来该法庭的法官都派出去主持巡回法庭，而自己则在威斯敏斯特主持中央王室法庭。贝克教授评论说，原来变动不居的国王是王国行政的中心，此时他在此开庭也意味着一种集权的形式。⑤ 因此，1200年左右，出现了另一个被称为"coram rege rolls"的档案记录，这是随同国王巡游的那个团体的活动记录，与1178年中央法庭的档案是不一样的。⑥ 约翰王亲自主持中央法庭的做法增加了当事人参与诉讼的难度。毕竟，国王与原来固定的法官不同，他还需要外出巡游。1215年的《大宪章》规定："普通的民事诉讼不应该随国王所处位置的变化而变动，而应在某一固定的场所举行。"⑦王室对此的解释是，固定的场所并不意味着某一特定的法庭，也不意味着要将这一场所限定在某个特定的地理位置。⑧ 1215年后，1178年所建立的中央法庭照样被搁置，因为巡回法庭就提供了足够稳定的司法机构。这一状况一直持续到1234年，之后上述中央法庭才又得以重新恢复。从这一年起，王室的司法档案出现了两个序列，一个是该中央法庭的档案，称

---

① Sir F. Pollock & F. W. Maitland, *The History of English Law Before the Time of Edward I*, vol. I, Cambridge: Cambridge University Press, 1968, p. 154.
② 财政署是第一个固定在威斯敏斯特的专门部门，从1130年起开始有自己独立的档案财政署财务总卷（Pipe Roll）。See J. H. Baker, *An Introduction to English Legal History*, London: Butterworths, 1990, p. 21.
③ Sir F. Pollock & F. W. Maitland, *The History of English Law Before the Time of Edward I*, vol. I, Cambridge: Cambridge University Press, 1968, p. 153.
④ See ibid., p. 198.
⑤ See J. H. Baker, *An Introduction to English Legal History*, London: Butterworths, 1990, pp. 22—23.
⑥ Ibid., pp. 22—23.
⑦ Ibid., p. 22.
⑧ Ibid., pp. 22—23.

为"de banco",另一个是刚才提到的国王身边的司法团体的,称为"coram rege"。从这个时候起,中央的法庭就出现了两个明显的分裂,那就是这两个司法机构的分裂,它们分别演变为后来的皇家民事法庭(Court of Common Pleas)和王座法庭(Court of King's Bench)。①

(四)王座法庭

1178年中央法庭设立之后,国王的司法权并没有被取代或穷尽,相反他及其咨议会还保留了对前述法庭的上诉管辖权,同时那些对王室利益有重大影响的刑事案件也由他们处理。② 但国王通常是在巡游中行使这些司法权的,随同他巡游的还有那些咨议会成员。随着这两部分事务的不断程式化,再建立一个专门的法庭来处理这些事务就变得必要。这就是王座法庭的诞生。

二、巡回法庭

把巡回法庭放在上述法庭之后描写,并不意味着它不重要。相反,它对于普通法的意义非同寻常。这种意义一方面体现在它在王室中央和地方所起到的媒介作用,它使得王室的管理能够逐步渗透到地方;另一方面还在于它为王室法和地方法的融合提供了必要的途径,从而为普通法的形成铺平了道路。

(一)总巡回审

在英国法中具有如此重要性的巡回审判,起源却并不在英格兰。据布伦纳考证,巡回审判源于诺曼底③,但事实上在此前查理大帝就曾在他的帝国境内施行过这样的做法。他的这一举措后来为阿尔弗雷德(Alfred)大王所效仿,在爱德加(Edgar)和克努特(Cnute)的时候也曾有过巡回审。④ 但毫无疑问,从查理大帝时期就开始的这项措施在被英格兰正式确定为真正的巡回司法审判之前,一直是一项综合性的活动。正如前面所提到的那样,财政、治安、司法、税收、战争等各种事务都可能为出巡的人所处理,而出巡者无疑就是国王的钦差。诺曼时期的做法较此有了进一步的发展,那就是将这种巡回与地方的自治机构民众大会相结合,具体的做法是由巡游者来主持

---

① 关于这两个中央王室法庭的演变过程,请参看 J. H. Baker, *An Introduction to English Legal History*, London: Butterworths, 1990, pp. 20—24; Sir F. Pollock & F. W. Maitland, *The History of English Law Before the Time of Edward I*, vol. I, Cambridge: Cambridge University Press, 1968, pp. 154—155, 198—199; T. F. T. Plucknett, *A Concise History of the Common Law*, New York: the Lawyers Co-operative Publishing Company, 1929, part II, chapter V.

② See T. F. T. Plucknett, *A Concise History of the Common Law*, New York: the Lawyers Co-operative Publishing Company, 1929, pp. 128—129.

③ W. Stubbs, *The Constitutional History of England*, vol. I, Oxford: the Clarendon Press, 1880, pp. 500—501.

④ Ibid., pp. 443—444.

民众大会,并在会上解决他所需要解决的事情。而征服者威廉曾经放弃伦敦而选定英格兰南部的三个大城市为年度王国民众大会的举办地,也有将皇家的司法和管理扩至全国的意味。① 到了亨利一世时期,派出财政署的官员到地方主持地方法庭以评估和征缴税金就成了很常见的事,尤其是在其后期由索尔兹伯里的罗杰当政时,派出王室官员到地方巡查的做法更是司空见惯。②

我们把上述那种综合性的巡回称为总巡回审(eyre)。到亨利二世时期,总巡回审开始制度化,巡回法官在出巡时都要从国王或摄政官那里取得委任,当然此时的委任尚未完全体现为书面的文件,而更多的只是口头的训示、简单的交代,委任的内容也像以前一样多是综合性的。总巡回审一旦开庭,原来正在地方法庭进行的诉讼或其他相关事务就要转到巡回法官这里来。当然总巡回审的开庭地点通常就在地方法庭的开庭地。以前需要到威斯敏斯特中央法庭去的本地当事人,现在也无须远途劳顿,只须在巡回法官面前陈述冤情就可以了。但总巡回审法官主要处理的还是犯罪和涉及王室利益的事务,而这些通常和王室的财政收入紧密相连,因为对于犯罪的处罚所得到的罚金是王室重要的收入来源。因此他们会不厌其烦地讯问和调查各种可疑的事件。杀人、抢劫和其他重罪是否得到了处罚,以及王室的没收所得、监护权、婚姻指定权是否被侵犯,地方官员是否有不法行为,等等,都是他们关注的对象。那些凶手未查明的刑事案件发生地的居民则会遭到飞来横祸,因为他们将不得不为找不出嫌疑人而付出代价。③ 于是,本来是将皇家恩泽布于四方的巡回审判现在变成了民众的负担,人们牢骚满腹,据说康沃尔郡的民众在听到总巡回审即将开庭的消息后纷纷逃入山林④,因此总巡回审最终落了个极为糟糕的名声。

(二) 特别委任巡回审

随着王室收入对议会所确定的税收依赖性的增强,总巡回审中的财政意味逐渐减轻,委任的内容也开始从综合性转为纯粹的司法性,总巡回审转变为特别委任巡回审(assize)。⑤ 所谓特别委任巡回审,是指巡回法官每次出巡的任务或其职权范围都由专门的书面委任状加以确定,而不再像以前那样是概括性或综合性的。最初的特别委任巡回审主要是地产巡回审(commission of assize),巡回法官依据委任状上的指

---

① W. Stubbs, *The Constitutional History of England*, vol. I, Oxford: the Clarendon Press, 1880, pp. 443—444.
② Ibid. 还可参看马克垚:《英国封建社会研究》,北京大学出版社 1992 年版,第 30 页。
③ See F. W. Maitland, *The Constitutional History of England*, Cambridge: Cambridge University Press, 1946, pp. 137—138.
④ See J. H. Baker, *An Introduction to English Legal History*, London: Butterworths, 1990, p. 19.
⑤ See F. W. Maitland, *The Constitutional History of England*, Cambridge: Cambridge University Press, 1946, p. 138.

示前去执行1166年和1176年的制定法,而这些法令所确立的就是我们所熟悉的新近侵占之诉、收回继承地之诉和圣职推荐权之诉三种诉讼,地产巡回审名字中的"assize"自然也得自于上述法令和诉讼令。与总巡回审相比,地产巡回审出人意料地受到民众的欢迎,它为地产诉讼带来了便捷,能够真正地给人们带来他们所需要的东西。

地产巡回审的进行非常简单。巡回法官只是根据诉讼令中所列出的特定的问题向咨审团询问,然后根据他们的回答作出裁断,因此简便快捷。也许是因为这样高的工作效率,后来国王在委任状上所列的、由巡回法官所处理的事项越来越多,以至于后来的民事巡回审一般就被称为"commission of assize"了。在这些新增添的业务当中,最重要的是一项被称为巡回初审(nisi prius)的事务。它的含义是这样:按照常规本来应该在某天在威斯敏斯特开庭的案件的当事人应该在该天来到威斯敏斯特出庭,除非是在该天之前巡回法官前往当地开庭。这意味着在后一种情况出现时,当事人可以前往巡回法庭接受巡回法官的审理。对此巡回法官只就案件事实进行审理,听取陪审团的意见,然后将陪审团的裁决带回威斯敏斯特由中央法庭作出判决。① 地产巡回审的扩展使用是巡回审判发展中的重要一步,由此民事巡回审逐渐包含民事案件的所有方面,而它为我们所耳熟能详。

与地产巡回审并列的还有清监提审委任状(commission of gaol delivery)和刑事听审委任状(commission of oyer and terminer),这是刑事方面两个重要的巡回审委任状。前者主要是对被关押在监的嫌疑人进行提审以清理监狱,后者则不针对在押囚犯,而是针对一般的刑事案件。②

巡回审判的意义一方面在于为王室法官了解地方习惯法提供便利的途径,另一方面还在于为王室势力向地方的渗透创造了机会。正是因为有了前者,普通法才有了实质内容的来源,这也是普通法被称为日耳曼法的主要原因。正是因为有了后者,整个英格兰才能在统一的氛围中得到发展,而这种氛围正是普通法发展所需要的。

到此为止,我们描述了王室法庭的从简单到复杂的发展过程。到14世纪时,王室法庭的体系已经相当的完备,从中央到地方,从民事到刑事,从诉讼的开始到判决的执行,都有一整套的机构和程序来完成。我们看到的是一个从御前会议、王座法庭、皇家民事法庭、财税法庭一直到巡回法庭的完整的司法体系,它们之间不仅存在业务上的分工,还存在司法等级体系,不服皇家民事法庭的判决可以向王座法庭上

---

① See F. W. Maitland, *The Constitutional History of England*, Cambridge: Cambridge University Press, 1946, p.139.
② Ibid., pp.140—141.

诉,最终它还可以向御前会议甚至是国王寻求帮助。需要指出的是,由于后文谈到的令状制,因此文秘署是一个不能被忽略的机构。文秘署起初是为国王起草文书的机构,同时掌管国玺(Great Seal),后来成为签发令状的机构,而令状则是在王室法庭开始诉讼的必要手续,因此文秘署对于整个司法系统同样是不可或缺的。更为重要的是,后来的衡平法院就是在文秘署的基础上发展而来的,而衡平法院则是英国法中与普通法法庭相并列的司法机构。

  王室司法机构的完善为王室与其他力量在司法管辖权方面的竞争提供了有力的支持。相比之下,无论是地方法庭还是教会法院、领主法庭,都没有像王室法庭那样提供如此完备的硬件设施,至少在这一招上它们就落了下风。与此同时,王室在软件的建设方面也齐头并进,这就是我们下面所要谈到的陪审制和令状制的引进。正如梅特兰和贝克教授所指出的那样,王室的这些措施并不是预先就设计好的,而是在无数次的实验和试错之后才逐步建立起来的。今天当我们从容不迫地归纳和总结这些体系的时候,当我们在面临同样的制度包括机构建设的时候,不知是否会领悟过去发生的这一切。我们所需反躬自问的是:我们是否有着他们那样的反省精神?是否仅仅在冲动或是其他非法律因素的支配下就创设一种制度?那些在专家们看来明显不可行的举措却堂而皇之地登堂入室,又是因为什么?

第八章 陪 审 制

陪审制恐怕是普通法中最具特色的制度了,即使单独将其作为一个主题以著述加以表达也是绰绰有余。这里仅仅是把它作为王室司法制度完善的一个方面来论述,其中的疏漏和局限自是难以避免。

第一节 陪审制的起源

陪审制对于我们所讨论的王室司法制度的完善这个主题的意义,就在于和其他法庭的传统方式相比,它提供了一种全新的证据审查方式,或者事实审查方式。这种审查方式不再将希望寄托在神的身上,而是更加依赖人的理性和经验。毫无疑问,这是对人自身价值和本性的醒悟。如果单纯从时间的巧合来简单推断,这有可能和当时生产力的发展,以及由此出现的对科学技术的信赖,以及亚里士多德思想的重新被发现甚至后来的人文主义的兴起密切相关。①

这样一种在英格兰成为特色的东西,起源却并不在英格兰。关于陪审制的起源存在多种说法,普拉克内特在谈到这个问题的时候批判了以下几种观点。一是将陪审追溯到古代民众大会的那些民众法官或是宣法者。普拉克内特认为其不合理之处在于这些人只是作出判决,或仅仅是宣布既存的法律,和后来陪审关注案件事实大相径庭。二是认为陪审起源于早期的宣誓助讼者(compurgator)。这一观点所遭到的反驳是这些人是由当事人自己召集,而不像陪审团那样是由官方召集。第三种则是诉诸997年艾塞尔德国王时期的一则记录:

---

① 西欧的观念史在10世纪左右发生转变,抛弃了先前以柏拉图为主的神秘主义以及由此所产生的奥古斯丁的传统基督教教义,确立了以亚里士多德为主的新的思想体系。基督教教义也从奥古斯丁主义向托马斯主义转变,后者的特点便是开始认可人的理性的作用,尽管这种作用被限制在相当的范围之内。这种思想变化部分是因为生产力和科学技术的发展,部分是因为阿拉伯人对西欧的入侵,将先前因为日耳曼人入侵已经在西欧遗失的亚里士多德的著述重新传回了西欧,人们开始利用亚里士多德的体系解释世界。参见〔英〕罗素:《西方哲学史》,何兆武、李约瑟译,商务印书馆1997年版,上卷,第二编,尤其是关于天主教哲学的论述。

在每郡(wapontake①)的民众大会上,负责向大会控诉犯罪的 12 名年长的乡绅(thegn)将在郡长官(reeve)的陪同下手握圣物宣誓:绝不冤枉好人,同时又绝不放掉一个坏人……

这种观点认为这是后来亨利二世 1166 年《克拉伦敦法》所确立的控诉陪审团的起源,普拉克内特则从历史考据的角度对持这种观点的人提出了警告:在证据缺乏连续性的情况下得出这样的结论是不可靠的。②

那么陪审的起源究竟应该追溯到哪里?这样的考据工作并不是我们的长项,如同前面的许多知识一样,我们都只能被动地接受国外尤其是英国学者的结论。关于这一问题先后有布伦纳和哈斯金斯(Haskings)进行了卓有成效的研究,前者将陪审制的起源追溯到了加洛林王朝,而后者的考证则在加洛林和后来的英格兰之间建立起了联系,使陪审制起源于欧洲大陆的说法在证据上得以连贯。③ 那么现在比较一致的结论就是陪审制起源于法兰克王国的加洛林王朝时期,然后由诺曼人承继,并将之传播到了英格兰。④ 早在公元 829 年,查理大帝的儿子虔诚者路易(Louis the Pious)就曾颁布法令,规定:将来关于王室权利情况的调查将不再通过证人举证(production of witness)的方式,而是要召集当地最具信誉的人通过宣誓的方式对此作出陈述。普拉克内特认为这是王室对由当事人自己召集证人为自己开脱洗罪这种传统审判方式的不信任,而由最具信誉的本地人宣誓提供讯息要比当事人自带证人更有利于保护王室的利益。

第二节 宣 誓 咨 审

我们把这种新型的调查方式称为宣誓咨审(inquisition;sworn inquest)。所谓"咨",是因为它是为王室提供信息的;所谓"审",则是因为它要在王室派出的钦差或巡回法官所主持的法庭面前作出回答。宣誓咨审所涉及的内容非常广泛,只要是国王所想要了解的信息,都可以通过这种方式获取。比如,地方上的哪些地产应归王室所有;哪些骑士役地产保有人去世时其继承人未成年,因而产生了国王的监护权、婚姻指定权等附属权益;地方官员是否有不法行为;当地发生了哪些刑事案件,从而可

---

① 古代英格兰大部分地区的郡称"shire",在西北某些地区则称"wapontake"。
② See T. F. T. Plucknett, *A Concise History of the Common Law*, New York: the Lawyers Co-operative Publishing Company, 1929, pp.96—98. 普拉克内特认为很难在这两者的承续性问题上找到足够的证据。
③ Ibid., p.99.
④ 关于陪审制的起源问题,Van Caenegem 教授又重新强调了英格兰的本土传统对后来陪审制形成的影响。See Caenegem RCV. The Birth of the English Common Law. Cambridge: Cambridge University Press, 1988, 62—84.

以对犯罪者处以罚金,等等。

诺曼公爵把加洛林王朝这种制度引入了诺曼底公国,在征服者威廉入主英格兰之后又将它运用到了英格兰。从诺曼底到英格兰,这期间运用宣誓咨审最典型的有两次。第一次是1086年的末日审判财产大清查(Domesday),最后发布了《末日审判书》(Domesday Book),其中关于各地财产状况的记载成为了王室征税的基础。第二次是1164年亨利二世为与教会对抗所举行的关于其祖上,主要是亨利一世,权利情况的调查,其结果是《克拉伦敦宪章》(Constitution of Clarendon)的颁布。

从加洛林到诺曼底再到英格兰,宣誓咨审经历了一个从王室特权到深入普通民众,从综合调查到仅限于司法目的的发展过程。按照梅特兰的说法,宣誓咨审起初是加洛林王朝国王的一种特权,它表明国王可以不像普通的当事人那样受常规程序的拘束,相反可以采取许多更为便捷的权宜之计来维护自己的权利,而宣誓咨审就是这些权宜之计中的一种。后来国王可以把这种特权作为赏赐或"商品"高价出卖给那些需要的人。亨利一世在他还是诺曼底公爵的时候就曾把宣誓咨审的特权授予贝叶(Bayeux)教堂,亨利二世的父亲安茹伯爵杰弗里则进一步通过立法的方式将咨审扩大适用到所有重要的民事诉讼中,亨利二世则将咨审扩及所有的民众。[①]

同时,宣誓咨审在司法领域的作用越来越明显,这种作用从开始到后来都始终集中在事实和证据的审查方面。亨利二世通过立法的方式在王室法庭的权利诉讼和占有之诉中引入咨审,尽管权利诉讼中咨审团所要回答的问题"究竟原被告谁对争议土地更具有权利"带有浓厚的法律色彩,但是这种法律问题的解决必然以对事实的了解为前提。而在占有之诉中,咨审团所回答的仅仅是诉讼令中所列举的特定的事实问题:被告是否不正当且未经合法判决就剥夺了原告对土地的占有……陪审与咨审毕竟不同,咨审团仅对自己所了解的情况和所知道的信息向法庭作出陈述[②],不对当事人陈述内容的真假或证据的真实性进行判断,更不对事实问题作出裁决,而这些却都是陪审团的事情。从咨审向陪审的过渡经历了一个模糊的历程,很难说清具体是在哪一年或是哪一个法律规定了由陪审取代咨审。事实上,正像梅特兰所指出的那样,直到非常晚近的时代,咨审在一些情况下仍在被使用。[③] 咨审向陪审的过渡是证据和事实审查方式逐渐变革的一个结果。

---

① See F. W. Maitland, *The Constitutional History of England*, Cambridge: Cambridge University Press, 1946, pp. 120—122.
② 这里我们先不考虑作为刑事控诉而出现的后来的大陪审团组织,而仅限于民事领域。
③ See F. W. Maitland, *The Constitutional History of England*, Cambridge: Cambridge University Press, 1946, p. 126.

第三节　咨审向陪审的过渡和转变

一、刑事方面

传统的证据审查方式主要包括神明裁判（ordeal；make one's law）、共誓涤罪（compurgation；wager of law）和决斗（trial by battle）。在1215年的第四次拉特兰宗教会议（the Fourth Lateran Council）上，英诺森三世（Innocent III）禁止教士参与任何与神明裁判有关的宗教仪式。这在事实上起到了取消神明裁判的效果，因为神明裁判必须由教士参与才能进行。同时决斗一般多适用于重罪私诉（appeal of felony）①，而不适用于由官方开始的刑事控诉案件。而共誓涤罪也越来越不为人们所信任，因为它要求的是由被告自己携带宣誓助诉者（compurgator），由被告宣誓他没有犯所被指控的罪行，再由宣誓助诉者宣誓他们相信被告的品行、人格和他刚才所作的宣誓。尽管宗教观念深入人心，但采取这一方式无疑是要求被告的朋友对被告作出裁断，这在很大程度上是一种自欺欺人。在传统的裁断方式日渐式微的情况下，王室法庭的法官在裁断案件时陷入了迷惘。1219年发给总巡回审法官的一则令状给出了一个临时指示：

> ……鉴于神明裁判已为罗马教会所取消，以及由此所致使你们这次出巡之前对那些被控犯抢劫、杀人、纵火及类似罪行的被告进行裁断的方式无法确定的事实，咨议会现特决定你们这次巡回审判采取如下措施：那些被控犯以上重罪和那些被怀疑犯有以上罪行以及即使被逐出境但仍被怀疑将犯重罪者将被关押入狱；那些本应适用神明裁判的中罪犯者以及被逐出境不被认为将再犯罪者将被驱逐出境；那些犯有轻罪且不被认为将再继续作恶者将会在提供担保之后获释……你们得允许根据自己的良心和自由裁量权来执行此命令。②

普拉克内特对此的解释是，巡回法官完全为一种"怀疑"的思想所指导。最终结论的得出有赖于一种合理的怀疑，而这种怀疑又来自于法官的自由裁量权。王室所提供的只是一个并不实用的妥协方案，上述困境和迷惘并没有从王室那里得到解决，而仍然留给了巡回法官自己。巡回法官的做法是通过不停地试验来寻找合适的解决办法，其中之一就是有时由控诉咨审团作出一个中间判决（medial judgement）来裁定该适用哪种神明裁判，或者对该控诉是否出于恶意（maliciously procured out of hate and

---

① 指由私人（主要是苦主）开始的对犯重罪者的控诉，不同于由国家开始的公诉。
② T. F. T. Plucknett, *A Concise History of the Common Law*, New York: the Lawyers Co-operative Publishing Company, 1929, p.106.

spite)作出裁断。这些问题经常出现,并对最终的结果有直接的影响,因此在经过犹豫之后巡回法官认为,既然咨审团可以裁定控诉是否出于恶意,那有什么充分的理由来否定他们能对被告是否有罪作出裁定呢？于是控诉咨审团同时也被用于审判,这就是在刑事审理中采用陪审的开始。起初巡回法官的做法是向参加郡法庭的每个百户区的控诉咨审团征询意见①,或者是把所有的控诉咨审团组织起来分别单独地征询意见,然后根据这些意见再自己作出决断。随后的演变顺理成章,多个控诉咨审团逐渐被一个更小的陪审团取代,后者遂成为后世小陪审团的前身。

毫无疑问,前述做法有让被告接受其控诉者审判的嫌疑。普拉克内特认为对此王室明显缺乏信心,而小陪审团用于刑事审判则仅仅是一个权宜之计,这样强迫被告接受陪审团的审判是否合理就成了一个可以争辩的问题。尽管如此,王室仍没有放弃推行这一做法的努力,只是在适用小陪审团时要征询被告自己的意见,而后来的做法则是对被告威逼利诱②,使之接受陪审团的审判,否则将会被关押并受酷刑。多少人为了避免自己的财产被没收,宁可忍受这些酷刑,也拒绝接受小陪审团的审判。因为一旦被陪审团认定有罪,自己的财产将被国王没收,而未经审判而死则不会有这样的结果。

二、民事方面

宣誓咨审团起初的作用并不限于民事或刑事,而是综合性的信息提供机制,法官在刑事领域碰到的上述难题在民事领域同样存在过。而法官的做法则同样是就适用咨审或陪审一事要向当事人征询意见,或者在一方提出适用陪审时向另一方征询意见。后来则成了一种强制,即不接受陪审建议的一方将被判败诉。另一种情况是在咨审团到来之时征询双方意见,如果双方同意就事实和证据问题接受咨审团的裁断,那么咨审团就转化成了陪审团。③ 这就是从"assize"转化为"jury"的过程。

咨审到陪审的演变,对于普通法的发展意义重大。一方面,巡回法官通过咨审团可以了解各地的习惯法,从而为整合普通法提供了材料方面的基础;另一方面,陪审取代神明裁判成为证据审查方式的主流,使普通法的发展进入一个理性化的阶段。因为后来当事人可以向陪审团提出**具体的或特定的事实的争论点**,这在神明裁判中

---

① 在总巡回审开庭时,各个百户区都有自己的控诉咨审团,因此法官可以把一个百户区的案件向另一个百户区的咨审团征求意见。

② 参看《威斯敏斯特法 I》(*Statute of Wesminster I*,1275),第 12 章。See T. F. T. Plucknett, *A Concise History of the Common Law*, New York: the Lawyers Co-operative Publishing Company, 1929, p.108.

③ See Sir F. Pollock & F. W. Maitland, *The History of English Law Before the Time of Edward I*, vol. I, Cambridge: Cambridge University Press, 1968, p.149.

是做不到的,这就可以不断地使事实问题和法律问题相结合,使法律不断细化和深入,从而促进了普通法的发展。① 更为重要的是,正是这种偶然的机遇使得对事实问题的裁断落入了普通民众之手,从而在一定程度上限制了法官的自由裁量权,避免了司法的恣意和擅断。这些都是对于未来普通法发展的影响,如果仅限于现在所谈到的主题,那么它的意义则在于使王室的司法制度得以完善,其合理性提高了王室法庭的威望,使王室法庭在与其他法庭的竞争中更胜一筹。

---

① See S. F. C. Milsom, *Historical Foundations of the Common Law*, London: Butterworths, 1981, pp. 67—81.

第九章　令状制与诉讼格式

现在我们所要论述的将是普通法中另一特色鲜明的制度:令状制及由此所决定的诉讼格式。与陪审制一样,令状制也是王室司法制度完善过程中的一个重要环节。关于令状制和诉讼格式的重要性,梅特兰在当年演讲时仅用了一句话来表达:我们虽然已经埋葬了诉讼格式,但它仍从坟墓中统治着我们。(The forms of action we have buried, but they still rule us from their graves.)① 对于当时的人们来说,令状制使王室的恩泽通过某种途径施与普通的民众;而对于后世普通法的发展而言,令状制则使法律的实体规则隐藏于形式之内,长达数百年之久。

第一节　何 谓 令 状

所谓令状(writ; *breve*),即权威人士,主要是国王和教皇,就某一问题所作出的、体现为书面形式的指示。国王通过令状发表指示的做法早在盎格鲁—撒克逊时期就出现了,但直到12世纪,这种指示一直都是行政性的,即国王直接命令相关人为或不为某种行为,而且所涉及的事务大部分都是王室内部的。总体上来说,从早期王室的令状到后来作为普通法制度的令状制,其发展经历了一个从行政向司法、从皇家特权向普通民众权利演变的历程。

国王作为正义的源泉,经常会被民众所诉诸,但寻求国王的救济在当时并不是无代价的。因为除了国王之外,地方上还有相应的机构来处理民众之间的纷争,不诉诸地方法庭而要直接沐浴国王的恩泽需要付出代价。因此,那些寻求王室救济的人通常需要向国王支付一笔可观的费用。按照贝克教授的研究,在地方法庭、巡回法庭开始的许多诉讼都不需要令状,仅仅个人的陈述和请求就足以启动一场诉讼,而要在皇家民事法庭和王座法庭起诉则需要从文秘署获得令状。王室的令状分为两类,我们

---

① F. W. Maitland, *Equity*, also the Forms of Action at Common Law, edited by A. H. Chaytor and W. J. Whittaker, Cambridge: Cambridge University Press, 1909, p.298.

谈到最多的就是开始诉讼的起始令状(original writ),它由文秘署签发并加盖国玺。起始令状的出现标志着令状的司法化。

第二节　起始令状的出现：行政令状的司法化、几种重要的起始令状

令状司法化意味着以前直接依照国王指示行事的做法将为到法官面前进行裁决的方式所代替。最早出现的起始令状是权利令状(writ of right),这是一种开封的令状(writ patent),一般发给原告的领主,指示他为原告主持正义,恢复原告对土地的占有及对相关权利的享有。这一种权利令状的司法性质就在于它能够开始领主法庭的不动产权益诉讼,后来更发展成为没有王室的权利令状就不能开始领主法庭的不动产权益诉讼,或者是如果没有王室的权利令状,那么被告就无须出席任何针对他所保有的自由地产所开始的任何诉讼。[1]

另一种被称为指示令状(writ of praecipe)的权利令状则在上述一般权利令状的基础上增加了新的内容:如果领主不能做到为原告伸张正义,那么郡长将为原告做主;或者是指示郡长要求被告满足原告的要求,如果被告拒绝,则必须前往王室法官那里解释清楚。[2] 权利令状的前后这两部分分别代表了行政和司法的内容,前一部分的指示实际上是一种行政命令,而后一部分的补充则是为了开始诉讼,因而带有司法的性质。在这个意义上,权利令状开始了令状从行政性质向司法性质的转变。从中我们也可以看出王室通过权利令状对领主法庭司法管辖权的控制,令状成了在领主法庭开始不动产权益诉讼的必要前提,在一定的条件下,这种管辖权还可能被剥夺。在当时领主法庭司法管辖权被剥夺的情况严重到了何种程度,可以从《大宪章》强烈要求限制颁发指示令状的条款中窥到一二。

随后而至的是占有诉讼令(possessory assize)和进占令状(writ of entry)。前面论述王室法庭和领主法庭争夺管辖权时就曾经提到,占有诉讼令的出现实质上是王室法庭通过对**土地占有**的保护来取代领主法庭对**土地权利**的保护,依据则是剥夺对土地的占有这种行为带有浓厚的破坏国王和平秩序的意味,因此应归王室法庭管辖。这种诉讼管辖的结果之一便是对土地占有的保护。正是这种"副产品"起到了和对土

---

[1] See Sir F. Pollock & F. W. Maitland, *The History of English Law Before the Time of Edward I*, vol. I, Cambridge: Cambridge University Press, 1968, p.147.

[2] See S. F. C. Milsom, *Historical Foundations of the Common Law*, London: Butterworths, 1981, pp.132—134.

地权利进行保护一样的效果,再加上便捷性,地产诉讼自然会从领主法庭流向王室法庭。而进占令状则是对占有诉讼令的补充和扩大适用,与后者的意义一样。

第三节 起始令状的格式化

当脱离王室司法制度这一主题而纯粹来谈令状制对于普通法发展的意义,就要对令状制总体上的发展历程有一个概括的了解。除了前面所谈到的令状的起源问题之外,需要注意的是后来它的一个发展趋势,即要为每一种请求提供救济。这些众多的请求中那些类型相同的案件使得文秘署官员的工作开始重复化,这导致了令状的格式化,即:在碰到类似情形时,文秘署便不再创制新的令状,而是将先前同类的令状加以套用。这样日久天长便形成了许多令状的格式,由这些格式令状开始的诉讼便被称为格式诉讼或诉讼格式(forms of action)。同时,新的令状还在不断地被创制。需要明白的是,在很多情况下,令状的不断翻新意味着领主司法管辖权地不断被侵蚀。领主在《大宪章》中表达了他们的不满,而这又仅限于对指令令状的限制。终于,在1258年的《牛津条例》(*Provisions of Oxford*)中出现了明确限制新令状创制的条款。[①] 但诉讼仍要进行下去,令状仍然必要,1285年的《威斯敏斯特法 II》随后便认可了格式令状。它指出,类似的情形需要类似的救济,在无适当令状时,可以适用先前的令状格式;而的确需要创制新的令状时,文秘署的官员要向咨议会汇报批准。[②] 这项规定最影响深远的后果就是著名的类案诉讼(action on the case;case)的出现,这使得格式诉讼更加典型化。

第四节 形式化的令状与实体法的发展

令状制和诉讼格式在程序上的意义在于它使同类案件的程序统一化。以何种方式通知被告到庭、是否可以通过扣押财产迫使被告到庭、原告的陈述包括什么内容、被告的答辩可以有哪些种类、诉讼中可以颁发什么司法令状、判决如何执行,等等,类似的案件形成了类似的做法。而它对于实体法的意义则在于它使得实体法的内容隐藏在这些格式之下发展。比如在前面所提到的大陪审诉讼令(grand assize)中,咨审团所涉及的问题只有一个,那就是当事人双方究竟谁对争议地产的权利更优先,该问

---

① See J. H. Baker and S. F. C. Milsom, *Sources of English Legal History private law to 1750*, London: Butterworths, 1986.

② See J. H. Baker, *An Introduction to English Legal History*, London: Butterworths, 1990, p.73.

题的实质是时间与权利的关系,更早占有地产的一方权利更优先。在后来的新近侵占诉讼令中,所涉及的问题有所变化,未经合法判决且不正当地剥夺他人土地占有者必须返还土地。返还继承地诉讼令则保证被继承人对土地的占有顺利地延续给其合法的继承人,后来的返还祖父地产诉讼令则将前述被继承人的范围扩大到了第三代,而后这方面又有不断扩大。进占令状则简化了从被继承人或真正权利人到侵占者并到现行占有人的追溯顺序,规定:如果除非现行占有人的占有从侵占人那里获得,否则他无法获取占有,那么在这种情况下,争议地产将被返还原告占有。① 从这三类不动产诉讼令的发展可以看出,从大陪审诉讼令到占有诉讼令,再到进占令状,每一步都使法律问题不断深化,使事实和法律的结合更加复杂,使事实问题更加深入和细化,法律的发展也在于使更新和更细的社会问题不断得到调整。从这个意义上说,普通法实体规则的发展隐藏在了令状制中,普通法实体规则的发展就是令状的不断发展。

上述结论,我们还可以从侵权诉讼令(writ of trespass)到类案侵权诉讼令(trespass on the case)的发展来加以论证。② 侵权诉讼令源于重罪私诉,在早期的侵权诉讼令中都要求写上被告使用了暴力(vi et armis;with force and arms)的字样,在司法实践中也只有使用了暴力所造成的侵权才可以适用该诉讼令。但后来的实践证明其实很多行为并不包含暴力,甚至不接触人身,却也能造成损害,而按照侵权诉讼令这些损害是无法得到救济的。1285年之后发展起来的类案诉讼令突破了这一点,使得那些间接造成的损害,甚至是精神损害都得到了救济。整个中世纪普通法中侵权行为法的发展,在很大程度上就是类案诉讼令不断出现和扩大适用的过程。从这个例子可以看出,普通法实体规则的发展经常需要以令状的发展为前提,至少在形式上是这样。需要注意的是,中世纪的英格兰并不乏汗牛充栋的立法,这些立法也是促进法律发展的重要依据。但实际上很多立法都是通过创制诉讼令的方式来影响法律的具体规定,我们所熟知的《克拉伦敦法》就是这样。③

之所以将司法作为研究普通法的一条线索,一方面是因为普通法最终发展成了一个以司法为中心的法律体系。所谓以司法为中心,就是在这样的法律体系中司法占据了整个法律生活的核心地位,即使是立法也必须经过司法的解释才能产生实际的效果。尽管法官对法条的解释不可能是恣意的,但同一法条在不同案件中如何具体运用掌握在法官的手中,法官对同一法律的不同运用多数情况是通过对先前判例

---

① See S. F. C. Milsom, *Historical Foundations of the Common Law*, London: Butterworths, 1981, pp.124—149.
② See J. H. Baker, *An Introduction to English Legal History*, London: Butterworths, 1990, pp.71—75.
③ 该法创制了新近侵占诉讼令(assize of novel disseisin)。

的解读来完成的。这也是在制定法占压倒性优势的今天,判例依然在普通法中占据重要位置的原因所在。

另一方面,司法制度对于普通法的重要性不仅在于它为普通法提供了实体规则之外的"硬件设施",还在于它本身就在很多方面直接影响了普通法实体规则的发展,甚至是普通法的精神。比如不断出现的特权法庭最终的制度化有助于英格兰形成统一的法治精神。我们所熟悉的普通法在其初期不过是当时众多的司法救济中由王室所提供的比较特别的一种,后来由于它自身的优势而普遍化,自己便失去了特殊性。之后出现的衡平法相对于普通法来说又是一种特别的法律,但它也同普通法一样,因遵循先例而被制度化和普遍化。再后来的16世纪,尤其是亨利八世当政时,英格兰出现了一系列的特权法庭,如星宫法庭(court of star chamber)、教务委任法庭(court of delegates)、诉请法庭(court of claims)等,它们都是因为国王的特权而产生的——因为国王是正义之源,但在普通法的斗争下,这些法庭最终都被取消了。普通法取得了压倒性优势,以致后来英国臣民的普通法权利不得被任何特权法庭所取消,这也成为英国法治的重要原则。另外,从陪审制的角度来看,它不仅改变了英国法的证据制度,还改变了司法裁决的方式。以前神明裁判时代的概括答辩逐步让位于特别答辩,后者刺激了法律问题与事实问题的结合,推动了普通法的发展。

在立法如云的今天,对于普通法本身而言,司法问题的核心已不再是什么具体制度的建设,因为这一领域早已趋于成熟。对于我们而言,重要的却不仅在于这些具体的制度建设,而且在于那些司法的具体运作,比如法官如何对法律作出具体解释等。司法问题应该是研究普通法的一个长期关注的问题。

第十章 封建主义与普通法

理解中世纪英国封建保有制的关键端在理解"保有"(tenure)和"地产权"(estate)这两个语词。前者揭示的是各种具体的保有方式,反映的是封建保有制"公"的一面;后者揭示的则是保有制的基础——地产权制度的内容,体现的是保有制"私"的一面。所谓封建保有制"公"的方面,也可以表述为封建保有制中带有的"公"的因素,在梅特兰那里具体包括保有的形式、种类,及其附带的权利和义务,保有制下人的地位和分层,和封建社会的基层社会组织形式及带有那个时代特色的组织形式的司法管辖权等。描述这些内容,"P&M"用了近500页的篇幅,从中我们可以详尽地了解中世纪英格兰社会许多方面的情况。不过我们所主要探讨的并不是梅特兰这本书的内容,而是力图从中找到一些封建主义与普通法的关系,为此要拿西欧大陆的法律与英国的法律进行比较。

第一节 引子:英国法与大陆法的分野

作为一种具有极强连续性的法律制度,普通法从诞生到现在已经历了数世纪之久。它的这种连续性要求我们即使在理解今天的普通法时,也必须经常从它的源头开始。正如梅特兰所指出的那样:"即使是经过历次改革之后的今天,我们的法院还不得不时常去解释爱德华一世时的法律。"[①]而从源头上来说,普通法与封建主义有着密不可分的关系。

之所以说普通法与封建主义关系密切,是因为普通法是在一种封建主义的氛围中成长起来的。追溯普通法源头的人往往把普通法归结为日耳曼法,或更具体地说是盎格鲁—撒克逊法,其实这种说法并不全面。笔者并不否认普通法吸收了许多日耳曼法的原则和精神这一事实,但需要指出的是,在1066年之前,不列颠和西欧大陆的社会状况基本上是相似的,比如都经历过罗马人的入侵,在诺曼征服前夜,两地都

---

① Sir F. Pollock & F. W. Maitland, *The History of English Law Before the Time of Edward I*, vol. I, Cambridge: Cambridge University Press, 1968, p. civ.

盛行日耳曼法……既然如此,那么为什么日耳曼氛围更浓的西欧大陆反而最终"放弃"了日耳曼法,而不列颠这块"次生"的日耳曼土地却在后来发展出了正宗的日耳曼法?

这其中最核心的因素是政治上的:诺曼征服所带来的中央集权使得英格兰能够在一个统一的王权照看之下发展自己的法律,并因此而形成统一的普通法;而分裂割据的西欧大陆却只能眼睁睁地看着各种法律多元并存,并只能在政治上实现统一后借助于罗马法的统一性来实现自己法律的统一。法国和德国就是这方面的典型。

有人可能会说不列颠原来的罗马法基础不如西欧大陆好,这是后来英格兰没有而西欧大陆复兴和继受了罗马法的原因。当然,先前的罗马法基础的确是值得考虑的重要因素,但并非最主要的原因。前文已经述及,虽然经济发展水平较低造成对商品经济交往规则需求之不旺,罗马不列颠时期给不列颠打下的罗马法基础并不好。但如笔者一直所强调的那样,诺曼征服之前,甚至之后很长时间内,直到今天,英格兰和西欧大陆在文化、社会、经济、宗教等方面的发展是非常类似的,很难说西欧大陆的日耳曼人在摧毁罗马后对罗马法有多少内在的需求,因此,罗马法在当时也只能以属人法的形式存在于西欧南部等一些地区。随后西欧开始了封建主义的建制,分裂割据持续了相当长的时间,法律多元化长期盛行,这显然是缺乏统一中央集权,或过去帝国那样统一的权威所造成的。政治上的分裂导致法律上的统一不可能实现,而当政治上的统一实现后,对法律统一的需求也变得必要起来,而此前的罗马法复兴又为这些国家法律的统一提供了可能性。法国和德国法律的近代化,就是上述过程的典型体现。

而英格兰则大为不同。众所周知,诺曼征服之后,英格兰建立了强有力的中央政权,不仅原来的盎格鲁—撒克逊贵族被迫向威廉一世宣誓效忠,就连教会也被他通过人事变动的手段加以控制,逃脱索尔兹伯里誓约,全体自由民也必须直接向征服者威廉效忠,实现了"我的封臣的封臣还是我的封臣"。威廉所采取的另一个措施是对王国境内的财产进行大清查,从而在经济上控制了英格兰的局势。1290年《封地买卖法》(*Quis Emptores*)的颁布则禁绝了次级分封,新的受封者所面对的将直接是上一级领主,已有的金字塔阶梯不再往下延伸,国王与下级封臣的关系更加直接。整个诺曼王朝,斯蒂芬除外,都在为这种集中统一作着各种努力,而亨利二世则将这种努力实践在了法律方面。普通法正是在这样一种存在一个强有力中央政权的政治背景下产生的。在此政治背景下,国王可以利用他的权力优势"塑造"王室的法律,如亨利二世所做那样。幸运的是,亨利二世是一位明智而有法律天赋的君主,他能够认识到法律和司法的重要性,认识到司法对于其统治的意义和价值所在,因此采取了很多措施来实现王室通过司法对于社会的控制,普通法就是在这个过程中不经意产生的。而同时期的西欧大陆,封建割据继续延续,"我的封臣的封臣便不再是我的封臣",在没有类似英格兰那样强大的王权照看下,杂乱的日耳曼法只能任意蔓延,最后终免不了被罗马法取代的命运。

英格兰和西欧大陆在法律上分野,部分也可以转化为英格兰为什么没有发生罗马法复兴和继受运动的问题。简言之,是因为当罗马法复兴的浪潮波及英格兰时,英格兰已经有了自己的法律——普通法,不像欧陆诸国还没有自己统一的法律。普通法的形成开始于12世纪中期,到13世纪后期已基本成型,14世纪时已为英格兰人所广泛认可和接受。因此当罗马法复兴的浪潮在16世纪抵达英格兰时,已经太晚了!尽管都铎国王们并不排斥罗马法,但普通法法律家们却并不愿意接受这个外来物。梅特兰在1901年的里德演讲"英国法与文艺复兴"中提出,"律师会馆和判例报告制度导致了英格兰对罗马法的拒绝",而这两项恰恰是普通法在组织和技术上的坚硬外壳!

因此,英格兰和西欧大陆诸国在法律的发展上之所以会产生分野,政治因素是最主要的。一个明智的君主运用自己的中央集权建立起了一套有效的司法制度,这套制度不仅实现了对王国的治理,也顺便产出了一种延续至今的法律体系:普通法。统一的普通法必定会排斥罗马法在英格兰的整体复兴和继受,尽管也会以自己的方式吸收其有用的成分。基于王权而产生的普通法,在后来却成了制约王权的重要力量,从而使英格兰的王权从未走向极端的专制。而缺乏中央集权的欧陆诸国,在起初则不得不放任多元法律的肆虐,而在国家统一后则不得不借助于罗马法实现法律的统一;其法律对后来专制权力的制约则远逊于普通法,并使欧陆深陷两次世界大战的泥潭。法律与政治之间的复杂关系,在英格兰和西欧大陆之间得到了极为绚丽和生动的阐释。

第二节 从人身依附到土地保有

上文提到的普通法得以生成的政治背景,是一种以集权为表现形式的封建主义。那么究竟何为封建主义?这并不是一个含义确定的概念,有人强调封臣与领主之间的依附关系,有人强调土地的分封与保有[1],有人强调一种封建的契约关系[2]……梅特兰所给出的定义是:封建主义是这样一种社会状态,其主要的社会联系是领主和封

---

[1] See M. Bloch, *Feudal Society*, translated by L. A. Manyon, Foreword by M. M. Postan, Chicago: the University of Chicago Press, 1961, pp. 441—442.

[2] See P. Vinogradoff, "Feudalism", in *Cambridge Medieval History*, 1924, 3.

臣之间的保护和效忠、服务关系,领主要为其臣下提供保护,臣下则要为领主提供各种服务。这种人身关系又和土地保有交织在一起,臣下所需提供的义务是他所保有土地上的负担,领主对领地内的事项享有一定的司法管辖权,从国王到各级领主然后再到最低级的封臣,整个封建社会构成了一个金字塔体系。① 针对各家对封建主义的争论,梅特兰从历史发展的角度对封建主义作出考察,认为封建主义经历了一个从强调人身依附关系到强调土地保有的过程。其实这一点也早已为斯塔布斯所暗示,正如梅特兰在讨论这一问题时所引斯塔布斯的一段话所指出的那样:"这一发展的总体趋势可以被描述为一个从属人到属地、从个人自由和政治权利的观念占据主流转变为个人自由和政治权利与土地占有交织在一起并最终从属于后者的过程。"②

西欧封建主义中的人身依附源于日耳曼人在扩张过程中所形成的亲兵制度。以部族为单位的出征团体有自己的王、随从和战士,他们有着共同的血缘,身份便是他们相互认同的纽带,而当时的社会组织也依此来维系。在长期的战斗生涯中,王和他的随从、亲兵形成了一种特别的关系:王要为他的随从提供基本的生活条件和战斗装备,随从则要为王在战场上搏杀,并保护王。这成为了后来领主与封臣之间关系的先声。在王国的军事力量仍然是以全体部族成年男子为主时,王和他的亲兵、随从以及将领之间的关系就成为社会构建的主导性因素,他们与普通战士,即普通的部族成员之间的区别越来越明显,主要体现在战利品的分配方面。王对战利品的支配权随着其在部族战斗中威望的不断提高而相应地得到提高,而民众大会在这方面的发言权则越来越受到限制。作为对属下效忠的回报,王在胜利后会将作为战利品的土地分给他亲兵和有功的将领,这些亲兵和将领就成为一个区别于普通民众的特殊阶层,封建主义就是在这样的关系中酝酿产生的。

在这一时期,这种上下级之间的保护和宣誓效忠的关系在社会生活中扮演了重要的角色,只有纳入这一关系中的人才可能在那个兵荒马乱的年代得到王强有力的保护,才可能从王那里得到封赏而拥有财产,才可能取得相应的具有实质意义的权利。可以说人身依附关系造就了一个新的阶层,而这种关系一旦形成,就力图将所有社会成员都纳入它的范畴之内。委身制(commendation)在中世纪早期西欧的盛行不但反映了这一过程,而且也能说明这种人身依附关系对于当时社会的重要。在那个秩序无法保障的年代,那些独立的自由民——原来的普通部族成员因为随时都可能遭到意外而不得不放弃自己对土地的所有权,明智的选择是将之献于大领主如原来

---

① See F. W. Maitland, The Constitutional History of England, Cambridge: Cambridge University Press, 1946, pp.143—144.

② W. Stubbs, Constitutional History of England, vol 1, §69. Cited from F. W. Maitland, The Constitutional History of England, Cambridge: Cambridge University Press, 1946, p.144.

王的那些亲兵和将领,并以尽义务为条件领回原有的土地,从而换取领主的保护,他们自愿选择了那种人身依附。上下级之间的人身依附产生于兵荒马乱的时代背景,而这种秩序混乱的社会状况又带来了人身依附关系广泛和深入的发展。

封建主义早期对于人身依附关系的强调,还可以从对于违反效忠誓言的处罚中得到验证。领主与封臣之间经过庄严宣誓所形成的关系被认为是最神圣的,对于这种关系的破坏和违背被认为是最严重的犯罪,违反者将被处以最严厉的刑罚。正如阿尔弗雷德大王时期一则法令的序言所表明的那样,自从王国皈依基督教以来,几乎每一种重罪都可以用金钱来行赎,但对于领主的叛逆除外。这一罪行不能得到任何宽恕,因为上帝不会宽宥任何鄙视他的人,基督不会容忍那些出卖他的人,你必须像热爱你自己一样热爱你的领主,对领主的背叛等同犹大所犯下的罪行。①

封建主义发展的第二个阶段是对于土地保有的强调。土地保有在封建主义的早期是伴随着王对属下的封赠所产生的,如果从一个绝对的时间先后顺序上来看,土地保有是晚于宣誓效忠以及人身依附的。更为重要的是,土地保有是附属于人身依附的,或者说它是后者的结果和产物,而到后来它却成为了社会中的决定性因素。土地保有决定着很多问题,比如个人的身份、他所享有的权利和义务、相应的司法管辖权等。斯塔布斯的话很能说明问题:占有土地成为了自由②的标志,一个人因为占有土地而自由,而不是因为自由而占有土地。③

封建主义从强调人身依附发展到强调土地保有,其中有着深刻的社会原因。社会状况从战乱趋于稳定是土地保有地位凸显的重要原因。有人说西欧封建化过程是一个日耳曼人不断扩张征服的过程,早期战事频仍,对军事力量的需求成为王最为关心的事情。他所采取的措施主要就是通过对属下进行土地分封来达到以地养兵,然后再以兵养战、以战获地,再以地养兵的良性循环。为此在扩张的初期,王要为他的手下提供战斗装备,并在后者死亡时收回④;当通过战争获得的土地越来越多时,王就不再给受封者直接提供武器装备,而是由他们自己利用土地上的收益自备武器和战士。后来这种分封和骑士及武器的提供形成了比较固定的对应关系,在诺曼征服前后的英格兰一般每五海德(hide)土地提供一名标准装备的骑士,这样大领主就可以

---

① I. Liebermann, *Selected Charters*, pp. 62, 45—46. Cited from F. W. Maitland, *The Constitutional History of England*, Cambridge: Cambridge University Press, 1946, p. 148.

② 人的身份和状态——引者注

③ W. Stubbs, Constitutional History of England, vol 1, §69. Cited from F. W. Maitland, *The Constitutional History of England*, Cambridge: Cambridge University Press, 1946, p. 144. 关于这一点下文还会有详细的论述。

④ F. W. Maitland, *The Constitutional History of England*, Cambridge: Cambridge University Press, 1946, pp. 147—148.

按照自己保有土地的数量来确定所需骑士的人数。当土地完全被封建化之后,比如在英格兰,每一寸土地都有一个领主,不再像大陆的德国那样还有自主地的存在,原来部族时期由全体自由民参与战斗的情况就不复存在了。王国的军队成了国王自己的工具,而这些军事力量则由各个不同等级的、负有军事役(military service)的土地保有者来提供。① 军事义务的提供者不再限于原来的亲兵和功臣、将军,而是一切保有一定数量土地的人。比如盎格鲁—撒克逊时期英格兰的塞恩(thegn),他们原来是国王的家臣,后因为在战斗中的功劳而被分封,当时的社会状况是有了塞恩的身份才可能被分封土地,从而取得塞恩权。但到后来,保有了一定数量土地的人可以自动取得塞恩权,他们有义务为国王提供特定数量的骑士。② 原来由有特定身份的人提供骑士的做法现在变成了由保有土地的人提供,这一转变标志着土地保有取代个人身份,开始成为社会的决定性因素。

和平时期到来之后,巩固统治和治理社会取代战事成为国王们的主要事宜,土地分封此时也不再主要是为了提供骑士,而更多的是为了满足领主们的各种日常需求。相应地,起初的那种终身分封逐渐让位于可继承的分封。③ 因为以前更加注重受封者的战斗能力,而现在需要的则是长期稳定的对各种普通义务的提供,这和战斗能力是有显著区别的。长期、稳定成为供求双方共同的追求,原来的终身保有遂更多地为非限嗣继承保有所代替。土地一俟可以继承,便表明领主与封臣之间的关系得以确定化,他们之间新的联系纽带已不再是以前的人身依附,而是土地。虽然先前的宣誓效忠还很重要,但领主和封臣各自在主张自己的权利之时一般都以土地保有为依据,如领主对监护权、婚姻指定权的主张是因为年幼的保有人保有的是骑士役领地,而封臣对庄园内公共设施的使用权也是以自己在此庄园内保有土地为依据。

土地保有成为封建主义的决定性因素之后,在许多方面都影响了当时的社会。下面本书将从几个方面详细论述,不过首先关注的将是在封建主义成熟时期的各种具体的保有形式。

第三节 十二三世纪的封建保有形式

所谓封建保有形式是指封臣以履行何种义务为条件来保有封地。成熟时期的封建保有形式可谓种类繁多而齐全,我们可以作一个简单的分类归纳。首先是按照是

---

① F. W. Maitland, *The Constitutional History of England*, Cambridge: Cambridge University Press, 1946, pp. 146—147.
② Ibid., pp. 146—147.
③ Ibid., pp. 152—153.

否是自由地产的标准可将保有分为自由地产保有(free tenure)和非自由地产保有(non-free tenure)。非自由地产保有按照通常的说法主要就是指农奴地产保有,但这其中也经历了一些变化:早期农奴被称为稿夫(serf),后来又被称为维兰(villein),庄园制兴起之后他们又被称为公簿地产保有人(copyholder)。尽管农奴制在中世纪的英国是一个很重要的社会现象①,但因其不自由性而被排除在普通法外。因此就普通法本身而言,它并不包括关于农奴制的规定。

自由地产保有按照属僧还是属俗可以分为教会地产保有(spiritual tenure)和世俗地产保有(lay tenure)。其中前者又可分为自由教役保有(frankalmoign)和其他限定教役保有(tenure by divine service),后者又可分为军役地产保有(military tenure)、农役地产保有(socage tenure)、侍君役地产保有(tenure by serjeanty)等。此外还包括一些地方性的特殊自由地产保有形式,如肯特郡地产保有(gavelkind)、幼子继承保有(borough-English)和古地保有(ancient demesne)等。

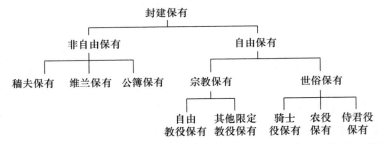

应该说英国的封建保有制也是逐步形成的,起初军役保有,亦称骑士役保有(tenure by knight service),是最重要的地产保有形式,由征服者威廉将英格兰的大片土地分封给他的功臣,只有很少一部分土地是以其他形式分封下去的,比如分给教会或由原来的土地所有人保有。② 而受封者在进行次级分封之时则依据自己的需要,进行其他种类的分封,因此才会有那样繁多的保有形式。所以骑士役保有在当时的保有体制中又被称为"原生性保有"(proper tenure),其他保有则被称为"派生性保有"(improper tenure;derivative tenure)。从最初的意义上来看,不同形式的保有都源于分封者,即领主的某种需要。如早期的骑士役保有是为了满足当时频繁战争的需要,农役保有则是为了收取地租以满足日常的生活所需,自由教役保有则是为了寻求心灵的慰藉,而侍君役保有则是为举行各种礼仪而由国王专项设立,等等。

---

① 维诺格拉道夫曾有专文讨论这一问题:《英格兰的农奴制》(Villeinage in England)。
② 后者即原来的自主地(allodium),后多转化为古地保有。

第四节　封建保有制下领主与封臣的权利义务

一、内容

所谓封建保有制下领主与封臣的权利义务,是指双方基于封地的分封所产生的、能够要求对方为一定行为的可能性,同时也需要向对方为一定行为的必要性。对于不同形式的保有来说,这种权利义务的内容也是不同的,但它们之间也有一些共同的地方,比如领主一般都要求封臣向他臣服和效忠,封臣要向领主履行特定种类的义务,领主则要为封臣地产权利的合法性提供担保,并为封臣提供安全保障。所不同的只是具体的内容,如:骑士役保有要为国王提供足够的骑士以供出征,这是一种很体面的义务;农役保有则主要是交纳定量的粮食和各种各样的费用;自由教役保有人的义务多不带有财产性质,他们所做的主要是为领主祈祷、进行布施,有时其义务甚至仅是象征性的,如每年向领主献上玫瑰花一枝,因为领主进行这种封赠可能完全是为了自己的灵魂日后能够进入天堂而做出的必要投资;侍君役保有人的义务则要荣耀得多,因为他们所做的只是在举行各种重大仪式时陪同国王出席,为其仗剑或主持典礼……

同时,领主对于不同形式保有的封地所享有的**附属权利**(incident)也是不同的。对于骑士役保有人而言,如果他去世时自己的继承人尚未成年,则领主对该未成年继承人和封地享有监护权,直至成年;而继承人成年之后领主对他又享有婚姻指定权,如果他未经领主同意而擅自择偶则要向领主交纳必要的补偿性费用,等等。但领主的这些附属权利对其他形式的保有则不适用。

以上只是领主与封臣权利义务的一小部分,其他如自由教役保有中的圣职推荐权(advowson),农役保有中保有人的共牧权、伐薪权、使用庄园内磨房和烤炉的权利和义务等,可谓是名目繁多、林林总总,事无巨细、无所不涉。这些权利和义务正构成了整个封建保有法的全部内容,它们之间的变化也反映了整个封建社会的变化和发展。这些权利义务虽然繁杂,但却是确定的——无论这种确定性是由特许状,还是由双方协议或是当地的习惯加以肯认。并且这些权利和义务的行使及履行都是通过固定的机构,如庄园法庭,得以完成的。而了解这些法庭运作的人都知道,这些法庭的参与者就是辖区内所有的自由地产保有人。这也许就是维诺格拉道夫所谓的"封建契约"的含义吧。它表明领主与封臣之间虽然存在地位上的差别,但他们之间的关系则是通过"契约"设定的,体现的完全是一种规则之治,或者说通过法律或习惯所进行的治理。这与我们传统上所认为的西欧社会的专断性质是大相径庭的。事实上,正是这种确定性或"契约"所形成的法权关系维持了封建社会的稳定和发展,而这又成为英国法治传统形成的重要实践历程。所谓的"法治"其实与社会的阶级性质和发展阶段并无直接和必然的联系,它更像一种社会的治理或存在模式,只不过为某些民族所"选择",而为某些民族所"抛弃"而已,尽管他们可能并非有意为之。

二、内在义务与外在义务

这里我们将要探讨的是,在次级分封依旧被允许的情况下,如何处理上级领主、中间领主(mesne lord)及封臣之间的权利义务关系。所谓中间领主是指在封建保有的金字塔体系中处于国王和最底层的保有人之间的、同时既为下级封臣之领主又为上级领主之封臣的那些人。

前面已经提到,国王的分封是为了特定的目的和需求,而中间领主的分封也有自己的目的,但后者的目的不能妨碍国王的需求,即如果他不能履行他对国王的义务,那么国王就可以通过扣押封地上的动产来强制履行,而无论这些动产属于该中间领主还是他那无辜的封臣。① 在这种情况下,中间领主和其封臣之间可以进行协商,约定如何履行针对国王的义务,可以由中间领主自己履行,也可以由其封臣履行。这时他们二者之间的约定义务就被称为内在义务(intrinsec service),而原来加在封地上的义务,即封地在分封之时就附属其上的义务就被称为外在义务(forinsec service);前者基于协商和讨价还价,后者则不因任何其他协议而变动或与封地相割裂。② 次级分封的广泛采用,使得封地上的负担越来越沉重,严重影响到国王和上级领主的利益,这也成为1290年《封地买卖法》颁布的原因之一。③

三、封建保有制下个人权利的特征

封建保有制下个人权利的特征首先是它的**复杂性**和**多元性**,这种复杂和多元表现在它不像我们平时想象的那样是一种单一的权利,相反是许多具体权利的总体,或者说是一个权利束。这个权利束对直接占有地产的封臣来说被称为地产权(estate),对于不直接占有土地的领主而言就是领主权(seignory)。换言之,如果你保有封地,那么你就拥有了对于这块土地的地产权,就会享有**一系列相关的具体权利**,而不是某

---

① 在这种情况下,封臣可以提起针对中间领主的居中之诉"action of mesne(breve de medio)"。See Sir F. Pollock & F. W. Maitland, *The History of English Law Before the Time of Edward I*, vol. I, Cambridge: Cambridge University Press, 1968, p. 238.

② Sir F. Pollock & F. W. Maitland, *The History of English Law Before the Time of Edward I*, vol. I, Cambridge: Cambridge University Press, 1968, p. 238.

③ 该法的主要目的之一就是取消次级分封(subinfeudation),代之以同级转让(substitution),即受让人不再是出让人的封臣,而与出让人一同或取而代之而成为出让人之领主的封臣。

一项权利。比如农役地保有人就享有对封地的使用权、收益权、以特定方式对封地进行处分的权利,以及庄园内的共牧权、伐薪权、共渔权,使用庄园内烤炉、磨房和其他公共设施的权利和出席庄园法庭的权利;等等。这些权利与罗马法中的所有权的权能不同,权能是指基于所有权而产生的、权利人对物行使权利的各种可能性①,它们要以所有权的存在为前提。而封地保有人的各种权利并不是地产权的权能,地产权只是一个抽象的术语,它本身的内容并不确定,而其中所包含的各种具体权利都是相互独立的,都分别源于封地保有的事实,它们之间本身并无依赖性。抛开罗马法的观念,封臣之所以享有这些具体的权利,仅仅是是因为他保有了这块封地这一事实。这些彼此独立的权利都有自己独特的救济方式,在很多情况下,它们的救济方式也是不同的。比如关于共牧权的救济一般采用的是权利令状,而当封臣在封地上的动产因为自己的中间领主怠于履行对上级领主的义务而被扣押时,所采用的则是中间令状(writ of mesne)……这种权利的多元性和复杂性也从一个侧面反映了这些权利之间的"平等性",没有哪一种权利是基础性的,基础性的东西是分封的事实,从而不会发生像罗马法中所常见的那种所有权高于其他权利的情况。关于这一点,我们在分析地产权时还会有详细的论述。

其次是这种权利的**混合性**。如果从公和私的角度对封建保有权进行划分的话就会发现,分封体制下的个人权利和义务,其性质并不像我们今天那样泾渭分明,在很大程度上是一种混合体。所谓混合体是指很难将这些权利断然归于公或私的行列。比如领主的收租权,如果从纯粹契约的角度来分析的话,它应该是一种私的权利,带有财产性质,但毫无疑问它的获取、行使、处分都不是意思自治的结果,相反还带有浓重的"身份"意味。进一步说,无论是从地产权这个权利束总体的角度,还是就各种具体的权利而言,它们的混合性质都在于它们缺乏我们今天意义上的"公"或"私"的特征。这一点在地产交易只能通过次级分封进行时显得尤为明显。今天意义上的私权利是平等主体之间依自己的意志获得、享有和处分各种权益的权利,其最大的特点就是平等和意思自治。而在封建体制下,自由民要获得土地,就必须向领主臣服和效忠(homage and fealty),由领主将土地分封给他,这时他就成了领主的人了,谓之封臣(tenant)。封臣向领主履行约定的义务,如交纳地租、服兵役、向教众布施等,而领主则要保护封臣,为封臣地产权利的合法性提供担保(warranty)。在相当长的一段时间里,在英国是1290年《封地买卖法》(Quia Emptores)通过之前,封臣对于自己封地的处置(不包括遗传继承)——这意味着对于地产权或各种具体权利的处分,不仅要经过自己未来继承人及领主的同意,更要同样通过分封才能进行。这种分封被称为次

---

① 参见张俊浩主编:《民法学原理》,中国政法大学出版社1991年版,第388页。

级分封(subinfeudation),即买受人是作为附属于该封臣的封臣,而非今天意义上的平等买主出现的,这就在整个社会形成了金字塔式的分封体系。居于塔尖顶端的是全国最大的领主,即国王,国王与最底层的封臣之间的人同时既是领主,又是封臣。在这样的体制下,每个人的权利,尤其是对于土地的权利,很难以公私的标签断然加以区分。分封者与受封者之间是**不平等**的,即使同为一个领主的封臣,他们之间的交易、纠纷也都是以领主的分封或封建契约、庄园习惯为基础的。如公用地使用权的纠纷需看领主对公用地的划分及分配给每位地产保有人的权利限度,而涉及封地占有的纠纷则要看分封时的情况、分封的先后、继承的连续性。地产保有人的意志在很大程度上也是**不自由**的。除了前述地产转移时的限制外,领主对他还享有许多附属权益,如附属于骑士役保有地的监护权、婚姻指定权等。非自由地产保有人,主要是农奴,则更是如此。在众多鉴别农奴的标准中有一条就是:头天晚上睡觉时不知道第二天要干什么活儿的人就是农奴,因为农奴的义务不是确定的。[①] 这从一个侧面说明了非自由地产保有人的意志很难是自由的。

封建保有制下个人权利"私"特征的缺乏,主体间的不平等和意思自治的缺乏,并不意味着这种权利就必然属于"公法"的范畴。现代意义上的公法是以民族国家及其政府的建立为前提的,其基本理念就是管理和支配,体现的是管理与被管理者之间的不平等。但维诺格拉道夫认为,封建保有制是建立在封建契约基础之上的,也就是说,尽管领主与封臣的地位不平等,但他们之间的权利和义务是由封建契约所确定的,因而是固定的。只要封臣未违反约定义务,领主就不能随便将之逐出封地,解除封建契约。更有甚者,领主就他与其封臣之间的关系所作出的一切决定,在理论上都必须经过庄园法庭的讨论。毫无疑问,这也是对领主的一种制约。因此领主与封臣之间并不是一种简单的上下级管辖和支配关系,也并非纯粹今天的公法所调整的关系,将之纳入公法范畴完全是一种武断的做法。

封建保有制下个人权利的混合特征,我们很难拿公或私的标准对之进行区别,这也正好说明,公和私的理论模式不适合于用来分析封建保有制下的权利体系。那么究竟该运用什么样的理论框架来研究这个问题呢?在提出自己的看法之前,最好还是先来看一下梅特兰的做法。梅特兰将这个权利的混合体分为人身性权利(personal rights)和不动产性权利(real rights)[②],前者包括封臣要向领主履行约定义务,领主则要对封臣的人身和地产权利提供保护和担保。这是双方最基本的权利和义务。此

[①] Sir F. Pollock & F. W. Maitland, *The History of English Law Before the Time of Edward I*, vol.I, Cambridge: Cambridge University Press, 1968, pp.412—432.

[②] Ibid., p.236.

外,领主对于骑士役保有制下的未成年继承人还享有监护权、成年后的婚姻指定权等,而继承税(heriot)、死亡奉献金(relief)、援助金(aids)、新主认可金,甚至是臭名昭著、可能纯属子虚乌有的初夜权(jus primae nocta)都属于前面所提到的人身性权利范围之内。所谓不动产性权利主要是指封臣对于领地所享有的占有、使用、收益、处分等权利,而其领主对该封地同样享有权利,那就是对封地的收益权或对封臣所履行之义务的享用权。这就是保有制下著名的"一田两主"现象,多个人对同一块土地可以同时享有不同的权益①,他们之间的权利范围是依照封建契约、地方习惯、双方协商等加以确立的。因此,在用英文表达时,我们可以说,领主与封臣同时持有同一片土地,只不过一个是通过接受义务的方式(hold the land in service),另一个是通过亲身占有的方式(hold the land in demesne)。② 根据这两种权利性质上的差异,梅特兰将整个封建保有制分为公、私两个方面。"公"的方面包括对各种具体权利以及与此相关问题的描述,这就包括保有制的形态及附属权利义务的内容、个人的地位、不同的社会组织和司法管辖权等内容;"私"的方面则包括对地产权的含义、基础、分类、性质、转让、处分等问题的探讨,而这二者正构成了"P&M"全书的总体结构。

尽管梅特兰宣称自己是从公和私两个方面对封建保有制进行分析的③,但笔者认为如果从动态和静态的角度来分析的话,也许会更容易为读者所理解。所谓"静",是指对上述各种具体权利的内容及相关问题的分析;而"动"则是将地产权作为一个总体来分析它的产生、变化、处置等方面的情况,如地产权内容、地产权救济方式从普通法早期到现代这一历史发展过程中所发生的巨大变化。当然动和静的区分也绝非完全令人满意,因为它们之间也有交叉。比如对于地产权概念、性质、基础等问题的分析本应该属于"静"的范畴,但它对我们理解地产权这一具体问题还是很有裨益的,因此在文章结构的处理上还是将以上本属于静的范畴归于"动"的部分更为合理。需要提醒的是,所谓动静的分析与其说是笔者自己所设计,毋宁说是受到了梅特兰整部书结构的启发,或者说是对梅特兰著作的另一种解读。事实上,梅特兰所谓的"公"的方面,即第二编前三章,就可以归入笔者所说的"静"的范畴,而"私"的方面,即第二编的四至七章,基本上就是"动"的内容。从动和静的角度来理解中世纪英格兰的保有制和普通法,也许会有一种新的感受。

---

① 这是普通法与大陆法在不动产法方面最重要的区别。后者强调所有人对于客体的绝对权利,一物一主,而前者则将一切权利都置于相同的等级,并未突出哪一种,发生冲突时只看是谁超越了权利的范围,或看谁的权利更为优先。

② Sir F. Pollock & F. W. Maitland, *The History of English Law Before the Time of Edward I*, vol. I, Cambridge: Cambridge University Press, 1968, p.237.

③ Ibid., p.1.

第五节　封地性质与保有人的身份

整个英国的封建保有制度都建立在对封地的不同形式的保有基础之上,封地的性质或保有形式深刻地影响了领主与保有人之间的权利义务、保有人的身份地位等内容。前面已经提到,在起初分封之时,国王出于自己的各种需要,如招募军队、举行各种礼仪、寻求心灵的慰藉、日常消费等,就将这些不同的需要加诸大小不等的封地予以分封,每一封地都要满足他特定的需求。保有者保有某一地产,其初衷也是为了满足国王的某一特定需求。但国王的不同需求之间本身存在高低贵贱之分,如参加社交活动的需要自然比日常所需要体面得多,这就导致了出席各种庆典活动的侍君役(serjeanty)要比普通的农役(socage)在地位上更显贵,这样不同类型的保有人之间在身份、地位、权利和义务的范围方面就产生了差别。但这种差别在理论上并不是"先天"的,事实上,也可以这样来理解,即国王在赐予保有人封地时,同时也赐予了他一种身份。如果你得到的是农役保有地,那你只能是普通的农民,如果领有的是骑士役保有地,你就可以做骑士了。人与人之间**先前**就存在的差别并不妨碍由封地之目的或性质所"注定"的保有人的身份地位上的差别,相反,前者有可能"迎合"了后者的需要,并为后者提供了一个顺理成章的分配方案。用更为通俗的语言表达就是,封地的性质映射了保有人之间身份地位上的差别,而当时的现实社会中本身就存在地位不同的人,这两种不同之间形成了一种对应关系,它们之间的结合促成了封建保有制社会的产生。

封地性质影响保有人身份的结论可以在庄园(manor)中的非自由地产保有,主要是公簿地产保有(copyhold),中得到进一步验证。国王分封完毕后,贵族还可以依照国王的模式,根据自己的需求,将自己领有的封地分封下去。就领有庄园的领主而言,他在分封完自由保有地产(freehold)之后,为了自留份地(demesne)的耕作,一般还会分封一些非自由保有地产。保有这类地产的人的职责就是为庄园主耕作自留份地,但其义务是**不确定**的,这是他与自由地产保有人的最大区别,因此他们一般也被称作农奴(serf;villein;copyholder)。但农奴保有地不一定必须由天生是农奴的人来保有,而是也可以由自由人来保有。一个自由人,如原来马尔克公社的自由民,甚至可以同时保有两种性质不同的地产:自由保有地产和非自由保有地产。当从自由保有地产的角度而言时,他与领主是一种"平等"的封建契约关系,他的权利义务是确定的,其意志也是自由的;当从非自由保有地产的角度而言时,他的义务是不确定的,其意志也是不自由的。但这都是相对于领主而言的,当对于其他自由民而言,他仍然是一个自由地产保有人;而在与其他非自由地产保有人共同劳动时,他也只是一个农奴。当庄园内的封臣法庭（court baron）开庭时，他有权利和义务（suit）作为自由地产保有人出席；而当他想转让自己的农奴份地时，仍然必须在庄园内的习惯法庭（customary court）上向领主履行弃权让与（surrender）的仪式。① 在这里，我们说他同时具备了两种身份，但这两种身份不是因为其他因素，如血亲、姻亲所决定的某人既为儿子又为女婿的情况，而是因为所保有地产之性质不同所导致的。

第六节　封地保有与司法管辖权

除保有人身份、领主与封臣间权利义务之外，由封地保有所决定的另外一点就是司法管辖权。梅特兰认为，拥有司法管辖权的各类封建法庭是将社会联系在一起的纽带。② 起初庄园法庭、郡法庭、自治市法庭与其说司法机构，而毋宁说是一个综合性的管理机构。当地的许多重要事项都要在这里讨论决定，这无疑带有浓厚的日耳曼马尔克公社色彩。出席法庭不仅是每一个自由民的权利，更是他的义务（suit）。但到了诺曼王朝和亨利二世时期，除领主的庄园法庭（包括特权领地法庭）外，郡、百户区、村落、镇区的法庭都逐渐被国王用做地方治理的重要工具，它们不仅处理民、刑案件，还视察十户联保，征税，负责公共设施的维护，英格兰封建体制的集中统一与这种高效的地方管理机制是分不开的。③ 同时，领主法庭在自己的辖区内也在做着与地方法庭类似的工作，只不过这里的主持者是领主或其管家，而非国王任命的郡长。

同时梅特兰认为，司法管辖权是一种与地产保有相联系的财产性权利，或是财产权的客体，可以收益、转让和继承。④ 要解释这一问题可能需要考察这种司法体制的起源。中世纪英格兰的司法机构十分复杂，其管辖权亦可谓是纵横交错。总体上来说，司法机构可以分为教界和俗界两大类，俗界法庭又可分为王室的、地方的、领主的和特权领地的，等等，其中王室法庭又可分为中央王室法庭和派出巡回法庭，地方法庭又包括郡、百户区、村、镇区等的法庭。正如前面所提到的，各类地方法庭已经成为了国王对地方进行有效治理的重要工具，毫无疑问，这种通过民众集体组成法庭（民众大会）实现自治的做法明显属于日耳曼氏族的遗风，英格兰国王所做的只不过是将

---

① 弃权让与是公簿地产转让的必经手续，具体由出让人先将地产交回领主，再由后者转给受让人。当然这一切都要在庄园内的习惯法庭进行。
② Sir F. Pollock & F. W. Maitland, *The History of English Law Before the Time of Edward I*, vol. I, Cambridge: Cambridge University Press, 1968, p. 527.
③ 当然郡长的任命也是很重要的措施，他们效忠国王，并取代了原来掌管各郡的贵族来主持地方法庭。
④ Sir F. Pollock & F. W. Maitland, *The History of English Law Before the Time of Edward I*, vol. I, Cambridge: Cambridge University Press, 1968, p. 527.

这块本来已落入地方贵族口中的肥肉,通过委派郡长负责地方事务的办法活生生又拉回到王室手中来而已。郡长代表的是国王,要向国王宣誓效忠,他的出现终止了盎格鲁—撒克逊时代就已开始的地方治权逐渐落入私人之手的过程,从此王室的势力扩展到了地方上的每一个角落,而领主则被限于自己的领地一隅之内。

上面对地方法庭发展的论述好像与司法管辖权的财产属性没有关系,但我们不要忘记,在中世纪,司法权是一笔财富,谁掌握了法庭,谁就能获得收益,中央王室法庭之间的激烈竞争说明了这一点。[①] 但司法管辖权的财产属性不只是指它要收取诉讼费用,因而能给法庭的所有人带来利益,更重要的是它依附于封地的保有,并且如同封地本身一样可以转让、继承。因此梅特兰说,司法管辖权是财产权的客体。我们在这里强调的正是司法管辖权财产属性的后一层含义,这一点以领主的司法管辖权最为典型。领主在其领地内的司法管辖权是国王进行分封时就授予的,如同封地保有人的身份一样,这也是封建保有的附属权益之一。正是在这个意义上,封地保有决定了司法管辖权。当时的一条不成文封建原则是,保有人只要有一定数量,通常是三个以上,自己的下级封臣,他就可以设立领地法庭。如同地方法庭一样,领地法庭不只是司法机构,同时也是领地的管理机构。上至国王,下至基层领主,都采用这种治理模式,从中仍能发现马尔克公社民众大会的影子。在英格兰,通过领地法庭实现封建社会的治理是诺曼的封建因素与英格兰本地的日耳曼因素成功结合的一个典范。而普通法,作为王室领地法庭(王室法庭)的法律,也不能不受到这两种因素的影响。

就封建保有制"公"的方面而言,梅特兰用了很大篇幅进行了详尽的论述,我们在这里不可能也没必要像他那样以考据的功力来探究每一项制度,每一种机构的发展情况,而只想抓住其中笔者自认为是最为核心的问题予以简单论述,力求把握英国法发展中的特色。

第七节　封建主义与英国的法治传统

英国的法治传统为今天多数国家所公认和推崇,在很大程度上已经成为了各国纷纷效仿的目标,但这种传统是在经历了长时期的发展和培育之后才形成的,封建主义就是其中一个重要的阶段。

这里所谓的英格兰法治主要是指一种依据普通法进行治理的社会状况:上至国王,下至普通臣民,都必须遵守法律,司法权由法官行使。其实法治在很大程度上是对当权者的制约,在封建主义下的英格兰就是对国王的制约。之所以说英格兰的法

---

① R. J. Walker, *The English Legal System*, London: Butterworths, 1985.

治取得了相当的成功,是因为在那里国王的权力得到了相当的制约。我们所熟悉的柯克在与詹姆士一世的争论当中所引用的布拉克顿的名言就是一个很好的例证:陛下虽高居万人之上,但却在上帝和法律之下。

那么现在的问题是,英格兰从一个与12世纪西欧大陆相比王权很强大的事实开始,最终却并没有像西欧大陆的法国、德国那样发展出极端的专制,比如法国的路易十四、德国的普鲁士王国等。而西欧大陆起初并没有类似于英格兰那样的强大王权,后来的结果却是以专制结束了自己的封建主义。这一事实该如何解释?

考察中世纪英格兰的历史可以发现,从诺曼征服开始,英格兰贵族、教会与国王的斗争就从来没有停止过,尽管国王在很多时候都保持了优势:斯蒂芬时期的混乱,贝克特主教与亨利二世的抗衡,直至约翰王对教皇英诺森三世和贵族的屈服和妥协,《大宪章》的颁布,西门·德·孟福领导的贵族与亨利三世的斗争……这些抗争的结果是使英格兰虽然形成了集权,但却避免了专制。① 维诺格拉道夫在分析封建主义时将领主和封臣之间归结为一种封建契约的关系。这种契约关系依靠,更重要的是他们之间的斗争和抗衡来维持双方的宣誓效忠。而领主对封建契约的遵守后来转化成了国王和领主对于法律(普通法)的遵守②,也可以说,对于法律的遵守源于对封建契约的遵守,而在缺乏斗争和抗衡的情况下是很难保证领主对封建契约的遵守的。

如前所引,秦晖教授在他的一篇文章中提出了对于"小共同体"的关注,认为小共同体在防止大共同体比如专制国家对于个人权利的侵犯过程中起了很重要的作用。③ 那么相对于强大的王权来说,贵族和教会都可以看做是不同程度的小共同体,正是他们与国王的不懈斗争才避免了国王形成肆意专断。就法律领域而言也是这样。梅特兰在里德演讲(Rede lecture)中提到了律师会馆对于英格兰法律免受罗马法复兴影响所起到的作用。④ 同时,也可以说律师会馆的培养机制使得英格兰所产生的法律人员具有强烈的职业认同感,很容易形成一个职业共同体,这种共同体的形成对于法律免受国王的干预具有重要的意义。柯克之所以能够代表普通法法官与詹姆士一世展开抗争,是与他背后强有力的法律共同体的存在分不开的,以普通法为代表的法律共同体与国王势力的抗争也是英格兰法治形成的重要因素。

英格兰封建法治的历史让我们明白这样一个道理:封建与专制并不是必然相连

---

① 法律文献的内容也可以反映出12—13世纪国王地位因贵族和教会的斗争所发生的变化:12世纪末格兰维尔的著述中还充满了对至上王权的赞誉,而在13世纪中期布拉克顿的著作中就出现了"陛下虽高居万人之上,但却在上帝和法律之下"的谚语。See P. Vinogradoff, "Feudalism", in *Cambridge Medieval History*, 1924, p.3.

② P. Vinogradoff, "Feudalism", in *Cambridge Medieval History*, 1924, p.3.

③ 秦晖:《传统中国社会的再认识》,载《战略与管理》1999年第6期。

④ F. W. Maitland, *English Law and the Renaissance*, Cambridge: Cambridge University Press, 1901.

的,它们属于两个范畴内的概念,前者是一种社会状态,后者则是一种治理的方式。至于什么样的社会状态采取什么样的治理方式,这其中并没有什么固定的模式,不能在这二者之间想当然地建立某种必然的联系。

除了上述所谈到的普通法对于国王的制约之外,还有另外一些后世的法治原则也源于当时的封建主义。比如,每个人都有接受与他地位同等者(peer)审判的权利,依此,贵族有权拒绝平民对他的审判,而平民同样可以拒绝贵族所组成的法庭的裁决。这在后来成为了刑事审判中被告人有采用陪审团进行裁决的权利的渊源。再比如说纳税的问题。纳税最初是一种封建契约下的义务,而起初这些封建义务都是固定的,领主不能凭自己的意志随意增加封臣的负担,任何一方负担的增加都必须征得他本人的同意。在国家取代领主取得征税权后,征税必须经过纳税人同意的习惯保留了下来,任何一项新的赋税的征收都必须举行听证会,必须经过议会的表决。这些都是封建主义时期留给后来法治的珍贵遗产。

综上,从封建主义与普通法的关系角度去研究普通法,会发现普通法精神的许多方面都受到了封建主义的深刻影响,这些方面多数都集中在"公法"的范畴。今天考察西方法治的状况,回顾这些历史,仍然会给我们深刻的启发。

第十一章　保有制下的地产权制度

正如前文已经指出的那样,理解中世纪英格兰的法律制度必须掌握两个关键词语:保有和地产权。前者前文已经有了较为详细的论述,这一部分主要探讨地产权的问题。地产权制度大概是普通法中最为复杂的制度了,在目前我们所了解的关于普通法的知识当中,许多部门都已经取得了很大的进展,而独在地产权方面仍然存在许多障碍。究其原因,部分在于这种制度在其漫长的发展过程中所形成的独特性。地产权制度本身是一个非常宏大和复杂的部门法体系,本书在此无法全面和深入地探究,因此仅仅选取了一个与大陆法对比的角度,并结合我国目前立法实践,简单论述普通法中的地产权制度与罗马法中的所有权之间的关系。

第一节　问题的起因

在处理人与物的关系方面,大陆法和普通法选择了颇为不同的途径。具体到法律原则,在大陆法那里就是一套完整的物权法原理和规则,而普通法一般称之为财产法。这两种规则体系分别基于不同的传统而形成,前者来自于罗马法,后者则是在早期的日耳曼因素和封建保有制共同作用下形成。不过在今天世界一体化的大背景下,它们好像也出现了相互借鉴的趋势。这一点在我国《民法典》,主要是《物权法》起草的过程中体现得尤为明显。

作为《民法典》的重要组成部分,《物权法》的起草在我国受到了前所未有的关注,也面临很多的困难。这在很大程度上是因为现阶段我国的所有制体制存在相当的复杂性,比如国有、集体和私有财产之间的关系由于历史的原因在一段时间内很难理顺。这就引出对于许多具体问题的争论,比如如何处理农村土地所有的问题。在关于这一问题的争论中,很多人提出借鉴普通法中的"分割所有权"的做法:由村社集体把握土地的所有权,由农民个体或家庭享有对土地的占有、使用、收益和在特定条件下的处分权等。① 笔者不太了解这种建议和农村现实中的土地所有体制有着什么样的差别,也无力评判因引进它而可能具备的功效,但有一点可以肯定,那就是这是一条借鉴普通法原理的思路。

前面已经提到,笔者无法预料这种借鉴的功效和后果,只是想指出,普通法的任何原理和制度都有着深刻的传统和背景,这些背景可能包括民族的、社会的、经济的、道德和伦理的,甚至是宗教的因素。我们所要借鉴的那些原理和制度经过长时期的演变已经和上述各种因素、和那个社会融合为一体,而我们目前的做法无疑是要将它们从培育它们的母体中"剪切"下来,然后"嫁接"到另一株它并不一定认可的枝桠上。本书的目的不在于评价这二者是否能相互认可,也不想讨论如何才能使之相互认可,而仅仅是探讨这种"嫁枝"在其母体之时的本来面目。具体来说,集中探讨早期普通法中的地产权观念。

第二节　通行的观念

对接受罗马法训练的人来说,理解普通法中的地产权制度有着天然的思维障碍。通常的观点认为,就不动产而言,普通法中不存在绝对的所有权,是一种相对的所有权或分割所有权。即在理论上,除了英王之外,任何人对土地都不享有绝对的所有权。因为他的权利总是受到这样或那样的限制,即使他事实上行使的权利与所有权并无不同。因此他的所有权是相对的,或者说是不同的人分割了对土地的所有权。②

中肯地说,我们并不能从这种说法中挑出太多的毛病,因为从大陆法的视角来看,普通法很可能就是这样的。但仔细玩味,其中的悖论还是隐约可见。众所周知,所有权是一种绝对的权利,传统民法教科书对所有权的经典定义中就将绝对性列为其首要特征③,那么在分析普通法中的土地制度时为什么就加上了"相对"二字呢?④

---

① 典型如学者崔之元主张借鉴英国地产权制度来理解三权分置下的土地承包权,参见崔之元:《从梅特兰看"三权分置"中的承包权》,载《开放时代》2017 年第 6 期。
② 参见张俊浩主编:《民法学原理》,中国政法大学出版社 1991 年版,第 341—345 页。类似的提法在国内比较通行的民法学教科书中可谓是司空见惯,尽管具体表述会有不同。
③ 参见〔意〕彼德罗·彭梵得:《罗马法教科书》,黄风译,中国政法大学出版社 1992 年版,第 194—197 页;谢邦宇主编:《罗马法》,北京大学出版社 1990 年版,第 176 页;周枏:《罗马法原论》,商务印书馆 1994 年版,第 298 页。当然,从罗马法到近现代民法中的所有权观念及所有权的含义都发生了很大的变化。关于这一点,请参看梁慧星主编:《中国物权法研究》,法律出版社 1998 年版,第 225—237 页。因此笔者在此仅强调所有权的绝对性这一在当代早已为人们所不屑提及的特点本身就是可以争辩的,但至少在罗马法中绝对性仍是所有权重要的特点,而我们在日常的讨论中也很少在大陆法中使用相对所有权这一术语。需要读者给予理解的是,此处笔者的用意仅在于引出一个简单的对比,从而为下文的讨论做准备。
④ 为了避免以大陆法的术语来分析普通法,我将在下文尽量用"土地"一词来取代"不动产"这个可能会被人抓住把柄的大陆法术语。

或者说"相对所有权"这个词本身是否就存在内在的矛盾呢？① 为了避免被冠以"咬文嚼字"或"玩文字游戏"的罪名，笔者将以另一种方式提问：上述相对所有权或分割所有权的享有人所有的究竟是什么，或者说这种相对所有权或分割所有权究竟是不是罗马法当中的所有权？对此的解释可能是，上述提法早已成为了一种习惯性的用法，其中的矛盾大家当然已经是了然于心，之所以仍然这么用，只是为了使用的方便而已。正如日常生活中所经常碰到的那样，"大扫除""晒太阳"等都是存在问题的语词，但我们还不是照样用，而且说出来大家也不会产生歧义。是的，习惯的确能够使错误合法化，但这要以能够正确表达意思和完成沟通为前提。我们现在所碰到的问题正在于前面所提到的那些称谓影响了我们对于普通法中地产权制度的理解，因此才需要加以矫正。对此，笔者所提出的第一个论点是：大陆法中的所有权观念和术语不适合于用来理解和描述普通法中的地产权制度。

第三节 "所有权"不适合于描述普通法的地产权制度

正如传统教科书所指出的那样，普通法和罗马法产生于不同的社会背景，源于不同的社会生活需要。前者基于农耕社会，注重对物的利用；后者则是为了适应商业社会的发展，更多考虑的是交易的便利，因此特别重视权利的确定性和绝对性。② 当然，如此草率地解释这二者之间差别的根源无疑是不负责任的。事实上，对于这种差别及其根源的解释早已成为了法律史上的热门话题，在此也无须多言。但需要指出的是，普通法的地产权制度是传统的日耳曼马尔克公社土地制度和中世纪英格兰的封建保有制相结合的产物。

在马尔克公社的体制下，全部土地都归公社所有，然后由公社通过民众大会将土地分给社员占有、使用、收益等。公社和社员之间就后者所占有的土地是一种以习惯为基础所产生的确定关系，二者各自享有哪些权利和义务都依习惯确定，而这种关系的实现则是通过民众大会来完成。③ 研究者从这种关系中就已经看出了后来蕴涵于普通法中且区别于罗马法的一种特殊的人与物之间的关系。无论是公社还是社员对社员所占有的土地都没有绝对的权利：社员无权处分他所占有的土地；如果他依照习惯履行了他应尽的义务，公社也无法对他行使如享有罗马法中的所有权时所可能行

---

① 类似的悖论还见于对"法律行为"这一语词的讨论。
② See A. Watson, *Roman Law and Comparative Law*, Athens and London: The University of Geogia Press, 1991, pp.139—146.
③ See Sir F. Pollock & F. W. Maitland, *The History of English Law Before the Time of Edward I*, vol. I, Cambridge: Cambridge University Press, 1968, book 1, chapter 2.

使的权利。

1066年之后,诺曼人将从大陆带来的封建分封因素和英格兰原有的日耳曼马尔克因素完美地结合起来,从而形成了奠定普通法地产权制度基础的封建保有制。具体而言,诺曼人用国王和各级领主取代了原来的马尔克公社,用各级封臣取代了原来的公社社员,并且通过次级分封,依照国王、大领主、中间领主和封臣的顺序建立了金字塔式的封建保有体制,早期普通法中的地产权制度就是嵌入在这样一种政治架构之中的。与马尔克公社相比,尽管政治结构发生了很大的变化,比如人与人之间依附性的增强,但个人与土地之间的法权关系并未发生实质性的变化:领主和封臣可以同时对同一块土地享有权利,但没有哪一方的权利是绝对的。所不同的只是,领主与封臣之间权利义务关系的内容较之原来马尔克公社与其社员间的关系更为复杂;而这种关系所依赖的基础也不仅限于习惯,更多的则是特许状或其他的书面封赠协议;这些权利义务所得以实现的机构也不再是民众大会,而是领地法庭。早期普通法中的地产权制度就是在这样一种背景下逐渐形成的。

之所以说罗马法中的所有权观念不适合于用来描述现在所讨论的这种土地制度,是因为在这里会发现很多与罗马法所有权特征相左的事实。比如期待地产权(estate in expectancy)——如剩余地产权(remainder)和回复地产权(reversion)的享有人在普通法中同样被视为地产的"所有人"(owner),但他们此时并不占有土地,这与罗马法所有权强调对物的实际控制和绝对归属有很大差别。[①] 在地产诉讼中,尤其是最接近于所有权诉讼的权利诉讼(action in the right)中,原告并不被要求证明自己对于争议土地有对世的权利,而仅需证明比被告有更优先的权利就可以了[②],而罗马法所有权的显著特点无疑就是它的对世性了。再比如前面所提到过的领主和封臣权利的相对性问题,如果封臣恰当地履行了他的义务,那么领主无权收回土地,同时封臣的权利也受到来自领主或其他人的许多限制,而这些限制在罗马法的所有权那里都是不可思议的……

以上问题会给我们很多的启示。既然罗马法中所有权的观念不能用来描述普通法中相应的现象,那就说明我们以前对普通法地产权制度的理解是存在问题的,究竟应该如何理解这一制度?在抛弃了"所有权"这一术语之后,我们又应该引进或发现哪一个语词呢?在回答这些问题之前,其实我们还应该反省一下我们原来究竟错在了什么地方,以及为什么会有这样的错误。

---

① G. C. Cheshire, *The Modern Law of Real Property*, London: Butterworth & Co. (publishers) Ltd, 1958, p.31.

② See Sir F. Pollock & F. W. Maitland, *The History of English Law Before the Time of Edward I*, vol. II, Cambridge: Cambridge University Press, 1968, pp.75—76.

第四节　错误的症结：人、物、权利

萨尔蒙德对于普通法"所有权"制度的分析很有见地。他指出，普通法中有关财产权的规定实际上调整的是**主体**与他所享有的**权利**之间的关系。① 是的，如果说原来我们对普通法地产权制度的理解存在误解的话，那么这其中全部的根源都在于我们所强调的是人与物的直接关系，而不是人与权利，对物所享有的权利之间的关系。罗马法中的所有权观念强调的是**人与物**的关系，这是一种人与物直接面对的关系，重点是人对于物的控制②，而普通法所强调的则是**人与权利**之间的关系，这种权利是主体对于客体（物）所享有的权利，重点是对于权利的把握，而不在于对物本身的控制。换言之，普通法在人与物之间加入了"权利"这一媒介，从而使人与物的关系间接化，这也是本书用"地产权制度"而没有用"地产制度"的原因所在。如果单纯出于理解的目的，甚至可以这样说：所有权人所有的并不是土地本身，而是他对于土地所享有的一系列权利——所有权的客体在这里成了各种具体的权利。具体说，我之所以能够收割这块土地上的庄稼仅仅是因为我对这块土地享有收割其上庄稼的权利，而不一定在于我是它的主人，也不一定要对它享有绝对的、永恒的、排他性的权利。

对于权利而非物本身的强调体现了普通法财产制度的基本观念，这一点我们在早期的诉讼中也可以得到验证。可以说普通法从来就没有强调过土地上罗马法意义上的所有权的。即使在最早期的权利诉讼中，这是普通法中最接近于罗马法返还所有权之诉的诉讼形式，原告所主张的也只是他对土地所享有的、从祖上那里继承来的，或是直接经领主分封授予的那些权利③，这些权利的总体并不必然具备所有权的特征。更为重要的是，当被告提出异议时，原告并不需要证明他的权利有着**对世的优先性**，而仅需证明自己的权利**优先于被告**就可以了。后来的各种不动产权益诉讼则更是强调自己所享有的特定权利，如占有权、租赁权等。因此就不动产权益诉讼而言，所有权的观念从未登上过普通法法庭。

与其说说普通法地产权制度中这种观念的形成是一个一蹴而就，或仅从实体方面单独发展的过程，而毋宁说它是封建保有制、日耳曼因素和普通法独特的诉讼方式共同作用的结果。前两者为这种观念提供了实体基础，而后者则使之得以强化。这在下文谈到普通法地产权观念中注重救济的特点时我们会看得更加清楚。

---

① See P. T. Fitzgerald (ed.), *Salmond on Jurisprudence*, London: Sweet&Manwell, 1966, pp. 246—265. 也可参见王涌：《所有权概念分析》，载《中外法学》2000 年第 5 期。
② 早期罗马法用"dominium"一词来表示所有权，就很能说明所有权对物进行控制的特征。
③ 这种权利的相对性前面已经讨论过了。

第五节 何为地产权

在澄清上述误解之后,现在的问题就是:既然普通法的地产权制度中不存在绝对的所有权,而是各种具体的权利,那么这些权利究竟是什么?它们有没有一个总体的称呼,或者说有没有一个恰当的术语来表达这些权利的总和?我们先来回答第二个问题。

普通法中用来取代"所有权"的是"地产权"(estate)这一术语。正如马克比(Markby)所指出的那样:"英国的法律家们首先将所有权和土地分离开来,然后又将后者附于一个被称为地产权的虚幻的东西上去。"①根据乔依特英国法律词典(*Jowitte English Law Dictionary*)的解释,"estate"的词根应该是"state",后者意为状况、身份、地位,而"estate"本身最初的含义也是阶层、级别等,用于地产权制度时就指人相对于土地的关系状况,即人对于土地所享有的权利和承担的义务。② 这样,如果你受封保有某块土地,那么你就对这块土地享有地产权,你就可以亲自占有耕种,也可以向下分封,向外租赁、抵押。如果是庄园内的农役保有地,你还可以在庄园内的荒地上放牧一定数量的牛羊牲畜,可以使用庄园内的烤炉、磨房等公共设施,可以采伐一定量的树木供修缮房屋和围栏等。如果你将自己的封地以骑士役的方式封赠给别人,那么在你的封臣去世时,如果他的继承人尚未成年,则你可以对该未成年继承人及其封地享有监护权,并在他成年之后为其指定配偶。你可以要求你的封臣在你需要的时候提供援助,在你的女儿出嫁时可以要求他们为此交纳捐税③……这些都是地产权的内容。

事实上,对地产权而言,严格说来也许应该这样去理解:如果你拥有了对于某一封地的地产权,那么你就拥有上述一系列的权利;如果你转让了自己所享有的地产权,那么你就失去了原来所享有的那一系列权利。当然你可以设定受让方地产权的范围,从而为自己保留一部分地产权……所以地产权是一个弹性很大的术语,为了理解的方便,我们可以将之视为上述各项具体权利的总和,权利的数目可以通过双方协商或依习惯、特许状等加以确定;也可以将之视为一个完全抽象的概念,这时它已不再是各种具体的权利及其总和,而完全是为了表述的需要才创造出来的一个彻底普通法化了的术语。在这个意义上,地产权和领主权(seignory)的含义是相同的,只不过前者相对于封臣而言,后者则相对于领主而言。

---

① Markby, *Elements of English Law*, s. 330. See G. C. Cheshire, *The Modern Law of Real Property*, London: Butterworth & Co. (publishers) Ltd, 1958, p. 31.
② 关于"estate"一词的具体含义,请参看文后的附录。
③ See Sir F. Pollock & F. W. Maitland, *The History of English Law Before the Time of Edward I*, vol. I, Cambridge: Cambridge University Press, 1968, pp. 252—282.

还有一种解释是将地产权理解为一束权利,这样的理解应该也是正确的,因为我们所谈到的地产权,无论是用 estate、ownership,还是 property、property rights,都只是一个并不紧凑的上位阶概念,它并不像"所有权"在罗马法中那样是一个严格的术语,其含义也非常不确定。说它是上位阶概念,是因为它是用来指代一束权利,而这些权利之所以为一束,是因为它们基于共同的基础,比如封赠、转让契据等,产生。因此我们不能像在罗马法中强调所有权一样在普通法中强调地产权的突出地位,尤其是在司法实践中。诉讼中我们通常碰到的仅是人们说自己某项具体的权利,如占有权、使用权等受到侵害,事实的情况是当占有权失去时,其他权利也就随之而失去,那种上位阶的地产权也就失去了,但至少在实践中各种具体的分权利(罗马法中的权能)和作为总称出现的地产权是可以区分的,而在罗马法中好像并不如此强调。也许可以如此理解,地产权只是为了更方便地表达那些权利束而创造出来的总称术语,而并非什么特定的权利。但在罗马法中,绝不能如此对待所有权。所以可能的结论是,罗马法和普通法就这一问题在实质上并没有什么区别,都要保护人们对地产所享有的权利和利益,它们之间的确存在的区别则完全是因为传统及后来多种因素共同作用的结果。这些区别可以说是一种制度上的差别,同样也可以说是一种理解上的差别,当然这种差别又是基于制度本身及之外的多种原因造成的。

第六节　地产权的特征

地产权制度作为普通法中一项重要的制度,因其独特性多年来一直都是英国人骄傲的资本。1829 年不动产委员会对此的评价是:"在人类所能设想到的所有制度中,它(指普通法的地产权制度——作者注)看起来最接近于完美。"[1]劳森(Lawson)在谈到地产权制度极强的柔韧性时说:"至少在这一方面,我们的财产法比其他任何国家的同类制度都更丰富、更实际,同时也更具有普遍性和逻辑性。"[2]切希尔(Cheshire)则认为,地产权制度和信托制度是英国人向人类文明史所做的两大贡献。[3] 但正如梅特兰所指出的那样,这种制度的重要性除了它本身的价值和意义之外,还在于它能够从一种封建性制度转化出今天世界许多国家的不动产制度。"封建的公法体系

---

[1]　G. C. Cheshire, *The Modern Law of Real Property*, London: Butterworth & Co. (publishers) Ltd, 1958, p. 3.

[2]　Lawson, *The Rational Strength of English Law*, p. 97. See G. C. Cheshire, *The Modern Law of Real Property*, London: Butterworth & Co. (publishers) Ltd, 1958, p. 3.

[3]　See G. C. Cheshire, *The Modern Law of Real Property*, London: Butterworth & Co. (publishers) Ltd, 1958, p. 4.

已经经历了它的鼎盛和衰落,臣服、效忠和庄园司法已不再意味着它们曾经意味着的那些东西。而此时,地产法正在发展,展现在它面前的是一个辉煌的未来,在封建主义成为一个古老的话题之后很久,它(指地产法)将要呈现出我们今天的所见到的那种面貌,并且将波及那些从未行过臣服礼的地区。"① 正是在这个意义上,这种制度和罗马法有着同样的重要性。更重要的是,研究早期普通法中的地产权观念,其价值不仅在于了解这种制度和观念本身,还在于了解普通法作为一种法律体系它自身的演进和发展。下面将从三个方面对地产权制度的特征予以分析。

一、抽象性

所谓抽象性是指当我们在谈论地产权时,面对的并不是土地这种**实实在在的东西**,而是主体对于这块土地所享有的**权利**。权利不同于土地本身,是看不见摸不着的,尽管它可以给你带来利益,你也可以通过某种方式来主张和实现。而我们在谈论所有权时,所直接面对的就是作为客体的土地本身,强调的是我们对于这块土地的控制。地产权的抽象性从一个侧面反映了它区别于所有权的特点,那就是它以对土地的利用为终极理念,而不追求对土地的控制和占有、把握,后者则正是所有权的要旨所在。也因此才会有普通法中的"一地多权"现象,不同的人因为不同的原因和某一土地发生关系,大家以不同的方式从土地中享有收益:有人获得了租金,有人获得了粮食,有人获得了他人的劳役,还有人则获得了心灵的慰藉……但取得这样的结果并没有以每个人都去占有同一块土地为前提。事实上,多人同时占有同一块土地,未必能取得如此的效果。这正是普通法地产权观念的现实之处。

两种法律体系观念上巨大差异的背后隐藏着深刻的经济根源。正如前面所指出的那样,罗马法的所有权观念在很大程度上是基于一种商业社会的需要而产生的。在这种社会中,人们不是没有日常的需要,只是这种需要的满足主要是通过交易来实现的,而交易安全最为强调的就是权利的确定性,所有权为此提供了满意的模式。相反,在自给自足的自然经济条件下,人们很少依靠交易,需要的满足多直接取自己或强迫他人的劳动。这样,能够取得收益或利益就是他的最大追求,而不在乎究竟是谁拥有了产生利益的源泉——土地。这也就是平常所说的重利用、收益而轻所有的观念。从终极的意义上说,这二者之间差异的根源还在于生产方式的不同。

二、权利的平等性

这是一个可能会使人误解的提法,因为它还是相对于所有权而言的。其含义是

---

① Sir F. Pollock & F. W. Maitland, *The History of English Law Before the Time of Edward I*, vol. II, Cambridge: Cambridge University Press, 1968, p.1.

指地产权内部的各种具体权利之间是平等的,没有高低之分,也不发生谁决定谁的问题。回想一下大陆法的原则就很容易理解,在大陆法的民法体系中,所有权高居于其他权利之上,或者说至少相对于其权能来说,它是决定性的,很多其他权利都受它的制约。① 而在普通法的地产权制度中则不存在这种问题,其中的每一种具体权利都是"平等"的,如耕种收获的权利和使用庄园内公共磨房的权利之间并不存在谁制约谁的问题。在他们的眼里,只有有无权利的区别,而无一种权利制约或决定另一种权利的情况。所以人们的共识是:只要是权利,就应该受到保护,而无论它在内容上是体面还是卑贱。

地产权内部具体权利的平等性并不排除不同的主体之间的地产权可能会发生冲突,而且这还是很常见的事情,要不就不存在不动产权益诉讼了。虽然这种冲突的原因很多,但其中重要的一条是人们对于谁的地产权更有优先性存在争议,但这与大陆法中所有权决定和影响其他权利或优先于其他权利是两个问题。

三、弹性和相对性

熟悉所有权制度的人都知道,所有权的特点就在于它的绝对性、永恒性和排他性,而恰恰在这三方面地产权与所有权存在明显区别。首先地产权不是绝对的,不是说一旦享有地产权,我就可以对土地如何如何,就可以理所当然地享有由此带来的各种权利,而是要以对特定人履行特定义务为前提条件,尽管你的义务可能只是名义上的,如每年向领主奉送玫瑰花一朵。对于领主而言,他的权利(领主权)也不是绝对的。封臣恰当地履行了自己的义务,如果未经全体封臣出席的领主法庭作出正式的判决,领主就擅自收回封臣的地产,那么这对领主自己来说也是非常危险的,尽管事实上这种情况并非不可避免。② 这样实际上就在领主和封臣之间形成了一种相互制约的关系,这是对彼此所享有之地产权的一种制约,这种制约成为地产权相对性的一个根源。

强调地产权相对性可能碰到的质疑是,如果我的地产权是由他人赠与的,而且赠与人并没有给我附加任何的义务,难道我不能任意处置我的地产吗? 这是一个棘手的问题。普通法并不预先设定人们的行为模式,而只是在权利受到侵害时才提供救

---

① 有了所有权,你就可以把各种权能分给别人;而要取得对土地的使用权则需要向所有权人请求。在庞大的物权法体系中,所有权无疑是最重要的,对其他权利、权能的考量都要以对所有权的关照为前提和基础。

② 在这里我们可以看到,封建与专制并非存在必然联系。在中世纪西欧,尤其是英格兰,那里的社会是建立在一种"封建契约"的基础之上的,体现的是一种规则之治,而不是我们所熟悉的恣意和专制,尽管这种规则之治要打一定的折扣。See P. Vinogradoff,"Feudalism",in *Cambridge Medieval History*,Vol. 3,1924,pp.458—484.

济。事实上,现实生活中很少出现刚才设想的那种情况,常见的无偿赠与是对教会和出嫁女儿的赠与。教会自己并不会亲自耕种土地,它还是要进行次级分封。而嫁资地产权(frank marriage)则肯定是要附加条件的,一般都会限定由夫妻及其所出后嗣保有,并在上述条件失败时终止。① 从这里也可以看出,普通法并不追求理论的完美性,它只注重现实生活中出现的实际问题,因此不可避免地会留下许多理论上的漏洞。但这种漏洞反映的并不是地产权理论的失败,而只是两种法律体系治理理念上的差别。

地产权并不总是永恒的。1925年之前,地产权分类中一个最重要的标准就是保有时间的长短。依此,地产权可分为完全保有地产权(freehold)和非完全保有地产权(estate less than freehold)②,前者又包括非限嗣继承地产权(fee simple)、限嗣继承地产权(fee tail)、终身地产权(estate for life)和在他人生存期间保有的地产权(pur autre vie),后者包括定期地产权(estate for years)、任意地产权(estate at will)和容忍地产权(estate by sufferance)。③ 从这些分类中可以看出,除了完全保有地产权之外,绝大部分地产权都是限定期限而非永恒的,因为限嗣继承地产权会因符合条件的继承人不存在而终止,终身地产权则会在保有人去世时终止,在他人生存期间保有的地产权会因该他人的去世而到期,那些非完全保有地产权则更是如此。地产权在期限上的这种有限性使得在同一块地产上先后连续地出现不同类型的地产权成为可能。如甲保有完全保有地产,他可以先后分别授予乙、丙各自终身地产权,然后再授予丁限嗣继承地产权,并规定在所限定之丁的合乎条件的继承人空缺时,该地产再复归甲本人或归戊保有。在这一系列地产权的链条中,可以发现先后存在五个地产权,即甲的完全保有地产权、乙的终身地产权、丙的终身地产权、丁的限嗣继承地产权和甲的回复地产权(reversion)或戊的剩余地产权(remainder)。地产权的这种特性为权利人设定或处置他的权利提供了方便和可能,如中世纪常见的为女儿或教会、遗孀、幼子等无权继承者设定权利的情形,而且很难说信托制度的出现就没有受到这种思路的影响。另一方面,在地产权理论中存在地产权大小的问题。比如在上例中,甲的地产权就要比乙的大,而这种比较也是以保有时间的长短作为依据的。正如切希尔(Cheshire)所指出的那样:"地产权的划分主要依据其'量'(quantification),而'量'的确定则依据

---

① See Sir F. Pollock & F. W. Maitland, *The History of English Law Before the Time of Edward I*, vol. II, Cambridge: Cambridge University Press, 1968, pp. 15—17, 291.

② 严格说来,这是按照保有期限是否确定进行划分的。See G. C. Cheshire, *The Modern Law of Real Property*, London: Butterworth & Co. (publishers) Ltd, 1958, pp. 31—32. 当然地产权的理论也有一个发展的过程,地产权的划分在不同时期也有不同的说法。

③ See K. Smith and D. Keenan, *English Law*, Bath: Pitman Press, 1982, pp. 386—437.

其保有时间的长短,因此地产权的大小随其持续时间的长短而变化。"① 梅特兰也说:"土地上的权利是乘着时间的飞行器发射出去的。"② 所以在地产权理论中,地产权的区别并不主要在其内容或"质",而在"量",权利的大小随保有时间的长短而变化。这也从一个侧面说明地产权并不像所有权那样是永恒的。

最为我们所熟知的地产权和所有权的区别,可能就是地产权并不像后者那样具有排他性。我们都知道普通法中允许在同一块土地上同时存在多个"所有权",即不同的人在同一地产上可同时享有独立的地产权。在上文所举例子中,若干地产权就是同时存在于同一块土地上,当然它们成就的时间有着先后的顺序,但这种先后并不意味着当乙享有终身地产权并实际占有该地产时其他人就不是这块土地的"所有人"(owner)了,事实上他们同样是这块土地的"所有人",同样对该土地享有各自的权利,在权利受到侵害或有侵害之虞时他们同样可以要求救济。它们唯一的区别就是前面提到的"量"上的区别,而在性质上它们都是一样的。③ 这种解释听起来有狡辩之嫌,因为上述权利毕竟是先后成就的,理论上彼此并不会发生冲突。那么再让我们来看下面的事实。众所周知,领主与封臣对封地都享有权利,而且这些权利是同时存在于同一封地之上的,正如英文中的表达所显示的那样,领主和封臣都保有这一土地,只不过前者是通过接受义务的方式(hold the land in service),后者则是通过亲身占有(hold the land in demesne)的方式。④ 另外,其他封臣在某些情况下也可以对该土地享有权利,比如休耕期内的放牧权,尽管这种权利可能是附条件的。因此,地产权的这一特点实质上在于对于土地所可能产生之全部权益的一种分割,这也正体现了普通法重视利用的特点⑤,而整个普通法地产权制度的演变和发展史也是一部不断拓展土地用途,将依这些用途所产生的用益在不同的权利人之间进行不同分配的历史。

地产权在上述三方面与所有权的区别使之具备了极大的弹性:一方面,从时间的角度来看,地产权的享有可长可短;另一方面,从内容角度看,地产权的具体项目可多可少。正如上面所提到的,地产权在时间方面的弹性使得权利的先后继起成为可能,这就为权利人处置自己的地产权提供了极大的方便,他可以很从容地将自己的地产

---

① G. C. Cheshire, *The Modern Law of Real Property*, London: Butterworth & Co. (publishers) Ltd, 1958, p. 31.
② Sir F. Pollock & F. W. Maitland, *The History of English Law Before the Time of Edward I*, vol. II, Cambridge: Cambridge University Press, 1968, p. 10.
③ See G. C. Cheshire, *The Modern Law of Real Property*, London: Butterworth & Co. (publishers) Ltd, 1958, p. 35. 由此也可以看出,"ownership""owner"这些词其实在普通法中只是非常通俗化的词,与"地产权"相比它们并不能算做非常专业的术语,而只能是日用语,并不严格具有罗马法中所有权的含义。
④ Sir F. Pollock & F. W. Maitland, *The History of English Law Before the Time of Edward I*, vol. I, Cambridge: Cambridge University Press, 1968, p. 237.
⑤ 参见前面对地产权抽象性的论述。

权依照自己的意志、附加不同的条件先后授予不同的人,这是一种对于地产权**纵**的方向上的处置。从**横**的切面上看,权利人还可以将自己现有的权利分割成不同份额授予不同的人,如将土地的使用权授予甲,而将收取租金的权利授予乙,等等。地产权的这种弹性同时也为那些本无权享有地产权的人享有实质上的地产权提供了可能,如前面提到过的女儿、教会、幼子等。而信托则将地产权的这种弹性进行了跨制度的扩张使用,从而使得普通法的地产权制度越来越复杂。①

第七节 地产权的基础——占有

作为对于土地所享有之权利的总体,地产权在普通法地产权制度中无疑具有举足轻重的地位,那么地产权的基础是什么?在什么情况下**才**能够或**就**能够说明你对特定土地享有地产权?这是一个追本溯源的问题。回想一下罗马法的规定,先占、添附、河流冲击等取得所有权的方式早已为我们所耳熟能详。② 从这种终极的意义上来考察对于土地权利的获取,普通法和罗马法其实在很多方面都是相似的,比如梅因在《古代法》中所提到的先占。③ 这不仅因为土地这种物质本身的特性,还源于人类生活实践的共通性。但如果从法律技术的角度而言,在谈论所有权或地产权的基础的问题时,还是有必要在罗马法和普通法之间进行必要的区分,并强调普通法在这个问题上的特殊之处的。

一、一个简单的历史

在现代社会中,不动产权利的依据大都是权利证书或是登记机关的正式登记。这种登记制度是法律在经历了长时期演变之后才形成的。在英格兰,从书面记录材料中寻找对土地权利之依据的做法,可以追溯到征服者威廉统治时期甚至更早。1086 年威廉在英格兰通过宣誓咨询团(sworn inquest)进行的土地财产大清查及其结果《末日审判书》(*Domesday Book*)就成为了后世解决土地争端的最为古老的依据,而在此前盎格鲁—撒克逊时期对于特许状保有地(book-land)的权利也是以特许状(charter)为依据的。但在安茹王朝时代这一点发生了变化。权利证书和《末日审判书》的记录当然还是地产权利最终的权威依据,而在大量的日常不动产权益诉讼(real action)中,王室法庭保护的并不是依据权利证书而享有权利的人,而是那些**实际占有**

---

① 信托制度的实质就是将地产的实际占有和收益两方面的权益进行分割,然后授予不同的人分别享有,前者是普通法的权益,后者则受衡平法保护。
② 参见〔古罗马〕优士丁尼:《法学阶梯》,徐国栋译,中国政法大学出版社 1999 年版,第 113—137 页。
③ 〔英〕梅因:《古代法》,沈景一译,商务印书馆 1959 年版,第 145—146 页。

土地的人。这一点我们可以拿当时十分流行的小陪审诉讼令(petty assize)来佐证。①

小巡回陪审诉讼令中最为常见的一种就是新近侵占之诉(assize of novel disseisin),它的核心意涵就是让咨审团(assize)回答两个问题:被告是否不正当地且未经合法判决(unjustly and without judgement)就剥夺了原告对于土地的占有;是否超出了诉讼时效。如果这两个问题的答案对原告有利,那么原告就将恢复他对争议地产的占有。② 但事实上原告对于争议地产的占有可能是通过"非法"途径获得的,如领主将同一块土地"一女二嫁"先后分封给了被告和原告,此时被告才是它真正的主人。尽管被告还可以通过权利诉讼(action in the right)的方式争取自己的权利,但新近侵占之诉毕竟是当时不动产权益诉讼的主流。仔细分析新近侵占之诉的实质会发现,这种诉讼保护的就是占有人的权利,因此可以说,至少在这一时期,地产权的基础是占有或合法占有(seisin):如果你占有某一土地,那么你就对这块土地享有地产权。这就是中世纪英格兰地产权制度中著名的占有理论。

二、何为"seisin"

如果说"保有"(tenure)和"地产权"(estate)是理解中世纪英格兰法律的关键词语的话,那么"占有"则是理解地产权的核心语汇。在梅特兰那里,"seisin"的含义是"坐"(sit)"蹲"(squatter),保持某种状态,强调的是对土地公开和平地占据、管理、耕种、收割及与之相关的一系列活动。③ 从这一含义看,占有实际上是在和平状态下对土地所进行的持续管领和有效利用,而这正是享有地产权的基础所在。梅特兰指出了这其中蕴涵的悖论:对土地的持续管领和有效利用是地产权的前提,但只有你拥有地产权之后你才可能对土地进行管理和获取收益。究竟是鸡在先还是蛋在先,这可能是一个永远无法弄清的问题,但谁又能否认权利和事实之间的长期互动才是后世占有或所有权、地产权理论最终形成的真正基础呢?④

三、"seisin"与地产权

当我们说占有是地产权的基础时,其含义是当你"占有"土地时,你就享有对于土

---

① 为什么会发生这样的变化,下文还会有解释。
② See S. F. C. Milsom, *Historical Foundations of the Common Law*, London: Butterworths, 1981, pp. 137—143; Also see F. W. Maitland, *Equity, also the Forms of Action at Common Law*, edited by A. H. Chaytor and W. J. Whittaker, Cambridge: Cambridge University Press, 1909, pp. 321—323.
③ Sir F. Pollock & F. W. Maitland, *The History of English Law Before the Time of Edward I*, vol. II, Cambridge: Cambridge University Press, 1968, pp. 30, 34.
④ 在这里探讨对于土地所享有权利之终极渊源并没有太大的意义,关于这一问题可以参看梅因和萨维尼关于先占的观点。

地的地产权,你的地产权相对于除了特定人之外的所有其他人来说都是最优先的。在一个极端的例子中,甲将土地的合法占有人即地产权享有人乙驱逐出土地,那么甲现在就享有对该土地的地产权,可以耕种收获,他的地产权对于除乙之外的一切其他人都是优先的和更好的。① 当然这样剥夺他人占有所要冒的风险,和即将可能付出的代价如返还土地、赔偿损失和被处以罚金甚至被监禁,也是一个正常理性人需要事前考虑到的。切希尔(Cheshire)也指出,从实际占有人对于土地的权利优先于任何无法证明其享有更优先占有权者的角度而言,一切地产权最终都源于占有。②

既然获得占有就可以获得地产权,那么保护地产权的一个重要措施就是保护对土地的合法占有。在这里,占有与地产权互为表里、相互关联,保护了占有就是对地产权提供了保护。这一点普通法与罗马法又存在差异,罗马法严格区别了所有权和占有权及占有,所有权不仅是绝对的,还在于它的救济方式是物权性质的,即以返还原物为目的,而占有权的救济则主要是债权性质的。③ 所以普拉克内特(Plucknett)说:"'seisin'是一种对于财产的享用,不能将之与权利截然分开。换言之,罗马法中所有权和占有之间的显著区别在英国法中并不存在,'seisin'并不是罗马法中的占有(possesion),权利(right)也不是罗马法中的所有权(ownership),罗马法中的这两个概念在英国法中仅用'seisin'来表达,某些人的'seisin'可以优先于其他人的'seisin',这正是'seisin'概念的实质所在。"④

四、"seisin"与对于不动产权益的救济

作为一种对普通法地产权理论的解释,普拉克内特(Plucknett)将对土地的占有和对土地的权利这二者视为一体的观点未免过于极端,但他的确揭示了普通法中地产权与占有之间的密切关系。切希尔(Cheshire)从三个方面讨论了这种关系的密切性:返还地产的诉讼、被非法剥夺占有的原土地占有人的地位、土地转让方式。⑤ 前面已经谈及,将他人逐出土地者取得了对于土地的占有,并因此而获得了相应地产权,他的权利对于除被逐者之外的一切其他人都是优先的。即使是被逐者也必须通过合法的途径———

---

① Sir F. Pollock & F. W. Maitland, *The History of English Law Before the Time of Edward I*, vol. II, Cambridge: Cambridge University Press, 1968, p.46.
② G. C. Cheshire, *The Modern Law of Real Property*, London: Butterworth & Co. (publishers) Ltd, 1958, p.28.
③ Ibid., p.27.
④ T. F. T. Plucknett, *A Concise History of the Common Law*, New York: the Lawyers Co-operative Publishing Company, 1929, p.358.
⑤ G. C. Cheshire, *The Modern Law of Real Property*, London: Butterworth & Co. (publishers) Ltd, 1958, pp.28—30.

定期限内的自力救济(self-help)和此后适当形式的诉讼——才能恢复他对于土地的权利,而此时他已经处于非常被动的地位,因为他所需要求助的权利诉讼对原告多有不利。① 而在早期通过分封所进行的土地转让中,交付占有(delivery of seisin)则是必经的程序。这些都说明了占有对于地产权所具有的重要意义。如果从诉讼的角度来探讨,则既可以更为生动直观地说明这一关系,还能够显示普通法以救济为中心的特点。

作为一种从诉讼实践中成长起来的法律体系,诉讼对于普通法实体制度的发展有着特殊的意义。地产权制度的发展同样如此,不动产权益诉讼在普通法发展史上的变化历程就从一个侧面反映了地产权制度在实体方面的演变。关于土地权利的纠纷最初一般都在领主法庭解决,采取的形式是权利诉讼(action in the right),所要解决的问题是看争议双方究竟谁对争议土地更有权利或者有优先的权利,依据的是特许状、分封时的见证人、祖上的权利等,证据的裁断方式起初主要是神明裁判(ordeal)和决斗裁判(trial by battle),后来亨利二世又引进了大咨审团(grand assize),规定被告可以在神明裁判和咨审之间进行选择。权利诉讼解决的是原被告双方谁对土地更享有权利的问题,这非常近似于对所有权的裁断,但它并不是对世的判断,而只在双方当事人之间作出选择,也就是说土地肯定会判给争议的一方,而不会考虑获胜方是否就是真正的权利人,甚至不允许以第三人才是真正的权利人为由来答辩。从这个意义上说,权利诉讼,这种在普通法不动产权益诉讼中可以算做是最为终极的诉讼形式,解决的也不是土地的所有权问题,或者说它所确定的土地所有权仍然只是一种相对的所有权。②

权利诉讼虽然能够解决较为终极的权利问题,但它的缺点也是明显的。它可能因为被告的种种合法缺席出庭理由(essoin)而被无限期地拖延,增加原告的诉讼成本;而且它对于原告的要求过于苛刻,而被告的责任却很轻;它所采取的证据裁断方式主要是神明裁判,也不符合理性。亨利二世对不动产权益诉讼进行了重大改革:首先是允许在领主法庭开始的权利诉讼中的被告将案件转移到王室法庭审理,在此他可以在神明裁判和大咨审团之间进行选择;然后又规定任何自由地产保有人在未得到王室令状的传讯时,可以拒绝出席针对他所保有的地产所开始的任何诉讼。③ 这些措施使得王室法庭获得了大量案件的管辖权,但他最重要的举措还在于创设了一系列新的不动产权益诉讼,后世称为小巡回审判诉讼令(petty assize)或占有诉讼令

---

① 关于权利诉讼的情况,参见 Sir F. Pollock & F. W. Maitland, *The History of English Law Before the Time of Edward I*, vol. II, Cambridge: Cambridge University Press, 1968, pp. 75—77;李红海:《早期普通法中的权利诉讼》,载《中外法学》1999 年第 3 期。
② Sir F. Pollock & F. W. Maitland, *The History of English Law Before the Time of Edward I*, vol. II, Cambridge: Cambridge University Press, 1968, pp. 74—78.
③ Ibid., p. 147.

（possessory assize）。这些令状包括新近侵占诉讼令（assize of novel disseisin）、收回继承地诉讼令（assize of mort d'ancestor）和圣职推荐权诉讼令（assize of darrein presentment）三种。① 与权利诉讼相比，占有诉讼的特点是不再追究占有表象背后真正的权利归属，而只关注是谁占有土地。如在新近侵占之诉中，即使被告是真正的权利享有人，如前面提到的"一女二嫁"中的第一受让人，只要他采取了不公平的措施且未经合法裁判就侵入了争议地产，那么土地就会判归原告。在收回继承地之诉中，无论被告对土地享有如何优先的权利，只要原告的祖上去世时占有该地产，原告是其祖上的合法继承人，同时未超过诉讼时效，那么被告就必须将土地返还给原告。尽管他还可以动用权利诉讼，但那毕竟是后来的事了。教职的推荐权则会赋予上一次行使该权利的人、这些都表明这一阶段的不动产权益诉讼已经后置对于真正权利人权利的保护，而将占有放在了首当其冲的位置。

如果说新近侵占之诉保护的是当事人的直接占有，那么收回继承地之诉及其派生诉讼则将这种占有回溯到了原告的祖上，而后来出现的进占令（writ of entry）又将原告的诉权扩及到了第三人，甚至是善意第三人。② 但所有的这些诉讼都不去关注也不允许当事人关注权利的真正归属，因为那是权利诉讼的事情，而只看原告及其祖上此前是否真的占有土地，被告是否有侵占行为或其合法占有是否通过他人的侵占而获得。虽然它们背后还一直游荡着权利诉讼的阴影，但这几种诉讼形式贯穿了整个中世纪的普通法，主宰了当时的不动产权益诉讼。不动产权益诉讼在15世纪开始关注租约地保有人（lessee）的权利，普通法便借此运用拟制的手法从保护租约地的诉讼形式中发展出解决土地实体权利问题的新型诉讼：驱逐之诉（ejectment）③，但这并没有动摇占有之诉在整个不动产权益诉讼体系中的地位。可以这样说，在1875年司法改革之前，占有之诉一直都保持了自己在不动产权益诉讼体系中的主流地位，占有始终都是不动产权益诉讼首先关注的问题，是决定地产权真正归属所必须考虑的因素。这再一次证明了占有对于地产权的重要意义。

五、缘何保护占有

尽管占有与地产权关系密切，但土地的占有人和地产权人并不总是一致的，真正

---

① Sir F. Pollock & F. W. Maitland, *The History of English Law Before the Time of Edward I*, vol. II, Cambridge: Cambridge University Press, 1968, pp. 144—149.

② 关于进占令，参见 Sir F. Pollock & F. W. Maitland, *The History of English Law Before the Time of Edward I*, vol. II, Cambridge: Cambridge University Press, 1968, pp. 73—75; S. F. C. Milsom, *Historical Foundations of the Common Law*, London: Butterworths, 1981, pp. 143—149.

③ 关于驱逐之诉，参见 D. Roebuck, *The Background of Common Law*, Oxford: Oxford University Press, 1988, p. 47。

的地产权人未必事实上保持了对土地的占有。① 那么现在的问题就是,究竟应该保护真正地产权人的权利,还是仅仅保护实际占有人的权利——这个占有人完全有可能是恶意占有。为什么普通法会侧重于对占有人的保护,甚至以牺牲真正地产权人的权利为代价?

就此,梅特兰比较了各种有关占有的理论,主要是德国学者的观点。首先,剥夺占有是一种犯罪,是对国王和平(King's Peace)的破坏,要被处以刑罚。其次,剥夺占有还是一种侵权,要赔偿损失。再次,按照耶林的观点,占有是所有权的外围堡垒,证明占有要比证明所有权容易得多,因此要保护所有权就必须首先保护占有,由此所带来的对恶意占有人的保护则是一种虽然不幸但却不可避免的副产品。第四种观点则直接将占有视为一种权利,单纯占有的事实就足以赋予占有人一种较之无法证明有优先权利者更优先的权利。②

这些足以构成对占有进行保护之理由的大陆法观点在梅特兰的眼中都存在漏洞。③ 当我们在强调占有的重要性时,总会忽视其他本不应该被忽视的权利或利益。在考察普通法中为什么对占有进行保护时,梅特兰将上述几方面结合起来,认为它们在时间上经历了一个先后继起的过程,在总体上构成了一个和谐作用的理论整体,但后来它们之间出现了"竞争",某些原则的发展可能会以牺牲其他原则为代价,而最终则是以占有成为地产权的根基这一原则胜出而告结束。这一原则的含义就是:每一种地产权都能够在占有中找到根基,这些地产权的优先程度取决于它们所依赖的占有的优先性;几个占有之间存在优先性上的差别,但只有最为古老的那一个才是最优先的,依据它所产生的地产权也最接近于罗马法中的所有权。④

如果抛开纯粹的法律因素不论,普通法对占有的保护其实还有它深刻的政治背景。前面已经提到占有之诉是亨利二世创立的,他这样做的目的在很大程度是为了增加王室法庭案源,扩大王室法庭的管辖权,从而打击封建领主的势力,巩固王室的权力。亨利二世的精明之处在于他并没有直接运用王室的行政权力去压制地方领主,而是在领主的司法管辖权之外设立了另外一种并行的司法管辖权,与之展开竞争,通过完善这种司法管辖的程序、效率等各个方面,将案件吸引到王室法庭,从而在竞争中拖垮领主法庭。⑤ 占有之诉的引进就是这样一个重要的举措。众所周知,原来

---

① 这里不考虑由于分割所有权而造成的地产权与占有分离的情况,如领主在享有对封地的特定的地产权的同时并不占有封地。
② See Sir F. Pollock & F. W. Maitland, *The History of English Law Before the Time of Edward I*, vol. II, Cambridge: Cambridge University Press, 1968, pp.41—43.
③ Ibid., p.43
④ Ibid., pp.43—46.
⑤ 参见〔美〕H. 伯尔曼:《法律与革命》,贺卫方等译,中国大百科全书出版社1993年版,第525页以下。

保护地产权的权利诉讼是在领主法庭进行的,但权利诉讼拖沓冗长,证据裁断方式落后、不符合理性,当事人尤其是原告对此怨声载道。亨利二世所建立的占有之诉放弃了对地产权真正归属的追究,只关注此前的先手占有,诉讼程序简便,证据裁断方式合理,再加上它对于非法入侵者可以采取严厉的惩罚措施,这对占有或权利遭侵害的保有人来说无疑是非常具有吸引力的,难怪它一建立就马上能够成为不动产权益诉讼的主角。鉴于诉讼对于普通法的重要性,占有在诉讼中所受到的重视也有助于它在实体法中地位的进一步提高,并最终成为了地产权的基础。

第八节 总 结

以上从罗马法与普通法在地产权制度方面的比较开始,分析了所有权这一概念在普通法地产权制度中的不适宜性,并提出用地产权概念取代所有权的建议,以达到更好地理解普通法地产权制度的目的。然后又以罗马法的所有权为参照,剖析了地产权的一些特性,以及它与占有的关系。通过这些分析,笔者认为以下几点需要总结:

一、普通法理论的实用性

普通法是一种从司法实践中发展起来的法律体系,它从一开始就以纠纷的解决为出发点,缺乏对理论体系化的追求。如果考察早期英国法的文献的话,很少能够发现"像样"的法学作品:被称为英国法历史上第一位法学家的格兰维尔,其著述不过是当时文秘署令状和王室法庭判决的记录。[1] 而被梅特兰称为"中世纪英格兰法学理论之皇冠和花环"的布拉克顿的《论英格兰的法律和习惯》,也只是对阿佐作品的简单模仿。[2] 即使是布莱克斯通的《英国法释评》,与我们所熟悉的大陆法的体系化也相去甚远……相反,罗马法从古典时候起就开始了体系化的过程,并在优士丁尼编纂的法典中达到了相当的高度,而后又在复兴和继受的大潮中日趋精致,最终在德国概念法学那里达到极致。

地产权制度作为普通法的一部分,同样缺乏体系化的特征。它所有的理论都来源于社会和司法的实践,并且和这些实践紧密联系在一起。比如前面提到过的占有理论在很大程度上是源于亨利二世引进的占有之诉,地产转让方式从次级分封(sub-

---

[1] See Sir F. Pollock & F. W. Maitland, *The History of English Law Before the Time of Edward I*, vol. I, Cambridge: Cambridge University Press, 1968, pp.162—167.

[2] Ibid., pp.206—209.

infeudation)到同级转让(substitution)的变化则是因为前者给领主所带来的损害引起了领主和贵族的不满。信托制度的出现在一定意义上也是为了满足那些想使自己的财产传给依照普通法无继承权者的人的愿望……这些从社会实践中产生的利益冲突及由此生发出来的规则就构成了地产权制度的总体。尽管从中可以发现很多漏洞,但它却始终是开放的,随时准备接纳那些基于新的社会需求所产生的规则。新旧规则之间可能会有冲突,但自然死亡、国家强制力、规则竞争等内外因素的共同作用使得它们能够在内部不断得以整合,从而形成一个制度的总体。在这个整合的过程中,法官、律师、当事人、立法者、社会中的各种利益阶层都展示了自己的作用,法律体系的整体建构便离不开他们之间的长期互动和博弈。

当罗马法还处在古典时代结束之前时,它也是这样一种开放的体系[①],但皇权的加强和法典的编纂堵塞了它与外界社会直接互动的通道。法律与社会之间总是需要复杂的中介才能完成交流,一俟《引证法》颁布,皇帝敕令盛行,法典编纂,整个罗马法的发展就只能依靠整理历代的敕令、研习经典的法学著作和对法典进行注释和演绎推理了,法律与社会之间的距离被无形地拉大了。新的规则只有符合原来的体系才能够被顺利接纳,而这一般都需要经过立法机关的长期酝酿和讨论。总之,普通法在这一点上与罗马法存在很大的差异,地产权制度来源于社会实践,更因它的开放性而能与社会实践保持迅捷良好的互动。要彻底理解英国的地产权制度,就不能从一个先验的逻辑体系开始,而是要以一种依托社会实践的态度从历史着手。

二、权利与救济关系的密切性

普通法从诞生伊始起就是为了给当事人提供救济,不像今天的立法是为了给民众提供行为模式,因此它一开始就与救济紧密相联。这种对于权利的救济是通过令状制实现的,想得到王室法庭救济的人必须先从文秘署取得合适的令状,否则很难如愿以偿。当时流行的说法是有权利必有救济,而更为夸张的说法就是得不到救济的便不是权利。事实上也是这样。如果你原来所享有的权利为他人所侵害而得不到救济,那么这种权利对你来说已无实际意义。

地产权制度也遵循着这一规律,整个地产权法并不在如何规定地产权的实体内容,而是着重于对这些权利的救济。梅特兰对于布拉克顿著作的研究表明,其人、物、诉三部分的篇幅比例是 7∶91∶356[②],就很能说明诉讼和救济对于普通法的重要意义。

[①] 如法学家的意见在一定程度上可以影响法律规则,万民法则会依据自然理性来处理市民法所无法处理的问题,这些都与早期的英国法有着很大的相似性。

[②] See Sir F. Pollock & F. W. Maitland, *The History of English Law Before the Time of Edward I*, vol. I, Cambridge: Cambridge University Press, 1968, p.229.

中世纪英国地产权制度发展的一条线索就是不动产权益诉讼在不同时期的变化,从权利诉讼到占有之诉,再到驱逐之诉,直到最后诉讼格式的取消,从权利令状到新近侵占诉讼令、收回继承地诉讼令、进占令,再到驱逐之令。这不仅是诉讼格式(救济方式)的变化,还带动了地产权制度实体规则方面的演变。① 因此当我们理解普通法的地产权制度时,诉讼是一个绝对不容忽略的方面。

三、普通法理论发展的历史性

关于普通法发展的连续性前面已经不止一次地论述过,这里就不再重复。但此处想强调的是它与罗马法的不同。相比之下,罗马法的历史就不那么连续,而是存在明显的断裂,尤其是西罗马帝国灭亡和日耳曼人入侵之后,它只蛰伏存在于极为有限的地区,而且后期罗马法和早期罗马法在内容和作为一种制度的总体发展模式上存在相当大的差别。更为重要的是,在法典化之后,罗马法就可以被轻而易举地从一地移植到另一地,在新的领地内,它又以一种颇具地方特色的方式被发展着。因此我们说罗马法也具有极强的生命力,但这种生命力不在于它作为制度的总体发展,而在于它具体规则的普适性和法典编纂的传统。不了解古典罗马法的人一样可以很好地理解今天的民法原理,但不了解普通法历史的人则很难彻底理解今天的普通法制度。

附录:"estate"一词释义②

estate n. 1. 状况;社会地位;社会等级;社会阶层(一个人或一个阶层的人在社会中所处的境况或地位,系该词的最广含义。例如,在中世纪英国的议会中,成员根据其社会地位分为教士、贵族、平民三个等级,称为"三级"[three estates]或"王国各阶层"[estates of the realm];而法国的"三级会议"也就是全国各阶层代表的大会) **2. 地产权;地产、土地、供役地**(指一个人在与土地的关系中所处的地位,或他相对于土地的关系,包括其对土地享有的不同种类、不同程度的权利;在口语中则引申为土地本身。在英国封建法中,除国王之外任何人都不能成为土地的绝对所有人,他所享有的只能是一项地产权或对土地的有限权益,由此产生了地产保有制度。在1925年《财产法》[Law of Property Act]生效之前,普通法上的地产权根据保有程度[quantity of es-

---

① S. F. C. Milsom, *Historical Foundations of the Common Law*, London: Butterworths, 1981, pp. 40—50, 70—85.
② 《英美法律辞典汉译》(法律出版社2003年版)中"estate"一词的释义,版权归"英汉法律辞典编辑委员会"所有,由李红海、牛凤国、车雷主笔。

tate]分为完全保有地产权[estate of freehold]与非完全保有地产权[estate less than freehold]两大类。其中完全保有地产权分为可继承地产权[estate of inheritance]与不可继承地产权[estate not of inheritance]。前者包括非限定继承地产权[estate in fee simple]、限定继承地产权[estate in fee tail 或 estate tail]和嫁资地产权[estate in frankmarriage]。后者又分为：① 约定地产权[convention estate]，即通过当事人的协议设定的地产权，包括终身保有地产权[estate for life]和在他人生存期间保有的地产权[estate pur autre vie] ② 法定地产权[legal estate 或 estate created by construction or operation of law]，即根据法律享有的或在法律上被承认并可强制执行的地产权，包括有后嗣可能性消失后限定继承的地产权[estate of a tenant in tail after possibility of issue extinct]、鳏夫地产权[estate of tenants by the curtesy]和遗孀地产权[estate in dower]。非完全保有地产权分为确定的[certain]与不确定的[uncertain]两类。前者即定期地产权[estate for years 或 estate for a term]；后者包括任意地产权[estate at will]、容许地产权[estate by sufferance]、商人法保证书地产权[estate by statute merchant]、贸易中心保证书地产权[estate by statute staple]、土地扣押执行令状地产权[estate by elegit]以及其他一些无具体名称的权利——例如通过向遗嘱执行人遗赠用以偿还债务的土地所设定的地产权。此外，根据保有方式[quality of estate]，地产权还可分为绝对地产权[absolute estate]、可终止地产权[determinable estate]与附条件地产权[conditional estate]；根据享受权利的时间分为即时地产权[estate in possession 或 immediate estate]与期待地产权[estate in expectancy]，其中后者包括复归地产权[reversion]与剩余地产权[remainder]。根据享受权利的确定性分为既定地产权[vested estate]——包括占有既定的地产权[estate vested in possession]与权利既定的地产权[estate vested in right]——和不确定的地产权[contingent estate]；依权利享有者的数目及其相互关系分为单独地产权[estate in severalty 或 estate in sole tenancy]与两人或两人以上共同享有的地产权，后者包括夫妻共有地产权[estate by entireties]、共同继承地产权[estate in coparcenary]、共同保有地产权[estate in joint tenancy]与共用地产权[estate in common]，以及那些时而属于一人或一地，时而属于另一人或另一地的地产权，例如在抽签划分草地[lot mead]与变更土地份额[shifting severalty]情况下的地产权。除上述普通法上的地产权外，旧时英国还存在习惯法上的地产权[customary estate]与衡平法上的地产权[equitable estate]。前者为根据当地习惯在某一领地的土地上存在的特殊地产权，如公簿地产权[copyhold]、习惯法上的完全保有地产权[customary freehold]、肯特郡地产权[gavelkind]、幼子继承地产权[borough English]与古有地产权[ancient demesne]等。这些地产权同完全保有之地产权一样，依保有程度不同可分为限定继承的、不限定继承的等多种类型。后者为以前在衡平法院被承认的地产权，其与普通法上的地产权的区别在于其不仅可存在于不动产上,也可于一定程度上存在于动产上,且它没有普通法上对地产权的各种限制及附带义务[incident]。衡平法上的地产权分为两类:① 与普通法上的地产权相类似或对应的衡平法地产权,例如衡平法上的非限定继承地产权、限定继承地产权、终身保有地产权、共同保有地产权等。在此情况下,土地上的普通法地产权与衡平法地产权分属不同的人。例如,为了给 A 和 B 设立一项信托而将土地交与受托人,并规定在 A、B 均死亡后将土地交与 C,则受托人享有普通法上的地产权,A、B 享有衡平法上的共同终身保有地产权,C 享有衡平法上的剩余地产权。② 在普通法上无对应地产权的衡平法地产权,例如衡平法上的回赎权[equity of redemption]。上述复杂繁琐的地产权制度在 1925 年后得到了简化与统一,根据 1926 年 1 月 1 日生效的 1925 年《财产法》,在普通法上能够存在、被创设或转让的地产权只有两项:① 绝对占有的非限定继承地产权[estate in fee simple absolute in possession];② 绝对的定期地产权[term of years absolute]。同样,在普通法上能够存在、被创设或转让的土地上的权益或负担[interests or charges]也只有如下几项:① 相当于绝对占有的非限定继承地产权或绝对的定期地产权的土地上的役权[easement]、权利[right]或特权[privilege];② 存在于永久或定期租地上以占有形式存在的可通过扣押执行的地租[rentcharge];③ 通过法定抵押[legal mortgage]设定的担保权益[charge];④ 土地税、什一税、可通过扣押执行的地租或其他非由法律文件[instrument]设立的类似土地负担;⑤ 可依普通法上绝对占有的定期地产权行使的或与之有关的或不论出于任何目的附属于一项普通法上可通过扣押执行的地租的进占权[right of entry]。在这些为普通法所承认的地产权、权益或负担之外其他所有在土地上的地产权、权益或负担均归属衡平法上的权益[equitable interests]。在苏格兰法中,地产权分为国王的地产权[dominium eminens]、贵族的直接地产权[dominium directum]、使用土地之封臣的用益地产权[dominium utile]、占有土地的限定继承人[heir of entail in possession]的地产权、终身用益权人[life renter]的地产权和领臣[tenant]的地产权,但其原理远没有在英格兰法中那么复杂) **3. 财产(权);遗产**(含动产与不动产,例如合伙财产、信托财产等,尤指涉及财产管理[administration]的死者遗产、破产企业的财产、解散的合伙的财产等。在用于这些情况下时,estate 具有法律拟制人格的含义,例如人们可以说"某笔债务应当支付给某破产财产或某项死者遗产"、"某项财产无清偿能力"等,因为财产被认为代表或延续它所归属者的人格。用作遗产之意时,也指被继承人死亡时所遗留下来的权利义务总体,包括积极的财产权和消极的财产权,即债务)

v. 创设(或设定、授予)地产权

附表:英格兰法的地产权体系

存在时间	法律依据	划分标准	权利名称			
1926年之前	普通法	保有程度	完全保有地产权	可继承地产权	非限定继承地产权	
					限定继承地产权	
					嫁资地产权	
				不可继承地产权	约定地产权	终身保有地产权
						在他人生存期间保有的地产权
					法定地产权	有后嗣可能性消失后限定继承的地产权
						鳏夫地产权
						寡妇地产权
			非完全保有地产权	定期地产权		
				任意地产权		
				容许地产权		
				商人法保证书地产权		
				贸易中心保证书地产权		
				土地扣押执行令状地产权		
				其他		
		保有方式	绝对地产权			
			可终止地产权			
			附条件地产权			
		享受权利的时间	即时地产权			
			期待地产权	剩余地产权		
				复归地产权		
		享受权利的确定性	不确定的地产权			
			既定地产权	权利既定的地产权		
				占有既定的地产权		
		权利享有者的数目及其相互关系	单独地产权			
			夫妻共有地产权			
			共同继承地产权			
			共同保有地产权			
			共用地产权			
			其他			
	习惯法		公簿地产权			
			习惯法上的完全保有地产权			
			肯特郡地产权			
			幼子继承地产权			
			古有地地产权			
			其他			
	衡平法		与普通法地产权相对应的衡平法地产权			
			在普通法上无对应地产权的衡平法地产权			

(续表)

存在时间	法律依据	划分标准	权利名称
1926年之后	普通法	地产权	绝对占有的非限定继承地产权
			绝对的定期地产权
		权益负担	相当于绝对占有的非限定继承地产权或绝对的定期地产权的土地上的役权、权利或特权
			存在于永久或定期租地上以占有形式存在的可通过扣押执行的地租
			通过法定抵押设定的担保权益
			土地税、什一税、可通过扣押执行的地租或其他非由法律文件设立的类似土地负担
			可依普通法上绝对占有的定期地产权行使的或与之有关的或不论出于任何目的附属于一项普通法上可通过扣押执行的地租的进占权
	衡平法		为普通法所承认的地产权、权益或负担之外其他所有在土地上的地产权、权益或负担均归属衡平法上的权益

第十二章　英国的法律教育与法律职业阶层

第一节　中世纪英国的大学法律教育：
一种与英国法无关的法律教育

一、背景：罗马法复兴及欧陆法律教育的影响

法律教育其实与一国法律的发展密切相关，英国自然也不例外。但英国法律教育的发展却并不与英国法的发展同步，其中的原因与英国法发展的背景密切相关。

英国法律教育的历史最早可追溯到11世纪。众所周知，在1066年诺曼征服之前，不列颠的历史几乎是与西欧大陆并行的：先是同为罗马所征服，后又同为日耳曼人所征服。所以从文化上讲，英国与西欧是同宗同源的，都受到罗马、日耳曼和基督教教会的强烈影响。正是基于此，英国法律教育的发展也与欧陆有着密不可分的联系。

欧陆的法律教育在罗马时曾盛极一时，但随着日耳曼人的到来又陷入了长时期的衰退中。十一二世纪，随着战乱的平复和社会逐渐趋于稳定，经济开始重新发展，商业又趋于活跃。经济和商业的发展需要符合其内在要求的法律规则的存在，恰恰此时在意大利的阿玛尔非发现了优士丁尼《国法大全》的手稿，这导致当时及后来好几个世纪的罗马法复兴，人们开始集中研究罗马法，也有其他地方的人慕名而来学习，包括英国人，这样就形成了近代意义上的第一所大学——波伦亚大学，而英国的法律教育也是在罗马法复兴的浪潮中开端的。

二、牛津大学及瓦卡里乌斯的活动

罗马法复兴之时，有很多人前往意大利的波伦亚学习法律，其中不乏英国人。但诺曼征服之后英国和法国之间关系的长期紧张使得原本畅通的前往意大利和法国学习罗马法的道路受到了阻碍。英国国王亨利二世阻止其国民前往法国学习，与此同时英国人开始筹划建立自己的大学来学习罗马法，而这就将牛津大学推到了历史的舞台上。

根据牛津大学网站资料介绍,其准确建校时间已无从考证,但早在1096年牛津一地就有教学活动存在,而这种活动在亨利二世于1167年禁止英国学生前往巴黎大学留学之后则得到了更快的发展。就对罗马法的研习而言,瓦卡里乌斯是一个必须提及的人物。这位来自意大利的中世纪著名的注释法学家于12世纪40年代和12世纪50年代在牛津大学"讲授罗马法",据说他为了为当时穷苦的学生节约费用,自己改编了罗马五大法学家之一保罗的作品,提供了一个简编本供学生使用。这一史实成为了后人论证罗马法对英国影响的重要证据而被广泛提及。但对本书来说重要的是,它表明在法律教育方面,此时英国与西欧大陆是同步的。

三、剑桥大学

牛津大学网站资料表明,早期牛津大学发展的历史在一定意义上是一部市民与学者之间的冲突史。追求知识的年轻人聚集于此,难免要与当地的市井民众发生关系,租赁其房屋,接受其饮食和其他方面的服务等,为此二者间经常发生冲突。1209年,一批学者离开牛津前往剑桥避难,由此开始了剑桥大学的创办历程。有人猜测,这些避难者可能老家在剑桥,现在只是返回原地而已。但无论如何,他们在这里采用了同在牛津一样的模式,先是居住在市民家中,然后在人数多到一定程度时便自行组织起来,选出自己的首领,来统一组织生活和学习,这便是牛津和剑桥今天的学院。在剑桥,市民和学者之间的矛盾依旧。史料称,十几岁的年轻学生精力过剩,经常惹是生非,导致原来在牛津的一幕屡屡上演。后来国王亨利三世在1231年为这些学人提供了庇护的场所和资助,这使得剑桥大学几乎从一开始就和王室产生了密切的联系。

四、新教改革对大学法律教育的影响:教会法研究的衰落和罗马法的兴盛

就法律的研习而言,与西欧大陆一样,牛津和剑桥也主要以罗马法和教会法为主——这显然与中世纪早期文化掌握在教士手中的事实有关。

发端于德国的新教改革波及了英国,亨利八世与欧洲教廷的全面断绝关系,导致剑桥的教会法系在1535年被关闭。但作为补偿,他又于1540年在此设立了钦定罗马法讲席教授。罗马法复兴的浪潮此时已经波及不列颠岛,而罗马法与王权之间的内在契合则更迎合了都铎诸王对罗马法的兴趣,于是罗马法在16世纪的英国曾成为热点,并对普通法构成了相当大的威胁。

因此,就整个中世纪而言,英国大学中的法律教育主要以罗马法和教会法为主。其毕业生被称为法学博士,他们毕业后有的到地方做了住持,有的则在教会或海事法院中执业,还有的会协助王国处理一些外交事务,当然也有人从事了著书立说的工

作。总体而言,大学中的法律教育基本上与英国本土的法律无关,而英国法要踏上英国大学的讲坛则要等到18世纪后半期。

第二节 律师会馆:一种与大学无关的法律教育①

在中世纪,真正的英国法教育,其实不是在大学而是在伦敦的律师会馆中完成的。

一、律师会馆兴起的背景:普通法的兴起与令状制为律师的产生提供前提

英国法的教育,与英国法自身的发展过程密切相关。英国法的发展开始于12世纪后半期。亨利二世上台前发生内战,因此在其上台后,为了加强统治而采取一系列改革措施,包括司法改革,以王室法院、陪审制和令状制为典型特征和内容,使得普通法在英国得以兴起。其中的令状制不仅决定了英国法以救济而非规范之特征,而且提升了英国法的技术性含量。比如,如果要提起诉讼就必须选对令状,令状选择不合适,极有可能导致败诉,甚至永远失去再次寻求司法救济的机会;后来令状的格式化更加剧了这一点。而且令状中有很多复杂的技巧,比如如何通过令状中的内容去拖延诉讼,从而导致原告可能因拖延不起而撤诉,是进行概括性否定的答辩还是进行特殊答辩,这些都不是普通的外行人能够处理得了的。正是由于令状的技术性以及由它所带来的王室法庭诉讼的技术性实际上造成了寻求司法救济的困难。这使得当时产生了这样一种需求,即需要有人对这些令状非常了解,对令状所开始的不同形式的诉讼过程中的答辩样式非常精通,这样才能保证诉讼的顺利进行,而不至于由于技术问题而使本来十拿九稳的案件输掉。早期英国的普通法律师就是适应这种需求而产生的,律师会馆就是在这样的背景下产生和兴起的。

随着普通法的发展,诉讼的业务开始细化,律师开始出现了分类和分化。显然,申请令状、提供合法缺席出庭的事由、安排诉讼进程等就与在法庭就法律要点进行争辩的技术含量不同。前者对于普通人来说可能很难,但只需要有对法律知识的基本掌握即可胜任,更多的是对于诉讼事务的行政性、管理性安排。而后者则不仅需要对法律知识的准确把握和精深理解,而且还需要口头表达方面的能力,相比而言,它对行政管理方面的需求要求很少。正是由于这种差别,英国的律师从很早的时候起就分为了代理律师和代诉律师,这也映射了后来事务律师和出庭律师的区别。不同类

---

① 律师会馆部分,主要参考了程汉大、李培锋:《英国司法制度史》,清华大学出版社2007年版,第210—215页。

型的律师实际上在后来形成了不同的会馆,比如除了后来我们经常提及的四大出庭律师的会馆外,还有预备律师会馆与高级律师会馆,而今天事务律师的行业组织则被称为法律协会(Law Society)。鉴于出庭律师会馆的典型性,本书接下来谈到的律师会馆就仅限于它。

需要补充的是,律师会馆其实非常类似于牛津和剑桥的学院。起初它们都是仅为学徒或学生提供食宿服务,后来也带有了教育的内容。可以这样说,从时间顺序上说,律师会馆晚于两所大学的学院,所以其从后者那里借鉴相应的组织形式的可能性是存在的。

二、律师会馆兴起的过程和组织结构

普通法是在王室法庭的司法过程中产生的,因此,要学习普通法,就必须围绕这种司法的过程,也就是围绕王室法庭而展开。于是从 13 世纪后半世纪开始,就开始有人聚集在伦敦的皇家民事法院周围通过旁听来学习法庭的诉答技巧。为了方便旁听,他们在法庭周围的客栈或类似地方住下,这成为后世律师会馆的前身。

十二三世纪,随着英国的司法审判变得更加专业化和职业化,法律职业者阶层悄然产生,主要由律师和专业法官组成。这个新兴阶层凭借自身的法律专业知识比较扎实的优势,几乎垄断了所有诉讼审判业务,获得了优厚的经济收入和崇高的社会地位。该职业的丰厚报酬及其广阔的发展前景强烈地吸引了中小贵族和有钱人家的子弟,他们渴望通过学习法律和诉讼审判的技巧,来进入法律职业者的行列。然而,当时的英国缺乏,甚至根本就没有法律教育设施,加之英国法是不成文的习惯法,想在很短的时间内学好法律知识是一件很难的事情。很多人难以坚持,最终选择放弃,但是仍有一些立志从事法律工作的人,他们模仿在手工业中常见的学徒制,通过拜某一成功的开业律师为师,充当学徒,协助从事一些辅助性的法律工作,如询问当事人、调查取证、准备诉讼材料、制作法律文书、提供法律咨询以及旁听法庭辩论等,通过亲身实践经历这些法律事务的方式来学习法律基础知识。到了 13 世纪后期,"法律学徒"这个特殊的社会集团出现在英国,为了方便学习,法律学徒们都集中在三大中央法庭的所在地威斯敏斯特区附近,以自由结合的方式,住在某一客栈或旅馆。他们聘请开业律师讲课,举办讲座和一些辩论,后来住在一起的一批法律学徒便形成了一所简易的法律学校,这些客栈也因其承担法律职业教育职能而有了专门的称呼,即律师会馆。由取得出庭资格的资深律师组成的委员会,主管委员负责招收学徒,并轮流为学徒讲课,当他们讲课时,便被称作讲诵师,他们还负责律师会馆的管理工作,并且有着自己的内部管理制度。在伦敦老城通往威斯敏斯特区的道路两边,曾经有着无数诸如此类的简易法律学校。到了 14 世纪,在这些无数的法律简易学校中有四所比较突

出,形成了后来著名的四大律师会馆,即林肯会馆、格雷会馆、内殿会馆和中殿会馆,当时的高级律师都是出身于四大律师会馆。

三、律师会馆教学的内容方式和特点

律师会馆的学习与大学中的学习除了在内容上的不同外,即大学以罗马法和教会法为主要教学内容,而律师会馆则以英国法为主,在学习方式上也有着一定的差异。其教学方式主要可以归纳为以下几个方面:

（一）旁听

旁听在当时是学习法律最基本的方式,法律学徒们聚集在皇家民事法院旁听。为了更方便学习,他们住在法院周围的小旅馆或酒店,一边旁听一边记笔记。这些笔记形成了后来学习法律的重要资料——年鉴,这些年鉴通常是匿名的,并且使用法律法语来记录。

（二）模拟法庭

律师会馆主要采用实务训练的教育方式,学徒需要旁听法庭辩论并参加律师会馆举行的模拟法庭。会馆主管(bencher)和讲诵师(reader)为学徒们编制疑难案例模拟法庭,一般在客栈的餐厅进行,根据法庭的样式来布置餐厅,由主管委员担任法官,学徒分别担任原告律师、被告律师和书记员。他们模仿律师使用法言法语,代表当事人做陈述,进行法庭辩论,主管委员则像法官一样发问。高年级的学徒被称为"外席律师",而低年级学徒坐在"围栏"后面,被称为"内席律师"。主管委员和讲诵师会密切观察内席律师的表现,一名学徒在律师会馆学习七年并且参加了足够多的模拟法庭,主管委员可根据学徒的表现将其升为外席律师。在伊丽莎白一世时代,英国商业发展迅速,诉讼量也大幅增加,法庭对于律师的需求加大,因此将律师会馆的"外席律师"资格定为出席高级法院的最低要求。这样一来,政府就认可了律师会馆内部的资格认证标准,成为外席律师就意味着获得了出庭执业资格,因此取得外席律师资格是法律学徒职业生涯中的重要转折点。但是获得外席律师并不能马上开业,仍需跟随某个资深律师在巡回法庭实习两三年,期间要听律师会馆的讲座,并通过主管委员举办的答辩考试,这样才能够独立地出庭辩护。

（三）诵讲

课程讲授是律师会馆的另一重要学习方式。一年有两个学期,分别排在春天的大斋期与夏天的法庭休庭期,由资深律师来担任讲诵师。授课模式基本上是固定的,大致是:讲解某一制定法,包括讲诵师的看法和观点,并通过案例来论证,同时提出疑点,由主管委员、出庭律师和法官一起讨论该制定法及存在的疑点,学徒们则记下讨论的要点。这种授课不同于象牙塔里的教授方法,讲诵师们对于既有的法律规则充

满批判精神,通过这种学习方式提高学徒们的法律知识水平,锻炼他们的法律思维。同时,律师会馆创造了"教授法"。通过教育提炼,将普通法科学化,培养了未来的立法者和法官,教授法将在他们手中变成"实在法"。

(四) 正餐

所谓正餐就是会馆定期举行的规模宏大、一般由全体成员参加的正式的聚餐。各法律学徒通过参加正餐,一方面可以提供交流机会,增进学徒们之间的感情,并且能够通过交流学习到很多的司法技艺,另一方面还可以加强学徒们对会馆的认同感。此外这种活动对于培养学徒的自豪感和对于会馆的忠诚度都具有重要作用。正餐的举行比较仪式化,比如穿着方面有讲究,入座后全体学员要起来欢迎学院教师入高桌,餐前要进行祈祷,等等。每学期只有特别优秀的学员才会被邀请上高桌与学院老师共同进餐。参加正餐是学徒们所必须要经历的一种学习方式,也是获得律师资格的必修课。

(五) 训诫

最后一项是主管对学徒职业道德和待人处事方面的训诫。律师会馆的主管一般都由资深的律师或者法官担任,而学徒则来自英国各地,据说多是纨绔子弟,缺乏管束,带来了很多问题。在会馆的学习过程中,主管们会对学徒进行生活和学习以及业务等多方面的调教和训诫,使其行为逐渐符合律师职业的需要。

律师会馆是专门教授法律和培养法律人才的。它与大学不一样,有着自身的特点。

一是贵族化倾向严重。作为牛津剑桥之外的"第三所大学",其生源越来越贵族化,并逐渐为上流社会专享。詹姆士一世曾发布赦令,规定没有绅士血统的人不得进入会馆。

二是实务性较强。无论从律师会馆的教授方式还是授课内容上来看,律师会馆都是一种务实性的法律学习体制,注重培养学徒们的实践能力和处理实务的能力。与偏重理论而远离实践的大陆法国家的法律教育制度不同,英国法律教育模式的突出特点就是注重实用。一方面能够在商业经济发展迅速的时代为当时的英国社会输送具有较强的实际工作能力的法律人才;另一方面,这种法律人才培养机制容易形成法律共同体或职业共同体,排斥其他法律,这也是罗马法未在英格兰兴起的原因之一。

综上,法律学徒在律师会馆中所学到的不仅是关于英国法的知识和法庭诉答的技巧,还有法律职业的精神和对法律及会馆的忠诚。这对于普通法法律职业阶层和英国的司法独立都起到了重要作用。

四、年鉴的地位和作用

《年鉴》是法律学徒在法庭旁听时所做的记录,主要内容是律师在法庭上对某个争议点的阐述,或者是法官在作出判决时对某一问题的说明。其目的在于让法律学徒更方便地学习,主要记录的是自己感兴趣的内容,并不像后来的判例报告那样是对某一案件的全程报告和记录,显得更加全面、系统。《年鉴》在后来成为法律学徒学习法律的主要教材,阅读《年鉴》也成为学习司法技术的有效途径,很多主管也将其作为教材来使用。

《年鉴》不仅是了解中世纪英国法的重要史料,而且还对英国法律共同体的形成起到了一定的作用。梅特兰曾在1901年里德演讲中强调,律师会馆制度和作为后来判例报告制度前身的《年鉴》是英国法律职业阶层得以形成的重要因素。他指出,使得英国法律迥然区别于欧洲大陆的,或者中世纪英国独具特色的,不是议会制度,因为类似的组织在欧洲大陆很普遍;也不是陪审制度,因为陪审制是从法国传来的;而是律师会馆制度和《年鉴》。这是因为,《年鉴》在形式上完全不同于欧陆罗马法的法典或者法学论著,不具有任何系统性和科学性,这也使英国法具有了不同于欧陆法的诸多特点。

五、律师会馆对英国法律教育的影响

很显然,与大学的教育不同,律师会馆的教育体制更类似于学徒制。今天,学习法律的学生一般都是先在大学的法学院中接受系统的法律基础知识方面的训练,然后再考取律师资格,经过实习一定时间后才能够自己执业。而学徒制则是采用师傅带徒弟的方式,所有学习法律的学徒聚集在一起组成律师会馆,选举自己的行业首领。学习过程中由资深律师和法官讲解,学徒在法庭旁听律师的辩护以及在平时举办模拟法庭,来训练业务技术。行业首领,即会馆的主管还要对学徒平时的表现进行训诫和管束,强调律师界的纪律和职业道德。作为律师会馆的成员,主讲律师和法官要和学徒举行定期的聚餐、交流,许多司法的技艺都是在这种交流中获得的。这种行会式或学徒式的培训方式,由于将业务和生活联系在了一起,因此很容易在师徒之间建立一种心理上的认同感。更何况后来大多数王室法官都是律师会馆的成员,法官和律师之间遂建立了一种密不可分的关系。

综上,律师会馆的出现不仅是英国法发展的产物,反过来又在很大程度上推动了英国法朝着自己的独特方向大步前进。比如,法律不被提炼和编纂为法典而体现为凌乱的判例,司法职业阶层的独立性和互通性,等等。可以说,今天英国法的许多特点都是律师会馆这种独特的教育模式塑造的。

第三节　近代英国法律教育的变革：
大学与律师会馆开始合作

大学和律师会馆这种双轨制的法律教育体制从13世纪开始一直延续了下来，但随着时间的推移，其问题也越来越明显地暴露了出来。

一方面，随着普通法地位的不断巩固，14世纪时它已成为了英国人最基本的法律，这使得大学中的罗马法和教会法知识越来越没有市场，而沦为了一种纯学术或学究性的东西，对一般人的吸引力不断下降。另一方面，到了17世纪，律师会馆日益衰落，教学质量也越来越差，课程讲授内容随意，讲诵师对于法律的评论和看法由深刻批判变成耍小聪明，模拟法庭变得有名无实，模拟法庭的举办和参加均流于形式。1642年之后，梅特兰所谓的律师会馆超越法官、创造"教授法"的风光俨然已成为历史，律师会馆的影响力也逐渐消减，这种制度陷入重重危机，到后来便崩溃了。究其原因主要有三点：一是印刷书籍的出现，二是学生学习兴趣的丧失，三是教师教学积极性的下降。

从世界范围来看，至19世纪，欧美各国普遍建立了现代法律教育制度，连俄国都建立了现代的法学院，英国的法律教育却因受到学徒制的禁锢而落后。当时的英国教育缺乏系统的教学设施，也没有高质量的著作可用作教科书，学生们被迫长年累月地埋首于原始的判决和案例的汪洋大海中，就像一个人在茫茫黑夜中漫无目的地四处游荡，因而尽管付出十倍的努力，却只能学到一些孤立、零碎甚至过时的法律知识，不可能掌握英国法的政体架构和基本原则，更不可能获得法律职业者所必需的理论和逻辑思维能力。前述律师会馆本身教育职能的衰落，更加剧了法律教育体制乃至律师行业本身的危机。

在这样的背景下，对法律教育的变革被提到议事日程上来。大学率先作出了反应，开始在自己的讲坛上讲授英国本土的法律，设立英国法方面的学位和讲席教授，从而开始了英国法进入英国大学讲坛的新时代。

一、伦敦：英国法进入大学的开先河者

开英国现代法律教育风气之先的是新成立的伦敦大学，其在1826年设立了英国法讲座，并聘请执业律师阿莫斯担任教授，为法律学生与书记员们开设了讲座与夜校。在教学过程中，阿莫斯有意识地将实务内容与学术讨论结合在一起，取得了很大成功。

二、牛津：布莱克斯通的实践

1753年，布莱克斯通开始在牛津讲授英国法，开创了英国在大学正式讲授本国法的先河。1758年牛津大学新设立瓦伊纳英国法讲席教席，由布莱克斯通担任讲席教授。1766年，他出版了后来享誉普通法世界的《英国法释评》，为他本人和牛津及英国法带来了无限的荣耀和希望。后来他又返回律师界执业，并被任命为王座法庭的法官。其《英国法释评》不仅在英国多次再版，而且深刻地影响到了美国的司法界。美国在独立战争后能够放弃盟国法国的法律体系而采纳敌国英国的普通法体系，与布莱克斯通的著作有着重要关系。时至今日，该书仍在不断再版，依然是了解英国法的入门性读物。布莱克斯通被公认为是英国现代法律教育的先驱，是英国历史上第一个把普通法教育搬上大学讲坛的人。他首创了一套系统可行的公共法律教育方法。同时，布莱克斯通也是英国现代法律教育理论的奠基人，他提出了一套符合现代社会需要的、科学的法律教育思想。

三、剑桥：英国法唐宁讲席教授的设立

1800年，继伦敦和牛津之后，剑桥也设立了专门的英国法教席，即唐宁英国法讲席。首位就职者为克里斯汀，但很显然他的影响远逊于布莱克斯通，而使这一讲席真正名声大噪的是1888年就任，后来成为著名英国法律史学家的梅特兰。之后剑桥又设立了与英国法相关的学位，关于英国法的教育在此逐步展开。

需要指出的是，虽然牛津与剑桥设立了独立的英国法学科与学位授予制度，但当时的法学教育并不尽如人意，阿莫斯的成功也仅限于他本人，而未发展出系统的大学法律教育方法。当时大学很难吸引到优秀的人才任教。1765年布莱克斯通退休后，瓦伊纳讲席教授职位继续保持着，但是布莱克斯通的后继者缺乏能力，不能吸引到足够的人来听课，最终牛津大学的本国法讲座因此而中断。剑桥的唐宁讲座也很快终止，没有形成固定的制度。

此外，大学律师协会之间的合作也在逐步展开。不过与出庭律师相较，事务律师的教育与大学法律教育融合得较好，这可能是因为事务律师更注重法律专业知识的学习，而出庭律师则强调包括人文艺术等整体素质的培养。事实上，从1850年到1950年的100年间，英国出类拔萃的律师很少出自大学的法律系。

第四节　当代英国的法律教育体系：一种
能够融合理论与实践的体制

前一节的论述表明，18世纪末19世纪初，英国的法律教育处于变革和调试的阶段。大学在尝试引入英国法的课程、学位和教授，但其效果参差不齐，英国法真正顺畅地在英国的大学中教授还需要时间。而律师会馆也在反思自己的培养模式，看那些学徒式的培养方式怎样才能更好地和大学已经提炼总结的英国法知识相结合。

大学教育的优势在于提供知识和理论，在于其系统性；而律师会馆的优势则在于实践，在于将法律用于实践。而对于一个合格的法律人才来说，这两者缺一不可，这就为大学和律师会馆之间的衔接和合作提供了内在的合理性。

一、大学和律师会馆合作的开始

1846年英国议会下院成立了"法律教育特别委员会"，该委员会鼓励学生先进入大学完成相关法律的基础理论教育，再接受职业教育。强调发展学院制法律教育的重要性，让大学来负责传授法学的基础理论；同时四大律师会馆应该联合起来，共同做好法律职业教育工作，统一选聘任课老师，统一安排课程和讲座，教学内容以培养学员的实务工作能力为重点。对学徒应进行考勤、定期考核，并组织毕业考试，以此来提高授予出庭律师的标准。1852年，四大律师会馆联合建立了"法律教育理事会"，律师会馆的教育职能开始恢复。申请参加律师会馆学习的人如果没有大学学位则需要参加入学考试，在学期间学徒必须参加讲座并且需通过强制性的毕业考试。

二、当下英国的法律教育体制

当下英国的法律教育体制基本上是以大学教育为基础，辅之以律师会馆的实践培训。因为英国法律教育主要输出的是律师，下面以事务律师和出庭律师的培养过程为例来展示今天英国法律教育的具体情况。

（一）事务律师

根据英国事务律师管理委员会中的规定可知，事务律师的培养需要经过以下三个阶段：

（1）理论学习阶段。完成这个阶段可以通过两个渠道来完成：一是取得符合法律职业管理机构要求的法学本科学位；二是先修读一个非法学专业的学士学位，再进行为期一年的转化课程的修读。所谓转化课程也称为共同职业考试或法律研究生证书，但是这种考试以及获得学历有次数限制，一个人最多只能参加三次，如果三次仍通不过就不得再参加,并且成绩只在申请资格前的7年内保留。理论学习阶段的目的是为了让学生们能够掌握法律的基础理论知识,进而为以后的培养打下扎实基础。

(2) 职业培训阶段。如果希望成为事务律师,就必须要学习法律实践课程。本阶段的目的在于为学生提供一个以实务为导向的学习环境,为学生打好法律实务操作的基础。

(3) 见习阶段。在通过法律实践课程考试后,需要与律师事务所签订为期两年的训练合同,期间学习职业技能课程。学徒在期间被称为实习事务律师并可领取工资,实习期满方能成为正式事务律师。

另外,没有获得大学学位的人也有可能成为事务律师。对于没有任何学位的申请人,如果是在法律部门工作并且有3年以上工作经验的,可以参加学习,需要首先通过考试成为学院的成员,而后晋升为研究员。在通过法律基础知识考试后,获得律师协会的认可,才能进入法律实践课程环节。

(二) 出庭律师

根据出庭律师执业标准委员会关于"怎样成为一名合格的出庭律师"的相关介绍可知,出庭律师的培养同样需要经过三个阶段:

(1) 理论学习阶段。事务律师管理委员会与出庭律师律师执业标准委员会就该阶段达成共识,所以出庭律师在该阶段的两种完成途径以及学习的课程与事务律师是相同的。

(2) 职业培训阶段。在2010年秋季以前,这个阶段需要学习律师职业课程,但是从那以后,这个课程发生了变化,有了一个叫做律师专业培训的新课程,其主要包括以下训练:案例分析训练、法律研究训练、总体写作训练、法律建议书写作训练、交流能力训练、采访当事人训练、庭外纠纷解决训练以及庭前辩护训练,等等。律师专业培训课程的目的是要确保有志于成为出庭律师的学生获得更专门的培训,掌握法律技能、程序和证据知识以及准备上述技能的态度和能力,为下一阶段的实习做准备。专职的律师专业培训课程运行一学年;而业余的律师专业培训课程则需要两学年。所有的学生必须在加入四大律师会馆之一后才能注册学习律师专业培训课程,四大律师学院分别为格雷、林肯、内殿和中殿,都位于伦敦,环绕在皇家高等法院的周围。每年向律师学院提出申请的有千余人,审查标准严格、竞争残酷,能够入选的只有三分之一左右。从2012年开始,出庭律师执业标准委员会开设三门考试,包括民事诉讼考试、刑事诉讼考试以及职业伦理考试。

(3) 见习阶段。该阶段是成为一名合格出庭律师的最后阶段,在这个阶段,学生在一名经验丰富的出庭律师的指导下掌握实践操作能力。见习阶段分为两个部分,非执业和执业各6个月。所有的见习职位提供者必须在相关网站上发布见习空缺岗位信息,保证每位学生每月至少获得1000英镑的薪酬。

值得注意的是,对于事务律师和出庭律师,法学本科学位的课程都是在大学里开设的,这与中国是相类似的。而法律实践课程等内容则由事务律师协会和出庭律师会馆联合或分别制定,项目教学由独立的职业教育机构提供,在这一点上和中国有很大不同。

三、今天英国法律教育的特点

(一) 法学学术教育与法律职业教育的相互分离与有机衔接

法学教育应当注重理论还是注重实务是一个争论不休的话题,而这一问题在英国得到了很好的解决。在英国,法学学术教育与法律职业教育既相互分离又有机衔接,若即若离。就相互分离而言,前文已经指出,不论是事务律师还是出庭律师都得经过理论学习、职业培训、见习这三个阶段,其中职业培训阶段是法学学生生涯和法律职业生涯的一个过渡阶段。法律本科教育是把法律当成学问而不是手艺来学的,其关注点在于培养学生对法学学科的兴趣,并引导学生进行一定深度的学术思考。在学术这条路上,可以一直念完硕士、博士。而一旦想从事律师实务,则可以去接受法律职业教育,专门的课程会引导学生怎样成为一个合格、优秀的律师。当本科教学和职业教育分开的时候,高校有能力把法学当做一门学问而不是职业技巧来传授给学生,本科生可以把精力更多地放在深层次的阅读、思考,而不用去担心太多细枝末节的实务操作问题。在英国,如果想从事律师职业,就必须接受本科后的职业培训和见习,所以律师事务所在高校里挑选人才的时候,就更加关注学生的学术能力和其他成就,而不预期学生有任何的实务能力和相关实习经历,而后者恰恰是国内法学院本科生从三年级开始就无法回避的问题。就有机衔接而言,正是职业培训这一过渡阶段的存在很好地解决了理论与实务的矛盾。这一阶段可以使具备法学基础知识的学生通过职业培训更好地适应以后实务工作的需要。我国目前就缺少这样的中间步骤,使高校的法学教育在理论和实践之间无法取舍,很多法学毕业生埋怨大学里学的东西在工作中"没用",其实部分是对大学使命的曲解。

(二) 行业组织对法学教育的全方位管理

在英国,行业组织在法学教育中进行了全方位介入式管理。这表现在行业组织对学生的管理和对各个阶段课程提供者的管理两个方面。在对学生的管理方面,比如事务律师协会要求所有申请法律实践课程的学生须在申请之前以学生身份加入律师协会,目的是给学生登记注册,从而对学生在各个阶段的表现进行记录和监管。在对课程提供者的管理方面,比如在理论教育阶段,课程提供者所提供的课程必须符合事务律师协会和出庭律师会馆颁布的《关于合格法学学位的联合声明》中对课程设置和考核标准的各项要求。尽管法学学位课程的提供者是各大学法学院，但其核心的课程设置和考核标准都是事务律师协会与出庭律师会馆制定的。

第五节　结语：建立一种符合法治规律的法律教育体系

法律教育是一国法治建设的重要组成部分，其重要性不言而喻。但法律教育必须遵循法治的基本规律和对法律人才之要求。法律是一门实践性的学科，其包含相应的理论、知识、原理和制度，但也包括将这些静态的内容付诸动态实践的能力和技艺。法律教育不仅要提供前者，同时也要提供后者。而现在问题的焦点则是，这前后两者究竟该如何培养，由谁在什么阶段培养。

英国的法律教育发展历史漫长，双轨制的体制也经历了重大的变革，但其在今天融为一体了。融合的原因很大程度上就在于知识和能力二者对法律人才的必要性：由大学提供知识和理论方面的教育，然后由律师协会提供实践能力的培训。总体而言，这样的机制对于培养优秀的法律人才而言是基本合适的，特别值得我们学习和借鉴。

法律教育今天在我国也成了热议的话题，但究竟该如何展开却众说纷纭，目前尚无定论。针对大学法学教育、司法考试、司法研修、法学专业学生毕业就业、后续教育等都产生了很多的讨论和批评，很多有识之士也在依照自己的认识和理解进行设计、试验，国家也在不断出台政策支持法学教育体制的改革。从英国法律教育体制的发展历史来看，也许从中可以找到一些规律性的东西作为借鉴。具体可以从以下几方面予以考虑。

一、将知识和能力的培养分别分配给大学和律师事务所

如前所述，优秀的法律人才不仅要拥有丰富的法律知识和深厚的理论功底，而且要具备将法律运用于实践的能力。前者可以通过大学法学院现行的方式予以传授和积累，但后者则必须经过反复的练习。英国法律教育的双轨制反映了这两种要素的不同需求，这一点值得我们重视。而我们今天法学专业毕业生难就业的一个重要原因就是眼高手低，即使通过了司法考试，也很难迅速独立地从事律师业务。如果能够在大学中进行必要的技能训练，然后再到律师事务所进行律师实务的培训，相信会培养出更多优秀的法律人才的。

二、注重职业培训

职业培训阶段包含两部分内容——职业培训课程和实习。我国《律师法》第5条

第1款规定:"申请律师执业,应当具备下列条件:(一)拥护中华人民共和国宪法;(二)通过国家统一司法考试;(三)在律师事务所实习满一年;(四)品行良好。"由此可见,我国制度层面上的法律职业培训就只有"在律师事务所实习满一年",根本没有职业培训课程这一环。而且,这仅有的实习制度在实际中的执行情况也令人堪忧。"在律师事务所实习满一年"只关注了时间要求,并没充分关注律师实习的实质内容。很多时候,有的实习人员只到主管部门办理了实习证,却根本没有在律师事务所实习;或虽在律师事务所实习,但因律师事务所业务缺口大,办案质量低,又无专人指导,使实习人员很难得到系统高质量的锻炼,实习的效果难以保证。由此可见,在我国,制度上的法律职业培训基本处于全面缺失的状态。为解决这一问题,参考英国的相关制度,有以下启示:首先,可以参照英国设置相关课程。该课程的对象是具备一定理论基础、司法考试合格并有志于从事法律职业的人员,目的在于培养其法律实践中的各项技能,授课教师为经验丰富的法律实务人员,授课内容为实践中的各项律师业务,包括法律文书写作、会见当事人、出庭辩护、律师道德等。其次,完善我国律师实习制度。目前,我国实习制度流于形式的主要原因在于实习阶段缺乏统一的制度安排。借鉴英国的做法,可以尝试由律师协会承担起统筹安排实习的责任,因为律师协会是律师的行业自治组织,它有义务培养律师的后备力量,同时其掌握着大量律师事务所的信息,适合充当协调者的角色。

三、有效发挥律师协会的行业自治

目前,我国对律师行业实行的是司法行政部门行政监督与律师协会行业自治"两结合"的管理模式。《律师法》第46条第1款规定:"律师协会应当履行下列职责:(一)保障律师依法执业,维护律师的合法权益;(二)总结、交流律师工作经验;(三)制定行业规范和惩戒规则;(四)组织律师业务培训和职业道德、执业纪律教育,对律师的执业活动进行考核;(五)组织管理申请律师执业人员的实习活动,对实习人员进行考核;(六)对律师、律师事务所实施奖励和惩戒;(七)受理对律师的投诉或者举报,调解律师执业活动中发生的纠纷,受理律师的申诉;(八)法律、行政法规、规章以及律师协会章程规定的其他职责。"而现实中,我国律师协会的行业自治并未得到有效发挥,具体反映到法学教育制度上,就是律师协会对法学院课程的设置与考核标准的制定没有参与权、监督权,对律师资格的考核与授予没有管理权。要解决我国法学教育与法律职业脱节的问题,必须扩大律师协会的职能范围,一方面赋予其在职业培训和实习阶段管理学生各项事务的职能,另一方面使其能够广泛参与到法学院课程的设置、考核标准的制定以及律师资格的考核与授予中来。

第三编 | 普通法的司法过程与普通法方法

第十三章　判例法
第十四章　普通法方法论

第十三章 判 例 法

前面讨论了普通法、衡平法和制定法这三种英国法的基本渊源,是从规则来源这个意义上来讨论的。但如果从规则的体现形式上来看的话,又可以将英国法简单地划分为制定法和判例法两类,后者就涵盖了普通法和衡平法。而判例法又有着自己独立的价值和意义,从一定意义上来说,正是判例的这种形式才使英国法与欧陆法变得非常不同;直至今天,人们在讨论这二者之间的不同之时,判例的形式仍然是一个无法回避甚至是第一个必然会想到的要点。因此,本章将对判例法进行专门的探讨。

第一节 判例法的概念及要素

一、相关概念的厘定

如同前面的几个部分一样,在研究判例法之前必须对相关中英文术语或概念的含义加以厘清和界定。当然,我们对这些术语的界定只能局限于判例法这一框架之内,与此不相关的含义便不再予以考虑。

Case,与本书主题相关的含义就是案件。

Case law,意为判例法,即以判例为载体和表现形式的法律,区别于以成文的制定法或法典为载体和表现形式的法律。显然,对于判例法的规则,只有从对过去判例报告(或曰法律报告)、判决书、法院卷宗等的阅读中才能予以总结和归纳,这也是判例阅读的技巧和要求,而不像制定法那样规则是"现成的",即已经有现成的表述,无须自己进行归纳和表述,只需解释和适用即可。判例法的这一特点意味着,不同的人从同一个判例中可能,尽管并非总是,会总结出不同的规则,或者至少是对此规则有不同的表述,就好像不同的人对同一条成文法规则会有不同的解释一样。因此,判例法是法院能够通过其判决产生具备法律效力之规则的法律体系,而不是只有立法机构的立法才是具备法律效力的法律渊源。换言之,法院的判决也是有效的法律渊源,法官在判案时可以直接引用之。在这个意义上,尽管传统中国也曾出现过一些所谓的判例，如秦朝的廷行事、汉朝的比、唐朝的式、宋以来的例和成案等，但它们的运作机制如何，是否符合了法官判案可以直接引用之作为法律依据这一条件，等等，都需要进一步的研究和考证，而在这之前就简单称之为判例法多少有些草率。就英国而言，判例法包括普通法和衡平法，即普通法和衡平法都主要采取了判例，而非我们所熟悉的成文制定法或法典的体现形式。

Precedent，意为先例，指对后来法官司法具有拘束力的成案、案例、判例、既决案件。可以这样说，"先例"必定是案例、判例，必定是既决案件，但案例和既决的案件未必就是"先例"。既决案件或成案要成为，或"上升"为"先例"必须具备一定的条件，比如遵循先例原则或做法的体制性存在，还必须是后来的法官真正引用和适用了这个成案中的规则，然后这个成案才能成为先例。在这个意义上可以说，只有在判例法的体制之下，在遵循先例原则得到承认的体制中，才存在所谓的"先例"。在不承认判例之拘束力的体制中，也必定有无数的成案、既决案件，但却不能称为先例。因此，我们必须对英文中的"precedent"和"case"之间的差异保持敏感，这种差异是体制性的。

Judgment，含义为判决。《元照英美法词典》的解释是：法院对案件各方当事人的权利和义务或是否承担责任问题作出的最后决定。① 在诉讼实践中，"judgment"包括"decree"（衡平法判决）与可以上诉的命令或裁定（order），且常与"decision"作为同义词互换使用。在刑事诉讼中，"sentence"与"judgment"同义。该词还可以指法院作出判决的理由，但后者通常更多地称为"opinion"。

Law report，意为判例报告或法律报告、案例报告。是指私人或某种组织就案件的判决进行报告之后形成的作品。它显然可能或必须以法院的判决书为基础，但却并不是或至少不一定是判决书本身，因为它是局外人基于判决书对这个案件的审判作出的报告。关于判例报告与判决书之间的差异，下文在谈到判例报告时会详细谈及。为了便于理解，这里稍作解释。判决书是正式的司法文书，因此其必须载有必要的相关信息，而且这些都是判决书的重要内容，如当事人的姓名等基本情况、案件事实、案件经过的程序，等等。但判例报告则不同，它关注的核心内容是这个案件所体现的法律问题，因此当事人的姓名等信息并不重要，甚至案件事实都是简略陈述。判例报告是局外人对案件审判的报告，就如同新闻记者对社会事件的报道、报告一样，这一点对理解判例报告的性质也很关键。

在汉语中也有若干术语需要说明。比如我们经常使用"判例""先例""案例"等词，但这些说法主要是指既决案件，且这些案件对解决当下的案件或是说明某一法律

---

① 参见《元照英美法词典》，北京大学出版社2013年版，第715页。

原理具有示范效应,因此被称为"例"。这是"案例"与"案件""案子"等说法的不同。由此也可以看出,"例"的核心含义还在于其示范作用,至于这种示范作用是被纳入了某种体制之中,还是只是停留在事实上,则在所不问。

不过"例"本身在传统中国的确曾经作为正式的法律渊源出现过。如宋代曾编例,例在司法实践中具有法律效力,甚至可以"引例破法";清代也将例编在律条之后,曰《大清律例》,例与律一样具有法律效力。在多数中国法制史的教科书中也都将秦代的"廷行事"、汉代的"比"、唐代的"式"列为当时正式的法律渊源。[①] 武树臣教授更是认为,在西周和春秋时期存在"判例法"的体制,只是到了战国和秦时才开始"一断于律"的成文法时代,但到了汉之后又开始了成文法和判例法并行的"混合法"体制。[②] 这些结论都表明,传统中国不仅存在过事实上引征或参考"例"的做法,而且也曾在体制上将"例"作为过正式的法律渊源——尽管并没有使用"判例法"这样的称谓,也未必严格实行了遵循先例的原则。

但今天,既决案件在体制上却并不具有法律效力,即不是正式的法律渊源,法官不能在其判决书中引用先前的判决作为判案的依据。不过这并不妨碍判例在事实上发挥效用。比如,最高人民法院在其公报中经常会公布一些"典型案例",不想其判决被提起上诉或在上诉过程中被推翻的基层法官也很愿意经常参看其上级法院的判决,全国各地以各种不同称谓出现的"判例法实践"也进行得如火如荼……这些都表明,参照先前判决的"做法"事实上是存在于我们的司法实践中的。

这给我们一点启示,遵循,至少是模仿先例其实是人类的一种本能,它并不限于英美法或古代,古今中外概莫能外。只是在某些时候、某些地区、某些法律制度下,这种做法被制度化了,产生了明确的规则和相关的配套制度,如高效的判例报告制度等,因此被称为判例法。而有的地方则比较随意,没有上述相关的配套制度和原则,仅仅是一般的做法而已。我们历史上和今天的各种所谓的、不同形式的"判例法制度"和英美法的判例制度之间的差别,也许就在于此。但一种做法一旦制度化,就必然会产生制度化的后果以及由此所带来的优劣、便与不便,而没有制度化的做法自然也不会有这些。因此,虽然表面上看起来非常类似,但制度化的做法自然有其内在的逻辑,它与没有制度化的做法之间仍然存在许多,甚至是本质的不同。这也是为什么笔者认为不能简单拿判例法这样的术语来指称我国司法实践中出现的各种做法。

二、判例法的要素及条件

所谓判例法的要素,这里指的是要想采用判例法或要使判例法在体制上成为可

---

① 参见胡兴东:《中国古代判例法模式研究——以元清两朝为中心》,载《北方法学》2010年第1期。
② 参见武树臣:《贵族精神与判例法传统》,载《中外法学》1998年第5期。

能所必须具备的条件。因此,有的文献中就直接使用了判例法的条件这样的说法,实际上二者的意思基本上是一样的。

伦敦经济学院的荣誉教授赞德(M. Zander)认为,判断一个先例是否对本案具有拘束力主要取决于三个方面:一是本案法院与先例法院之间的等级关系,这决定着本院总体上是否应受先例法院判决的拘束。二是先前判决中对法律规则的总结是否构成判决理由,这直接决定着后来的法官应受先例中什么内容的影响以及多大程度的影响;三是先例与本案在事实问题上是否相关,与此相关的是普通法法官会使用一些司法技艺来对先例进行处理,以保障个案公正和维持对法律的发展。[①] 其中第一个方面涉及的是法院的等级体系,第二个方面涉及的是对判例的解读,即寻找判决理由和附随意见的问题,第三个涉及的是法官的司法技艺问题。

基于此和其他一些既有的研究,笔者将判例法的要素归纳为以下三个关键词:判例报告、遵循先例、司法技艺。其中第一点是判例法存在的硬件基础,因为判例法是以判例为载体和存在形式的,没有判例也就无所谓判例法。第二点是判例法中的基本原则和制度,包括遵循先例这一原则本身。而这又涉及法院的等级体系等,如后文所述,法院的等级关系决定了谁的先例应该在多大程度上被尊重。还包括判例的内容,即依循先例中的什么东西、哪些部分,又即判决理由和附随意见的问题,等等。而司法技艺则是法官在借助先例解决手头案件时,在进行法律推理或给出司法意见时所体现出来的技艺,这一点与对判例报告的解读和对判决理由、附随意见等的分辨都有关系,是法官综合素质的体现,因此有人也将高水平的法官列为了判例法的条件之一。[②]

这样,判例法制度就有了自己的规则载体(判例报告),有自己的基本制度(遵循先例),还有使其运转的人。这三者缺一不可,三位一体,形成了一个完整的判例法制度体系。下面将分别予以论述。

第二节 判 例 报 告

高效的判例报告制度是判例法能够运行的基础。因为如果没有对先例的及时报告,人们就无从了解法院先前的做法和何为法律,所谓遵循先例也就成了空谈。此外,法律报告还是普通法、衡平法存在的主要形式,因此它对于英国法的意义不言而喻。

---

① M. Zander, *The Law-Making Process*, 6th edition, Cambridge: Cambridge University Press, 2004, p.269.
② 参见毛国权:《英国法中先例原则的发展》,载《北大法律评论》1998年第1卷第1辑。

一、判例报告、判决、判决书

所谓判例报告,实际上就是对法院所审判之案件及此审判本身进行的报告。就如同我们对任何社会事件进行报告一样。无论报告者是主动报告还是受托、依职责或出于其他动机进行报告,它应当具备一般报告所必须具备的基本要素。又因为它是对案件审判进行的报告,所以也应该反映法院审判案件的特点,还要反映进行此种报告的目的(如下文所述,起初它是出于学习法律的目的而出现的)。

如前文所述,判例报告和判决书并不是一回事。前者一般都是局外人、法官、当事人及其律师之外的其他人对案件的报告,不属于法院的法律文书,因此理论上可以由任何人进行报告。而且事实上,无论是早期的《年鉴》(*Year Books*)还是后来的私人判例报告,都是由法律学徒或其他法律家而非官方作出的报告。① 今天,判例报告一般都是有组织地进行,但它和判决书、司法令状、法院决定等法律文书的意义仍然是不一样的。简言之,判例报告是判例法规则的储存地和载体,如果说它实际上是其中所体现的规则,具有任何规范意义的话,那也是普遍性的,而不像法院的法律文书主要是针对具体当事人的,其效力是特定的。判例报告在不同时期表现为了各种不同的形式,如13世纪末出现的匿名的《年鉴》一般被认为是早期的判例报告,后来出现了私人性质即署名的判例报告,如普罗登(E. Plowden)、柯克(E. Coke)等人的报告,今天则一般是有组织进行的判例报告,如《全英法律报告》等。

而判决则是法院对案件各方当事人的权利和义务或是否承担责任等问题作出的最后决定,所谓判决书就是记录这些决定的法律文书。显然,判决,不同于陪审团作出的"裁断"(verdict),不可能由法院之外的其他人作出。对判决的记录,即判决书,也可能体现为不同的形式。比如早期英国法院的判决就是简单登记在法院的卷档中,最多再抄送一份副本给当事人或相关司法行政官员,并不存在像我们今天这种正式的、作为法律文书和作为法院卷档一部分的判决书。②

而在我国的司法实践中,案件审判结束后,法院一般都会有固定格式的判决书③

---

① 当然,如下文所示,《年鉴》的作者至今仍存争议。但主流观点还是倾向于否认它与官方的任何联系。
② 专门致力于英国法官研究的伦敦金斯顿大学佩妮·达比谢尔(Penny Darbyshire)博士曾告诉我(2006年),英国并不存在我国意义上的判决书,其判决只是登录在法院的卷档中,并以副本形式抄送当事人或相关其他人知晓或留存。
③ 为此,我国最高人民法院还专门发文加以规范。如最高人民法院办公厅《关于印发一审未成年人刑事案件适用普通程序的刑事判决书样式和一审未成年人刑事公诉案件适用简易程序的刑事判决书样式的通知》(2009年10月12日),最高人民法院《关于印发〈一审行政判决书样式(试行)〉的通知》(2004年12月8日),最高人民法院办公厅《关于印发一审未成年人刑事案件适用普通程序的刑事判决书等4份补充样式的通知》(2001年6月11日),等等。

发给当事人,以作为确定权利义务的生效的法律文书。当我们想了解这个案件的情况时,或如果我们要将此成案作为判例使用,一般也是通过阅读这个判决书来找寻、归纳其规则的。因此对我们来说,只存在判决书,而至少到目前不存在英国法意义上的、体系化的判例报告。这也说明,法律报告机制是否存在,构成了英美法系和大陆法系,至少是中国大陆,对待成案的重要差别。就我们目前的状况而言,即使我们承认遵循先例的原则,即使我们实行判例法,我们遵循的文本可能也只能是先前法院的判决书本身——尽管不断有学者在建议成立专门的判决书评释机构,尽管最高人民法院研究室也在做一些类似于判例报告的工作。① 因此,判决书和判例报告之间的差别虽然微小,但并非不重要。

总之,我们必须清楚,就我们的正式、统一的判决书而言,英国过去几乎是没有这样的东西的。英国法官的判决是后来者了解"法律为何"的重要依据,记载这些判决的法院卷档也曾经是学习或希望了解法律的人诉诸的对象,但其自身的缺陷和难以接触的特点使得人们不得不寻求法院判决的另外载体,而各种形式的判例报告就这样应运而生了。

二、为什么判例报告是必要的

那么现在要问,为什么判例报告在 13 世纪及后来的英国是必要的?为什么其他地方并没有产生这种需求?一个简单而直接的回答是,这是因为人们需要从某个地方了解"法律(普通法)是什么",以指导其诉讼行为。就 13 世纪的情况而言,如果要从王室法院获得救济或在此提起诉讼、进行诉讼②,就必须了解它们是如何运行和工作的。而了解这些情况的最好或唯一办法,就是诉诸这些法院先前的做法。如贝克所言,"从一开始,王室法院的普通法就体现在它们的实践中,因此也就是其先例中"。③ 那么,又应该去哪里了解这些王室法院过去的实践(即先例)呢?很显然,它们的卷档是最具权威性的资料来源。正是在这个意义上,在上一章讨论普通法的载体时我们将法院的卷档也视为了普通法早期的载体或体现形式之一。但以下几方面

---

① 如自 1992 年以来,我国最高人民法院中国应用法学研究所开始编辑发行《人民法院案例选》。它主要"依靠全国各级人民法院和广大法官、研究人员和其他工作人员,通过以案释法,以案说理,以案释疑",及时反映了人民法院审判工作遇到的各类法律问题,表现了法官解决法律问题的方法,展示了法官的司法智慧"。

② 与领主法院、地方社区法院、教会法院等相比,拥有专业法官、陪审团等优势的王室法院此时是人们趋之若鹜的地方。关于王室法院的吸引力及发展历程,请参见 Sir J. H. Baker, *An Introduction to English Legal History*, Oxford: Oxford University Press, 2007, pp. 12—27.

③ Sir ibid., p. 176.

的缺陷使得法院卷档很快就让位于其他东西。

首先,三大中央王室法院直至13世纪30年代后才有了各自连续的档案①,这是时间上所带来的迟滞。

其次,并非所有的人都可以很方便、容易地接触到这些档案。依据普拉克内特的说法,此时,要想接触到这些法院的卷档仍然几乎是不可能的。② 博兰德(W. C. Bolland)通过实例证明,当时的法院卷宗并不向公众开放,甚至是高级律师也很难接触到。③ 虽然贝克指出,律师们早至13世纪20年代就开始从法院的卷宗中抽取一些有趣的案例以作为对法律的解释和说明,而且直到后来很长时间,法院卷宗一直都是先例最为权威的来源,律师们在引用先例时诉诸"法院卷宗"是很普通的事。④ 但我们仍有足够理由怀疑,当时法院卷档面向公众开放的广度、深度和频率。毕竟,当时王室法官和能被称为律师的人数量相当有限⑤,普拉克内特也认为,当时的王室法官也并未形成参阅法院卷档的习惯。⑥

再次,此时的法院卷档存在一些问题,如贝克指出的那样:高度形式化,使用的是格式化的拉丁文表述而非详细的说明,省略了证据、律师的论点和判决的理由;律师和法官之间的争论、即时诉答和定案时依据的规则(ruling)这些间接揭示普通法理论的东西,都没有出现在卷宗中,出现的只有格式化的判决结果。⑦ 这对于想要理解和学习法律的人来说显然是不够的。因此,那些想了解和学习法律的人就诉诸其他办法,如在威斯敏斯特长期参加庭审,这成了普通法教育必不可少的一部分。相应地,这些学识的自然储存地是人的头脑,贝克认为,十二三世纪的王室法官必定非常倚重于其头脑和经验,而这些都是由法院卷宗的缺点促成的。但人的记忆是脆弱和不安

---

① 财税法直到1236年才出现了有关普通臣民(但须享有在此地进行诉讼之特权)提起之诉讼(相对于纯粹涉及国王事务的诉讼)的档案;王座法院的卷档虽可追溯至1200年左右,皇家民事法院的卷档则可以追溯得更早,但要晚至1234年,此二者才有了各自独立和连续的卷档。Sir J. H. Baker, *An Introduction to English Legal History*, Oxford: Oxford University Press, 2007, pp.18—20, 47.

② T. F. T. Plucknett, *A Concise History of the Common Law*, New York: the Lawyers Co-operative Publishing Company, 1929, p.304.

③ W. C. Bolland, *The Year Books*, Cambridge: Cambridge University Press, 1921, pp.34—35.

④ Sir J. H. Baker, *An Introduction to English Legal History*, Oxford: Oxford University Press, 2007, p.178.

⑤ 根据布兰德的研究,1290年左右,此时作为早期判例报告的《年鉴》已经出现,皇家民事法院(业务最为繁忙的中央王室法院)的代诉律师(最需要查找法院先前做法的人)大约为13人。参见〔英〕保罗·布兰德:《英格兰律师职业阶层的起源》,李红海译,北京大学出版社2009年版,第128页。据此可以推测,在13世纪初,需要查阅法院卷档的人数会更少。

⑥ T. F. T. Plucknett, *A Concise History of the Common Law*, New York: the Lawyers Co-operative Publishing Company, 1929, p.303.

⑦ Sir J. H. Baker, *An Introduction to English Legal History*, Oxford: Oxford University Press, 2007, p.178.

全的,如果要一代一代地连续流传下来,如果法院的法律争辩要扩及旁听者之外更广泛的人群,就必然需要其他形式的档案记录。① 判例报告也就应运而生了。

三、判例报告的发展历史及表现形式

我们今天所见到的判例报告基本上大同小异,除案件的基本信息外(如主审法院、法官的姓名、当事人及其律师的情况、对事实和所经程序的概述、最终的判决等),其最核心的部分还是法官的司法意见——这对于想了解法律的人来说是最关键的。但必须清楚的是,今天的判例报告也并非一直都是这样的,而是在经历了漫长的历史发展之后才具备了这样的形式。从这个意义上说,英国判例法的历史其实就是一部判例报告的历史。

关于英国判例报告发展的历史阶段,学界一直存在不同的说法。笔者采用赞德的说法,将其分为五个时期:

第一个时期是 1282—1537 年的《年鉴》时期。《年鉴》并非完全近代意义上的法律报告,因为它们看起来意在为律师提供诉答和程序上的指引,而不是对法院判决的叙述。起初用的是诺曼法语,后来用的是法律法语,即诺曼法语、英语和拉丁语的混合物。现在主要是历史方面的意义和价值,律师实际上从未引用或征询过《年鉴》。

第二个时期从 1537—1865 年,为私人法律报告或有名法律报告时期。这一时期的法律报告在内容上包括律师诉答和法官判决意见的摘要,随着其质量的提高,它们在法庭上的引用越来越多。有的这类法律报告质量很好,最好的如出版于 1600—1658 年间的柯克的法律报告,其他还有戴耶(Dyer)和桑德斯(Saunders)的出品。他们都是皇家民事法院和王座法院的首席法官,但同时期的私人法律报告极为罕见。直到 18 世纪末。现在,私人法律报告收录于《英国法律报告》(*English Reports*)中,也很少在法庭引用。

第三阶段从 1865—1980 年。1865 年,英国的法律职业阶层建立了英格兰威尔士法律报告委员会(Incorporated Council of Law Reporting for England and Wales),该委员会推出了一个叫"法律报告"(*The Law Reporting*)的东西,这是最为权威的法律报告。但这仍然只是私人或民间性质的事业,不带有官方性质。此外,还有其他一些法律报告系列,如《每周法律报告》(*Weekly Law Reports*)、《全英法律报告》(*All England Reports*)、《劳埃德法律报告》(*Lloyd's Law Reports*)、刑事上诉法律报告(*Criminal Appeal Reports*)等。

---

① Sir J. H. Baker, *An Introduction to English Legal History*, Oxford: Oxford University Press, 2007, p. 178.

第四阶段始于1980年,此时出现了第一个电子法律数据库,即LEXIS,人们可以通过该公司提供的电子终端登录法院的判决。

第五个阶段始于2000年并延续至今天,实现了法律报告历史上真正的革命,现在我们可以通过网络完全免费而且很方便地获取法律报告。①

下面将对英国法律报告发展历史上的重要阶段进行叙述,主要包括《年鉴》及其后的私人判例报告两个阶段。考虑到法律报告的目的主要是为了弄清楚法律是什么,因此本书将"法律报告"与对法律的学习和了解紧密联系在了一起,并将其历史追溯到了普通法发展的一开始。

(一) 前《年鉴》时代

前文述及,判例报告的目的是为了使法律(普通法)得以记载,并在一定程度上明确化,从而方便人们的学习和了解。但学习和了解普通法未必就只能依靠判例报告②,在判例报告出现之前的时代,人们也只能借助于其他东西了解普通法。但因为普通法在一定意义上就是王室法院的实践,因此无论借助于任何东西、无论采取何种方式,都必然离不开这些法院的实践。实际上,无论是下文提到的法律著述、令状汇编、诉答录,还是王室法院的卷宗,无论是旁听审判或进行模拟审判,还是王室法官在律师会馆的诵讲,都与王室法院的活动密切联系在一起。

贝克认为,从一开始,王室法院的普通法就体现在它们自身的实践,也就是其先例中。想在这些法院寻求救济的人就必须知道是否有合适的诉讼存在;如果有,又该如何开始。因此,第一本有关普通法的书,实际上主要是关于令状汇编的,附带有对于其所开始之程序的解释。③ 这方面最典型的例子要数格兰维尔的《论英格兰的法律与习惯》。本书大约写成于1187年11月至1189年7月之间,被称为英国法律史上第一部重要的著作,集中关注的就是各种不同种类的王室令状以及与之相关的法律程序。第二本重要的著作是布拉克顿的《论英格兰的法律与习惯》,该著述同样主要倚重于令状制度,但也从法院卷宗中精选了一些司法惯例。④

---

① M. Zander, *The Law-Making Process*, 6th edn., Cambridge:Cambridge University Press, 2004, pp. 306—307.

② 比如在今天英国的大学里,法律系的学生主要还是通过老师讲授的形式学习普通法和英国法,尽管案例讨论也必不可少。

③ Sir J. H. Baker, *An Introduction to English Legal History*, Oxford:Oxford University Press, 2007, p. 176.

④ Ibid.

但从亨利二世当政到13世纪中期,文秘署签发令状的速度太快①,以至于像格兰维尔和布拉克顿这样的大部头著述根本无法跟上它的进度。此时需要的是一部综合性的、具有可操作性的令状汇编,而不是大部头的普通法著述。这类单纯对令状程式进行的汇编被称为"**令状汇编**"(register)。是否存在权威的令状汇编不得而知,但贝克认为文秘署的书记官的确拥有某些早期的这类手稿,很可能其官员使用手头先前的版本自行进行了汇编。最早的汇编来自于13世纪的头25年,十三四世纪时其规模迅速扩大,它以说明等形式吸收了一些注释,而这些很可能又来自于文秘署律师会馆的讲座。当旧的令状停止发展时,它们也形成了自己最终的格式。② 在令状是开始普通法诉讼的必要工具且新令状并未被限制签发以前,熟悉令状不仅是进行普通法诉讼的前提,因为有了令状才可以开始诉讼,用错了令状自然无法获得救济,而且在很大程度上也是了解法律本身所必需的,因为令状中经常列举了该类诉讼所关注的核心和实体性问题。③ 由此可以看出,在普通法发展的不同阶段,由于承载普通法规则的载体不同,如此时的令状和后来的法院卷宗、判例报告,或决定普通法诉讼的因素不同,如新令状现在可以不受限制地签发,而1258年之后则不可,学习和了解普通法的途径或依赖的文本也非常不同。随着令状格式化的出现,再加上新令状的签发从1258年开始受到限制,令状所能提供的知识变得有限起来,它对于了解普通法以及在王室法院打赢官司所能起到的作用越来越小,其地位遂为另一种汇编所取代,即对诉答例的收集。法律学徒了解、学习法律所依赖的文本又转入了下一个阶段。

随着普通法的发展,不仅普通人需要**了解**法律,而且有些人也需要专门**学习**法律。后者看到了普通法(令状)技术性所带来的一种专业需求,因此他们决定专门学习法律。普通人只有在专业人士的帮助下才能选对令状,才能在法庭进行陈述和答辩,才能打赢官司;如果没有这样的专业能力,要在王室法院打赢官司是非常困难的。

---

① 这部分是因为此时的令状还是因案而设,是具体的,尚未格式化,不排除最初甚至可能是一案一状的情形。有人统计普通法后来常见的令状大部分都是这期间签发的。这显然与王室法院通过令状扩张自己的司法管辖权密切相关,关于这一点请参看李红海:《普通法的历史解读》,清华大学出版社2003年版,第137—142页。这在后来遭到了地方领主的反对,因此1258年的《牛津条例》对新令状的签发予以了限制,这在一定意义上导致了类案诉讼(action on the case)的出现。
② 经典的令状汇编如1531年的《令状汇编大全》(*Registrum omnium brevium*)。参见 Sir J. H. Baker, *An Introduction to English Legal History*, Oxford: Oxford University Press, 2007, p.177.
③ 如在新近侵占诉讼令中就列举了这样的问题:争议土地原来是否为原告所占有;被告是否未经判决且不正当地侵夺了此土地。在收回继承地诉讼令中有三个问题:争议土地原来是否为原告所述之先人占有,原告是否该先人最近之亲属,被告是否在原告进入土地之前侵入了该土地。这些问题实际上是相关令状及其对应的诉讼最关键的问题,弄清了这些问题也就很容易解决此类纠纷了。关于这一时期几则重要不动产诉讼令状的情况,请参见 S. F. C. Milsom, *Historical Foundations of the Common Law*, London: Butterworths, 1981, pp.134—143.

如布兰德所说,令状和在法庭上的诉答其实为律师的产生创设了一种需求。① 对于要学习普通法的人来说,熟悉令状只是第一步,更重要的是还要学会如何在法庭上进行陈述和答辩,而**诉答例**就是适应这种需求产生的。因此贝克认为,诉答例主要是为诉答律师准备的,内容包括用法语写成的样本,偶尔也点缀以使用指南。它在14世纪时达到高峰,当时的《诉答新编》(*Novae Narrationes*)就广泛收集了陈述和答辩的范例。②

不过,普通法法院的诉答技巧也有一个发展过程。起初,当事人或其律师只需要根据令状中所列问题再结合案情进行口头陈述、提出自己的请求或主张就够了,被告一般并不被允许进行特别诉答(special plea),甚至不允许进行一般答辩(general plea)。③ 但不允许进行特别诉答的后果则可能带来不公正④,因此,后来特别诉答逐渐被允许而且变得流行起来。而特别诉答最大的特点就是它的不确定性、无法预料性和即时性。因此,当关注的重点从口头陈述转向特别诉答时,原先记载诉答通例的那些书(即诉答例)就过时了,除非是在律师会馆中留作教育之用。贝克认为,即时诉答(tentative pleading)的全套功夫只能靠观察实战来习得,或者是对双方在法庭上的论辩进行逐字逐句记录并在事后予以研习而学到,因为它是一个动态的过程,无法从既定的程式中来获得。⑤ 因此,要学到这些,光有先前的《诉答例》是不够的,而必须去看法院的记录。特别诉答最重要的体现形式不是法庭上说出来的法语,而是登录在卷宗上的拉丁文记录,正是这些登录的拉丁文条目解决了诉讼中的争议,为听审之后决定采取何种法律措施提供了重点,还成为未来的先例。因此贝克说,13世纪晚期,法文的口头诉答被拉丁文的书面诉答记录所取代,这清晰地表明了从口头诉答向书面诉答的转变⑥,也说明了法律学徒学习法律所依赖文本的进一步变化,即从私人收藏的诉答例转变为了官方的法院卷宗。

以上即是在《年鉴》出现之前了解和学习普通法的基本途径及所依赖的主要文本,从中可以看出两个特点。首先是主要围绕令状和法院诉答而展开,无论是初期文秘署的令状汇编还是以格兰维尔和布拉克顿为代表的著述,都是以令状为中心的。

---

① 参见〔英〕保罗·布兰德:《英格兰律师职业阶层的起源》,李红海译,北京大学出版社2009年版,第3章。
② Sir J. H. Baker, *An Introduction to English Legal History*, Oxford: Oxford University Press, 2007, p.177.
③ 如在新近侵占之诉、收回继承地之诉等土地占有诉讼中,法官只是依据令状中的问题要求陪审团作答,并依此作出判决,并不需要甚至是不允许被告回答。参见 S. F. C. Milsom, *Historical Foundations of the Common Law*, London: Butterworths, 1981, pp.134—143.
④ 具体请参看 ibid., pp.140—143.
⑤ Sir J. H. Baker, *An Introduction to English Legal History*, Oxford: Oxford University Press, 2007, p.177.
⑥ Ibid., pp.177—178.

很显然,这是因为令状包含了普通法审判中所核心关注的问题,了解了这些问题,就是了解了相关的普通法规则。当特别诉答出现后,记录这些答辩的法院卷宗则成为了学习普通法所依赖的重要文本。其次,这些文本有的是私人或个人编纂整理的,如格兰维尔和布拉克顿的著述、文秘署官员私人整理的令状汇编和诉答例等,有的则是官方的档案,如法院卷宗。当然,这些文本的主人基本上都跟王室司法有着密切的联系,如格兰维尔和布拉克顿都是王室法官,而令状汇编的持有者也多是起草令状的文秘署官员。这说明对普通法的学习和了解很可能从一开始就不是一个面向全体民众的普遍性事件,而是限于一个很小的圈子,学习的方式也不完全,甚至不主要是我们所熟悉的大学讲授,而是在实践中研习。由于法院卷宗并不是每个人都很容易就可以接触到,非官方的文本在法律的学习中很可能起着更为重要的作用,这在接下来的《年鉴》时代就体现得更为明显。

(二)《年鉴》时代

关于《年鉴》的起源年代,一直都有不同的说法。英国诗人乔叟(Chaucer)曾将之追溯到威廉一世时期①,但我们最多只能将此作为诗歌中的传说,不可作为任何信史。博兰德认为,其至晚至亨利三世统治结束(1272年),都没有《年鉴》产生。② 贝克认为,现存第一份可被认为是对某位法官之观点或评论的报告来源于1250年代,随后这类报告开始增多,但它们不会比单纯的资料收集强多少,有些显然只是为了说明程序,有些是按照诉讼格式编排的。自1280年代以降,出现了一些对某次总巡回审或威斯敏斯特中央王室法院某个开庭期的报告,这成了最为流行的一种,从1291年开始,皇家民事法院有了关于其法院争辩的连续的报告。这些报告的用语为盎格鲁—法语的方言,并经过了剪裁,通常是无法理喻的简短,但附带有发言者的名字,偶尔还有评论,其作者不详:这些都非常符合我们所熟知的《年鉴》的特征。③ 现存最早引用《年鉴》的著述为安东尼·菲茨伯特的《法律简编》(*La Graunde Abridgement Collect par le Judge tresreuerend monsieur Anthony Fitzherbert*,简称为 *Abridgement*),其中引用的最早的可信的《年鉴》来源于1283年,接下来几年的《年鉴》却消失了。但博兰德认为,其中所引用到的更早的《年鉴》很可能是存在的,只是在其写作时的1921年还没有发现而已。而目前发现最早的《年鉴》始于1289—1290年左右,并一直延续到1535年,其中只有爱德华一世的几个开庭期被遗漏了,亨利七世、亨利八世时有所中断,其他都

---

① W. C. Bolland, *The Year Books*, Cambridge: Cambridge University Press, 1921, pp. 6—7.
② Ibid.
③ Sir J. H. Baker, *An Introduction to English Legal History*, Oxford: Oxford University Press, 2007, p. 179.

得到了相当完好的保存。① 因此,就目前的发现而言,我们可以将《年鉴》的起源定位于13世纪90年代左右。

对于《年鉴》的内容,要与法院卷宗对比方能得到更好理解。法院卷宗的目的是为了明确对案件的最终裁断,因此会记录当事人的姓名、诉讼性质、原告的陈述、被告的答辩、诉答的争点、陪审团所需裁断的争点及其结论,最后的判决等,而且重要不重要的案件都会记录存档,使用的是拉丁文。② 而《年鉴》则更多是写实性的,它将当事人(律师)视为了舞台上的演员,并使用诺曼法语记录了他们的言行和禀性:

> 当我们阅读《年鉴》时,我们会觉得这是一个普通的记者,他当然主要兴趣在法律,但同时审判过程中那些有趣的事也让他兴奋不已,司法智慧、法官的批评以及各方情绪上的变化,律师的灵机应变,高超的移转或是粗心的遗漏,机敏的答辩,甚至是火药味十足的争论所引起的欢呼声,都是它所关心的。③

因此,《年鉴》并不是精确的法律史材料,它提到的案件必须结合法院卷宗才能得到验证。但它却能从一个侧面描绘出当时的社会生活,其所使用的语言甚至成为了语言学家的重要研究对象。贝克也认为,这些最早的报告其当时的价值不在于其作为先例的历史真实性,而在于其所包含的观点和建议。

基于此,《年鉴》的目的和用处显然就不像今天的法律报告那样是为了在法庭上引用,这也已为很多证据所证明。梅特兰起初倾向于认为它们,特别是那些最早的《年鉴》是当时法律学徒们在法院旁听时所作的笔记:他们匆匆记下了那些他们自己认为重要或感兴趣的内容,或是对退庭后他们的辩论来说重要的内容。④ 但派克(Pike)认为根本不是学生笔记,当然,直到去世他也没说清它们究竟是什么。梅特兰在另外一个场合说,与法院卷宗相比,《年鉴》最初的目标是"科学,法学,是为了推进对于法律的学习"。⑤ 博兰德认为,这显然与学生笔记的说法相去甚远。⑥ 考虑到13世纪王室法院诉答的实际情形,如没有今天这样明确的规则可以遵循因此充满了不确定性,对方任何一个临时的策略都可能使你所有先前的计划泡汤,博兰德认为《年鉴》的目的就是为律师在法院进行诉答提供指导。⑦ 关于这一点,我们还可以从《年

---

① W. C. Bolland, *The Year Books*, Cambridge: Cambridge University Press, 1921, pp. 7—8.
② Ibid., pp. 27—28.
③ W. S. Holdsworth, *A History of English Law*, Vol. II, 2nd edn., London: Methuen & Co Ltd, 1925, p. 460.
④ F. W. Maitland, "Of the Year Books in General", 1903, 17 SS (Selden Society) ix—xx.
⑤ *Year Books 1&2 Edward II* (S.S.), p. x. 转引自 W. C. Bolland, *The Year Books*, Cambridge: Cambridge University Press, 1921, p. 19.
⑥ Ibid.
⑦ Ibid., pp. 26, 28.

鉴》的内容中进行补充论证。根据博兰德的研究,《年鉴》的内容就是为律师提供各种可能的诉答情形,各种成功的、不成功的抗辩的理由,以及法官就这些诉答的评论等。① 因此温菲尔德(P. H. Winfield)教授甚至认为,如果要给《年鉴》加一个副标题的话,那最好的选择就是"来自于法院实战的诉答提示"(Hints on pleading collected from proceedings of courts)。②

至于《年鉴》的作者,争议则更大,因为《年鉴》上并没有留下作者的名字。16世纪以来,人们一直认为《年鉴》是官方委派的四名领薪书记官的作品。该观点显然来自于普罗登的一个说法,并为柯克、培根和布莱克斯通所沿袭。但以博兰德为代表的近代学者认为,首先普罗登的说法本身就是基于传闻,况且还不清楚普罗登所说是不是就是指《年鉴》。派克认为可能是法院书记官依法院卷宗写成,然后又被外传,因而带有了半官方性质。波洛克则对《年鉴》的官方性质甚至是它的半官方性质都表示怀疑。对此,博兰德进行了详尽的分析,其结论与其他人都颇为不同。他认为是当时的高级律师从中看到了商机,遂雇佣一些初级律师先在法院进行记录,然后将其运回一个专门的办公室,在那里由一人诵读,再由雇来的其他人予以听写,这样便可以在短时间内产生好几个版本或副本,以供销售获利。③ 博兰德的观点可以解释《年鉴》中的很多问题,比如《年鉴》的不同版本,《年鉴》在内容上与法院卷宗之间的关系,等等。但究竟《年鉴》是否这样产生的,也许还有待于进一步的研究和考证。

但如果和后来甚至是今天的判例报告相比的话,就不应过分夸大《年鉴》之于判例法的意义。从对案件的精确反映来说,它无法与法院卷宗相比,因为它省略了很多对案件本身来说非常重要的信息。从系统性和格式的统一来说,它无法和今天的判例报告相提并论,因为它没有统一的格式……中肯地说,如温菲尔德教授指出的那样,从普通法产生开始,人们一直都在尝试如何对普通法进行表述。格兰维尔、布拉克顿④、《布里顿》(Britton)、《弗莱塔》(Fleta)、《正义之鉴》(Mirror of Justice)等等,莫不如是。《年鉴》不过是这些众多的尝试之一。既如此,我们又能对它提出多高的要求呢?对其中的讹误、遗漏、混乱甚至是错误难道不能理解和接受吗?事实上,《年鉴》也有自己的发展历史(大约1283—1535年),它本身也是一个发展的过程。贝克说,我们不能认为从爱德华一世到亨利七世、亨利八世《年鉴》是在以同样的方式和同

---

① W. C. Bolland, *The Year Books*, Cambridge: Cambridge University Press, 1921, pp. 20—21.
② P. H. Winfield, *The Chief Sources of English Legal History*, Cambridge: Harvard University Press, 1925, p. 161.
③ W. C. Bolland, *The Year Books*, Cambridge: Cambridge University Press, 1921, pp. 31—42.
④ 后世形成了用这二者人名来表示其著述的习惯,故此处好像是将人名与书名并列,但实际上都是指著述。请读者明鉴。

样的目的产出着。从13世纪到16世纪，人们也在不断地改进《年鉴》的形式和内容。试验的时代一经结束，这些报告就确定为更为统一的格式，有时还会以系列出现。贝克认为这种一致性在一定意义上反映了都铎时期出版商的需求，而与律师会馆的建立没有直接关联。此外，随着口头答辩的寿终正寝，法律报告越来越多地集中于事实审之后法律问题的提出，其所包含的对实体法的讨论因而要比经典《年鉴》时期的、不确定的即时诉答更容易为近代的读者所把握。但贝克也认为，尽管有这些不同，前后《年鉴》之间在连续性方面并无中断，《年鉴》并没有在某个确定的日期结束。通常被认为导致其结束的有两个因素：印刷的出现和《年鉴》开始署名。①

  1470年印刷术引入英格兰，亨利七世时，许多《年鉴》便开始按年份印刷和销售。到1558年时，印刷版的《年鉴》大全已经完成，它们又多次重印，依然是按年度进行。伊丽莎白（Elizabeth I）时期的印刷商理查·托特尔（Richard Tottell）和1590—1610年间的其他印刷商将其汇集为厚厚的八卷，同时还包括爱德华三世时期的巡回法院判决书《巡回审判案例汇编》（*Liber Assisarum*）及《爱德华四世五年判例长编》（*Long Quinto*）……《年鉴》印刷的结果是，很快手抄本《年鉴》就从执业者的图书馆中消失了。尽管有许多缺点，印刷版《年鉴》的明显能为这个阶层提供一套完备的、其权威能被认可的法律报告，并为引用提供了标准和方法。但《年鉴》的出版使得包括爱德华一世、爱德华二世全部和爱德华三世十年及理查二世全部年份的手写版《年鉴》全都遗失了，后来的很多文本都因为手稿的遗失而无法修复，最终沦为了不可靠的资料系列。最后印刷出版的《年鉴》结束于亨利八世在位的第27年（1535年）的米迦勒节，它一直都被认为代表了新旧法律报告之间的明确界线。《年鉴》系列的终止被梅特兰认为是标示了普通法在亨利八世集权顶峰衰落的不祥征兆。实际上，当时的法律报告不仅没有停止，相反比以前还要忙碌，只是因为出版商没有跟进出版而已。1535年唯一留存下来的一份手写版《年鉴》延续到了1540年年底，而且在风格上没有任何变化。实际上，都铎中期的许多法律报告一般都很难与"过去"的《年鉴》区别开来，除非是在文献细节方面。② 但无论如何，法律报告从此摆脱了无名氏的时代，进入了署名的时代。所谓《年鉴》的突然停止或消失并不具备任何实质意义，而只是说过去的法律报告没人署名而现在开始署名了。因此，所谓《年鉴》，只是1535年前的无名氏的法律报告的通称，而不是说它在实质上和接下来的法律报告真的存在天壤之别。

  至此，我们可以对《年鉴》的特点作一些总结。第一是它的匿名性。可以说英国

---

① Sir J. H. Baker, *An Introduction to English Legal History*, Oxford: Oxford University Press, 2007, p.180.

② Ibid., pp.180—182.

法律报告的历史是一以贯之的,但署名与否将非组织性的法律报告截然划分为了《年鉴》和私人法律报告两个阶段。其意义也仅限于此,而对于谱写的风格、重点等来说,此种划分都不重要。

第二,它使用的是诺曼法语而不是拉丁语。博兰德认为这种语言既不同于纯正的以巴黎为中心的法语,也不同于英语,而是诺曼语言和盎格鲁语言的结合。① 这可能恰好是当时王室法院诉讼所使用的口头语言,反映了《年鉴》是对当庭诉讼予以记录的历史真实。

第三,《年鉴》所覆盖的法院审判不仅涉及威斯敏斯特的中央王室法院,而且包括总巡回审(eyre)和特别委任巡回审(assize)。但如英国的法律报告所一贯体现出来的那样,它更多关注的是普通法法院,其中又以皇家民事法院为主,而不是特权法院、衡平法院;民事案件为主,而刑事案件很少;更关注法律争议,而不是事实问题。

第四是它的私人性质,现存所有《年鉴》都来自于私人收藏。② 这一点不仅使之与法院卷宗形成对比,而且与后来官方组织进行法律报告的做法也颇为不同。但无论是私人还是官方,如贝克所言,法律报告任何时候都可能只是少数人在对法院审判进行报告并供应整个法律职业阶层使用。③ 不过,与后来的私人判例报告颇为不同的是,至少现今流传下来的知名的私人法律报告均为当时的知名法官或高级律师如普罗登、柯克、戴耶等所为,而不像《年鉴》这样很可能只是法律学徒或初级出庭律师的作品——尽管我们对《年鉴》的作者至今并无定论。这也反映了英国法律报告历史发展中的一个特点,至少在私人法律报告时期,法律报告变得越来越精致、成熟和定型。此外,法律报告并不限于某些特定的律师,而可能成为某些人终身的职业。贝克曾经给出一些例子,表明他们从法律学徒开始到法院的书记官再到后来的高级律师,一直都在对法律进行报告。④

第五是它的目的是为了给律师在法庭上进行诉答提供指导,而不是为了在法庭上引用。这点前文有过详述,此处不再重复。

第六是它存在多个副本。对于同一个案件,可能有不同版本的《年鉴》在对它进行报告,或者如博兰德所指出的那样,有时你会发现好像是多套《年鉴》均源于同一个版本,而有时不同版本的《年鉴》彼此又非常类似。派克甚至怀疑是否存在所谓的原

---

① 《年鉴》的语言大略可以说是法语,但是一种不太好的法语,过去被称为诺曼法语,现在一般称之为盎格鲁法语,但博兰德倾向于称之为盎格鲁诺曼语。W. C. Bolland, *The Year Books*, Cambridge:Cambridge University Press, 1921, pp.8—9.

② Ibid., p.12.

③ Sir J. H. Baker, *An Introduction to English Legal History*, Oxford:Oxford University Press, 2007, p.180.

④ Ibid.

始版的《年鉴》。不过,博兰德对《年鉴》产生原因和过程的解释(见上文)倒是可以比较圆满地解释这一现象。① 总之,多个版本《年鉴》的存在也许可以反映出法律报告并非垄断性事业的特点,这也是今天英国拒绝对法律报告事务颁发许可证的重要原因②——任何人都可以对法律进行报告,其报告之优劣会在竞争中自然显现,而无须强制许可或禁止。据说普罗登当年并不愿意出版其法律报告,但在听说有些不具有权威性的报告也要出版时便毅然决定予以出版。③

《年鉴》的这些特点可以很好地反映法律报告和法院卷宗之间的差异,也能反映《年鉴》与后来各种法律报告之间的关系,这对于我们理解判例法的历史也是极有帮助的。考虑到法院卷宗难以接触到的实际情况,《年鉴》对于律师了解、学习法院诉讼的技巧、学习普通法的意义都是不言而喻的。在这个意义上,我们称《年鉴》是早期人们对法院审判的报告,是最早的法律报告之一。

(三)署名或私人判例报告时期

印刷术的引入和署名的出现结束了《年鉴》的时代,但却并没有因此终止法律报告的进行。而且署名的法律报告并不意味着就和《年鉴》有质的区别;相反,宁愿相信它不过是原来不署名的《年鉴》现在署了名而已。因此贝克说,16世纪早期的有名法律报告与都铎时期的《年鉴》在性质上并无区别。至于署名以及随之而来的都铎时期法律报告个人化的原因,贝克认为可能是"文本的广泛传播和区分不同作者之作品的兴趣不断增长"所致。④ 而这些私人的报告者,一般都是所谓的职业法律家,都经历了从法律学徒到执业律师甚至是法官这样的职业生涯,有的人甚至终其一生都在对判例进行报告。

就法律报告的总体进程而言,从无名氏的《年鉴》到署名的私人判例报告,其在体例、内容等实质方面并无明显的断裂,它们之间只是一个从不署名到署名的自然而然的过渡而已。于是,法律报告进入了有名或私人法律报告时期。但法律报告的质量的确在提高,而且体现出了一些和《年鉴》以及今天法律报告不同的特点。首先,在对案件进行报告的精确度上私人法律报告要比《年鉴》更为注意。如普罗登(私人法律报告时期著名的报告者)就在法官和律师的帮助下努力核对了每个案件的每个细节,并获取了档案的副本作为参考。而由于缺乏接触法院卷宗的机会,《年鉴》中的讹误

---

① W. C. Bolland, *The Year Books*, Cambridge: Cambridge University Press, 1921, pp.29—42.

② *Report of the Law Reporting Committee* (1940), 转引自 M. Zander, *The Law-Making Process*, 6th edn., Cambridge: Cambridge University Press, 2004, p.311.

③ G. de C. Parmiter, *Edmund Plowden: An Elizabethan Recusant Lawyer*, Southampton: Catholic Record Society, 1987, p.112.

④ Sir J. H. Baker, *An Introduction to English Legal History*, Oxford: Oxford University Press, 2007, p.182.

则可以说比比皆是。

其次，私人法律报告一般都是精选某些案例进行报告，如普罗登只精选出版那些涉及基于法律抗辩、特别裁断或法庭动议而提出了法律问题的判例。而《年鉴》则非常不同。不是说《年鉴》的作者没有对案件进行选择，而是说他们选择的标准很独特。比如，他们更关心的是案件中某个具体的、对他们有启发意义的争论点，或者律师、法官就某个具体要点发表的意见——这对于掌握某个知识点是非常重要的，因此成为了报告的重点。但可能导致"只见树木不见森林"，脱离了部分的案件事实，也很难对其法律论辩或其中的法律问题有真正的理解。此外，《年鉴》的作者经常会关注律师在某个问题上的即席发挥，它们可能在当时的法庭上引起了轰动，产生了一种效应，从而激起了他们的兴趣。这些都有可能使这种法律报告与案件的真实越走越远。

再次，无论是与《年鉴》还是与今天的法律报告相比，除案件的基本情况、律师和法官的意见之外，私人法律报告一般还会有报告者自己的解释和评论。如普罗登在自己的法律报告中一般都会进行详细的编辑，并附上参考资料和评述。这一做法为柯克所继承，但他比普罗登更多地加入了自己的评述，而且对自己的意见和案例中的意见不加区分。贝克认为这并非不厚道，而是当时的观念认为对法律理论的**正确报告**要比**历史史实**，指律师、法官如何说，更重要。显然，这些都是报告者基于自己的理解而对相关法律作出理性的、详细的解释、说明和注释。考虑到报告者均为资深的普通法法律家，这些解释对普通法的精细发展是极有帮助的。如柯克的报告就被视为是基于真实案件的、具有指导意义的法律书籍，他个人的权威足以证成其方法，以至于其报告在引用时被简写为"*The Reports*"就够了。在英国的私人法律报告系列及其历史中，柯克的报告可能是最具影响力的。

当然，从《年鉴》发展而来的私人法律报告自身也有一个发展的过程，其质量的提高也是逐步实现的。前已述及，普罗登（1518—1585年）之前的法律报告与《年鉴》差别并不是太大。而贝克认为，1650—1750年间法律报告的总体水平都很低，一般只包括简短的注释和分散的争论要点，其目的是为了个人学习而非出版。[①] 1535—1765年间据说有100多人在进行法律报告，但大部分在当时并没有获得好的评价。[②] 不过普罗登、柯克等少数人的法律报告的出版为私人进行法律报告开辟了道路，并在一定程度上树立了模板。1750年之后，法律报告的质量不断提高。[③] 同时，高水平法官的

[①] Sir J. H. Baker, *An Introduction to English Legal History*, Oxford: Oxford University Press, 2007, p. 183.

[②] *Report of the Law Reporting Committee* (1940), 转引自 M. Zander, *The Law-Making Process*, 6th edn., Cambridge: Cambridge University Press, 2004, p. 308.

[③] Ibid.

出现也对法律报告水平的提高起到了刺激作用。如18世纪曼斯菲尔德勋爵(Lord Mansfield)作为英格兰首席法官对法律的影响,就吸引了高水准的法律报告者纷至沓来,如詹姆士·伯罗爵士(Sir James Burrow)所确立的高标准也为后继者所依循。再后来,职业的法律报告家出现了,如亨利·考珀(Henry Cowper)、西尔维斯特·道格拉斯(Sylvester Douglas)等,这结束了法律报告只是偶然事件的时代。18世纪末,定期的法律报告系列已被委任进行,涉及四个中央法院:一旦业界接受了这些印刷版法律报告的高成本,这个事件就保证了对于判例的准确和及时的报告。①

需要补充的是,实际上,都铎和斯图亚特王朝时期只有一小部分法律报告付诸印刷,而且它们都是在写成很久之后才被印刷的,这其中最著名的就是普罗登和柯克的法律报告。业界当时还习惯于使用手抄本对现行判例进行报告,甚至到了18世纪,在法庭上引用手抄本法律报告也并非不常见。大规模的印刷出现在17世纪中期对出版社的控制解禁之后,但当时的编辑水准还比较低,错误比比皆是。②

（四）有组织进行法律报告的时代

实际上,从某个时期起,波洛克认为至少晚至1782年,英国的法律报告已经开始出现了组织化的倾向。法官们(至少是其中一些法官)会对对其判决进行的报告予以修改,或者甚至将其判决的副本提供给某位报告者。逐渐地就形成了这样的行规:每个法院都会有一名报告者被认为是垄断了法官的这种惠助。相应地,他们所作出的报告就被称为"权威"或"常规"的法律报告,以区别于没有得到法官襄助的、非权威或非常规的法律报告。但前者并没有阻止后者的出现和发展,也没有阻止后者在法庭上被引用,因为传统上能够被引用的唯一条件就是其中带有出庭律师的名字,这表明是出庭律师给出的法律意见。③ 相反,由于这种情形所带来的竞争以及非常规法律报告出版的快捷性,这些非常规的法律报告比任何常规报告还要占据更大的市场。于是,1865年之前便又出现了很多系列的法律报告,如首次出版于1822年的《法律杂志》(Law Journal,起初为周刊,1830年后成为月刊)、1837年出现的《法律家》(Jurist)、1843年的《法律时报》(Law Times)、1852年的《每周报告》(Weekly Reporter,1858年与此前成立的《事务律师杂志》[Solicitors Journal]合并),等等。④

1863年,以皇家大律师丹尼尔(W. T. S. Daniel, Q. C.)为首的一些律师发起了一场运动,最终导致了《法律报告》(The Law Reports)——众多法律报告中的一个系

---

① Sir J. H. Baker, *An Introduction to English Legal History*, Oxford: Oxford University Press, 2007, p. 184.
② Ibid., p. 182.
③ M. Zander, *The Law-Making Process*, 6th edn., Cambridge: Cambridge University Press, 2004, p. 308.
④ *Report of the Law Reporting Committee* (1940), 转引自 ibid., pp. 308—309.

列,也可以被认为是最权威的系列的出现。其初衷在于建立一套处于法律职业阶层掌控之下的法律报告。在并未接受官方资助和不受官方干涉的意义上,它与以前的判例报告一样,仍然属于私人事务,但其目的不在于盈利(除非为维持自身运转而收取必要费用),而在于为法律职业阶层和大众以最低价提供最好的法律报告。他们希望能够将其他竞争者排除出法律报告的领域,并建立一套统一的、准确且科学的法律报告,只报告那些值得报告的案件,而排除那些不值得报告的案件。为此,还专门成立了一个包括检察总长(Attorney-General)、检察次长(Solicitor-General)、八名出庭律师(四大律师会馆各出两名代表)、两名高级律师(serjeant,后随其会馆的停止存在而消失)和两名事务律师在内的委员会,并于1870年注册成为"英格兰和威尔士法律报告委员会"(The Incorporated Council of Law Reporting for England and Wales)。此后,先前的一些法律报告系列的确停止了,但仍有很多延续了下来,而且还额外增加了两个系列,1884年首次出版的《时代法律报告》(*Times Law Reports*)和1936年首次出版的《全英法律报告》(*All England Reports*)。

  对法律报告而言,其第一要义是精确,因为其中蕴含着其作为先例的价值所在。在这一点上,《法律报告》要比其他系列的报告更为权威,因为它在出版之前要由法官予以通读并确认。也正因此,在2001年4月由英格兰首席法官沃尔夫勋爵(The Lord Chief Justice, Lord Woolf)联合其他资深法官发布的司法指引(*Practice Direction*)中,《法律报告》被列为了级别最高的报告。即,如果一个案件在《法律报告》中有报告,则必须从此处引用;如果没有或《法律报告》尚未报告之,应引用《每周法律报告》或《全英法律报告》;如果这二者也没有报告,才可以引用其他系列的法律报告。①

  该指引的做法实际上是将《法律报告》置于了"官方"法律报告的地位,但所谓"官方"的说法遭到了剑桥大学法律系芒戴博士(Dr. Munday)的反对。后者认为,从一定意义上说,从未有过任何"官方"的法律报告,因为这种事务一直都是留给私人去做的。任何人都可以对法律进行报告,传统上只要有出庭律师作证就可以为法院所引用。因此他认为,也许称之为"半官方"更为合适。②

  随着速记的引入,法院诉讼的即时记录文本也会交由法官予以校订,报告者的身份变得越来越不重要了。尽管已不是匿名的,但法律报告却像过去匿名时代那样被引用。即使是最博学的律师也不会知道或认为无须知道多诺霍诉斯蒂文森案是谁报告的。于是,今天署名的法律报告好像又回到了过去的《年鉴》时代,报告者名字的有无变得不再重要,从而使16世纪开始的私人法律报告变成了英格兰法律史上独一无

---

① M. Zander, *The Law-Making Process*, 6th edn., Cambridge: Cambridge University Press, 2004, p. 326.
② Ibid., pp. 309—327.

二的东西。

20世纪80年代以来,电子技术的发展掀起了法律报告领域的革命,无论是记录的速度、准确性、发布速度,还是存储的容量、查阅的方便程度,都是过去的羊皮纸、纸张所无法比拟的。现在越来越通行对高级法院的判决进行逐字报告并予以保存,这非常有利于查阅。今天任何人都可以借助网络去查阅各类高级法院的判决。另一方面,现代的判决也发生了很大变化,在法官的意见基础上又增加了对于诉答、证据、事实之发现、律师的争辩的简要概述。结果是,法律报告和法院档案之间的区别几乎消失了。①

四、法律报告的性质:私人还是官方

从前面对法律报告历史的回顾可以看出,在英国对法律进行报告一直都属于私人或民间事务,国家并未参与、资助或干涉过,也基本上没有进行过任何的监督。其间虽然有过例外:如国王詹姆士一世曾指定两名领薪专员进行法律报告②;另外,1662年的一项制定法(14 Car. II C. 33. S. 2)也有过类似于对法律报告事务予以监督的规定:"本王国所有与普通法相关之书籍的出版,都必须征得大法官或……的特别允许或经由他们委任。"但也只是临时性的,并没有真正延续下来,更不用说作为制度。从这个意义上说,英国的法律报告从来都是民间而非官方性质的,只是在是否经组织进行以及组织的程度上有所差别。

那么,这样一项由私人或民间完成的事业为什么能够以及又是如何具备官方法律效力的呢?毕竟,判例报告中所报告的先例,实际上是其中包含的法律原则或规则,如同制定法一样具有法律效力,属于正式的法律渊源。实际上,由私人进行的法律报告获得法律的权威也是一个逐步发展的过程。从很早的时候起,律师就享有作为法院之友就其所知的相关判决向法院予以通告的特权。就先前曾作出过某项判决向法院提供口头证据是律师的权利,而且很可能也是他的义务。他可以以口头的方式来证实这一点,当然也可以以书面的方式——即对过去的判决进行报告——来完成这项任务。于是,在英格兰法律史上很早就确立了这样一项权利:可以在法庭上引用与某出庭律师相关的法律报告作为权威的法律依据。而且,只有出庭律师撰写的法律报告才能在法庭上引用,这是他的特权,唯一的例外是王室法官出于公共利益及其自身利益时而也可以编纂此类法律报告。③ 如此我们就可以理解,为什么《年鉴》

---

① Sir J. H. Baker, *An Introduction to English Legal History*, Oxford: Oxford University Press, 2007, p.184.
② Sir W. Blackstone, 72 *Commentaries* I.
③ 参见英格兰维尔士法律报告委员会1940年的报告,转引自 M. Zander, *The Law-Making Process*, 6th edn., Cambridge: Cambridge University Press, 2004, pp.308—310.

其实只是出庭诉答的指引而非真正的在法庭上加以引用的法律报告,尽管我们从不太严格的意义上将其列为了英国法律报告的第一个阶段。出庭律师的这种垄断为1990年的《法院与法律服务法》(Courts and Legal Service Act, 1990)所缓减,该法将对法律进行报告的权力扩及了事务律师。但无论是出庭律师,还是王室法官、事务律师,他们都属于普通法的法律职业阶层,被认为他们对法律的报告是准确的,因此具有和制定法类似的效力。很显然,这个职业共同体通过行业内的自治保证了其产品的高质量,与官方制定法类似的质量,也许这也是他们维护自身利益所必须做的。①

五、未经报告之判决的效力

与判例报告相关的另一个问题是,未经报告之判决是否可以在法庭上引用?就笔者所见,尽管英国的判例报告已是汗牛充栋,但它仍然没有对法院判决的所有案件都进行报告。芒戴博士的研究表明,1978年时英格兰每年判决的案件为3000个左右,而出现在法律报告中的大概只占1/3。② 据1985年的统计,上议院几乎所有的案件都被报告了,而上诉法院民事分庭的报告率超过了70%,高等法院家事分庭的报告率为三分之一多一点,王座分庭为29%,大法官分庭为22%;上诉法院刑事分庭的报告率还不到10%,至于郡法院被报告的判决则更是寥若晨星。③

要是在过去,这些未经报告的案件是很难为普通人所接触到的。如果只被存档于法官的卷宗中,如前所述,甚至律师也不能够轻易查询到。但随着速录设备和人员的引入,随着LEXIS、WESTLAW等法律数据库的建立,更重要的是,随着网络的普及,几乎所有案件的判决都被上传到网络上,了解和查询未经报告之案件已经不是一个问题。我们不必一步一步追溯这其中的发展过程,只需要看看今天的现状就够了:2009年10月开张的英国最高法院在其网站上公布了所有它判决过的案件,每个判决都包括摘要版和完整版(PDF格式)。而不列颠和爱尔兰法律信息中心网站则对上议院、枢密院司法委员会、上诉法院民刑两个分庭、高等法院诸分庭的很多,尽管并非全部,案件都予以了公布,最早的已追溯至1996年。④

既然查询不是问题,那么这些未经报告的案件可以在法庭上被引用吗?法律报告委员会认为,英格兰法之所以为英格兰法,不是因为它被报告了,而是因为它被法

---

① M. Zander, *The Law-Making Process*, 6th edn., Cambridge: Cambridge University Press, 2004, pp. 308—310.
② Ibid., p. 319.
③ P. Clinch, *Using a Law Library* (2nd edn., 2001), pp. 102—103. 转引自 ibid., p. 313.
④ Ibid., p. 319.

官如此判决过。① 所以,对案件的判决而言,对判例法而言,重要的是法官的判决本身,而不是它是否被报告过。因此,即使未经报告,既决案件的判决仍应被允许引用。

但允许引用未经报告之判决也会带来很多问题。最典型的就是首先会增加律师、法官的工作量,从而最终增加当事人的费用。因此,很多法院不鼓励引用那些未经报告之判决,如 1983 年迪普洛克勋爵(Lord Diplock)在一个案件中就代表上议院发表了这种意见,同时得到了其他四位法官的明确支持。其核心意见是反对引用未经报告之判决,理由在于这些判决中所包含的原则或规则一般都会在其他已经报告之判决中找到,而此时引用未经报告之判决只会使诉讼变得冗长拖沓。而且未经报告之判决中所包含的法律原则或规则很可能没有多大用处。但他并不是完全禁止这样做,而是为其提出了条件:引用未经报告之判决须经法官批准,而法官批准的依据又有二——该判决所包含的法律原则与本案相关,且本判决没有包含在任何法律报告中。② 美国的一些法院也采取了措施来应对日益增加的过度引用,如某些联邦上诉法院下令禁止引用那些不属于先例的判决,加州最高法院甚至下令某下级法院的判决不能出版。③

法院这种压制过度引用的态度招来了很多人的反对。反对者的核心论点几乎都集中于法官判决的法律地位这一点上:判决可以被引用不是因为它曾经被报告过,而是因为它是法官作出的判决。所以,为什么未经报告之判决不能被引用呢?这恰恰反映了判例法的根基:既决案件之判决当为判例法之法律渊源。本尼恩(F. Bennion)认为,迪普洛克勋爵看来是通过笼统地指责案件事实妨碍了他对法律原则的提炼,但法律必定是与事实相关的,或如巴塞洛缪,G. W. Bartholomew 所说,事实或情形本身就是法律原则的一部分④,法院的职能就在于从个案事实扩及一般。⑤ 古德哈特(W. H. Goodhart)甚至认为,迪普洛克勋爵规则的效果是使得法律报告者而不是法官成为了何为法律的裁决者。⑥ 还有人认为,尽管有些,甚至是很多领域的判决存在过度报告的现象,但有些领域的问题则是报告不够,如公司法。⑦

---

① 参见英格兰维尔士法律报告委员会1940 年的报告,转引自 M. Zander, *The Law-Making Process*, 6th edn., Cambridge: Cambridge University Press, 2004, p.311.
② See *Roberts Petroleum Ltd* v. *Bernard Kenny Ltd* [1983] 2 AC 192 at 200. 转引自 ibid., pp.320—321.
③ Ibid., p.324.
④ G. W. Bartholomew, "Unreported Judgments in the House of Lords", *New Law Journal*, 2 September, 1983, p.781. 转引自 ibid., p.322.
⑤ F. Bennion, *New Law Journal*, 30 September 1983, p.874. 转引自 ibid., p.323.
⑥ W. H. Goodhart, *New Law Journal*, 1 April 1983, p.296. 转引自 ibid.
⑦ N. Harrison, "Unreported Cases: Myth and Reality", *Law Society's Gazette*, 1 February 1984, p.257. 转引自 M. Zander, *The Law-Making Process*, 6th edn., Cambridge: Cambridge University Press, 2004, p.323.

因此,就未经报告之判决能否被引用的问题实际上不存在,理论上也不应存在任何实质性分歧,那就是其效力和被报告之判决是一样的。问题仅仅在于,该如何面对汹涌而来的未经报告之判决的洪流?① 各个法院既有的努力无非是为了规范或限制这种做法,而不致使普通法的判例诉讼体制崩溃而已。为此,2001年4月,英格兰首席法官沃尔夫勋爵又在其他多名法官的附和下,发布了一项与判例引用相关的、且适用于所有民事审判的司法指引。其核心仍是强调所引案件与本案的相关性,强调律师对其理由的说明。② 但仍有异议不时提出。所以,在判例法的体制下,判决之效力和法庭上之引用这二者间存在永恒的紧张关系,这是一种理论和实践之间的紧张,自古有之,而只是今天更为突出。它也许只能平衡而永远无法消弭,这也是判例法背景下所独有的问题之一。

第三节 遵循先例的原则

对判例法而言,遵循先例原则的重要性甚至要超过判例报告,因为从一定意义上说判例报告只是判例法的载体或存在形式,而遵循先例原则则是判例法的灵魂和精髓。

众所周知,遵循先例原则源自于这样一种认识:同案同判。相同的案件以同样的方式进行处理并获得同样的结果,是司法公正的自然体现,也是对其的基本要求。但这种宽泛的理解必须落实到具体的制度层面才有意义,那么究竟何为遵循先例? 是遵循先前判决中的什么部分,判决理由抑或附随意见? 判决究竟具有什么样的效力? 判例法中真的是严格遵循先例吗? 遵循先例的原则是否有例外? 这些问题的回答对于我们弄清判例法中的这一基本原则至关重要,但所谓判例法、所谓遵循先例在不同的法域、不同的法律框架下其含义和实践并不完全一样,如该原则在美国的司法实践中就被认为没有像在英国那样得到了严格的实施。有鉴于此,我们也只能将对这些问题的考察局限于一个特定的法律框架之下,本书是限定在英国的法律体系中,同时尽可能地兼顾其他法域中该原则的适用情况。

一、遵循先例的含义

泛而言之,遵循先例指的是依循过去对案件的判决。其拉丁文表述为"*stare deci-*

---

① 本尼恩1997年的著述显示,过去对未经报告之判决的引用不少于1463次。
② [2001]1 WLR 194,[2001]2 All ER 510. 转引自 M. Zander, *The Law-Making Process*, 6th edn., Cambridge: Cambridge University Press, 2004, p.325.

sis",英文意思为"keep to what has been decided"。那么,我们首先碰到的问题就是判决。何为判决?判决的效力又如何呢?

判决实际上就是法官对争议事项所作出的最后决定,这种决定可以是程序性的,如裁定不予受理、驳回起诉和驳回上诉等;也可以而且更多可能还是实体性的,如判定被告缴纳罚金500元、处有期徒刑5年等。"判决"一词的含义(内涵)和范围(外延)会因判决书是否有说理论证的部分而不同,如在我们国家判决一般就是指判决书最后的结论部分;而在英国判决一般则包括对事实的陈述、基于这些事实的法律分析和最后的决定,如后文所述,这些也就是所谓的"判决理由"(*ratio decidendi*)。① 在这个意义上,所谓遵循先例、依循过去对案件的判决,更精确地说也就是依循过去判决中的判决理由(*stare rationibus decidendis*, keep to the *rationes decidendi* of past cases)。②

对某一具体的判决而言,在遵循先例的体制下,其效力至少体现为两个方面。一是所谓的既判力(*res judicata*),即判决一经生效,就对当事人产生强制力,要求其必须兑现其中对于权利和义务的分配,而且日后还不能对此事项再次提起诉讼(所谓一事不再理原则)。③ 在这个意义上,即使低级法院的判决也对高级法院有约束力:最高法院可以不受下级法院判决中的"判决理由"的拘束,但却必须受此判决本身约束。这一点并非判例法体制的独特之处,其他法律体系下一般也是同样的原理。二是这个判决(准确来说是其中的判决理由)对未来的影响。即后来的法官要尊重先前类似案件中的判决,并依循其判决理由作出类似的判决。在这个意义上,该判决的效力针对的是除当事人之外的任何其他人,特别是后来的法官。对具体的判决而言,所谓遵循先例实际上指的是这里的第二个意思。

二、法院等级与先例的效力

所谓先例的效力,是指一个先前的判决对未来类似案件是具有拘束力(binding)还是只具有说服力(persuasive),或是根本不具有任何影响力。严格地说,在判例法体制下,任何先前的判决对未来类似案件都必定具有一定程度的影响,即使不是拘束力,也是一定程度上的说服力。因此所谓的"不具有任何影响力"在理论上是不可能

---

① R. Cross & J. W. Harris, *Precedent in English Law*, 4th edn., Oxford: Oxford University Press, 1991, p.97.

② Ibid., pp.100—101.

③ 在刑事诉讼中存在一个例外,如果有证据显示审判不公,则允许重开诉讼。此外,当事人还可以法律已改变为由,向刑案审查委员会(Criminal Cases Review Commission)申请交还上诉法院刑事分庭处理。在民事诉讼中,在有些特别的情况下法院也允许就法律问题重开诉讼。参见 M. Zander, *The Law-Making Process*, 6th edn., Cambridge: Cambridge University Press, 2004, pp.215—216.

的,尽管在实践中很多先前的判决实际上从未被引用过。也正因此,判例法体制下所有先前的判决都可以被称为"先例",而不是像非判例法体系下那样只能被称为"先前的判决"。先例意味着这个先前的判决可以在法庭上作为法律渊源被引用,尽管其效力可能不是拘束力而只是说服力,甚至是很弱的说服力。

所谓先例的效力,就是指先例对未来类似案件的拘束力或说服力。但它却是落实遵循先例原则的前提性问题,即只有首先确定有拘束力的先例,然后才谈得上遵循。那么该如何考察先例的效力呢?赞德列举了影响先例效力或影响力的一些因素,其中包括[①]:

(1)哪个法院作出的判决?一般来说,法院的等级越高,其判决就越有权威。

(2)哪些法官作出的判决?显然,法官的地位越高、声誉越大,参与作出判决之法官的人数越多,判决的权威就越大。

(3)判决作出时是否存在不同意见?显然,没有异议的判决权威更大。

(4)判决何时作出?这方面分歧较大,因为一方可以争论说历史悠久的判决经历了历史的考验,因此权威更大;而另一方则可以说,因为它太老而不适合今天的情况,因此权威会打折扣。有时这个问题也可以转化为该判决是否受到过挑战,但其含义并没有实质差别:一方可以说正是因为该判决经历了无数挑战而延续到了今天,因此具有更大的权威;另一方则可以说,因为它屡遭质疑而基础不牢靠。

(5)判决与相关法律是否协调和适应?有时人们会争辩说,某判决的推理有问题,或是进行了错误的类比,或是与其他更高等级的原则不相一致等。这些都会影响到先例的权威。

(6)该判决在后来类似案件中是如何被对待的?这又包括被推翻、效力被削弱和被确认和遵循三种情况,显然得到最后一种待遇的先例权威更大。

(7)对该判决的一般评论如何?判决一经作出,就可能招来各种评论,大众的、媒体的、学术界的、同行法官的、律师的,等等;这些评论甚至会进一步引发相应的法律改革。所以,评论的一般倾向也会影响到一个判例的权威。而在这些评论中,最为重要的是上议院法律贵族们的评论,他们的看法要比学者和律师对判例的权威产生更大影响。[②]

赞德的分析无疑相当全面和充分,但在判例法体制下,对判例效力影响最大的还是作出判决的法院之等级。很显然,法院的等级越高,其作出之判决就越有权威,就越会为其他法院所遵循。克罗斯和哈里斯(Cross and Harris)就是在这个意义上来归

---

① M. Zander, *The Law-Making Process*, 6th edn., Cambridge: Cambridge University Press, 2004, pp. 278—280.

② A. Paterson, *The Law Lords*, 1982, p. 33. 转引自 ibid., p. 280.

纳英国的先例理论的,它将此归纳为三个方面的内容:即,第一,高级法院的判决应得到尊重;第二,即使就其上级法院而言,高级法院的判决也具有说服力;第三,无论高级法院的判决多荒谬,都对其下级法院具有拘束力。① 在笔者看来,这一归纳触及到了先例效力的根本问题,即先例的效力问题其实和如下问题密切联系在一起:作出先前判决之法院和当下面对此先前判决之法院的等级关系如何?只有理解了这一点、理解了英国法院的等级体系及其相互关系,才能真正理解英国先例的效力问题。下面我们就来看看英国的法院体系。

英国的法院体系主要依照民事和刑事进行构建,具体请参见图1:

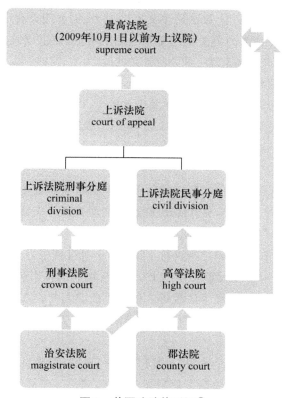

图1 英国法院体系图②

可以看出,英国是一个法院体系等级森严的国度,这为判例法机制的形成和运作

---

① R. Cross & J. W. Harris, *Precedent in English Law*, 4th edn., Oxford: Oxford University Press, 1991, p.11.
② 箭头表示上诉关系。其中高等法院可以隔过上诉法院而直接上诉至最高法院,谓之"蛙跳"(frog leap)。

提供了重要条件。在这个体系中,对判例法而言重要的是前面所提到的高级法院,即高等法院及其之上的那些法院。而对于郡法院和治安法院而言,它们基本上可以被排除在我们所讨论的范围之外,因为它们的判决不会对其上的法院构成先例,对其自身的说服力则几乎可以忽略不计。结合本图及克罗斯和哈里斯提到的上述英国的先例理论,笔者将英国的先例理论说明如下:

(1)上级法院的判决对下级法院具有拘束力。如上议院、最高法院的判决对其下的各级法院(包括上诉法院、高等法院、郡法院和治安法院等)都有拘束力,上诉法院之于高等法院及其下各级法院、高等法院之于郡法院及治安法院都是如此。

(2)下级法院的判决对上级法院不具有约束力,但可能具有说服力。如上诉法院之于上议院、最高法院,高等法院之于其上的上诉法院、上议院和最高法院,郡法院、治安法院之于高等法院及其上的法院都是如此。

(3)同级法院的判决对本级法院的其他法官不具有拘束力,而只具有说服力。如高等法院各分庭的判决对其他分庭不具有拘束力,而只有说服力;英国高等法院的判决对苏格兰高等民事法院(Court of Sessions)只有说服力,没有拘束力。

(4)各级法院的判决对自己具有拘束力。即各个法院要遵循自己先前作出的判决。

(5)枢密院司法委员会的决定对任何英国法院都不具有拘束力,除非是授权事务(devolution issues)。因为该委员会处理的事务(即英联邦成员的上诉案件)不属于英国法的管辖范围,不在英国法的框架之内。

(6)初审法院(trial court)之判决对本院法官不具有拘束力。在这些法院需要对事实进行审理,相对于不进行事实审的上诉法院;在英国指上诉法院以下的各级法院,包括治安法院、郡法院和高等法院等。如高等法院之判决之于本院法官,郡法院之判决之于本院法官,治安法院之判决之于本院法官;但高等法院的判决对郡法院、治安法院的法官具有拘束力。

(7)如果高等法院的一个先例(A案)在后来(B案)经过认真考虑后未被遵循,那么与先例A相冲突的先例B应为后来高等法院之法官(在C案中)所遵循,因为B会被认为是对此类事务作出了最终的裁断。[①]

(8)当高等法院法官面对相互冲突的两个上级法院(指上议院和上诉法院)的判决时,他们应遵循上议院而非上诉法院的判决。[②]

(9)一个不具有拘束力的先例当然可能具有某种说服力,但其强度之大小则有

[①] M. Zander, *The Law-Making Process*, 6th edn., Cambridge: Cambridge University Press, 2004, p.251.
[②] Ibid., p.253.

赖于各种情势。不具有拘束力意味着法院最终有权决定是接受还是背离该先例所体现的规则。①

以上九条实际上是对克罗斯和哈里斯的英国先例理论的具体化。可以看出,遵循先例的原则是和法院的等级体系密切相关的。克罗斯和哈里斯暗示,法院等级体系越森严,遵循先例的原则就越能得到严格的执行;这一观点在它将英国与法国、美国的对比中得到了较为明显的体现。在克罗斯和哈里斯看来,法国和美国与英国的情况非常不同,前二者都是将国家划分为了不同的司法管辖区,比如省或州,而这些独立的司法管辖区都拥有自己独立的事实审和上诉审法院体系,而不像英国(实际上是英格兰和威尔士)那样拥有一个全国性的、拥有无限事实审(初审)管辖权的高等法院。这意味着,无论是在法国还是美国,其每一个省或州都拥有一个类似于英国全国那样的完整的、等级森严的法院体系;但从全国的意义上来说,这种严格的等级性则因为其行政区划、地方与中央或州与联邦之关系而被削弱了。如果说各省或各州因拥有严格的法院等级体系而可以实行严格的遵循先例原则,那么全国范围内的遵循先例则是在非常弱的意义上才可以讨论。但对英国而言则不同,高等法院拥有在英格兰和威尔士范围内的一审管辖权,并从此可以上诉至上诉法院和最高法院;而郡法院和治安法院都只有非常有限,因而甚至可以是忽略不计的司法管辖权,因此可以在全国范围内形成一个严格的法院等级体系。

此外,这种法院体制上的差别还强烈影响到了判例报告。抛开不采用判例法的法国(行政法领域除外)不说,美国各州都拥有自己的判例报告,这为在全国范围内引用判例带来了极大的不便。而判例报告又是判例法、遵循先例原则得以运行的基本前提。从这个意义上来说,美国并不像英国那样严格地实行遵循先例原则是完全可以理解的,也是有其原因的,尽管其原因并不止这里所说的法院等级体系和判例报告。②

以上论述的是,就英国国内的法律体系而言,先例的效力如何。与此相关的另一个问题是,其他国家的判决在英国是否具有效力,以及如果有效力又如何的问题。因为根据芒戴博士的研究,英国的法官越来越经常地准备诉诸国外的判例或其他法律

---

① M. Zander, *The Law-Making Process*, 6th edn., Cambridge: Cambridge University Press, 2004, p. 252.
② 就美国的情况而言,克罗斯和哈里斯认为,除开此处谈到的多重的司法管辖区和判例报告外,成文宪法的存在也是美国没有实行严格遵循先例制度的原因之一。对成文宪法而言,宪法文本始终是最为重要的,而与之相关的判例则只能处于第二位。而这个不变的宪法文本需要适应不断变化的社会形势,这也使得严格遵循先例实际上不仅是不明智的,而且也是不可能的。参见 R. Cross & J. W. Harris, *Precedent in English Law*, 4th edn., Oxford: Oxford University Press, 1991, pp. 19—20.

权威。① 比如,英国的法官时而,如果不是经常的话,会参照其美国或加拿大、澳大利亚甚至是印度以及中国香港等地同行的判决。但在司法实践中,这些来自外域的判例一般最多只具有说服力而不可能具有拘束力,因为它们来自于英国法的法律框架(legal framework)之外,就好像我们审判案件不可能使用英国的法律一样,这大概是法律的属地性质决定的。② 这一点还可以从枢密院司法委员会判例的效力得到验证。对于英国的法官而言,就英国的案件而言,枢密院司法委员会的判决不具有拘束力而最多只具有说服力,原因在于该委员会处理的多数事务(即英联邦成员的上诉案件)不属于英国法的管辖范围,不在英国法的框架之内。因此,对外域的判例而言,其效力一般仅限于说服力,而不会具有拘束力——除非案件涉及相关的外国事务。如依据国际私法的基本原则,不动产纠纷应该适用不动产所在地的法律,那么这个在英国法院进行诉讼的案件就**可能**适用不动产所在国的判例,如果判例在此也是正式法律渊源的话。

三、严格的遵循先例:神话还是事实

毫无疑问,遵循先例是判例法的基础性原则;没有它,判例法就会失去根基。但原则本身就意味着例外,因此作为一项原则,遵循先例也必然存在例外。事实上,严格的遵循先例只是一个神话。实际的情况是,无论在历史上还是今天,遵循先例都只是一般的原则,其间存在诸多的例外。只有很好地理解了这些例外,才能更好地理解遵循先例原则本身。下面将从历史、现实及其他相关国家的做法等几个方面来讨论这些例外。

(一) 历史:作为一般做法而非制度的遵循先例

就普通法的历史而言,从最开始起,王室法院总是对其先前的判决表示出一定的尊重。普拉克内特认为,这无疑是为了避免麻烦:如果先前已有相关决定,就没有必要重新考虑一个同样的问题。王室法院在司法过程中发展出来的例行规程也逐渐确定下来并开始明确化。这二者都成为了民众对法院判决作出预测的基础,但这并不意味着12世纪就有了遵循先例的原则,最多只能算做一种趋势或做法而已。③

早期普通法发展过程中较早使用判例的当属布拉克顿,那么他的做法是否体现

---

① R. J. C. Munday, "New Dimensions of Precedent", *Journal of the Society of Public Teachers of Law*, 1978, p.201. 转引自 M. Zander, *The Law-Making Process*, 6th edn., Cambridge: Cambridge University Press, 2004, p.314.

② 如在模拟法庭的讨论中,一般也需要将案件限定在某个确定的法律体系的框架内。

③ T. F. T. Plucknett, *A Concise History of the Common Law*, Rochester: the Lawyers Co-operative Publishing Company, 1929, p.302.

了遵循先例的原则呢？普拉克内特否认了这一猜测。因为，在他看来，布拉克顿是认为当时的法官远不如其先辈：他们愚蠢且无知，在成为法官之前根本没学过法律，因此歪曲了法律理论，他们断案是根据自己的想象而非法律规则。因此他的目的是通过对过去判例（只有这些才是好的判例）的挖掘，将法律带回古代的原则，恢复法律，以指导年轻一代了解真正的法律原则。他的具体做法是这样的：首先阐述法律原则，然后举出案例作为历史证据来证明其陈述的正确性。① 显然，这与我们所熟悉的先举例然后从中推演出法律规则的判例法思维非常不同，而更类似于大陆法传统下法学教师讲课时用案例阐释法律规则的做法。而且他所使用的判例都是我们称之为过时或已被推翻的案例，目的是为了说明应然的法律与实然的法律并不相同。因此，布拉克顿对判例的使用显然和今天完全不同，在普拉克内特看来，他只是在用自己发明的一种全新的方法，诉诸卷宗，这在当时是一个新发现，来研究当时和过去的法律，他是为了阐明规则而不是为了总结出规则。所以普拉克内特认为，我们没有理由相信他已经有了今天的法律思维。②

《年鉴》中经常提到，法官或律师会提到以前的判决，但一般是凭记忆；有时会提供当事方的姓名，但并不总是如此。偶尔这种引征会被回应说，前后两案的案情并不相同；有时，尽管非常罕见，对方甚至会反驳说所引之案例为坏法。较为常见的是，法院会表明，不管旧的判例如何说，法院都不会适用其规则。老实说，如果引用判例到了点子上，可能足以让法官认为值得思考，但可以肯定的是它并不在任何意义上具有拘束力。然而当一个新的、重要的问题提出时，法院也会充分意识到其决定将沿着一个特定的方向为其他人的判决开创一种做法。③ 这与遵循先例有些许联系，但更多体现的还是《年鉴》时代法官宽泛的自由裁量权和依然强大的造法功能，这一点我们前面在讨论英国的制定法问题时也已谈及。如 1305 年，亨纳姆（Hengham）法官命令一方使用特别的程序，并补充说"将此作为未来的一般性规则加以考虑"；1310 年首席法官贝福德（Bedford）说，"基于此项认可的判决，我们将为整个王国制定一条法律"。不过他显然并不是说，对此案进行报告的《年鉴》将会在未来的案件中作为权威被引用，因为此时尚处于这样一个时代：普通法主要还是王室法院的习惯，在一个重要问题上经过深思熟虑之后的判决只是为王室法院所适用的习惯增加了营养。因此，即使这样震惊的话也不能被用来作为判例法制度在当时已经存在的证据。即使晚至 15

---

① T. F. T. Plucknett, *A Concise History of the Common Law*, Rochester: the Lawyers Co-operative Publishing Company, 1929, pp.302—303.
② Ibid., pp.303—304.
③ Ibid., p.305.

第十三章 判例法

世纪仍然如此,《年鉴》本身并没有被作为权威或有拘束力之判决的汇编。①

在普拉克内特看来,最早最接近于今天遵循先例观念的,是1454年首席法官普利索特(Prisot)的一番评论:

> 如果我们必须注意一两名法官的意见(它们与许多伟大的法官作出的其他判决相抵触),这将是一件奇怪的事。考虑一下,那些法官曾在久远的过去作出过判决,而他们要比我们更接近于那项法律的制定,因此比我们更了解它……再者,如果该项诉请被判不予支持(如你所申请),无疑这将会为正在学习《年鉴》的法律学徒树立一个极坏的榜样;因为如果我们作出的判决与《年鉴》中所经常出现的判决相反,他们将不会对其所读所学产生信心。②

显然,这些话最多只是微弱地反映了现代遵循先例观念的开始。他用到的是"奇怪"而非"不一致",他竭力在"某位或某两位法官的某些意见"和许多伟大的法官的判决之间寻求平衡,但尽管如此,其结果也并非发现了某个权威的具有拘束力的先例。震惊他的是这样做会让法律学徒迷惑,动摇他们对其《年鉴》的信心:这可能是在暗示,即使是法律学徒,也会在阅读判例时发现其与既定规则之间的不一致。因此,对法律学徒的关照或者基于对法律教育的考虑,中世纪的法官们认为和先前的判决保持一致是很重要的,我们没有理由否认这一点可能为后来遵循先例观念的形成做出过贡献。③ 但普利索特法官评论的最有意义的地方在于,他认为,即使是那些伟大法官们的判决也只具有说服力,他和他的律师都不认为他们应受到所引案例的拘束。④ 这表明,15世纪时所谓遵循先例的观念并未形成。

16世纪,距离近代遵循先例的观念就更近了。戴耶(Dyer)在1557年用到了"precedent"一词,艾伦(Sir C. K. Allen)认为这是这个词语第一次出现。⑤ 大约同一时期,普罗登曾说:"每个法院的卷档都是该法院处理相关事务时所涉法律最为有效

---

① T. F. T. Plucknett, *A Concise History of the Common Law*, Rochester: the Lawyers Co-operative Publishing Company, 1929, p. 305.

② Y. B. 33 Hen. VI, Michs. 17, fo. 41. 转引自 ibid., p. 306.

③ 由此可以看出,中世纪的法律学徒通过学习也曾参与了普通法的构建,法官的行事必须考虑对法律学徒们的影响。关于这一点还有如下证据:《年鉴》中某些段落说,法院发现,从法律学徒的角度去看整个规则会更有益。贝福德是"为了到场的法律学徒"而解释其判决的。晚至18世纪,法官会时刻记起,一项判决可能会被扩展为是为到场之法律学徒举办的一次演讲。显然,学生既从《年鉴》也从法院现场学习法律。晚至1454年,《年鉴》中的一个判决还受到了批评,因为它把学生弄懵了。参见 ibid., p. 307.

④ Ibid.

⑤ 尽管其目的是为了告诉我们,虽然有两个先例,法院还是作出了相反的裁决。参见 Sir C. K. Allen, Law in the Making, p. 137. Cited from ibid.

的证明。"①只是到了柯克的时代,我们才发现对先例的引用变得特别普遍起来。复辟之后,我们发现法院制定了一些规则来规范其使用。1670 年,首席法官沃恩(Vaughan)将我们今天所说的附随意见(dicta)和形成法院判决实质部分的内容(可以被视为今天的判决理由)进行了区别。不过他承认,如果一个法官相信另一个法院先前的某项判决是错误的,他没有义务遵循它。②

法官开始制定规则来规范对判例的引用,表明引征先例和遵循先例逐渐开始制度化。克罗斯和哈里斯认为,先例制度在 18 世纪变得僵化起来,而真正形成前述严格的遵循先例的规则则是 19 和 20 世纪的事情。③ 其间,法律报告已在 19 世纪初达到了今天的高水准,19 世纪末的司法改革也为英国建立了等级鲜明的法院体系,而且上诉法院、上议院的司法职位也越来越落入了杰出的法律家之手,这些都促成了遵循先例原则的最终确立。④

上述简短的历史表明,从普通法的历史来看,所谓严格的遵循先例只是一个神话,至少在 1875 年的司法改革之前,英国的法官并没有严格地遵循先前的判决。相反,如同前文在对制定法进行探讨时所指出的那样,至少是在 14 世纪中期之前,法官依然享有相当大的自由裁量权,这其中就包括自由背离其先例的权力。或者说此时根本谈不上必须遵循先例,因此也就无所谓对先例的背离了。

(二)现实:遵循先例的常见例外

但我们必须承认,英国确有一段时间、至少是某些法院,是严格实行遵循先例原则的。总体而言,如上所述,这大约发生在 19 世纪末司法改革之后。具体到不同法院,确立严格遵循先例原则的时间则不尽相同。上议院是在 1898 年的 *London Tramways v. London County Council* 案、上诉法院是在 1944 年的 *Young v. Bristol Aeroplane Co. Ltd.* 案中,分别确认受自己先前判决的严格约束。而高等法院各分庭确立严格遵循先例的原则也是在 20 世纪。⑤ 不过,颇为吊诡的是,就在这些法院确立严格的遵循

---

① 但其所提供的例子都是刑事方面的。众所周知,国王在涉及其利益的案件中经常查阅其档案——因为它们涉及叛逆和重罪。不过没有证据显示,在普罗登的时代,除国王律师外其他人会被允许查阅卷宗以寻找先例。参见,T. F. T. Plucknett, *A Concise History of the Common Law*, Rochester: the Lawyers Co-operative Publishing Company, 1929, p. 307.
② Ibid., p. 308.
③ R. Cross and J. W. Harris, *Precedent in English Law*, 4th edn., Oxford: Oxford University Press, 1991, p. 24.
④ See J. Evans, "Change in the Doctrine of Precedent During the Nineteenth Century", in L. Goldstein (ed.), *Precedent in Law*, Oxford: Clarendon Press, 1987, ch. 2, pp. 35—72.
⑤ R. Cross & J. W. Harris, *Precedent in English Law*, 4th edn., Oxford: Oxford University Press, 1991, p. 25.

先例原则之后不久,它们又先后放松了对这一原则的严格坚持,转而采取了较为中庸和缓和的态度。如1966年上议院发表司法声明(Practice Statement),宣布放弃过去严格遵循先例的做法:

> 上议院法官们认为,对先例的使用是决定何为法律以及将法律适用于个案的重要基础。就作为民众处理其事务之所依和法律有序发展之基础而言,它至少可以提供某种程度的确定性。
>
> 不过法官们也认识到,过分坚守先例可能会导致个案不公,也会不当限制法律的正常发展。因此他们提议修正现行的做法,一方面本院的先例在一般情况下仍具有拘束力,另一方面在恰当之时他们又会背离其先例。
>
> 与此相关,他们始终谨记背离先例会存在如下危险:溯及既往地动摇先前已达成之合同、遗嘱及其他财产处分行为的基础,尤其是刑法所特别需要的确定性。
>
> 本声明仅限于本院适用,而并非意在影响其他机构的行为。①

而且自1966年之后,上议院的确在一些案件中背离了过去的先例。② 据统计,1966—1980年间上议院共有29次被提请推翻先例,成功8次,成功率为28%。③ 实际上,即使是在1898年上议院宣布确立遵循先例原则的那个案件中,当时就已经提出了背离先例的例外情况。即上议院一般会遵循其先例,除非该先例作出时因法官之疏忽(per incuriam)而没有顾及到有相关制定法或相关先例的存在,从而没有适用相关的法律规则。④

至于其他法院则更是如此。如对上诉法院来说,它必须遵循上议院和它自己先前作出过的判决,这不仅是遵循先例原则在英国的基本体现,而且也是它在 Young v. Bristol Aeroplane Company Ltd. [1944] KB 718(CA)中所确立的基本原则。但即使是对于前者,即作为其上级法院之上议院的判决,上诉法院也曾背离过。如在1971年的 Broome v. Cassell [1971] 2 QB 354 中,以丹宁勋爵为首的三名法官一致裁决上议院的相关判决(即 Rookes v. Barnard [1964] AC 1129)不具有拘束力,理由是它在作出时未考虑到其自身(即上议院自己)的另两个先例(即1910年的 Hulton v. Jones 和

---

① M. Zander, The Law-Making Process, 6th edn., Cambridge: Cambridge University Press, 2004, pp. 217—218.
② 具体的例子请参见 ibid., pp. 220—222. 其中作者列举了10个例子。
③ See A. Paterson, The Law Lords, 1982. 转引自 ibid., p. 224.
④ 参见上议院1966年的司法声明,其在交付出版时添加了一个解释性的说明,其中提到了这一点。ibid., p. 218.

1935 的 *Ley v. Hamilton*),因而触犯了前述的疏忽理论而没有拘束力。尽管上诉法院的这一说法遭到了上议院的严厉驳斥,但很快在接下来的 1975、1976 及后来的 1989 年,以丹宁勋爵为主的上诉法院依然我行我素,继续找出理由来背离上议院先前的判决。① 对此,有人可能将其中的原因归之于丹宁勋爵特立独行的个性。② 但在进入 21 世纪后,此时丹宁勋爵已经过世,上诉法院仍有类似行为,而且它们还借助了《欧洲人权公约》来促成这一点。③ 这表明,即使在对待上级法院的先例方面,上诉法院民庭并不是严格地遵循先例。

而对于它自己先前的判决,早在 Young 案中就已经确立了三项可以不予遵循的例外:第一,当先前的两个先例相互冲突时,上诉法院可以自行决定遵循哪一个先例;第二,上诉法院应当排除适用和上议院判决不相一致(尽管并未明示)的先例;第三,触犯了疏忽原则而作出的判决。除此之外,1966 年之后,丹宁勋爵一直在上诉法院民庭引领一场旨在确立如下原则的战役:上议院 1966 年司法声明中的原则也应适用于上诉法院。显然,其目的是使得上诉法院民庭能够像上议院那样"自由"地背离自己的先例。④ 而在实践中,这种背离并非没有出现过⑤,尽管一如既往地受到了上议院的谴责。

而对上诉法院刑庭来说,其背离先前判决的理由因刑案动辄涉及公民的人身自由而变得更加充分。⑥ 对高等法院来说,在对待自己的先例方面,它基本上遵循了和上诉法院民庭一样的原则,因此背离先例也不是不可能的。而在 1984 年的 *R. v. Greater Manchester Coroner, ex p. Tal* 案中,高等法院则决定,尽管通常情况下高等法院

---

① 这三个案件分别是 1975 年的 *Schorsch Meir GmbH v. Hennin* [1975] QB 416 和 1976 年的 *Miliangos v. George Frank (Textiles) Ltd* [1976] AC 443,它们都针对的是上议院 1961 年在 *Havana Railways* 案中的判决。第三个案件是 1989 年的 *Pittalis v. Grant* 案,它针对的是上议院 1891 年在 *Smith v. Baker* 案中的判决。转引自 M. Zander, *The Law-Making Process*, 6th edn., Cambridge:Cambridge University Press, 2004, pp. 225—230.

② 与英国主流的保守传统不同,丹宁勋爵更偏重法官在司法工作中的能动性,更注重个案的公正。参见刘庸安:《丹宁勋爵和他的法学思想》,载[英]丹宁勋爵:《法律的训诫》,序言,杨百揆等译,法律出版社 1999 年版,第 8—12 页。

③ 这方面的一个例证:在 2002 年 *Mendoza v. Ghaidan* [2002] EWCA Civ 1533 案中,上诉法院忽略了上议院 1999 年的 *Fitzpatrick v. Sterling Housing Association Ltd* [1999] All ER 705 案。在后者中,上议院认为长期同性恋关系中的生存者可以被认定为其死亡之伴侣的家庭成员,但在"his or her wife or husband"(他或她的妻或夫)的表述中不能被认定为"配偶"。而但在前案中,上诉法院一致认为同性恋关系中的生存者可以被认定为"配偶",因为包含有前述短语的制定法应被解释为"*as if they were* his or her wife or husband"(好像他们为其妻或夫一样)。上诉法院的该解释是建立在《欧洲人权公约》的基础之上的。See M. Zander, *The Law-Making Process*, 6th edn., Cambridge:Cambridge University Press, 2004, p. 230.

④ See ibid., p. 232.

⑤ 如 *Davis v. Johnson* [1979] AC 264. 转引自 ibid.

⑥ Ibid., p. 246.

应遵循自己先前的判决,但如果先前的判决被确信为错判,则可以背离之。① 对事实审法院(trial court)来说,它并不受自己先前判决的拘束,如高等法院、郡法院及治安法院的判决并不对其自己的任何法官有拘束力。②

如此,在英国的判例法体制中,遵循先例是基本的原则,而在该原则之外也存在诸多不遵循先例的例外。这一方面保障了法律的稳定性和可预见性,另一方面也避免了因恪守过去规则所可能造成的个案不公。正如固守遵循先例原则可能会造成个案不公一样,轻易地背离先例也必定会伤害法律的确定性和可预见性,因此背离先例或突破遵循先例原则也必须遵循一定的规则。通过对英国各级法院司法实践的分析,克罗斯和哈里斯将遵循先例原则的例外归纳如下:

(1)上议院一般会遵循自己先前的判决,但并不必然受其拘束,它只有在以下情形才推翻自己的先例:(a)推翻先例可以使作为整体的法律得以改进;(b)本案所提出的争论点并未在先例中被考虑过,除非是基本原则受到了危险;(c)推翻先例不会伤及对此先例的正当性依赖;(d)推翻先例不会与议会对该先例的肯认相冲突;(e)在民事案件中推翻先例将会影响到当下上诉案件的结果。

(2)上诉法院民事分庭一般要受其先前判决的拘束,除非是出现了以下三种情况(由Young案所确立):(a)自己先前的判决之间存在分歧,此时法官有权选择适用哪一个先例;(b)自己的先例与此后(或此前——尽管这种情况很少发生)上议院的判决相左;(c)法官先前作出判决时因疏忽大意而对生效法律等失察。再者,它很可能也不受如下判决或决定的拘束:(a)诉讼中间作出之决定(decisions given in interlocutory proceedings);(b)为枢密院所否弃之判决;(c)上诉法院作为终审法院之判决的拘束;(d)由两位法官组成之法庭作出的判决;(e)其判决被上诉至上议院,后者裁决上诉法院赖以作出最后决定的争点并不能得出相应的这一结论;(f)(有可能但不现实)因国际公法的变动而受到影响的判决。

(3)上诉法院刑事分庭一般也受其先前判决的拘束,至于其例外也适用民事分庭的上述各种情况。此外,全席法庭不受课刑判决及影响到被告人人身自由之判决的拘束。可能的情况是,如果其先前的判决是依照检察总长之提议而作出的,那么它也可以背离之。

(4)高等法院各分庭一般不受其先前判决的拘束,除非是该先例涉及上诉性管

---

① See M. Zander, *The Law-Making Process*, 6th edn., Cambridge: Cambridge University Press, 2004, p.250.
② Ibid., p.251.

辖权(区别于监督性管辖权)。上诉法院民事分庭在 Young 案中所确立的遵循先例之例外也适用于此。在听审刑事上诉时,高等法院的分庭不受已影响到被告人人身自由之判决的拘束。高等法院各分庭及高等法院之法官,不受上诉法院所作出之且与上议院后来判决不相一致之判决的拘束。在上诉法院前后两个先例相冲突时,它们一般会选择遵循后者。但它们可否以上诉法院之判决违背了疏忽原则为由而忽略之,尚不明确。

(5) 不管哪一级法院作出的判决,如果其中的判决理由是未经详细论证而形成的,那么该判决对任何下级法院都不具有拘束力。已被废弃之判决理由也不具有拘束力。

(三)横向比较:美国及英联邦成员国

实际上,在实行判例法体制的其他国家,遵循先例原则的贯彻都不如英国那样严格。克罗斯和哈里斯曾拿英国和其他几个国家进行过对比,结果都表明,英国对遵循先例原则的贯彻是最严格的,而其他国家都比较宽松。

就美国而言,联邦最高法院和州的上诉法院都不认为它们应受其先前判决的绝对拘束,前者在很多(也许是太多)场合都推翻了自己的先例。因此,相比之下,美国法院对待自己先例的态度要比英国的法院宽松很多;换言之,所谓遵循先例的原则在美国法院中并不像在英国那样得到了严格的执行。克罗斯和哈里斯认为其中的原因有二:其一,美国存在众多以州为单元的、独立的司法管辖区,这在一定意义上冲淡了遵循先例原则所必须的法院等级体系的鲜明性,这一点前文已有讨论。不仅如此,这种多元的司法管辖体制产出了多元的法律报告,并由此影响到了法律教育。在一个国家之内必定会产生对于法律统一性的要求,这最终导致了基于不同主题所进行的法律重述以及各种模范法典的出现,而后者在各个方面都更类似于欧陆法,因此而减少对先例的依赖。其二,与第一点中对法律的成文表述相关,美国存在一部成文的联邦宪法的事实,也降低了它对判例法的依赖。就联邦最高法院而言,它所处理的很多案件都涉及宪法问题,而对这些问题的处理最终诉诸的还是宪法文本本身,而非由此衍生出来的判例,尽管判例也很重要。诚如弗兰克福特法官(Frankfurter J.)所言:"合宪性的最终基石还是宪法本身,而不是我们基于宪法的所作所为。"而刚性的宪法条文本身需要不断地去适应变化着的社会形势,拘泥于先例则只能是胶柱鼓瑟,无论对于个案公平还是法律发展都是不利的。①

---

① R. Cross & J. W. Harris, *Precedent in English Law*, 4th edn., Oxford: Oxford University Press, 1991, pp. 19—20.

作为英联邦成员国的终审法院,枢密院司法委员会从未认为自己应受自己先前判例的绝对拘束。这一方面是因为其判决所采取的形式(由呈贡女王的建议及提出该建议所依赖的理由组成)削减了其对遵循先例原则的刚性遵守,另一方面是因为它经常处理的是宪法性事务。不过,枢密院司法委员会还是强烈倾向于遵守其先前的判决。

随着越来越多的成员国终止向枢密院司法委员会提起上诉,这些国家如加拿大、澳大利亚等的法院也越来越采取了一种宽松的态度来对待先例。如尽管存在一个保留条款(与"例外情况"相关),加拿大最高法院原来还认为要受自己先前判决的拘束,但在终止向枢密院上诉之后,它已宣称有权拒绝遵循自己先前的判决,理由是自己是枢密院终审管辖权的继承者,而枢密院是不受其先例拘束的。而澳大利亚高等法院则从未认为自己应受先前判决之拘束。

所有这些都表明,无论是美国还是英联邦的成员国,包括枢密院司法委员会自己,在对遵循先例原则的遵守方面都从未像19世纪末20世纪初的英国法院那样严格过。

综上,无论是历史上还是今天,无论是英国法院自己还是其他判例法国家,遵循先例原则的严格执行只是一个神话,而非事实。毫无疑问,遵循先例是判例法中的基本原则,没有它也就无所谓同案同判,判例法的概念也就失去了意义。正是它才保证了法律的确定性和稳定性,使得判例法能够像制定法那样,也许是更好地带给人们稳定的预期。但遵循先例绝不是固守先例,毕竟,在法律的稳定性和可预见性之外还有个案的公平和法律的发展。如同成文法一样,判例法也必须在这前后二者之间进行权衡和博弈,并维持适度的张力。而要做到这一点,遵循先例和背离先例都是必要的,也都是合理的,只是其中的时机和程度问题。

(四)新形势对英国遵循先例制度的影响

1998年《欧洲人权公约》(*European Convention on Human Rights*,以下简称《公约》)的出台,标志着英国的遵循先例制度进入了一个新时期。因为该《公约》规定,欧盟各成员国官方机构的所作所为应与《公约》所保护之基本人权(《公约》之附件2有详细规定)保持一致,否则即为违法。各国之法院,当然属于其所谓之"官方机构"。而且《公约》第二部分还规定,这些官方机构在就任何涉及基本人权的问题作出决定时,必须全面考虑欧洲人权法院、欧盟委员会和欧盟部长委员会的判决、决定和意见。因此,在涉及《公约》之含义或其适用之时,欧盟的法律理论也成为了英国法院进行法律辩论的来源之一。英国的法院并不必然受欧洲法院先例的拘束,但却必须"考虑之"(take it into account),无论它的真实含义是什么。①

如果一个英国的下级法院认为其上级法院的某个判例与《公约》不相一致,它就可以而且是应该不予适用此先例。考虑到任何级别的法院都须这样做,它对英国法律体制的冲击就不是隔靴搔痒,而很可能是根本性甚至颠覆性的。试想,当英国的法官在每一个涉及人权的案件中都需要反复不断地诉诸《公约》自身而不再是先例之时,当先例有效与否需要以成文的《公约》条款为最终权威依据之时,这和欧陆传统下的法官又有什么区别?普通法法官又拿什么东西来区别于欧陆的司法?

在这一点上,其实不止是《公约》,英国国内制定法的大量涌现并占据社会生活的重要领域,都对普通法自身构成了前所未有的威胁,而《公约》及欧盟法律的侵入则大大恶化了这一状况。例如,沃尔夫勋爵于1999年提出了一套新的《民事诉讼规则》,其开篇如是说:"这些规则是一套新的程序性法典,其最重要的目的是使法院能够公正处理案件。"有评论者认为,传统的先例理论因此而受到了修正,先前具有拘束力的先例现在变成了"指导性案例"②,处理案件的法官首先关注的将是这些规则本身,而不是其他法官对这些规则的所作所为。③ 这让我们想起了彼特森对普通法未来的担忧,这一点在前文讨论普通法和制定法之关系时已有详细论述。④ 其实从一定意义上来说,对普通法未来的担忧在今天其实就是对遵循先例原则受到冲击的担忧,是对判例法基本体制的担忧。

不过,好在还有下面这一点在作苦苦支撑:如果是上级法院在《公约》生效后(2000年10月)作出的判决,则该判决仍应得到下级法院的遵循。举例来说,上诉法院虽然可以借口上议院1995年(2000年前)的某个先例因与《公约》不相一致而拒绝适用之,但却不能以此理由拒绝上议院2001年(2000年后)作出的判决。或者如果上议院2002年又对先前1995年之先例进行了确认,那么上诉法院仍然要遵循上议院2005年的这个决定,从而也就是依循了后者1995年的那个先例。⑤ 英国"脱欧"后,欧盟法院新的判例将不再具有拘束力,这在一定程度上会减轻欧盟法院判例对原有英国普通法判例体系的冲击。而随着欧陆式制定法在英国的逐渐淡出,预计普通法将会更多地回归英国入欧之前的运行状况,遵循先例的原则大概也会回归到原来的状况。

---

① M. Zander, *The Law-Making Process*, 6th edn., Cambridge: Cambridge University Press, 2004, p.255.
② 使用中国法律语境下的术语——引者注
③ M. Zander, *The Law-Making Process*, 6th edn., Cambridge: Cambridge University Press, 2004, p.256.
④ J. Beatson, "Has the Common Law a Future?", 56 *The Cambridge Law Journal*, 1997, pp.291—314.
⑤ M. Zander, *The Law-Making Process*, 6th edn., Cambridge: Cambridge University Press, 2004, p.255.

以上是对遵循先例原则的含义及其在实践中运行情况的考察,包括对其今天所面临的各种挑战。但无论如何,它仍然是今天英国法中的基本原则。尽管严格的遵循先例从未真正实现过,但它却是判例法得以存在的基石。

四、先例的要素

(一) 判决理由

在判例法的体制下,判断一个先例是否对本案具有拘束力主要取决于三个方面:一是本案法院与先例法院之间的等级关系,这决定着本院总体上是否应受先例法院的拘束。该问题上文刚刚论述过,不再赘述。二是先前判决中对法律规则的总结是否构成判决理由。三是先例与本案在事实问题上是否相关。① 后两者都与判决理由的问题直接相关,接下来我们就将分析这一问题。

尽管就判决理由和附随意见的概念存在诸多争论而且至今没有定论,但为了后文论述方便,我们还是要先简单归纳一下这二者的含义。这里采取的是赞德教授的简单明确的定义:所谓判决理由,就是法官基于关键事实作出判决时对其最终决定具有决定意义的法律命题;不是判决之基础的法律命题,无论论证多么详尽,都只能是附随意见。②

通常而言,对后案构成拘束的是先例中的判决理由而不是附随意见;这会引发一个有争议的问题,即**有拘束力之先例**的附随意见和**只具有说服力之先例**的判决理由之间的效力关系问题。对此,首先需要指出的是,先例总体上究竟是有说服力还是拘束力,直接源于本案法院和先例法院之间的等级关系;它和附随意见及判决理由之间还不属于一个范畴内的问题。一般来说,附随意见只具有说服力,哪怕是最高法院或上议院的判决。这也是为什么上诉法院不受上议院有关司法声明(上诉法院应受其自己先例的拘束)之约束的原因所在,因为这种声明在任何案件中都不构成判决理由。③ 但哪怕是只具有说服力的先例,其判决理由也必须被遵循,除非有背离的正当理由。因此,上级法院在评估下级法院的先例时,也更看重其判决理由而不是附随意见。但区分有说服力的先例和有说服力的附随意见之意义,远不如区分有拘束力的先例和有说服力的先例大。简言之,无论该判决只具有说服力还是具有拘束力,其判决理由都具有一定程度的拘束力。如高等法院一审法官并无遵循本院其他一审法官

---

① M. Zander, *The Law-Making Process*, 6th edn., Cambridge: Cambridge University Press, 2004, p.269.
② Ibid.
③ Ibid., p.268.

之判决的义务,但如果他认为后者判决中对法律的表述构成判决理由,他一般并不情愿背离它;但如果他认为这些内容只是附随意见,则不会有那么大的思想负担。①

判决理由的概念是和如何寻找判决理由紧密联系在一起的,而后一点必须借助判例报告才能完成,因此有必要先介绍一下判决书或判例报告的结构和内容。在英国,在无陪审团审判的民事案件中,法官要对各方证据进行总结,宣布他所依此发现的事实,并对各方提出的论点或法律意见进行评述;如就法律问题发生了争议,或有法律争点被提出,则他还要讨论一些相关的先例。而在有陪审团审判的民事案件中,法官则要向陪审团总结各方证据,并依陪审团所发现的事实作出最终的判决。在基于公诉提起的刑事案件中,对律师来说重要的是向陪审团展示证据、陈述事实,并整体上对事实进行总结;对法官来说,则要对事实和律师提出的法律意见进行评述,对相关法律问题进行讨论。② 因此,英国的判决书或相应的判例报告大致也包含这些内容。

但法官在给出判决时,并非他所说的每一句话都可以构成先例的判决理由,这只有在他宣示法律时才会出现。其原因在于:一是司法实践中绝大部分案件(因为大部分案件都属于例行案件,而这些案件很少会进入高级法院的视野)都不涉及法律争议,其争议主要集中在事实方面,而只涉及事实争议的判决通常不会被收入法律报告。尽管法律问题与事实问题的区分并不总是那么容易,这使得初审法官或上诉审法官得出有关事实问题之结论的理由有时也会被充分报道。但上议院坚持认为,这类表述并非对法律原则的概括和归纳,一般不适用于将来的案件,因此不构成先例和判决理由。二是在法官对法律的陈述中,只有那些对其最终结论必要的表述才构成判决理由。③ 还有一种情况是存在无推理或没有给出理由的判决,或我们所谓的没有说理的判决书。今天的高级法院一般都会给出推理过程,没有的话就很难被收入法律报告;但早期确有只对最终判决进行详细描述而未给出理由的法律报告。未给出理由之判决的权威是非常小的,因为无法区分其中哪些是重要事实哪些不是,也无法确定此先例及其中的法律原则可以适用的范围。④ 此外,判决的不同形式对判决理由之找寻也会有影响。如高级法院在作出判决时不同法官有时,如果不是经常的话,会有不同的意见,他们甚至会基于相互冲突的意见而作出同样的判决。这会为后来者寻找其中的判决理由带来很大的麻烦,而且法官们很少会清楚地表明什么地方是判

---

① R. Cross & J. W. Harris, *Precedent in English Law*, 4th edn., Oxford: Oxford University Press, 1991, p.41.
② Ibid., p.39.
③ Ibid., p.40.
④ Ibid., pp.47—48.

决理由、什么地方是附随意见。

因此,寻找判决理由和何为判决理由是密切相关的,只有知道何为判决理由才能知道如何去寻找它。但在这两个密切相关的问题上英美法律界并无定论,针对何为判决理由以及如何寻找判决理由产生了许多说法和方法。知名者如瓦堡(Wambaugh)、霍尔兹伯里勋爵(Lord Halsbury)、古德哈特博士和卢埃林(Karl N. Llewellyn)、克罗斯和哈里斯等,都提出过这方面的观点和理论。① 在对这些理论进行分析综合的基础上,笔者将该问题总结如下:

第一,判决理由不是一个只要通过某种工具就可以抓住或找到的、确定的客观存在,而是主观的、不确定的。

事实上,判决理由是法官基于案件的关键事实而对相应法律规则的归纳和总结。这其中不仅包括对事实的抽象和概括,或曰类型化表述,还包括对规范性内容的表述——对规则进行逻辑结构方面的技术性分析会发现,法律规则一般都包括事实,然后是对这种事实情况的法律评价(即法律后果)。在这个意义上我们说,事实其实是法律规则不可或缺的一部分。在判例法的理论中,法官面对每一个案件都要对其所应适用的规则进行归纳和表述,或者是重新表述。② 因此,其判决就是一件有关某一或几项法律规则为何的法律作品。而在对该作品进行解读之时,不同的律师、法官对它有不同的理解在所难免,这完全符合阐释学中所面临的基本问题,即同一文本在不同阅读主体那里经常会有不同的理解。

因此赞德认为,先例中的判决理由可以在后来被扩大(通过缩减其中的事实内容因而提高其抽象度)或缩小(通过相反的过程),因此,判决理由是不确定的,而是一种可以随后来发展的压力予以调整的表述。③ 克罗斯和哈里斯也认为,要设计一个公式来确定何为判决理由是不可能的。④ 美国现实主义学派则更认为,在判决理由和附随意见之间进行区分是徒劳的。他们很看重下述针对阿斯奎斯勋爵(Lord Asquith)的玩笑:"这很简单,你要是同意他,就说这构成判决理由;要是不同意他,就说它只是附随意见,还附带说他是一个天生的白痴。"继承法律现实主义衣钵的批判法学也持类似观点,而且有过之而无不及。不仅如此,英国也曾有法理学教科书认为,判决理由和附随意见之间的区别只是后来法院根据自己的喜好为采纳或拒绝先前判决中之理论

---

① R. Cross & J. W. Harris, *Precedent in English Law*, 4th edn., Oxford: Oxford University Press, 1991, pp. 52—71.
② G. J. Postema, *Bentham and the Common Law Tradition*, Oxford: Clarendon Press, 1986, pp. 9—10.
③ M. Zander, *The Law-Making Process*, 6th edn., Cambridge: Cambridge University Press, 2004, p. 274.
④ R. Cross & J. W. Harris, *Precedent in English Law*, 4th edn., Oxford: Oxford University Press, 1991, p. 72.

而使用的工具。① 因此，从文本和不同主体对它的解读这个阐释学的角度看，判决理由的不确定性是必然的。

第二，尽管判决理由是不确定的，但这并不意味着我们就无法为其提供一个可以为多数人所容忍的描述。总体上，我们可以将判决理由视为一种包含了相关事实和法律后果的法律命题。

克罗斯和哈里斯给出的描述是，判决理由是法官在顺着他所采纳的推理路径得出其结论时所明确或默示表述的法律规则，这是其得出结论的必经步骤，或是对陪审团作出指示时必不可少的部分。所以，简单说来判决理由就是法律规则。但严格说来，如麦考密克（Neil MacComick）教授所指出的那样，判决理由其实是**就某个法律争点所产生的规则**，而非我们通常所说的"**法律规则**"。② 如此，我们所熟悉的各种法律规则，无论来自于制定法还是习惯等，可能都只是判决理由形成过程中的资料来源，而非判决理由本身。例如，其解释不存在争议的某项制定法规则可以构成法官推理过程中必不可少的一个步骤，但却并非判决理由。但如果该制定法规则的含义存在争议，法官就此作出了裁决，该裁决是使其判决正当化的必不可少的一部分，那么这个裁决就是其判决理由。不过在实践中，"法律规则"和"就法律争议所产生的规则"之间的区别不是很为人所强调，甚至是可以交替使用的。

第三，判决理由与案件的具体事实密切相关，在一定意义上判决理由只是基于对这些事实的一定程度的抽象而形成的法律规则。

既然判决理由实际上就是一种规则，那么判定先例之判决理由的关键问题，实际上通常就在于该法律原则或规则应该表述得多宽或多窄、或者是案件事实究竟应该抽象到什么程度的问题。法律规则不可能脱离事实，事实必定是法律规则不可缺少的组成部分，脱离事实谈规则无异于缘木求鱼。只不过规则中的事实不是特定的事实，而是类型化了的事实。霍尔兹伯里勋爵和古德哈特博士都强调了寻求判决理由时考虑先例之具体事实的必要性和正当性③，实际上每个判决理由都是从本案的特定事实出发，然后从这些事实中予以抽象化，限度是法官对法律的表述和本案情形显示是必要的，并形成规则。

赞德举了一个例子能很好说明这一点。如在某盲人购得存在瑕疵之汽车的案件

---

① R. Cross & J. W. Harris, *Precedent in English Law*, 4th edn., Oxford: Oxford University Press, 1991, pp.49—50.

② N. MacCormick, "Why Cases Have Rationes and What These Are", L. Goldstein(ed.), *Precedent in Law*, Oxford: Clarendon Press, 1987, p.179.

③ R. Cross & J. W. Harris, *Precedent in English Law*, 4th edn., Oxford: Oxford University Press, 1991, pp.57—71.

中,购买者为盲人的事实就不是判决理由的一部分,除非该事实与本案的法律规则相关。而这后一点又只有在以下情况才会发生:法官所形成的规则在一定程度上有赖于购买人对汽车进行视检的能力,那对盲人购买者来说规则可能就不一样了。但如果汽车的瑕疵对盲人和普通人一样明显或隐蔽,那么在这些情况下对案件所适用法律规则的归纳就不会考虑盲人这一事实,那么该事实也不会成为该案之判决理由的一部分。因此可以这样说,一案之判决理由包含的事实越多,其涵盖的范围就越狭窄;反之,包含的事实越少,或其抽象程度越高,其判决理由的涵盖面就越大。①

但实际上,卢埃林并不主张判决理由中所体现的规则过于宽泛和抽象,他强调对于判决理由及其中所体现规则之解读必须限定于具体的案件事实本身。② 这还是上面提到的度的问题。可以想见,过于宽泛和抽象的法律表述与制定法规则无异,而判例法的精髓正在于,法官不是,而且也不能像议会那样为社会立法、制定抽象的规则,而是也只能是为个案立法,为手头的案件寻找和归纳可以适用的规则。

第四,在如何尽可能准确地定位或找到判决理由的问题上,尽管并没有什么点石成金之法,但很多法律家还是总结出了一些有用的方法。

瓦堡认为,判决理由是一个一般性的法律原则或命题,如果没有它,这个案件就会作出不一样的判决。相应地,他给出的判断方法是先拟定那个法律命题,然后在其表述中插入一个单词以推翻其意思。接下来再问,如果法院认为这个新的命题是正确的,那么判决会不会还和原来一样?如果答案是肯定的,那么无论原来的命题有多好,都不是本案的判决理由;如果答案是否定的,那么原来的命题即为本案的判决理由。③ 这一方法看起来很实用,但克罗斯和哈里斯却认为,它只适用于案件仅有一个法律争点或只有一种法律推理的情况下,此时所谓判决理由就是这条一般性的原则,无之则本案必定另作他判。但问题是很多案件都不止一个法律争点,而且法官们在得出其结论时有时,如果不是经常的话,因循的不是同一个法律推理而是两个或多个,甚至其推理路径完全相反但结论却是相同的。在这些情况下,瓦堡的这个方法就有局限性了。因此,克罗斯和哈里斯认为,该方法的价值在于确定**什么不是**判决理由,而不是**什么是**判决理由。④

霍尔兹伯里勋爵和古德哈特博士则都强调通过案件事实来确定何为判决理由,

---

① M. Zander, *The Law-Making Process*, 6th edn., Cambridge: Cambridge University Press, 2004, pp. 269—270.

② K. N. Llewellyn, *The Bramble Bush*, Oceana edition, 1975, pp. 42, 43. 转引自 ibid., pp. 270—274.

③ R. Cross & J. W. Harris, *Precedent in English Law*, 4th edn., Oxford: Oxford University Press, 1991, pp. 52—56.

④ Ibid., pp. 56—57.

但相比较而言,后者的方法更为切实和中肯。古德哈特博士认为,判决理由需要通过确定关键事实来加以确认,它是基于这些事实而从法官的判决中推导出来的法律原则。受此先例拘束的任何法院,必定会就何为此案中的判决理由得出同样的结论,除非是手头的案件中有前案所不具备的关键事实,或是本案中缺乏前案中被视为关键事实的事实。① 因此他提出,寻找法律原则时需要考虑两方面的因素:被法官视为关键事实的事实和基于这些关键事实而作出的决定。这一点其实也为卢埃林所强调,后者强调了判决理由和案件事实(主要是关键事实)之间的相关性,而且还提出要将这些关键事实进行一定程度的抽象化以形成规则。② 此外,卢埃林还提出了对判决理由进行检验的标准,主要是通过对关键事实进行增减看判决是否会随之变化。在这一点上他和瓦堡的方法有些类似。

值得注意的是,古德哈特博士还认为:因为关键事实可能不止一组,所以一个案件可能会有基于两组不同事实而形成的两套不同的、相互独立的判决理由。相应地,基于假定之事实所得出的原则是附随意见,而不是判决理由。③

第五,在判决理由的问题上,存在原创者和解读者、先例法官与后来法官之间的矛盾和紧张,而这恰恰体现了判例法是如何在维持其确定性的同时又如何实现对法律的发展的。

判例法发挥功效是通过法官对先例和本案进行解释及对先例中所包含之判决理由的适用来实现的,这其中法官对先例的解释,包括其事实和判决理由,构成了该过程的重要部分。既然是解释,就必然会面临前面提到过的阐释学的基本问题:被解释的文本因解释者的不同而会被赋予不同的含义。在这一点上,笔者不认为制定法和判例有多大的差别,因为它们都是作为后来法官解释的对象(即"文本")而出现的——尽管在解释的方法等方面的确会存在差别。

很多法律家都已经意识到了这一点。如威廉姆斯教授(Professor Glanville Williams)说,判决理由可能意味着:(1)法官在判决案件时力图制定或适用于其案件之事实的法律规则,或者(2)后来法院承认他有权制定的规则。④ 卢埃林也认为,在判决理由即先例法官认为自己在先例判决中所确立的规则,和先例中真正的规则即被

---

① R. Cross & J. W. Harris, *Precedent in English Law*, 4th edn., Oxford: Oxford University Press, 1991, pp. 57—71.

② K. N. Llewellyn, *The Bramble Bush*, Oceana edition, 1975, pp. 42—43. 转引自 M. Zander, *The Law-Making Process*, 6th edn., Cambridge: Cambridge University Press, 2004, pp. 270—274.

③ R. Cross & J. W. Harris, *Precedent in English Law*, 4th edn., Oxford: Oxford University Press, 1991, pp. 66, 71.

④ G. Williams, *Learning the Law*, 11th edn., p. 75. 转引自 ibid., p. 74.

后来法官所认定的法律命题之间,存在差别。① 不仅是学者,作为当事者的法官也很清楚,无论他现在说什么,后来的法官对其案件中的判决理由都有权进行解释和重新解释,这可能也是他在得出结论时不经常清楚表明何为判决理由的原因之一。

不过我们也不能过夸大后来法官的解释对先例中判决理由的影响。可以想见,如果先例及其判决理由是孩子手里那团可以被任意揉捏的泥巴,遵循先例原则和判例法也就失去了意义。因此,至少是多数法官在多数场合不会或没有必要刻意地去"篡改"先前法官的意思。所以克罗斯和哈里斯认为:在先例本身所体现的原则和后案法官所认为它所体现的原则之间,可以而且的确会存在差别;但无论如何,这种差别在大多数案件中并不明显,或不需要强调。② 实际上,正是由于这一点,判例法才得以通过自己的方式维持法律的稳定性和可预见性。

那么,在什么场合之下才会出现后来法官对先例及其判决理由的解释呢?克罗斯和哈里斯认为,这最有可能出现在起初的判决理由过于宽泛的场景下。威廉姆斯教授说:"法院并不赋予其前人制定宽泛规则的无限权力。"③因为,如前文所述,法官不能为社会而只能为个案"立法",当宽泛的判决理由适用于手头的案件会带来麻烦时,对它进行解释就是不可避免的了。在实践中,尤其当解释先例的法院并不严格受该先例拘束时更是如此。但最高法院对法律规则的宽泛表述有时会被下级法院作严格解释。

对先例进行解释通常意味着对其判决理由的确定,但还可能意味着更多的内容。比如,(1)对判决理由的确定;(2)基于先例之事实对其判决理由进行权衡;(3)基于后案而对先例之判决理由的考虑;(4)对后来类似案件判决理由的确认;(5)基于此一系列相关案件而对手头案件法律规则的归纳和形成。这往往意味着法院有权制定新的规则,但说作出先前判决之法院有权制定法律规则,和说后来的法院,即使是那些应受此先例拘束的法院,享有限制该规则的适用范围之保留权力,并不矛盾。后者被麦考密克教授称为对先前判决理由进行修正的权力,被拉兹(Raz)教授称为强势意义上的区别权,区别于弱势意义上的区别权;说判决理由只是不适用于本案的事实。④ 因此,斯通教授(Professor Julius Stone)说,判决理由什么也不是,只不过是一种

---

① K. N. Llewellyn, *The Bramble Bush*, Oceana edition, 1975, p.52. 转引自 M. Zander, *The Law-Making Process*, 6th edn., Cambridge: Cambridge University Press, 2004, p.274.

② R. Cross & J. W. Harris, *Precedent in English Law*, 4th edn., Oxford: Oxford University Press, 1991, pp.72—74.

③ Ibid., p.73.

④ Ibid., p.74.

"虚幻的参考资料"(category of illusory reference)而已①,就如同法官在为本案总结出规则时需要参考的制定法条款一样。

由此我们看到了先前法官和后来法官之间的博弈:前者力图通过陈述各种法律意见来约束后者并影响法律的发展,而后者则在必要时会力图通过各种事由来规避僵硬适用先前的判决理由。二者都可能提出充分的理由,因此要在这个问题上制定任何可操作性的规范,多半只会是徒劳无功。不过,遵循先例的原则使得前者好像对后者形成了更大的制约,这也是为什么在大多数案件中大多数法官会严格适用先前的规则,而不是任意解释。但我们也发现了司法实践中的另外一些规则,它们使得后来的法官能够在一定程度上对先前的法官形成制约,并保持平衡。这些规则包括:(1)对判决的解读必须结合案件事实。即先例中的判决理由是以先例之事实为基础的,只有以此事实为前提去阅读判决、阅读法官基于此对法律的表述,才能找到判决理由。超越此事实对法律的更为宽泛的表述,并不一定能构成判决理由,如阿特金勋爵(Lord Atkin)在 Donoghue v. Stevenson 案中对邻人原则的表述。(2)每个判决的解读必须结合其他类似案件的判决,包括后来的相关判例和手头的案件。②

总之,先前法官对案件的判决为后来的法官划出了界线,这是遵循先例原则的自然要求,也是判例法保障法律确定性和可预见性的重要途径。另一方面,后来法官基于后来类似案件及手头案件的具体事实、先例中对规则的总结过于宽泛等原因,也可以,如果不是应当的话,对先例作出自己的解释,从而为手头的案件总结出和先例中之规则并不完全相同的规则。这体现了判例法实现个案公正和推进法律发展的一面。实际上,这两个方面是任何法律体系都必然面对的永恒问题,只是不同的法律体系在平衡这二者时所采取的方式有所不同而已,而这也构成了不同法律体系之间差别的重要方面。

第六,多个判决理由的存在使得何为判决理由的问题更为复杂,同时也进一步确证了前述提到过的结论:判决理由从来都不是明确无误的东西,而是会随着案件和当值法官的变化而变化。

与存在多个判决理由相关,大致包括如下一些情形。不同的法官采取了不同的法律推理路径,但其最终的结论是一样的。此时,如果其中的一条最终被认定为判决理由,那么其他法律命题算判决理由还是附随意见呢?我们通常会认为这几个相关的法律命题都属于判决理由,即本案存在多个判决理由;但这又有赖于先例法官所使

---

① J. Stone, *Precedent and Law*, pp.74—75, 123—138. 转引自 R. Cross & J. W. Harris, *Precedent in English Law*, 4th edn., Oxford: Oxford University Press, 1991, p.74.
② Ibid., pp.42—47.

用的表述,而且的确要等到后案法官对之进行解释时才知道。不排除可能出现这样的情况,即很多人认为这一条是判决理由,但最终还是被解释为了附随意见。①

上诉法院的判决也会存在类似情形。如果最终结论一样,只是法官推理的路径不同,即法官通过不同的推理得出了同样的结论,那么多数意见一般会被认定为判决理由,而少数派的意见会被视为具有极高权威的附随意见。而当上诉法官的意见出现对等时,如1∶1或2∶2——尽管今天法官的人数一般尽可能地会是单数,最好的办法是维持原来被上诉之判决的地位不变,而不是将其提升到上诉法院之判决的地位(比如仍视之为高等法院而非上诉法院作出的判决),且将上诉法院法官的意见均列为附随意见,而不是判决理由。而在没有获得多数的判决中,比如出现2∶2,而第五名法官又没有发布意见,但最终结论是一致的,只是推理路径不同;此时,有人会认为存在两个判决理由,但更经常的做法是将其中范围更窄的那个法律命题列为判决理由,另一个列为附随意见。还有一种情况是基于异议而产生的判决意见,这些意见及其所包含的法律命题显然不应被忽视,但一般会视之为附随意见。②

上述复杂的情形会让我们思考这样的问题,如果后来的法官允许在两个所谓的判决理由之间进行选择,那么是不是应该有一种介于判决理由和附随意见之间的概念? 或者说,在其中之一被选定之前,这两个判决理由都只能被称为**附条件的判决理由**。③ 何为判决理由尽管并非总是一个见仁见智的事情,但其中的确存在极大的不确定性。律师可以根据自己的理解对当事人提出建议,但最终仍需要法官来确定,而且不到最后一刻,其判断方面的风险是一直存在的。

面对这样的情形,英国的法律界也在反思如何降低由此所带来的对法律确定性的冲击。比如有人提出,既然法官意见不一定会影响到民众对法律的信心,那么是否意味着如果法官不发布司法意见只公布最终的判决会更好? 既然不同的判决理由会导致法律的不确定性,那么单一的判决理由,即通过表决只集体作出一个判决理由而对其他推理过程及其包含的法律命题不予发布,是否会更好(这显然是妥协的结果)? 毫无疑问,无论哪一个方案都必然有助于提供法律的确定性,但它同时又会抑制不同意见,并严重影响法律的发展,而这是英美的法律传统很难接受的。为此,雷德勋爵(Lord Reid)辩解称,法官的职责不是制定任何明确的法律,而只是阐释法律,又有什

---

① R. Cross & J. W. Harris, *Precedent in English Law*, 4th edn., Oxford: Oxford University Press, 1991, pp. 81—82.
② Ibid., pp. 85—93.
③ Ibid., p. 84.

么必要限制他发表意见呢?① 但无论如何,在维持法律的明确性、可预见性及推进法律的发展方面,判例法体制下的法官也需要通过适当的方式来维持某种适度的平衡。

到此,我们应该对判决理由的问题进行一些总结。关于其定义,将克罗斯和哈里斯及赞德的定义合在一起也许更为完美:判决理由是法官基于关键事实、顺着他所采纳的推理路径得出其结论时,所明确或默示表述的、对其最终决定具有决定意义的法律命题。除此之外的法律命题就都可以或应该归入附随意见的范畴,如基于假定之事实所得出的或不构成判决之基础的法律命题等。

在一个案件中,由于其事实的复杂性,可能会有如下情况出现:存在不止一组关键事实,因此会产生不止一条推理的路径,相应地也可能会产生不止一个判决理由,尽管其最终的结论只能有一个。

某个案件的判决理由对于本案来说只是其最终判决的依据和基础,是当值法官为其最终的判决找到的法律依据,在这个意义上你甚至可以说它只是具体的而不具有任何普遍意义,是针对具体法律争点而产生的规则,而非通常意义上的法律规则。但"依据"本身,如同标准、尺度一样,就包含了一定程度的普适性,这是一案之判决理由可以适用于后来类似案件的理论基础。

而后案之所以可以适用前案的判决理由,是因为前后两案在关键事实上的相似性。因此,是关键事实将两案联系在了一起,关键事实才是判决理由的基础。这里我们再次看到了普通法的重要特点之一:规则不是源于任何意志,而是源于生活和事实本身。社会生活不是为了规则而存在,恰恰相反,规则因社会生活才有自己的意义。

也正是由于关键事实的重要性,而且世界上不可能有完全相同的两个案件,因此后案法官在作出判决时,只能将先例中的判决理由作为自己为手头案件寻找所应适用之规则的**资料来源**,而不是任何先验的、必须恪守且不能质疑的圣谕。在这个意义上,判例和制定法在普通法法官那里地位甚至是一样的,夸张地说,它们都只是"资料来源",只为寻找案件所应适用之规则而用,都只是为达到最后那个真正的"判决理由",即本案判决的直接依据做准备,而不是最终的判决理由。

也正因此,遵循先例原则才有了例外,判例法对法律的发展才有了可能。先例法官和后案法官之间必定会存在永恒的博弈,判例法以不同于成文法的方式展示和体现了法律发展中的永恒话题:确定性和法律的发展之间永远存在张力。

但我们仍然要坚信,先例的判决理由对后来的类似案件构成拘束是基本原则,这是判例法维持法律确定性的基本保障;而且在通常或绝大部分的案件中,确认或对判

---

① R. Cross & J. W. Harris, *Precedent in English Law*, 4th edn., Oxford: Oxford University Press, 1991, pp. 93—95.

决理由进行表述并没有那么困难。所谓排除适用先例或背离先例,或对先例作出非常规的解释,都只是原则之外的例外,是多数之外的少数。

(二) 附随意见

关于附随意见,我们不必说得太多,因为有判决理由作为参照,附随意见也就比较容易理解。那么,什么是附随意见呢?是否就可以说不构成判决理由的法律命题就都是附随意见呢?仔细追究,就会发现答案并不像想象的那么简单。

关于附随意见的定义,帕特森教授(Professor Patterson)认为,不构成选定事实之大前提的法律命题就是附随意见。[①] 但问题是,有的法律命题构成了推理的大前提,但最终还是附随意见。古德哈特博士认为,其事实基础未被法院予以确证的法律命题是附随意见。[②] 这其中的主要问题是,其事实基础被否定的法律命题和其事实未被法院予以确证的法律命题是不一样的,而后者仍有可能构成判决理由,如法官对陪审团的指示等。克罗斯和哈里斯还认为,即使是附随意见本身,也包含不同的种类,如有些附随意见跟本案案情无关,这被称为不相关的附随意见(obiter dicta),而有些附随意见则是基于本案相关的事实但又不构成判决理由,它们被称为相关附随意见(judicial dicta or dicta)。[③] 这导致不同附随意见的说服力也有很大不同,权威最高的附随意见甚至和判决理由难以区别。[④] 其权威关系我们大致可排序如下:不相关的附随意见(obiter dicta) < 相关附随意见(judicial dicta or dicta) < 判决理由(ratio decidendi)[⑤]。

此外一些具体的情形也会使这一问题复杂化。如在一个案件中存在两个相互独立的法律争点,法院最终在第一个争点上支持了原告,而在第二个争点上支持了被告。如果依据最终的判决来说其中必定有一个是附随意见,但一般来说下级法院对这个作为附随意见的法律命题仍然要像判决理由那样予以遵循。[⑥] 类似的问题还出现在同一案件中存在两个相互依存的争点的情况下,如果其中一个被法院所否认而另一个被承认,那么第一个是否为附随意见呢?这样的问题没有定论,但它显然使得附随意见的问题变得越来越复杂,因而也是越来越不确定。[⑦] 而对于某些范围过宽的

[①] R. Cross and J. W. Harris, *Precedent in English Law*, 4th edn., Oxford: Oxford University Press, 1991, p. 76.

[②] Ibid., pp. 76, 77.

[③] Ibid. 但根据赞德的观点,"obiter dicta"一词本身可以指代这两种附随意见。参见 M. Zander, *The Law-Making Process*, 6th edn., Cambridge: Cambridge University Press, 2004, p. 268.

[④] R. Cross & J. W. Harris, *Precedent in English Law*, 4th edn., Oxford: Oxford University Press, 1991, p. 77.

[⑤] Ibid., p. 81.

[⑥] Ibid., pp. 77—78.

[⑦] Ibid., pp. 79—80.

判决理由,正是由于其过宽的适用范围,它们有时甚至会被当成附随意见,克罗斯和哈里斯称之为"obiter ex post facto",意为在后案中对先例的解释。①

因此,如同难以明确界定何为判决理由一样,对附随意见的界定同样困难。实际上,这是一个问题的两个方面,这两个相互关联的概念本身就是纠缠在一起的,其边界是如此的模糊,以致不同的法官、不同的案情(指手头的案件而不是先例),会使得同一个先例中的法律命题被赋予不同的地位。但我们也千万不要因为判决理由和附随意见之间难以区分而走向另外一个极端,即认为对这两者进行区分是没有意义的,并认为它不是遵循先例原则中的一个重要特征。实际上,它的确是遵循先例原则中的重要特征,只是这个特征不能过分夸大而已。② 最后,尽管困难,我们还是要就附随意见给出一个定义——这是赞德教授的定义:不构成判决之基础的法律命题是附随意见。③

五、先例被适用之后的后果

在法院诉讼过程中,一个先例可能会被法官考虑,但也可能不会被考虑,比如与本案没有任何关联的先例一般是不可能被法官考虑的。严格说来,此时这个先前的判决对本案来说甚至不应该被称为先例,因为先例是相对本案而言的,而先前的某个判决之所以可以被称为本案的先例,恰恰因为它与本案在事实上是相关的。

对于真正的先例而言,一旦被律师提出,法官就要予以考虑;但其结果却未必就是被遵循,相反还有可能是被推翻,或是效力和权威被削弱。这也就是先例被法官考虑后所通常可能面临的三种情况,下面分别予以论述。

第一,先例得到了法官的确认,因而被遵循。法官经过考量,认为先例与本案之间存在事实上的关联性,而且其判决理由对于本案也是合适的,那么一般就会遵循该先例并作出相应的判决。这是遵循先例原则的正常体现。

第二,先例的效力或权威被削弱。这出现在两种情况下,一是法官在本案中对先例所体现的原则直接进行了批评,尽管不是推翻;二是在本案中事实看似与先例类似,但没有适用先例的原则。这其中的原因很多,但经常的情况是,法官并不愿意直接推翻先例,而是采取区别等司法技术来避免适用先例,这会在不同程度上削弱先例的权威和效力。其中前者称为不予遵循(not following),后者称为有限区别(restrictive distinguishing)。

---

① R. Cross & J. W. Harris, *Precedent in English Law*, 4th edn., Oxford: Oxford University Press, 1991, p. 81.
② Ibid., pp. 80—81.
③ M. Zander, *The Law-Making Process*, 6th edn., Cambridge: Cambridge University Press, 2004, p. 268.

第三,先例被推翻(overrule)。先例可能被更高级的法院认为是错判而被推翻,这又包括两种情况。一是明示推翻(explicit overruling),即后来的法官明确宣布推翻某先例,其结果是导致该先例被逐出了判例法的体系之外,不再具有拘束力,除非是更高级的法院又认为它是对的而将其效力恢复。二是默示推翻(implicit or implied overruling),即先例被认为与后来高级法院的某些判决不相一致而被推翻,当然这一点尚存在对立的观点。①

不过需要指出的是,在司法实践中,英国的法官越来越倾向于通过区别等司法技术来回避适用某先例,而不是直接推翻。原因主要在于:一是对过去判决的尊重,二是直接推翻先例会引起较大的震动,不利于法律和社会的稳定。当然,被推翻的先例也绝非一无是处,比如其中的某些部分如异议、附随意见等也会对后来的案件具有一定程度的说服力。但很显然,它更多的意义只能是作为历史资料出现了。

第四节 判例法中的司法技艺

一个先例是否适用于本案(指手头的案件,下同),是否对本案有拘束力,除了前面提到的法院等级关系和判决理由这两个要素外,第三个要素是看前后两案在事实方面是否相关。只有事实相关,所谓的前案才是后案的"先例",其判决理由才应该被适用于后案。在实践中,判断两组事实究竟是否相关很多时候并不难,甚至可以说它在很大程度上只是一个凭本能或直觉就可以解决的问题。比如,我们很容易就会认定,前案中甲向乙借款 100 元的行为和后案中丙向丁借 1000 元的行为在性质上是一样的——都是借贷行为,因此具有相关性,因此前案中所适用的法律规则也应该适用于后案,前案中的判决理由对后案具有拘束力。

这一过程看起来好像是将前后两个行为从其具体的场景中进行了抽象,去掉那些不重要的情节,如借款的数额、当事人的姓名等人身性要素、借款的目的、还款期限,甚至打了借据与否等,只保留关键的要素,即借贷行为本身。然后用一个抽象的术语借贷对其进行描述,并为其寻找相应的、借贷所应适用的法律规范。如果后一行为也能像前一行为那样用"借贷"这个术语来描述,那这两个行为就是相关的,就应该适用同一法律规范。这种判断前后两案在事实问题上是否相关的思路,实际上是将前后两个行为还原为一个抽象的概念或先验的模板。如果它们可以作此还原,那么

---

① M. Zander, *The Law-Making Process*, 6th edn., Cambridge: Cambridge University Press, 2004, pp. 279—280.

它们就应该适用该模板中所事先确立的规范,即得到该模板中所描述的结果或结局。但这样的思路实际上是大陆法的思路,即将案件事实予以类型化,使之适合某一既存的概念、法条,从而自然而然地得出法律规定的结果。判例法也是这样的思路吗？如果是,那就意味着判例法和大陆法在这个问题上就没有区别了。传统上又认为,正是在这个问题上的差别才导致了普通法和大陆法的本质不同。因此,上述对于前后两案在事实上是否相关的判断思路并不属于普通法、判例法,而是属于大陆法、成文法。

那么普通法的思路又是什么呢？李猛对此曾有一段描述:

> ……如果说大陆法中的法官寻找的是使适用类型化的法律规则成为可能的操作性事实(上述所谓"p"①)的话,那么在普通法的法庭中,焦点则是使该案件与先例之间的类推成为可能的所谓"类推关键"(analogy key)。借助操作性事实,法官能够将一个案件的事件归类,从而援用实定法中三段论式的演绎推理。换句话说,正是一个案件中的操作性事实,将具体案件与在一定的适用范围内具有绝对性的规范联系起来,使"若—即"(if/then)的条件程式能够发挥作用,后者是所有实定法的法律规范的基本程式。但在普通法中,先例与具体案件之间的关系,并非类与个别项的关系。先例并非一个普遍性的范畴,而是一个范例(example)。而范例与规范不同,它与具体案件的逻辑地位是相同的,都是针对特定的事实。也就是说,作为范例的先例,即使在适用范围内,也不是绝对性的,而只具有一般性。因此,"类推关键"也并不是要将一个具体案件还原为一个一般性的模板,而是在两个具体案例之间建立类推联系。②

因此,根据李猛的说法,判例法的推理不是要将案件的事实还原到一个一般性的模板那里去,而是前后两案关键事实的直接对照。相似,则适用之,不相似,则不适用。在这里,前后两案关键事实的相关性不是通过处于其上的任何一般性规范而建立的,而是纯粹的、自然的、本能的比较、类比。就这个阶段的推理、这种情况而言,判例法的推理没有多少含金量,无非是依据直觉进行类比而已,而这在例行案件中体现得尤为明显。

但当一方要排除适用对方所提出的先例或是排除适用只具有说服力的先例时,就需要在前后两案的事实问题上进行区别,以指出二者之间存在不同因此后案不能适用前案的判决理由,从而达到排除适用此先例的目的。可以说,在事实问题上进行区别并适用恰当的法律规范,是律师和法官最关键的能力。因此,区别也就成了判例

---

① 即"如果 p,那么 q"中的"p"。——引者注
② 李猛:《除魔的世界与禁欲者的守护神:韦伯社会理论中的"英国法"问题》,载李猛编:《法律与价值》,"思想与社会"(第一辑),上海三联书店 2002 年版,第 176—177 页。

法中的一项基本的司法技艺。

那么,究竟何为区别、又该如何区别或区别什么东西呢?本书认为,所谓区别,实际上就是在司法过程中对不同情形下各种相关或类似的因素进行区分,以找出其中的差别,并在法律上区别对待,得出不同的结论。赞德认为,区别实际上就是划界线,或者看可以将一个规则运用于多大的范围,看将规则的范围扩大或缩小到什么程度以适应新的情势。① 在他看来,无论怎么表述,其最终的问题总是一样的:看先例和手头的案件在事实方面是否存在实质不同,以致足以保证其所适用的规则也必须是不同的。

司法过程中可供法官区别的内容非常多,主要包括区别事实问题和法律问题、重要的事实和不重要的事实等。所谓事实问题和法律问题的区别在普通法中意义非常重大,因为这直接影响到案件裁断权的归属——按照普通法的规则,事实问题需要由当事人进行举证证实、由陪审团进行裁断,如果陪审团依然适用的话,而法律问题则需要法官进行解释和决定。这二者一般情况下差别比较明显,但有时又会混在一起。比如甲先后与装饰公司乙签订了两份房屋装修合同,一份是为他自己的房屋进行装修,另一份则是装修其所在单位的办公室。在第一种情况下,甲的身份一般只是一个事实问题,而且一般不作为关键事实处理,最多只看他是否具备一般的行为能力就够了。而在第二种情况下,他的身份则会被作为法律问题进行讨论,比如他和他所在单位是什么关系,他在其单位的职务是否足以让乙相信他的行为构成了表见代理,等等。所以,同样一个情节在一个案件中可能只是事实问题,但在另一个案件中则可能被视为法律问题。在事实问题和法律问题纠缠不清时,即分不清这一情节究竟是事实问题还是法律问题,则一般由法官予以裁断。

对关键事实和不关键事实的区别也很重要,因为决定判决理由或所应适用之规则的正是关键事实,而不是非关键事实。只有关键事实类似、相关,先例的判决理由才能适用于本案;前后两案在事实上的相关性也只是指关键事实上的相关性,而不可能扩及非关键事实。事实上,世界上没有完全相同的两个案件,前后两个案件在当事人、时间、地点、标的等方面总会有所不同。如果判决理由扩及非关键事实,那遵循先例的原则就很难贯彻下去。所以,真正的区别应该是对前后两案关键事实的区别。尽管如此,何为关键事实、何为非关键事实也并不总是容易区分的。如前文所提到的,一个情节在这个案件中可能并不是关键事实,但在另一个案件中却可能成为关键事实。比如年龄的问题在一般案件中不会成为关键事实,但在涉及未成年人的案件中则会成为关键事实。所以,重要的不仅仅是在前后两案的关键事实之间进行区别,

---

① M. Zander, *The Law-Making Process*, 6th edn., Cambridge: Cambridge University Press, 2004, p.275.

在关键事实和非关键事实之间进行区别也是必要和重要的。

至于如何进行区别,则不是任何文字描述可以说清楚的。这也是普通法作为实践理性、技艺理性的重要体现,读者只有在具体的、相互关联的前后系列案例中才能体会得到这种技艺的真谛。对于我们来说,真正重要的是区别这种判例法技术的意义。实际上,区别的技术本源于法官或律师为摆脱旧的先例对手头案件的适用而力图在这前后两个案情非常类似的案件中找出不同点的做法,因此它成为了判例法推翻先例约束力或发展先例的重要方法,也成为了在判例法体制下推进法律发展的重要途径。通过区别,法官可以不断限定宽泛原则的适用范围,可以从宽泛原则出发为不同的情形归纳出不同同时也更为具体的法律规则来。在判例法体制下,所谓法律的发展,在一定意义上就是宽泛或抽象的法律原则不断被细化、分情况适用的过程。因此,区别是判例法摆脱遵循先例原则的束缚、推进法律发展的重要技术。

以上从判例报告、遵循先例原则和司法技艺三个方面论述了判例法的基本要素和条件,这三者是判例法得以运行的基础,缺一不可。相应地,在对判例法进行借鉴时,这三者也是必须考虑的因素。

第五节　判例法的相关理论问题

一、先例:作为法律本身还是法律的证据

判例法体制必须面对的一个实证法学的难题在于:判例或先例究竟是法律本身还是只是法律的证据?这个问题在成文法体制下好像并不存在,至少是不明显,我们几乎没有听说过有谁会去质疑立法机关制定的不是法律而只是法律存在的证据。这其中有一个细微但却值得指出的要点,即其实我们争论的并不是立法机关和司法机关所产出的产品,即制定法文本或法典及判例或判决书本身的性质,而是要讨论其中所体现的规则是否为法律,因为文本本身当然不是法律,而只是法律的体现形式或对法律的表述,就如同著作权法中作品的载体和作品的关系一样。我们现在讨论的要点是,立法机关制定的规则当然是法律本身,这基本上没有异议。那么法官在其司法推理过程中所表述的、作为其最终判决之依据和基础的法律命题是不是也是法律本身,还是只是法律存在的证据?而这一问题又与法官究竟是可以创制法律,还是法官只是在宣示法律的争论密切相关。

就此产生了两种观点或两个派别,我们可以分别称之为先例法律说和先例证据说,以及司法造法说和司法宣示说。经典普通法理论所坚持的就是后一种观点,其代

表人物一以贯之地认为,法官只是在发现而不是制定法律,他们甚至认为议会也只是在发现而非制定法律。① 早在17世纪黑尔就说过,法院的判决并不制定法律,因为只有国王和议会才能那样做。尽管如此,它们却是关于法律为何的强有力的证据,该证据的效力远大于任何私人的观点。② 18世纪时布莱克斯通也说,法院的判决为何为普通法的证据。③ 晚至1892年,埃谢尔勋爵(Lord Esher)还在说,实际上根本没有法官法这回事,因为法官并不创制法律,尽管他们不得不经常将既存的法律适用于新的情势——此前并未规定该法可以适用于这种情势。④

但事实上,从实在法的角度来看,遵循先例的原则和实践都表明,先例中所包含的法律原则或规则为后来的法官所遵循,并因此而实实在在地成为了后来法官判决的基础,就如同法典中的条文是法官判案的基础和依据一样。从这个意义上说,先例的判决中的确包含了和法典条文类似的法律规范,尽管其体现形式和法典相当不同。在法典中,立法者已将法律规范进行了严格和明确的表述,每个法官所做的只是解释和适用而已;而在判例中,是当值法官需要对所包含的规范进行表述,后来者(包括法官和律师等)只能也必须从中予以阅读、总结、归纳和重新表述。因此,就判例法所关涉的案件而言,法官的确是在为其寻找、归纳、总结、表述它所需要的规范,而且这也是法官的职责所在,他不能推脱。如此,你能说他不是在"制定"法律吗?

也许还存在一种较弱意义上的争辩,即要看如何理解"制定"一词。表面上看起来,立法者制定法律好像体现了更多的"意志性",因此更像是"制定";而法官造法时则要受到先例、制定法等更多的约束,因此不那么像"制定"。但实际上,很显然,"制定"并非制定者意志的任意体现。《法学阶梯》中虽有"皇帝的意志即为法律"之说,但皇帝制定法律也必然会受到其所处社会环境的制约,因此事实上,古往今来,以自己的意志随意制定法律的也许不能说没有,但却绝非正常和普遍的现象。立法者从来都是在考虑社会现实(这就包括了各种制约因素)的基础上再结合自己的意志来制定法律的,谁又能说法官在为手头的案件寻找、总结规则时不是这样的呢?以此来反驳法官不是在制定法律、不存在法官法,反驳先例法律说和司法造法说,并不具有很强的说服力。

因此,克罗斯和哈里斯实际上是支持先例法律说和法官造法说的。他们认为,先

---

① G. J. Postema, *Bentham and the Common Law Tradition*, Clarendon Press-Oxford, 1986, p. 1.
② Sir Matthew Hale, *A History of the Common Law*, London: Printed For Henry Butterworth, Law-Bookseller, 1713, p. 90.
③ I *Commentaries*, 88—89.
④ *Willis v. Baddeley* [1892] 2 QB 324 at 326. 转引自 Rupert Cross and J. W. Harris, *Precedent in English Law*, 4th edition, Oxford: Oxford University Press, 1991, p. 28.

例中表述的法律规则就是法律,因为它是由法官制定的,而不是因为它源于共同的惯例或是法官的正义观及公共需要。在它看来,将旧法适用于新的情势和创制新的法律规则根本无法区分。再者,如果没有法官法这回事,就无法解释许多由法官而非他人形成之法律理论的发展和演变;而且,如果先例只是法律的证据,那么法官就不会受其绝对拘束,它也绝不会被有效地推翻,因为总有后来的法官会认为它具有标示法律为何的证明力。英国法官可以并已实实在在地造法的事实,已经得到了英国宪政方面法律家的普遍认可。① 拉德克利夫勋爵(Lord Radcliffe)则说,其实关于法官是否造法的问题争论最小:他当然在造法,他怎么能不造法呢?②

如此看来,法官造法和先例为法律应该已经而且一直以来都是事实,而先例证据说和司法宣示说只是烟幕弹而已。但这是否意味着后者就没有价值呢?当然不是,因为司法造法说和先例法律说并不能解决或阐释法律实践中的所有问题,而在这些问题上,先例证据说和司法宣示说却可能说得通。而且,从不同的角度看,这前后两种学说可能都有一定的道理。如赞德就认为,当法官就法律问题作出决定之时,他只是在宣示在这个问题上他所发现的法律是什么。法官不是说他认为法律应该是什么,而是说他相信法律是什么。在他发布的关于法律是什么的意见中,他可能就已在既有的法律体系上加入了新的因素。实际上,除非他只是对既有的规则进行重复或以一种完全可以预见的方式将既有的法律适用于新的情势,否则他必然已经这样做了,即在既有法律体系上加入了新的因素。从这个意义上来说,很多判决都在法律问题上加入了新的内容,因此可以说是在"造法"。从法官的角度看,他的功能只是宣示法律;而从局外观察者的角度来看,他在宣示法律的同时也为法律增加了新的内容或者甚至已经改变了法律。因此,宣示说和造法说看起来都是正确的。③

但赞德认为这个问题还有其更深的一面。法官对法律的陈述可能会被证明是错的,比如在上诉时即被推翻,或是在后来的案件中其判决理由被上级法院的法官所推翻。这意味着判决作出之时该先例未必就反映或体现了正确的法律,这需要时间来检验。④ 这一事实动摇了司法造法说或先例法律说的基础:既然法官所说为法律或法官是在造法,为什么其效力需要等到过后才能得以确认?

而在这一点上,司法宣示说或先例证据说倒是可以解释得更为圆满。因为它揭

---

① R. Cross & J. W. Harris, *Precedent in English Law*, 4th edn., Oxford: Oxford University Press, 1991, pp. 28—30.
② Lord Radcliffe, *Not in Feather Beds*, 1968, p. 215. 转引自 M. Zander, *The Law-Making Process*, 6th edn., Cambridge: Cambridge University Press, 2004, p. 298.
③ Ibid., pp. 298—299.
④ Ibid., p. 299.

示了先例理论中最为基础也是最重要的一个方面:从司法判决中衍生出来的每一个原则都是可以被改变的。无论一个法律原则确立的多么好,在任何时候都可能受到挑战并被改变。即使是上议院自己的判决、自己表述的法律原则,也可以被自己所改变。戈夫勋爵(Lord Goff)的说法更为直白:

> 用发展的眼光看,一切对于法律的表述(无论是立法者,还是法官、法理学家)都只不过是一些起作用的假说而已。它们只是一些简单的、临时性的差不离儿(approximation),只不过有人根据其智慧发现它们在某些特定时刻是具有说服力的。对外行人来说,这一说法无异振聋发聩,因为他们认为法律是一个内在一致、可预见的、清晰的、精确的、确定的体系,甚至坚如磐石。但实际上根本不是这么回事。①

再者,司法造法说也难以应对判例法所带来的法律溯及力问题。众所周知,判例法中存在一个法律溯及力的难题,即法院一旦宣示了某项法律规则,对本案来说其效力实际上是溯及既往的。从法律的特性来看,新阐释的法律现在是法律,但在理论上它一直都是法律,过去对于此规则不同版本的表述都是错误的。新规则的溯及力当然只是一个拟制,但它却会引发如下非常实际的问题:人们可以就新规则产生前所受到的侵害依现在的新规则提起诉讼,并主张依此新规则所可能获得的赔偿,例外只存在于判决的既判力所涉及的案件和超过诉讼时效的案件。但判例证据说则不会与此种现实相悖,因为它的观点是:原来被认为是法律的东西在后来的某个时间可能被证明是错误的。②

克罗斯和哈里斯反对判例证据说的主要理由是,如果先例只是法律的证据,那么法官就不会受其绝对拘束,它也绝不会被有效推翻,因为总有后来的法官会认为它具有标示法律为何的证明力。赞德则通过类比从证据法的角度对此进行了反驳。他说,先例理论可以被认为是像证据法中的最优证据规则那样在运作,法院总是希望在不仅是事实问题,也包括法律问题上都得到最好的证据,而先例理论则确立了法院应如何达致先例的规则。同等条件下,就相关法律是什么而言,上议院的判决就是比上诉法院的判决更好的证据。就上诉审法院而言,上议院的判决不仅是法律为何的最好的证据,而且还创制了一个不可辩驳的预设:该判决是正确的。上议院在审视自己先前的判决时,也会视之为就相关问题所应适用之规则的最好证据;但该判决是正确

---

① Lord Goff, "Judge, Jurist and Legislature", *Denning Law Journal*, 1997, p. 79 at p. 80. 转引自 M. Zander, *The Law-Making Process*, 6th edn., Cambridge: Cambridge University Press, 2004, p. 299.
② Ibid., pp. 299—300.

的预设则是可以反驳的,因为上议院可以背离其先前的判例。同样,这对先例的推翻来说也不存在什么问题,实际上先例理论是禁止法院将已被推翻的先例作为法律为何之证据的,对不相关证据的排除也是我们所熟悉的证据法中的原则。赞德进一步论证说,判例证据说不仅与普通法的柔韧性和发展性相一致,而且也反映了法院实践的真相。法庭上关于何为法律的辩论是建立在各方的相关举证基础之上的,律师以先例或对其对手之先例的重新解释全副武装,并提出他对法律的理解是正确的。在听完各方的陈述之后,法官在其间作出判断。说先例是法律,等于说有关事实问题的证据是真实的。先例究竟是否反映了法律只有在法官说完之后才能权威地体现出来,即使是此时,也只有在限定的意义上才可以这样说,先前的判决最多是在那一刻是关于法律为何的最好证据。①

因此,尽管从实证的角度来看,遵循先例原则的确使得先例成为了法律,但简单地将先例视为法律本身又会导致很多难题无法解决。也许确如赞德所说,这是一个视角的问题,你站在不同的立场上,先例究竟是法律本身还是只是法律是什么的证据,就会有不同的结论。

二、判例法的优点

(一) 总体评价

对于判例法体制的优点,哈佛法学院的哈特和萨克斯(Henry Hart and Albert M. Sacks)两位教授曾作出过较为全面的论述,现将其观点总结如下:

首先是判例法有助于提高个人对自己行为之法律后果的预期。它可以帮助民众对其即将采取之行为的法律后果进行预测,以减少其卷入诉讼的可能性。它还是律师为其客户提供法律建议的基础,依此则可以减少社会摩擦。它还能减少当事人的侥幸心理,让其知道无论这个案件在哪个法官手里其实都是一样的结果。

其次,判例法有助于提高司法公正和司法的效率。先例已对与本案类似的要点给出了结论,因此当事人不必就自己案件中的每一个法律要点都向法院提出审查的请求,法院也不需要就每个案件中的所有法律要点都进行审查。这样就可以节约当事人的诉讼成本,提高诉讼效率,而且还可以向当事人和全社会传递这样的信息,即法官的变化不影响判决的结果。判例法正是通过遵循先例的机制保证了判决的内在一致性和合理性,从而避免法官人为恣意影响司法公正。

最后,判例法有助于提升公众对于司法的信心。这主要跟其判决的理性论证有关。在判例法体制下,判决的基础是说理论证,是理性。而对先前法官的判决表示尊

---

① M. Zander, *The Law-Making Process*, 6th edn., Cambridge: Cambridge University Press, 2004, p. 300.

重并与之保持一致自然是其合理性的最直接表现;但同时法官并不拘泥于此,而是还保留了自己的裁量权,以实现个案的公正。法官为了保证自己的判决能够经受当事人、上级法官、本职业阶层乃至整个社会和历史的批评,他也会尽力使自己判决与先例保持一致。这些都使得判决的非个人化色彩更为浓厚,因而也使之更为理性、合理,更能获得社会的信赖和支持。①

（二）在法律的稳定性和灵活性之间保持平衡

法律的基本作用在于解决纠纷,但也在于为民众的行为提供预期;前者的实现也许更多需要的是灵活性和因时而变,而后者则更需要法律的稳定性。稳定性和灵活性成了任何时代、任何社会、任何法律体制都必须面对的难题,如何在这二者之间保持平衡也构成了不同法律体系法律智慧的重要体现。那么,判例法又是如何实现这一点的呢?

赞德认为,维持灵活性和稳定性之间平衡的不是制度而是法官,但判例法制度自身的确允许灵活性和稳定性的并存。先例制度最强烈和最基本的倾向是遵循先例——无论该先例是否具有拘束力或其是否是一个好的先例。所谓只有本案法官同意先前法官之判决时此先例才有拘束力的说法并不可靠,因为这样就会消减法律的稳定性。② 斯通教授也说,先例理论所产生的的确是一种因循过去做法的气氛或氛围,它暗示的是一种稳定甚至是停滞的状态,今天的一切由过去所决定和掌控,尽管有社会情势的变迁,但法律制度还是沿着时间的脉络保持了稳定。③ 因此,判例法实现法律稳定性的基本机制就是遵循先例的原则。

但另一方面,先例理论的确也导致很多坏的判决存在了很长时间。我们经常会发现这样的情形,某些先例已被公认为是坏的判决,但法院还是缺乏改变它们的勇气。这对于具体案件的当事人来说显然是不公平的。为此,先例理论也给法官留出了很多空隙,以使之免受不良先例的约束:

(1) 上议院和高等法院可以不受自己先例的拘束,上诉法院(刑事分庭)也只是轻微地受其自己先例的拘束。

(2) 上诉法院民事分庭受其自身先例拘束的原则也存在很多例外。这一点前文已有述及。

---

① H. Hart & A. M. Sacks, *The Legal Process*, Tentative edition, 1958, mimeographed, pp. 587—588. 转引自 M. Zander, *The Law-Making Process*, 6th edn., Cambridge: Cambridge University Press, 2004, pp. 302—303.

② Ibid., pp. 303—304.

③ J. Stone, "The Ratio of the Ratio Decidendi", 22 *Modern Law Review*, 1959, pp. 597—598. 转引自 ibid., p. 304.

（3）枢密院司法委员会不受其自身先例的拘束。有时英国法院会选择遵循此处的先例，而不是其体制内从技术上来说应当遵循但却不太合适的先例；

（4）一个不受欢迎的先例最终可以通过区别而避免被遵循。

（5）上诉机制使得任何普通法原则都可以被挑战，因而被高级法院所改变；

（6）没有拘束力的判决自然无须遵循。

在赞德看来，很显然，不同的法官有不同的倾向，有的倾向于维持法律的稳定，有的则强调法律的与时俱进。但无论是哪种法官，他们都会在普通法内找到达到自己目的的途径。①

最后，先例制度灵活性的另一个非常不同但却很少被人论及的表现在于，法官可以以他喜好的方式来处理提交到他面前的先例、逻辑、社会政策及其他论证依据，而这些方式可以被称为灵活、个人化，但也可以被称为无端。有两名学者在对1979年10月以来一年内上议院所作出的58个判决进行逐字逐句地分析后指出，对于先例法官经常只是说它相关或是不相关，而不作解释或并不提供任何说明以证实其说法。有时判例会被详细地加以描述和分析，但有时却没有任何讨论就被简单地以对本案无益为由而抛弃。其最终的结论是，总体而言，上议院法官判决中的说理论证被证明并不像我们想象的那样好或充分。② 如果上议院如此，下级法院的判决又会如何呢？

（三）判例的形式与普通法的演进

对于普通法，我们前面已经提到了它的一些耳熟能详的特点，如其开放性、发展的连续性和对不同文化传统的适应性等。但在我看来，普通法的这些特点都与其采取的是判例而非成文的形式有关。

之所以说普通法是开放的，是因为它能够吸收各种不同的规范资源和法律智慧，并将其冶为一炉，最终形成一个普遍适用的规范体系。从历史上来看，普通法早期除程序方面的规则多为国王自创外，在实体上多沿袭和吸纳了盎格鲁—撒克逊的日耳曼习惯法和各地的封建习惯。十三四世纪时又从罗马法和教会法中汲取营养甚多，这方面以衡平法最为典型。18世纪，曼斯菲尔德勋爵又将商人法吸纳入了普通法；今天，欧盟的法律也在不断融入普通法之中。另一方面，抛开法律实体而从法律形式的角度而言，如前所述，制定法经过法官的解释和适用，也不断地在为普通法提供营养。

---

① M. Zander, *The Law-Making Process*, 6th edn., Cambridge: Cambridge University Press, 2004, pp.303—305.

② W. T. Murphy & R. W. Rawlings, "After the ancient regime: the writing of judgments in the House of Lords 1970/80", *Modern Law Review*, 1981, p.617; 1982, p.34. 转引自 ibid., pp.304—305.

而当普通法随着英国的殖民活动传播到世界各地之时,它又张开双臂拥抱了世界各地的法律和习惯,从而产生了美国普通法、加拿大普通法、澳大利亚普通法、香港普通法等众多的普通法。可以说后来的这些普通法与英国的普通法可能非常不同,但它们仍然还是被称为普通法。如此看来,普通法的确是一个开放的体系,它随时准备从别的法律体系或规范来源那里汲取营养、充实自己。

那么普通法的这种开放性是如何实现的呢?我认为这跟它所采取的判例法的形式直接相关。对于以解决纠纷(他并不想也不能为民众制定规范)为根本任务的普通法法官来说,为了解决手头的案件,他会而且也必须动用他所能够动用的一切规范资源,无论是先例还是制定法,习惯还是官方的法律,国内的还是国外的……①在这个意义上我们就可以理解庞德所谓法律只是法官判案时的资料来源的说法。②为了找到或总结出本案所应该适用的规则(ruling),法官必须对他所能接触到的这些资料来源进行分析研究,去粗取精、去伪存真,去掉不相关的保留相关的,去掉不合理的保留合理的,最终总结出一个可以适用于本案的规则。但这一切只有在判例法的体制下才可以实现——因为在欧陆法体制下,规则是先于事实存在的,法官所需要做的只是找到本已现成的规范并将之适用于手头的案件,而无须依据案件事实本身为之总结,在一定意义上也可以说是创制规则。可以想见,在一个疑难的案件中,这个规则的寻找和总结过程是漫长而艰难的,而且法官还必须对之进行充分的说理论证以保证其合理性。而判例恰恰为此提供了这样一种形式上的可能性:借此法官可以在其司法意见或判决中详细论证其规则的合理性,而这个总结、论证的过程同时也是一个将不同规范资源、法律智慧加工整合、重冶为一个新规则的过程。所以,普通法对于其他规范资源和法律智慧的开放性吸收,其实是通过判决书的说理论证来完成的,是在判决书的形式和空间范围内完成的。③正是在这个意义上,笔者强调了普通法的开放性特征与判例法的形式之间的关联。当然,笔者并不否认欧陆法和其他法律体系也会吸收其他规范来源和法律智慧从而也可能体现出类似的开放性,但其吸收的过程可能体现在立法过程中或这之前的研究、准备阶段,而不是司法和个案的解决过程中。换言之,欧陆法的开放性和普通法的开放性并不是一个概念,或者说它们的开放性体现在不同的方面。

---

① 这一点在普通法早期发展过程中体现得尤为明显。但此处的说法不意味着后来及今天的普通法法官可以跨越自己的英国法框架转而直接采用别的法律体系的规范。事实上,在普通法的法律框架形成之后,普通法法官就被限制在了这个框架之内,只有在非常特殊的情况下(如可以适用欧盟法,或其他普通法体制下的判决对本案有极大的说服力等),法官才会转而求助于其他规范来源。

② 参见[美]罗斯科·庞德:《通过法律的社会控制》,沈宗灵译,商务印书馆2008年版,第20页。

③ 此处抛开了普通法的其他体现形式,如法律家的著述等,因为相比较而言,判例是普通法最重要的体现形式。

普通法发展的连续性也与判例的形式有关。与普通法相比，欧陆法给人的印象是其断裂性更为明显，这主要跟它采取的成文法的形式有关：新旧条文间的不同总是可以从文字上清晰地显示出来。但普通法的变革却总是很难让人感知，人们总是在很多年之后才发现相关的普通法规则变了。恰如笔者之前引用的黑尔的话，普通法就像阿尔戈英雄的战舰，从过去航行到了今天，其船舱里的东西可能早已物是人非，但这船却还是原来的那艘船。究其原因，还主要是因为普通法的发展采取了判例的形式。

遵循先例是法律发展连续性的明证，也是维持这种连续性的有力工具，但最集中体现这种连续性的实际上是规则的演变而不是对它的固守。普通法正是通过先例的形式，才实现了这种无声无息因而是连续性很强的变化的。具体说来，判例的形式为法官对规则的重新表述，其中就可能包括对过去规则的发展和改变，提供了机会和空间，从而使他能够在对规则的总结和表述过程中加入新的因素，使规则发生新的变化，实现法律的发展和演进。在经典普通法理论看来，法官必须为每一个案件找到它所应该适用的规则，为此他需要进行上面提到过的研究、总结和表述的过程，所以遵循先例实际上意味着很多规则是在不断地被重复或反复适用和表述。① 这也是绝大部分例行案件中所发生的事实——在这些案件中，规则在后来的案件中甚至不需要进行表述和论证，也正因此例行案件的判决书并不见得（实际上经常是不）很长。但一旦后案的事实与先例有变，法官就需要权衡先例中的规则是否还可以原封不动地重复适用。如果简单的重复适用不合适，他就需要对本案所应适用的规则进行**重新**表述，而非**重复**表述。而正是在这一重新表述的过程，实际上还是上面提到过的规则的总结、提炼过程中，法官就可以因案件事实的变化而相应地对原来的规则进行"微调"，比如加入某些条件而改变规则的适用范围等，并因此而实现规则的变迁和发展。实际上普通法规则的变化都是通过这一过程完成的。而由于法官在说理论证或对规则的重新表述过程中强调了新事实对新规则形成所起的作用，人们会认可这种规则的变化，这也许不是规则的变化而是新形势下产生的新规则。人们对前后两案规则的变化也就感觉不明显了，但规则的确是变化了，只不过是新形势下有了新的要求而已。

对此，一位英国学者的表述很有意思：

> 普通法的原则有些像变形虫，在不断地成长，而这种成长又受制于它们自身不断适用于、反复适用和不适用于不断变化了的事实之实践过程中。在此过程

---

① 这也是普通法规则保持活力的重要途径，长久不用的普通法规则会因此而死去。这一点与制定法非常不同，因为除非经正式废止，否则制定法的规则不会失效。

中它们不断地被重新表述因而得以被重塑,最终呈现在你眼前的往往已经和其初始的形态大相径庭。在这个意义上,普通法中的那些重要的原则就是"从橡子成长起来的大橡树"——这就是司法过程的真义所在。普通法制度的实质就在于,民众的自由和所有的这些法律原则都是从先例到先例这样不断扩展流传至今的。①

关于普通法对不同文化传统的适应性同样如此。正是借助于判例的形式,借助于对规则进行总结、表述和重新表述的机会,法官才将其他文化传统中的规范资源和法律智慧整合进了当地的普通法中,从而实现了普通法与当地的良好对接。也正是在这个意义上,笔者不强调普通法在实质内容上的意义,尽管这也很重要,而强调它进行整合的这种方法。

总之,判例的形式为普通法的发展提供了宽松的环境,使其能够吸收各种不同的资源和适应不同的社会环境。实际上,判例的形式也是普通法以司法救济为中心之特点的结果,只是它反过来又促进了普通法在各个方面的发展,使之迥然区别于成文的欧陆法。

三、判例法的问题与缺陷

作为与法典法相并立的另外一种法律体系,判例法必然有它存在的理由和合理性,但这并不能抹杀其自身存在的一些问题和缺陷。这一部分主要将就这一问题展开论述。

(一) 总体评价

关于判例法的问题和缺陷,前面提到过的哈佛法学院的哈特和萨克斯两位教授也有过论述,现将其观点罗列如下:

(1) 判例法过分强调个案的重要性。

(2) 判例创制了法律,却可能因无法提前通知而挫伤了当事人对法律的预期。

(3) 一个坏的判决因遵循先例原则的存在可能会持续影响很久。

(4) 遵循先例原则倾向于向后看和保守,因此对社会的变迁反应迟缓。

(5) 一旦上诉法院或上议院确立了一个原则,无论是否与当时的情形相符合它都是法律。

(6) 如因为一个判决中存在多个判决理由等判决理由并不总是很容易可以找到,判例数目众多也使得法律的寻找变得非常困难。

---

① G. W. Bartholomew, "Unreported Judgments in the House of Lords", *New Law Journal*, September 2, 1983, p.781.

(7)先例原则重点关注的是前后案在事实上的细微差别,因此可能经常导致对法律原则和政策的忽视。①

上述对于判例法问题的归纳,可以说已经相当全面,但除此之外对于大陆法传统的人来说也许还可以增加这样一点,即判例报告的高成本和难以阅读。但在所有的问题中,笔者觉得有两点特别需要突出:一是因刻板地遵循先例而导致的实质上的不公,二是判例法所固有的法律溯及力问题。首先来看第一点。

(二)固守遵循先例原则与实质公正的实现

我们必须澄清这样一点:对于判例法体制,局外人,比如我们,看重的可能是法官的自由裁量权、法官造法的权力等,这其中就包括法官背离先例的权力。实际上遵循先例才是判例法最重要的原则,它构成了判例法体制的根基,相对于它,其他都只能被视为例外。前面所引赞德和斯通的话,已经很好地证明了这一点。

因此,固守先例是判例法的基本做法,但这样做的一个常见后果就是很容易导致实质上的不公。我们来看两个例子。在1939年的 *Radcliffe v. Ribble Motor Services Ltd.* 案中,上议院宣称不能背离自己先前在一个判决中所确立的共同雇佣原则(common employment):在劳动过程中因其同事的过错而遭受伤害的员工无法依普通法向其雇主请求赔偿,尽管在相同情况下一个不是该雇主之雇员的陌生人则可以索赔。该理论拖累了英国的法院达大半个世纪,每一个与该案相关的人都会认为它是不公平的,且与今天的形势完全不相适应。阿特金勋爵甚至认为确立该原则的判决从头至尾都是基于一个错误的假定,即"雇主负责"(*respondeat superior*)理论仅适用于陌生人。因为必须严格遵循先前的判例已经形成了司法惯例,上议院无法推翻该原则。即使是今天,也很难说上议院就会随时准备推翻任何完全由判例法所确立的原则。共同雇佣原则被判定不适用于 Radcliffe 一案,但该原则一直困扰着英国的法院,直至1948年为制定法所废除。

相对于上议院而言,上诉法院的情况可能更糟,因为它们至今还受其自己先例,当然也包括上议院判决,的拘束。在1982年的一个案件中,它判定,因受自己先前一个判决的拘束,本案中的陪审团裁断(10:2多数通过)无效,理由是尽管首席陪审员当众宣布赞同者人数为10,但却没有宣布不赞同者的数目为2。该规则几近荒谬,但因为本案无从进行区别,故只得遵循先例。除前文提到过的背离先例的例外,英国的遵循先例原则依然保留了其极具强制力的锋芒。②

---

① H. Hart & A. M. Sacks, *The Legal Process*, Tentative edition, 1958, mimeographed, pp.587—588. 转引自 M. Zander, *The Law-Making Process*, 6th edn., Cambridge: Cambridge University Press, 2004, p.303.

② R. Cross & J. W. Harris, *Precedent in English Law*, 4th edn., Oxford: Oxford University Press, 1991, pp.36—38.

固守遵循先例原则和实现实质公正之间的矛盾,在一定意义上是维护法律确定性和实现个案公正之间的矛盾,是法律确定性及其灵活性之间的矛盾。这种矛盾相信在任何一种法律体制下都存在,只是可能会因体制本身之性质不同而体现出不同的矛盾,或是矛盾的不同方面或侧重点。很显然,在判例法体制下,公正在某些个案中的缺失就是遵循先例所必须付出的代价。

(三) 判例法的顽疾:法律溯及力问题

如果固守遵循先例原则和实现实质公正之间的矛盾还可以说是任何法律体系都必然会面对的话题的话,那么溯及既往则是判例法自身独有的顽疾。

该问题的含义是,由于判例法要求法官**在作出判决时**要对本案所应适用之规则进行总结、归纳和陈述,所以实际上这是一个"事后的立法"行为:事实已经发生并提交到了法官面前,法官才为之寻找所需适用的法律规则。边沁在批判普通法时曾对此有过一个形象的说明,他说法官创制普通法就像某人为他的狗立规矩一样:当他不想让狗做某事时,他不是事先告诉它不能这样做,实际上这也是不可能的,而是在它这样做了之后痛打它一顿,如此狗才会明白,这样的事是不能做的。① 毫无疑问,普通法出身的边沁对普通法的批判是切中要害的,但这显然与普通法是救济法而不是规范法的特点有关。相对于规则先于事实的法典法而言,普通法是规则后于事实而产生的,或者说它是从社会生活的具体事实中总结出来的,而不是先验的。从这个意义上来说,普通法溯及既往是必然的。此外,这可能还跟普通法坚持法官只是**发现**,而不是**制定**法律的观念有关。经典普通法理论认为,法官通过对具体案件的审判不是在制定而只是在宣示法律。既然是宣示,就意味着蕴藏于社会生活中的规则是明确不变的,法律规则不仅现在如此,而且一直都如此。如果有问题,那也不是法律的问题,而是法官的问题。如布莱克斯通所言,如果前案之判决被发现明显荒谬或不公,不能说该判决中体现的是坏法,而只能说它不是法,是先前的法官没有发现真正的法律。② 如果前案判决被推翻,只能说是前案的法官没有发现正确的法律,而后案的法官发现了——当然究竟真的发现与否还要等待时间的检验,但在被再次推翻之前,它一直会被认为是体现了正确的法律。既然法律一直如此,那它自然也应该适用于过去类似的案件中,法律溯及既往适用的问题就出现了。这本来是普通法的问题,但作为普通法体现形式的判例法却也因此而无法摆脱这一难题的纠缠。

这是对判例法溯及既往特点的一般性描述,而该特点或问题在先例被推翻的情

---

① 参见〔英〕威廉·布莱克斯通:《英国法释评》,第1卷,游云庭、缪苗译,上海人民出版社2006年版,前言,第8、10页。
② Sir W. Blackstone, 69—70 *Commentaries* I.

况下会体现得更为突出,也会因此引发出很多的难题。试想,如果先例 A 适用的是规则甲,而后来 B 案推翻了先例 A 转而适用了规则乙,那么 A、B 两个类似的案件所分别适用的规则甲和乙究竟哪一个才是这类案件所应适用的规则呢?根据"法律应被认为是最近判决之表述"的判例法理论,当然应该是乙,而且未来的类似案件也应该适用规则乙而不是甲。那么这是不是意味着先前在 A 案中所作出的判决就是错误的呢?如果是错误的,A 案的败诉方可否以此为由而提出上诉或要求重新审判呢?如果可以的话,那么就势必意味着规则乙具有了溯及既往的效力,而由此所产生的后果则是无法估量的,因为必然会有很多类似案件都会要求被重新审判,这可能会给法院带来不能承受之重。

但事实上,既判力理论(*jus judicata*)和有关时效的规定却将这些麻烦一劳永逸地轻松化解了。先前的判决既然已经作出并生效,就不容再被挑战:如前所述,即使是上议院也要尊重郡法院已经生效的判决,尽管它可能并不赞同其所适用的法律规则,而且后者对它也没有拘束力。而对于那些虽未提起诉讼、而如果起诉将会适用新规则的案件,则存在诉讼时效的制约:如事件 C(下称 C 案)发生于 A 案之后、B 案之前,但一直没有诉至法院;那么在 B 案确立新规则之后,如果 C 案诉至法院,那么必定会适用 B 案所确立的规则乙而不再是 A 案的规则甲。如此,规则乙对于 C 案来说就是溯及既往的。但如果超过了诉讼时效,C 案就不会被提交至法院,那么上述溯及既往的尴尬也就不会出现。

真正让判例法作难的是没有超过诉讼时效的情形。如果 C 案没有超过诉讼时效因此而被诉至法院,那么就会出现不折不扣的法律溯及既往的情况。这才是判例法所面临的真正的难题。老实说,迄今为止,在英美的司法实践中对此并没有一个统一的说法或结论。我们可以看几个例子。

在 1991 年的 *Hazell v. Hammersmith and Fullham London Borough Council*([1991] 1 All ER 545)案中,地方政府已在一项所谓的"利率掉期交易"(interest rate swap transactions)项目中投入了数百万英镑,一名地方审计员对地方政府的这种投资提出了质疑,理由是它出于盈利目的而涉嫌投机交易。上议院支持了该审计员的观点,但其判决却引发了更多的争讼。在一起与此相关的诉讼(*Kleinwort Benson Ltd v. Lincoln City Council* [1998] 2 AC 349)中,一家银行要求地方政府返还它依互换交易利息协议而支付的款项。该支付发生在六年多之前,因此应该已经超过了诉讼时效,但 1980 年的《时效法》(Limitation Act)规定,当该款项是因错误而支付时,时效从该错误被发现或经合理努力该错误可以被发现之时开始计算。在高等法院审理此案时银行败诉了,理由是上诉法院一个有拘束力的先例规定,基于法律错误而引发的错误支付不能提起诉讼。于是该案直接上诉到了上议院。上议院以 3∶2 的多数认为,前述上诉法

第十三章 判例法 279

院的规则应被推翻,因为它与现代的不当得利原则不符。法律应当认可对基于错误而支付之款项的返还请求权,而无论该错误是事实错误还是法律错误。银行被认为是在弄清支付当时之法律为何方面犯了错,因为法律宣示说理论认为,法律一直被认为是最近之判决的表述。因此,该案的时效应从新判决作出之日起计算,如此,该银行可以要求返还其已支付的款项。

此判决一经作出就引起极大的争议,即使主持发表司法意见的戈夫勋爵也说,在通过司法发展法律方面,本案的极端性异乎寻常,也极为少见。他自己也承认,如果相关规则的变更是由议会完成的,则断然不会产生这样溯及既往的问题。持异议的布朗—威尔金森勋爵(Lord Browne-Wilkinson)不同意这笔款项应被收回,因为银行在支付该款项时并没有承受任何法律错误;基于对当时之法律的理解,银行正确地认为地方政府会合法地达成互换交易。而多数派的观点则意味着,如果法院改变了其规则,那么支付时和若干年后不可能收回的款项便可以收回了。

就收款安全和交易的终结而言,本判决对于公共利益将会产生极大的破坏性。而因为诸位法官大人又诉诸了1980年的《时效法》这一具有普遍意义之规则的解释和适用,情况将会变得更糟。试想,对上诉法院下一个类似判决的推翻无异又会影响到许多基于该判决而完成的支付,它们同样可能会由不可收回变为可收回。

劳埃德勋爵(Lord Lloyd)同意布朗—威尔金森勋爵的意见,他补充说,如此对先例的推翻将会导致许多已经完成的交易被重启,从而引发无尽的混乱。因此,这两位法官都主张由议会在法律委员会的建议下修改法律,并通过完善时效期限来降低规则变化所产生的影响,但这一切都不应由司法来完成。①

两位异议者的意见突出反映了判例法溯及既往的问题和尴尬,但多数派显然是出于实质公正的考虑才作出此判决的,一般性规则和个案公正、法律的稳定性和灵活性之间的紧张和矛盾再次得以体现。

而如果将这一难题扩及刑事诉讼则会更加棘手。已被定罪并被判刑入狱的罪犯可否以其案所依赖之规则被推翻而请求无罪释放?令人惊讶的是,其答案竟是不清楚。第一个问题是,在决定是否允许已超过上诉期的当事人提起上诉之时,上诉法院刑事分庭是否会将法律之改变作为允准的原因之一?莱恩勋爵(Lord Lane)在1977年的一则附随意见中说,法律的变化并不构成允准超过期限提起上诉的正当理由,但在此前1972年的一个案件中他又说法院可以允准此类上诉。最后他说:"必须对个

---

① 本案的相关信息和评论引自 M. Zander, *The Law-Making Process*, 6th edn., Cambridge: Cambridge University Press, 2004, pp. 393—394.

案进行认真考量"。在 1997 年的 *Hawkins*(1997) 1 Cr App Rep 234 at 239 案中,宾纳姆勋爵(Lord Bingham)的结论是,一般情况下反对对已决之刑案重开诉讼,但也要考虑个案的实质正义问题,言下之意重开诉讼也并非不可能。果然,尽管 *Hawkins* 案并未被允准提出上诉,但其理由是法院发现 Hawkins 完全可因其他犯罪而被起诉;1996 年的 David Cooke (2 December 1996, unreported, CA No. 9604988)案则被允准超过上诉期限而提起上诉,理由是上诉人正在服有期徒刑。①

在涉及行政诉讼、国家赔偿以及人权保护方面的案件时,情况也大致相同,也都出现过因先前案件之规则被推翻而当事人遂被允许重提诉讼的情况,同时也有被拒绝的情况。② 因此本尼恩评论说,在这方面没有一个统一的结论,具体要看所涉法律问题之性质。③

通过对相关案件的考察我们发现,法院一般不会允许此类上诉,这意味着他们并不支持新规则溯及既往的效力,为此法院会使用各种理由,包括与当事人所提要点无关的理由,如上诉人的其他犯罪行为等来拒绝允准此类上诉或重开诉讼。但在某些案件中,法官也会基于个案的特殊性和实质正义而允许适用新规则,这意味着新规则具有了溯及既往的效力。总体来看,这与大陆法的做法并无二致,我们今天面对类似情形一般都采取从旧兼从轻的原则,即一般不溯及既往地适用新法,除非是新法对当事人更为有利。

实际上,判例法所遇到的溯及既往的尴尬并非其所独有,而只是其独特的运作机制导致其这一问题特别突出而已。回想一下大陆法的做法,基本上采取了断然要求新规则必须从某个确定的日期生效的方法,不允许其具有溯及既往的效力,如此则可明确保证法律的稳定性。无论如何,判例法法官也在为此寻求类似的办法来解决法律溯及既往的问题,所谓的"前瞻性推翻"(prospective overruling)就是这样一种方法。

所谓前瞻性推翻,是相对于"回溯性推翻"(retrospective overruling)而言的,它指的是法官在推翻先例的同时宣布其所确立的新规则只适用于未来,而不适用于本案及此前的案件。如此则可以保证新规则有一个明确的生效时间,在实际效果上这和大陆法的做法或和议会立法基本上一致。这一方法为美国许多州的上诉法院和美国联邦最高法院所采用,但它引发的争议远大于它所带来的好处,而其最核心的争议又集中在这一做法实际上是赤裸裸地篡夺了议会的立法权。如德弗林勋爵(Lord Dev-

---

① M. Zander, *The Law-Making Process*, 6th edn., Cambridge: Cambridge University Press, 2004, pp. 394—395.
② Ibid., pp. 395—396.
③ F. Bennion, "Consequences of an overrule", *Public Law*, 2001, p. 450 at p. 451. 转引自 ibid., p. 396.

lin)所言,它僭越了立法和司法的界限,将法官变为了毫无掩饰的立法者。① 因此,尽管在英国也出现了前瞻性推翻的案例,但更多的人还是主张由议会来完成相关的法律变革,从而避免新规则的溯及既往问题。②

实际上,还有一种理论也可以在一定意义上(实际效果上)解决判例法溯及力所带来的麻烦。该理论认为,对判决理由(ratio decidendi)的推翻和对判决(实际上是决定,decision)的推翻是不同的,后来的法官可能并不认可先例中的判决理由,但却完全有可能赞同当时法官作出的最终决定。如果是这样的话,在实践中,原案(先例)当事人即使依其判决所依之规则被推翻而提出上诉,如果他还能够提出上诉的话,也不一定能够改变先前的决定。如在1968年的 *Conway v. Rimmer* 案中,上议院就被认为是推翻了1942年 *Duncan v. Cammell Laird Ltd.* 一案之判决中的判决理由,即:如果行政机关对如下主张进行了恰当表述,则法院不能去追究其背后的真实原因——出于国家利益,不应要求政府出示某些证据。但法官们当时又一致确认了前案的判决,即政府机关拒绝提供有关战时修建王国潜水艇方面证据的请求得到了法院的支持,是正确的。③ 而从理论上来说,既然"判决"没有被推翻,被推翻的只是"判决理由",或者判决本身没有问题,那么案子本身就没有问题,也就无所谓重启诉讼、上诉或者重审了。因此,尽管"对判决理由的推翻"和"对判决的推翻"听起来好像只是语义上而非实质性的区别,但在注重区别的判例法体制下,这两者是不同的观点还是得到了司法实践的认可。尽管它并不像既判力理论和时效理论那样能够较好地解决判例法的溯及力问题,但在实际效果上也可以起到抑制重启既决案件的作用。

---

① Lord Devlin, 'Judges and Lawmakers', 39 *Modern Law Review*, 1976, p. 11.
② 有关前瞻性推翻的详细论述,请参看 A. Nicol, "Prospective Overruling: A New Device for English Courts?", 39 *Modern Law Review*, 1976; M. Zander, *The Law-Making Process*, 6th edn., Cambridge: Cambridge University Press, 2004, pp. 397—403; R. Cross & J. W. Harris, *Precedent in English Law*, 4th edn., Oxford: Oxford University Press, 1991, pp. 228—232.
③ R. Cross & J. W. Harris, *Precedent in English Law*, 4th edn., Oxford: Oxford University Press, 1991, p. 132.

第十四章　普通法方法论

第一节　作为方法的普通法

笔者对于普通法的认识和理解是从历史开始的,并希望最终落脚在司法方面。这条思路的含义是,要真正理解普通法,就需要从历史着手,追溯其发展轨迹,归纳其主要问题,厘清其与衡平法、制定法之关系,进而分辨它以判例法之形式区别于欧陆法的不同之处,以理解其本质之所在。所谓落脚于司法,实际上首先也包括了从司法开始,因为普通法乃法官之法、司法之产出,不从司法入手而仅诉诸文本、法条,显然是徒劳无益的。此两种解读的最终目的都是为了真正理解普通法,从而在中国的法律变革中能够有所借鉴。而对普通法进行借鉴的最终、最有价值的部分笔者认为必将体现在司法方面,尽管在规则或立法的层面进行借鉴也有一定意义。

但随着何美欢老师在清华大学法学院普通法教学实践的展开,国内法学界又出现了另外一种理解普通法的方法,那就是直接从判例入手来学习普通法。[1] 说实话,在笔者今天看来,这才是学习普通法最正宗的路径。笔者自认为自己对普通法的认识在近年来发生了较大的变化。以前更多是从历史、文化、比较法、知识而非方法等方面来理解和认识普通法的,这对于一个法律史学者和法学研究者来说也许是很重要和必要的,但这些都是将普通法作为一个研究对象对待的,而没有视之为一种可以对我们的法律建设有所贡献的制度体系,更准确地说是不知道该如何使普通法贡献于我们的法律建设。但随着时间的推移,笔者开始更多地关注这后一问题。笔者相信普通法,主要是其作为方法或其方法,可以改变法律人思考和解决法律问题的方式——即使是在中国传统极为牢固的司法领域,因为普通法体现了司法过程中的一般规律;它甚至可以在一定程度上改变法律人和民众的法律观,而这种改变对于我们一直孜孜以求的法治建设来说不仅没有坏处,而且还更有帮助。[2] 笔者现在不敢奢望

---

[1]　尽管在国内法学院通过判例的方法来讲授普通法何老师很可能并不是第一家,但说她是最典型、影响最大也最成功的一家——这一点相信不会有多少人反对。

[2]　这一点在本书结尾还会有详细论述。

普通法对普通民众法律观的改变,而只是希望法律人在这方面能够有所体悟、领会和借鉴。① 这也是何美欢老师进行普通法教学的意义所在,也是笔者近年来在本科生中尝试中文判例教学的真正目的所在。

把自己对普通法认识的这种转变归纳为从知识到方法的转变,只是因为自己在能力等方面欠缺太多,无法到达何老师的层次和境界,只能勉为其难地拿中文案例来展开。但笔者相信,亦如何老师自己所言,她进行普通法教学目的并不是为了让学生学到多少有关普通法的知识、了解多少普通法的规则,而是掌握关于普通法的方法。② 而在笔者看来,中国的案例同样可以运用普通法的方法来进行分析,而且因为语言的便利性而更有利于最大多数中国法学院学生的掌握。因此,笔者的努力是在将何老师的做法,或者整个普通法世界的做法,汉语化、中国化、本土化,并希望能够惠及最大多数的法科学生而不只是极少数精英分子,因为作为法科学生同样有权而且也应该(如果不是义务的话)了解这些方法,否则就很难真正从事法律实务。

如此,至少从何老师的实践中我们可以看出,她是在将普通法作为一种方法而不主要是作为规范、法条、制度、知识等进行传授和训练③,这也正好和笔者将普通法着重理解为一种方法而不是制度、条文、理念等的进路④相契合。如果我们能够在这一点上达成共识,那么接下来的问题就是,究竟是不是存在一种所谓的普通法方法?如果存在,它又具体指什么?如何才能习得这种方法?这种方法的意义和价值又在哪里?

第二节 普通法方法是否存在及其层次

首先,是不是存在一种所谓的普通法方法,笔者认为是存在的。这种方法集中体现在如何将规则适用于手头的案件以解决纠纷、警示未来甚至是发展法律方面。有

---

① 但笔者相信法律人观念的变化会扩及普通民众,这也是普通法能够型塑民众精神气质的原因所在。所以,卡内刚曾说,在普通法之下生活一段时间,你会沾染上一种盎格鲁—撒克逊气质。参见〔比利时〕范·卡内刚:《英国普通法的诞生》,李红海译,中国政法大学出版社 2003 年版,第 112 页。

② 参见何美欢:《论当代中国的普通法教育》,中国政法大学出版社 2011 年版,第 194—196 页。何老师自己也说,一开始她还给学生介绍一些有关普通法的基本知识,但后来连这个也省略了,而是一上来就是读判例。

③ 尽管我们必须承认,美国许多法学院的判例教学也是在通过判例的形式学习普通法的实体规则。也正是基于此,笔者认为我们的讲授式系统性教学并非一无是处,何美欢老师也持类似态度,参见何美欢:《论当代中国的普通法教育》,中国政法大学出版社 2011 年,第 135—138 页。),更不是如某些人所说应该被抛弃,而是觉得应该延续和保留这种系统的教学,但应开辟单独的法律方法培训课程(也许不可能有很多课时),以加强学生解决案件的技能培训。

④ 参见李红海:《普通法研究在中国:问题与思路》,载《清华法学》2007 年第 4 期。

人认为,既然有了规则,那么将既有规则适用于手头的案件来解决纠纷就是一件轻而易举的事,或至少并不是什么难事。但笔者并不这么认为。姑且不论是不是在任何案件上都有现成的规则存在,单就将既有规则适用于案件而言,同样也有很多人论述过这并不是一件很容易的事。17 世纪初,当詹姆士一世国王提出自己同其他人一样也有理性因此也可以审判案件之时,柯克回答说,审判案件需要的是技艺理性(artificial reason)而非一般人都拥有的自然理性(natural reason),而前者需要长时间的学习、实践、思考才能习得。① 也是在同一个世纪,马修·黑尔爵士进一步提出,将抽象的规则运用于具体的个案并非易事。他举例说,道德哲学家可以轻易地就抽象的道德原则(如杀人偿命欠债还钱)达成一致,但一具体到个案就会分歧重重。② 想想也是,我们很少会对现行刑法关于盗窃的规定产生很大的争议,但具体到许霆案,法官、检察官、律师、法学家却都争得面红耳赤。如此,你还能说将抽象规则运用于个案(至少是某些疑难案件)是小菜一碟吗?波斯纳也在回顾美国法律思想的演进后指出,司法其实并不是一个简单的三段论推理过程,而是一种实践理性(practical reason)、一种技艺,需要在长期的司法实践中才能习得③;霍姆斯大法官关于法律的生命不在逻辑而在经验的名言,我们就不必再重复了。

因此,我们必须承认,将抽象规则适用于个案并不总是一件易事,至少在某些疑难案件中不是,而是需要经验、能力、方法和技艺的,而笔者所理解的普通法方法就是关于这些内容的,或就是涉及这一方面的。从这个意义上来说,所谓的普通法方法是存在的。

但存在是一回事,能否将之说清楚则是另一回事。就笔者目前所见,好像还没有谁把这个问题说得明明白白的。其原因大概在于,这本身就是一个不容易说清或根本就无法说清的问题,而之所以难以或无法说清,大概又在于它是一种经验、体验、技艺、实践理性等,而这些东西,如我们已经意识到的那样或如前述诸位先贤已经论述过的那样,并不是像说明书或操作手册那样你看了就可以掌握,而必须是亲自实践才能逐步习得和有所体悟。因此,要说清普通法方法是什么,就几乎成了一件无法完成的任务。

不过,尽管如此,还是有很多人从不同的角度对普通法方法进行了描述。因此,本部分的目的就在于力图通过对这些描述的总结,并结合笔者自己的认识,来谈谈自己对普通法方法的理解。

---

① Coke, 12 *Coke's Reports*, 63, 65.
② Hale, "Reflections on Hobbes' Dialogue", 502—3, cited from G. J. Postema, *Bentham and the Common Law Tradition*, Clarendon Press-Oxford, p.32.
③ 波斯纳:《法理学问题》,苏力译,中国政法大学出版社 1994 年版,第 91—101 页。

笔者想从三个层次来谈普通法的方法论问题，或者说普通法的方法至少应该包括三个层次。第一个层次是宏观上的，即普通法作为一种通过法律对社会进行治理的理念和方法，是经验主义而非理性主义的，是救济性而非规范性的，是被动的而非能动的。第二个层次是中观上的，即普通法因采取了判例的形式而在发展法律方面体现出了和欧陆法非常不同的特点，具体来说就是它比欧陆法更有开放性和连续性，更能吸收各种不同的法律资源和法律智慧。第三个层次是微观上的，即普通法在解决个案尤其是为个案寻找法律依据方面发展出了一套明确的方法，从而不仅能使个案得到高效和公正的解决，还能保证法律的稳定和发展，保证社会的稳定与和谐发展。

实际上，在笔者看来，这三个方面是相互关联、层级递进的。宏观的社会治理和中观的法律发展都是通过微观的具体个案的解决实现的。就对社会治理而言，普通法是通过具体来扩及一般，而不像欧陆法那样是从一般到具体。因此，在讨论普通法的方法论问题时，笔者将从微观开始，然后再逐步扩展到中观和宏观的两个方面。只有理解了普通法在具体个案层次上的运作，才能真正理解它在发展法律和实现社会治理方面的特点。

第三节　普通法的司法过程与微观层面的普通法方法

将普通法方法的含义主要定位为对具体纠纷的解决办法、方法、途径和思路，只是这种含义上的方法（微观层面）会产生一种扩展效应，并影响到法律的发展（中观层面）和对社会秩序的维持（宏观层面）方面。从这个意义上说，微观层面上的含义其实才是普通法方法的本源性含义，而中观层面和宏观层面上的含义则是从其本源性含义中派生出来的含义。其中孰轻孰重，已是一目了然。

因此，所谓微观层面的普通法方法，其实就是普通法法官通过司法解决具体案件的方法、途径和思路的总和，而这之中的核心又是法官如何为自己的最终决定寻找规范性依据（三段论演绎推理中的大前提）。而要了解这种方法，就必须了解普通法的司法过程，必须把它置于司法的语境中。也正是基于此，迄今为止对普通法方法的探讨，基本上都与普通法的司法过程相关。比如，有人认为普通法方法的一个特征是区别事实问题和法律问题，有人认为普通法运用的是归纳和类比而非演绎的方法，还有人认为普通法区分例行案件和疑难案件……毫无疑问，这些说法都没错，但可能都只是揭示了普通法方法的一个方面或一个阶段、一个环节，而并没有揭示其全部。而只有揭示了其全部，我们才能既见树木，又见森林，对普通法方法有全面的了解。

笔者不能说自己已经掌握普通法方法的全部内容，而只是想尽力对此予以揭示；不过毫无疑问，自己的下述揭示也是建立在他人研究和理解的基础之上的。笔者将普通法司法归纳为如下的过程。

一、普通法司法的基本过程

（一）厘清事实

即面对一个案件时，首先要将案件的事实予以梳理，摒弃那些不重要的事实和情节，保留重要的事实，并将其像故事一样讲述出来。这一点经常为很多人所忽视，因为他们认为对事实的梳理并不困难，只要是平常人都可以将自己经历的事情讲清楚。但实际上，法庭上对于事实的陈述是有特定要求的，陈述者必须考虑哪些事实可能具备法律含义，而哪些事实没有任何法律意义，并依此进行合理的组合来陈述案情。如此，法庭才可以依据你的陈述迅速找到争议点，并依据相关证据来判断相关的法律请求或抗辩是否成立。比如，一个人的穿着、举止和发型通常并不是重要事实，但当这个人是未成年人并出现在一笔汽车购买交易中时，上述情节可能就是非常重要的事实，因为它们可能构成卖方判断买方是否适格的依据。再如，普通当事人可能更关注道德、情感方面的事实和情节，尤其是在婚姻家事案件中，但法庭可能并不怎么需要这里面的很多内容。因此，对事实的梳理并非易事，因为它同样需要带着法律的有色眼镜去梳理，而这种梳理也成了对法律人职业能力的基本要求之一。

（二）找出争点

事实厘清之后，接下来要就其中的核心争议点进行归纳和梳理。需要指出的是，这里所谓的争点主要是指法律方面的争议点，即普通法司法过程中的法律问题，而不包括事实方面的争议点，即事实问题。事实方面的争论主要是证据问题而非法律判断问题，而证据问题虽也与法律有关（如举证会受程序法的规范和调整），但主要还是对于事实的查证和披露问题——这在很多时候与其说是一个法律问题，还不如说是科技（如 DNA 技术的出现可以解决很多事实方面的问题）、良心（如当事人是否说实话）等方面的问题。而这些并不是法律可以解决的。尽管向法庭举证毫无疑问也带有高度的技术性，但这些技术、策略多与逻辑学甚至是心理学相关而与法律无关。所以，此处所谓的争点主要是指必须进行法律判断或必须在法律上予以断定的命题或主张。这些命题或主张通常与当事人的诉讼请求密切相关，但即使不直接相关，后者也会是这些争点的直接后果，即只要这些争点有了结果，当事人的诉讼请求是否成立也就一目了然了；甚至是，只要这些争点解决了，整个案件也就随之解决了。需要指出的是,一个复杂的案件,其争点可能并不只有一个,但一个案件必定至少存在一个争点。还需要指出的是,争点并不必然,尽管可能总是,意味着它就是一个很难判断或难以作出法律裁断的问题①,因为在例行案件中,争点通常很明显,而对其的判断或裁断因为法律规定很明确等原因而通常也很容易。只有在疑难案件中,对争点的裁断才会显得非常困难,也才能显示法官和律师的水平高低。

顺便提醒一下,寻找争点这个环节最能体现有些研究者对普通法方法的某些描述,如普通法对事实问题和法律问题的区分,对重要事实和不重要事实的区分,和对例行案件和疑难案件的区分等。

(三) 就争点发表意见

接下来,就要对所形成之争点发表意见。我们可以拿许霆案为例来说明争点和就争点发表意见之间的关系。在梳理完事实和各项证据确认完毕之后,我们就许霆案所形成的争点就是,许霆这种行为究竟属于什么性质?而就此争点检方、辩护律师、法学家等都发表了许多不同的意见,如检察官认为许霆的行为构成了盗窃罪,辩护律师认为这不属于犯罪而属于不当得利,还有人认为构成了信用卡诈骗罪、侵占罪或仅仅是民法上的侵权行为,等等。因此,这就如同写论文,首先你需要选好要研究的领域和主题,然后就这个主题形成问题,然后再就此问题提出你自己的立场和观点。争点和就争点发表的意见,就相当于写论文时就文章主题所形成的问题和就此问题提出的立场和观点。

很显然,这个意见其实就是一个需要证实的法律命题或法律主张,如许霆案中检察官在许霆行为性质问题上的观点是,许霆的行为构成了盗窃罪,就像你研究论文中所提出的、尚待证明的观点或结论一样。它需要你拿事实(通常是举证的过程)和法律(即所谓的法律依据)来证明或予以支持,这就到了普通法司法过程中的第四个阶段。

(四) 运用事实和法律论证自己的主张

对自己的法律意见或主张进行论证是普通法司法过程的核心,因此也被很多人认为是普通法方法的核心所在。我们可以从两方面来论述这个问题。

首先是论据的问题。证明自己的法律主张显然需要事实和法律两方面的依据。就事实方面而言,这其实是一个举证的问题,并进而是一个科学或心理学的问题,笔者不准备把它包括在普通法方法的内容中,或至少不准备强调它。就法律方面而言,其实是一个提出法律依据的问题,而我们可以想象得到的法律依据基本上包括制定

---

① 这里所谓的疑难案件显然并不等同于苏力所谓的"难办案件",后者可能是因为执行难或当事人的特殊原因(如可怜等)而形成的,但这并不意味着它在法律判断上也很困难。

法、判例、法律学说等。在这个问题上,笔者认为传统上将普通法与欧陆法予以对立的做法是夸大了二者之间的差别。比如,制定法不仅是欧陆法最基本的司法依据,而且在普通法司法过程中同样重要;判例不仅在普通法中是基本的法律渊源,而且在欧陆法中也实实在在地发挥着作用。至于法律学说则更是如此,如柯克、布莱克斯通等人关于普通法的基本理论仍为普通法法官们所依循;而在刑法没有具体描述的情况下,如并没有哪个刑法条文说什么是盗窃,而只是说"盗窃他人财物……",我们对盗窃概念的理解难道不是来自于刑法教科书和刑法学家们的理论吗?① 所以在法律依据的论据,实际上也是一个法律渊源的问题上,普通法和欧陆法之间并不存在过于值得强调的差别。

其次是论证的问题。论证又包括两个阶段。首先是如何找到论据(法律依据),然后是如何将这些论据组织起来形成强有力的论证和说服力。就这两个阶段而言,前者又是关键,因为与前者带有极强的法律技术性不同,后者好像只是一个文法和修辞学的问题。因此,如何找到法律依据(如通过归纳和类比总结出规则来),就成了对自己观点进行论证的核心环节,而且它也是整个普通法方法论的核心,以至于很多人所谓的**普通法方法,实际上就是指通过从制定法和判例及其他法律渊源寻找法律依据并对自己法律主张进行论证的方法**。既如此,我会在下面对此进行专门的讨论。

(五)得出结论

这是对自己的观点进行论证、对对方的观点或论证予以反驳之后自然而然、水到渠成的结果。这里所谓的结论,是指法院最终就当事人之间的权利义务进行分配或就程序性问题所作出的最终决定。它等于是三段论演绎推理的结论,而前面的发现事实等于是寻找小前提,发现法律等于是寻找大前提。我们可以清楚地看到,如果大小前提找到了,得出结论是水到渠成的事。因此司法过程中真正的困难其实并不是最后得出结论的阶段,而是前面寻找大小前提的阶段,而寻找大小前提(尤其是寻找大前提——但大前提的寻找必须结合案件的关键事实)的阶段集中体现为上述对自己观点进行说理论证的阶段。

从一定意义上说,这就是笔者心目中所谓的普通法方法。如此看来,它实际上只是普通法法律家们解决纠纷的一套程序、做法,一个过程或一种思路。而这其中又包

---

① 如通常认为盗窃为"秘密窃取",而"秘密窃取"又是指在他人不知情的情况下拿走并占有他人财物。我们的这些认识并不是来自于制定法,而是来自于一代一代的刑法学教科书和刑法学者的理论。另一个例证是,张明楷教授甚至主张"秘密"并非盗窃罪的基本特征。参见张明楷:《许霆案的刑法学分析》,载《中外法学》2009年第1期,第30—31页。此外,前几年因司法考试命题人易主而导致的国内刑法学界关于犯罪四要件和三层次说之间的争论,也可以证明法学理论对于法庭实践的直接影响。借用阿蒂亚和萨默斯的说法,笔者将这种影响归结为实质性的而非像法律条文那样是形式性的。

含了许许多多支离破碎且已为很多人讨论过的内容,如对法律问题和事实问题的区分,是归纳和类比的方法而不是演绎的方法,等等。或者说很多人所已经讨论过的那些内容基本上都可以包含到这个过程中来,成为或只是其中的一个特征、一个方面或一个环节。而笔者刚才所做的不过是将这些已有的东西通过复原普通法的司法过程而进行整合并予以表述而已。

也许有人会提出,普通法中还有其他一些思路。比如,阿拉巴马大学法学院的莫里斯教授2009年7月在华中科技大学法学院的讲座中曾提到,美国很多法学院的教学方式其实是从解决客户的实际问题出发的。比如,某些客户会遇到法律问题,需要律师为其提出解决的方案,以避免日后产生法律纠纷。他还举出了具体的实例。这样的思路和方法好像和笔者刚才谈到的不是太一样,但实际上还是一样的,只是笔者谈到的是解决已经发生的问题,而莫里斯谈到的是为预防纠纷的发生而提出行动方案,后者也需要对其行动方案的可行性进行论证,而这和我所提到的论证基本上是一致的。笔者还注意到,判例教学一定意义上其实就是要求学生按照我所描述的思路去做的。比如,美国的案例教科书通常会告诉学生如何阅读案例报告,其实质就是要求学生对案例报告进行报告,而学生报告的详细内容就包括上述各个部分,即案件事实、争点、律师和法官的意见、他们又是如何论证的、论证中所用到的材料和解释方法,等等。

但另一方面,这个方法或过程、思路并不是普通法的专利,相反它已经而且也正在为许多司法过程遵循着,或至少是应该为任何司法过程所遵循。换言之,这套思路和方法是**司法**所应该遵循的方法,或曰属于**司法性方法**,与立法的方法相对应,而不独专属于哪一个法律体系。但需要指出的是,尽管司法都要遵循这样一个过程,不同法律体系之下发现法律(即寻找案件所应适用之规则)的方式却不尽相同。而正是这一点不仅构成了欧陆法和普通法之间的重要区别,而且也构成了本书这里所谓的**微观层面之普通法方法的核心**所在。换言之,如果我们可以将上述**司法的过程(即解决问题的思路)**和**这个过程中寻找法律依据这个关键环节**加以分别的话,我们会发现前者是各个法律体系所共同遵循的,而后者则会因法律体系的不同而不同。本书所谓的微观层面的普通法方法,主要就是指在普通法的司法过程中法官为手头的案件寻找所应适用之法律规则的方法,就是指后者。

二、微观层面的普通法方法:普通法法官如何发现法律

如上所述,普通法方法的核心在于为手头的案件找到所应该适用的法律规则,也就是要为最后得出结论时的三段论推理找到大前提。那么这个大前提该如何找呢?

毫无疑问,寻找法律依据必须以案件的事实为基础,也就是必须从案件的关键事实出发，找到与其最密切关联的法律规则。从中外法律史来看，这些规则可能来自于制定法（包括可以在本国适用的国际法），也可能来自于判例或是习惯，甚至还可能来自于法学家的理论等不同的渊源。而正是由于法律渊源的不同，才导致了法官在制定法和判例中寻找法律依据时所用到的方法也很不同，这也是普通法和欧陆法的重要区别之一。而法律渊源上的差别，很大程度上又源于这两种法律体系在对社会予以规制和治理时的基本思路和所采取的路径之不同，以及由此所形成的不同法律传统。

就制定法而言，它主要是通过使用抽象的法律概念或术语来对某类社会现象进行概括性地描述或涵盖，然后再赋予其一个法律后果，来实现对社会的规范和调整的。所以典型的制定法条款或以成文方式表述的法律规则之结构，一般都是"事实＋法律后果"的模式。如此，如果要在制定法中找到你所需要的法律规则，就必须将案件中的关键事实予以回溯性地抽象、概括和提炼，使之能够归入相应的法律条文之下，准确说来是归入该条文所使用之法律术语所包含的外延之内，使之能够贴上该术语所标明的这个标签（如"盗窃"）。这是要将散了一地的各类水果分类装箱，苹果放到苹果箱里，西瓜放到西瓜箱里，而箱子上（制定法）只贴了"苹果""西瓜"（法律术语）这样的标签。很显然，箱子上并不总是会给你详细解释什么是苹果、什么是西瓜，其各自的特征如何——就好像我们的《刑法》中并没有解释什么是盗窃一样（即使有，最多也是出现在司法解释等中），你关于盗窃概念的理解只能来自于社会经验或是刑法教科书、刑法学者和刑法理论[①]等地方。因此，当试图从制定法中找到法律依据时，我们只能运用我们已有的法律知识或是经验，对案件的关键事实予以法律格式化[②]，看它能否归入到（比如"盗窃"）这个法律术语所涵盖的范围之内，或者看究竟是应该放到"盗窃"还是"侵权"的标签下……很显然，这可能会是一个不断试错的过程，因为谁也不能保证自己就能够一击中的，除非是在简单案件或例行案件中。但一旦确定了究竟应该贴哪个标签，即应该适用哪个条款，也就是找到了法律依据，那么得出最后的判决就是轻而易举的事了。

由此可以看出，其实制定法所采取的治理路径或思路并不复杂：一方面，它通过创设许多概念术语来描述社会生活的各个方面；另一方面，又利用概念之间的种属关系，当然之所以能形成种属关系很大程度上也是源于社会生活的内在联系，逐层由上位阶的概念包含下位阶的概念，形成体系，从而完成法律对整个社会生活的统摄，即

[①] 由此也可以看出法律理论对法律实践的强烈影响。
[②] 这里借用了苏力的表述，请参看苏力：《送法下乡》，中国政法大学出版社2000年版，第223页。

由概念①到现实。而在具体的司法过程中则经常采取相反的路径,即要将案件事实进行法律格式化,并回溯到相应的法律概念,即由现实到概念。② 而当我们将案件关键事实的法律含义烁取出来并将之与相关法律术语的含义进行对比以求得二者间的关联性时,对制定法(这就包括了对相关条文和相关术语)和案件关键事实(之法律含义)的解释,就成了司法过程中的关键环节和法官必须完成的任务。但我们发现,无论是这种解释还是这个过程本身,都不必然与演绎的逻辑相关,因为它主要是从事实回溯到概念。③ 从这个意义上来说,将欧陆法司法推理归结为演绎推理并不准确。

而以经验主义为方法论背景的判例法,在治理模式、理念和技术上都颇不同于制定法。实际上,判例法并不像制定法那样追求"万全法"的理想,并不力图为社会的各个方面设立行为模式或进行规制,而是变"主动出击"为"消极等待",坐待纠纷到来之时,然后以一种"一以贯之"(这是遵循先例的必然结果)的态度来处理、解决之,从而实现对社会行为的"一贯"管理。④ 正是基于对先前做法的因循,判例法在寻找法律依据时才采取了和制定法不同的路径。制定法背景下法官的目标指向是立法机关制定的法律文本,而判例法法官关注的则是先前的判例。制定法法官采用的是将散落一地的水果与水果筐上的标签及说明相比照从而不断归类以归入相应水果筐的方法,而判例法的法官则要拿地上的水果(手头的案件)和框中的水果(先前的案件)进行类比,以发现它们之间的相似性。我们一般将判例法的这种方法称为类比。很显然,类比的方法和先前成文法的方法非常不同:成文法是在**法条和案件事实之间**进行相互对比、解释,以求得二者间的关联性,最终使得该法条可以适用于本案的事实;而判例法则是在**前后两案的事实之间**进行对比,以求得二者间的相似性,最终使得先例中的判决理由可以适用于本案,但准确来说,只是先例的判决理由可以成为法官为总结本案所应适用之规则时的参考资料。所以,类比只是判例法司法过程中的一个步骤,其目的是为了在前后两案的事实之间求得相似性;接下来,法官还需要运用归纳的方法,利用制定法、先例中的判决理由等资源,为本案总结出所应适用的具体规则;最后再依据这个规则,演绎得出本案最终的决定。因此,恰如我们不能将欧陆法的司法推理简单地归结为演绎推理一样,普通法的司法推理同样不能简单地被视为类比或归纳,而是类比、归纳、演绎三者兼备,只是三者存在于这个过程中的不同环节,

---

① 当然,这个"概念"也是来源于社会现实,是对社会现实的总结、提炼和表述。
② 如下所述,实际上这个过程可能还是一个双向的过程,即一边解释法律一边解释事实。
③ 中肯的说法也许是,无论是欧陆法还是普通法,其寻找法律依据的过程,更多靠的是直觉和经验,先有结论(即本案应适用什么样的规则或哪个条文),然后再来论证这个结论是否可靠,并不断试错、纠正,直至形成确信。
④ 参见李猛:《除魔的世界与禁欲者的守护神:韦伯社会理论中的"英国法"问题》,载李猛(编):《法律与价值》,"思想与社会"(第一辑),上海三联书店2002年版,第186页。

所起的作用有所不同罢了。亦如波斯纳所认为的那样,类比和归纳是发现(法律)的逻辑,而演绎是一种论证(其结论合理性)的逻辑。①

综上,为手头的案件寻找法律依据,其实就是要在本案的关键事实和目标规则之间建立直接、符合逻辑和不容否认的关联性;就这个目的而言,普通法和欧陆法之间并无区别。其区别仅在于在从制定法和判例中抽取规则时的方法非常不同,而由于这两种法律渊源在二者中占据了极为不同的地位,二者间本身的差别也就因此而被夸大了。笔者再将这种差别简单总结如下。在欧陆的成文法体制下,规则被认为是先于案件而存在的,因此你只需对相应的规则和案件的关键事实进行必要的解释和穿针引线以在二者之间建立起关联性就够了;为此,法官需要将规则予以解释以使之能涵盖案件的事实,于是欧陆法的司法推理被认为是演绎的也就不足为奇了。② 而在判例法那里,人们认为事实先于规则,规则是在案件发生后并来到法官面前时由法官"现场"总结出来的。你不能说在案件发生以前法律已经为这类案件或社会现象准备好了规则——这是理性主义的思维模式;因为面对纷繁复杂的社会生活,没有任何理性的权威可以为世界完美立法。③ 因此,在普通法那里,每一个案件所应适用的规则都是独特的、具体的,从这个意义上来说它甚至不具有普遍性,因此它需要我们在研究案情和相关的先例、制定法等之后予以确定。而在这个过程中,先例、制定法、习惯、法律理论等都只是法官在总结提炼本案所应适用之规则时的参考资料,它们可能具有某种意义上的权威,但却未必可以,而且经常不是直接成为本案的权威或法律依据。而要成为本案的权威和依据,就必须经过法官的重新整合和表述,我们经常谈到的"判决理由"(ratio decidendi),其实就是法官为每个案件总结的、可以适用于本案的具体的法律规则。所以经典普通法理论认为,在判例法中,法官每审判一个案件,就需要对相应的规则进行重新表述④,而每次的重新表述都可能在原有的规则中植入新的因素;因为每一个案件都是"新"的,普通法也正是借此实现了自己潜移默化的

---

① 参见〔美〕波斯纳:《法理学问题》,苏力译,中国政法大学出版社1994年版,第47—54页。澳大利亚学者费歇尔教授也认为,在普通法的司法过程中,法官们不仅要援用先例,也要使用制定法;不仅使用类比和归纳的方法,最后也要用到演绎的方法。参见〔澳〕D. 费歇尔:《法律规则的结果是如何影响法律推理的?》,载《华中法律评论》第9卷。

② 其实,究竟是法官通过解释法条来涵盖案件事实还是通过解释案件事实来迎合既有的法条,是一个难以说清的话题。从这个角度看,说欧陆法是演绎推理很大程度上是一个误解,或至少并不严谨。

③ 我们当然可以而且事实上也在通过立法来对社会生活予以规范(但它却必定是粗条线的),但却不一定能为每一个特定场景下发生的事件预先确立它应该适用的规则(因为每个案件都是独特的、与众不同的);如果非要立法,那就等于是立法者要为我们生活中的每一个细节确立行为模式,这等于是在限制我们行动的自由和剥夺我们对生活的选择权,而这恰恰是与普通法的精神背道而驰的。

④ G. J. Postema, *Bentham and the Common Law Tradition*, Oxford: Clarendon Press, p. 10.

演进。①

由此我们看到,普通法认为每一个案件的规则都是独特的,都必须从案件事实和众多的规范资源中去现场总结;而成文法则倾向于认为,成文法已经为每一种社会情况准备好了可资依循的规范,即使没有具体的规则,抽象的原则也可以在规则缺失时被祭起。用一种不精确但却非常形象的表述就是,如果说成文法的机制是从法条直接到案件事实的话,即法律条文中的规则(原则)→案件事实,那么判例法的机制则是从法条到判决理由再到案件事实,即法律条文中的规则(原则)→判决理由→案件事实。有人可能会认为,这不过是一个规则的抽象程度和适用范围大小的问题,可能判例法中的规则较之制定法规则更为具体因此适用范围较小而已。但笔者认为这只是一个表象,其背后还蕴藏着更为深刻的法律理念上的不同,即哈耶克所谈到的,普通法并不是规范性而只是救济性的法律,因此较之欧陆法更能尊重民众的自由和创造性;而成文法因为要为社会生活确立行为规范,因此在一定意义上限制了民众的自由意志和选择权、创新性。

第四节 中观层面

此处所谓的中观层面的普通法方法,与上文提到的一点相关,即普通法因为采取了判例的形式而在推动法律规则的发展方面采取了与欧陆法(成文法的形式)非常不同的方法。

如上文所示,在判例法中,由于法官要为案件总结出本案所需要适用的规则,为此他必须(结合案件之关键事实)参考各种可资利用的法律资源,如制定法、先例、法律理论等。而正是由于他可以利用这些资源,可以将这些资源加以整合、冶炼、重新塑造,可以对既有的规则进行重新表述,他就有了将新的因素融入过去规则中的可能性。很显然,这些新的因素主要来源于本案事实中不同于先例之事实的部分,而这些不同的事实可能会导致法官对先前的规则作出程度不同的调整,以使之能适应手头的案件。当然,法官并不总是需要或必须对先前的规则进行重新表述(如在例行案件中),但在需要时他起码有这种可能性。这样做的结果就是,你会发现在例行案件中,法官一般都会严格地遵循先例,因此规则不会发生变化;而在疑难案件中,规则则可能会借法官重新表述的机会而和先前有所不同,或曰有所发展,从而实现法律的发展。

在这里我们首先看到的是法律发展的连续性。因为法官在对本案所应适用之规

---

① 关于这一点,下面谈普通法方法的中观层面时还会详细讨论。

则进行表述或对先前规则进行重新表述时,强调了本案事实方面的新条件、新因素对新规则的意义,因此人们并不会认为先前的规则是错误的,而只是认为它不被适用于本案而已。前后两个规则的不同,是因为所面对的事实不同而导致的,如果有可能,先前的规则还会在和先例更为类似的案件中被适用。如此,人们就不会明显感觉到规则的变化,但等到一段时间之后,当你刻意地去对比前后的规则之时,你才可能发现规则的确是变了。而法典则不同,由于法典表述的是一般性规则而很少提及事实,实际上不提及事实是不可能的,只是不可能像判例那样深入事实的细节,即使提到也是高度抽象化了的事实,所以新法典生效之日人们总是能感觉到它和昨日规则之间的不同,其断裂感自然明显。

其次我们看到的是普通法的开放性和适应性。法官在为本案寻找规则并对其进行表述之时,他所参考的规则资源并不仅限于制定法和判例——当然这些可能是不容回避的,而且也可以扩及法律理论、地方习惯等,或者说在某些案件中,法律理论和地方习惯会强烈地影响到法官对相关制定法和判例的解释。这样,法官就会将一些在形式上不具备权威性的规范资源整合进自己为本案总结的规则中,这使得普通法体现出了极强的开放性,而这在普通法扩张到英格兰之外的其他地区之时体现得尤为明显。比如普通法在美国、印度、巴基斯坦以及我国香港特别行政区等地都吸取了当地的习惯而变得和它在英格兰时非常不同,但它仍然还是普通法。笔者所谓的普通法的适应性指的就是这一点。而普通法之所以可以做到这一点,判例的形式是一个至关重要的因素,因为它使得规则的形成总是和具体事实联系在了一起,从而消减了因为从抽象到抽象、从概念到概念、从原理到原理、从术语到术语所产生的母体(如宗主国之法律)和受体(殖民地之法律)间规则相似性而带给人的强烈感官冲击。相比之下,制定法成文的形式则制约了它在推动法律发展方面的功效,总会让人感觉其法律的发展是断裂、封闭的。

第五节 宏观层面

所谓宏观层面的普通法方法的含义,也与前文所提到的一点有关,即普通法在对社会予以法律治理时所采取的思路和路径与欧陆法颇为不同。

如前所述,亦如很多分析所指出的那样,欧陆法对社会的治理采取了理性主义的模式,通过理性设计来为社会确立行为规范;在思路上采取了理性主义的、主动的、规范式的、能动的思路,在技术上采取了以概念来描述社会现实,并用层次不同的种属概念体系来统摄整个社会生活的方法。它所需要的是既能够纵观全局的苍鹰之眼,同时也能够洞幽入微的青蝇之眼,是一种上帝式的、全能理性的立法者。其优点是规范在形式上显得明确因而具有可预见性,但实际上由于阐释学方面的原因未必总是这样,而缺点则是事实上它并不能预见所有的可能性,总是在新情况面前显得力不从心。更为重要的是,这种规范主义的治理模式因为总是力图为民众确立行为模式而经常会限制人们的行为自由,并压制民众的创新性。比如欧陆法的物权法定主义就是这方面的一个典型。物权法定实际上是限制了民众对物的使用和开发方式,因为对物使用所产生的权利只有符合物权的特征才能得到物权法或物权方式(相对于债权方式)的保护。这虽然对于权利的确定性和交易安全很有好处,但显然又在很大程度上限制了民众对物的开发和利用。再者,将人们的行为限制在几种特定的模式中,不仅会压抑民众的创造力,而且会让民众产生对法律的懒人式的依赖和不负责任的心态。这一点在下文与普通法对比时还有详细说明。

而普通法则采取了经验主义的模式,通过经验和因循先例来对社会进行治理:在思路上它采取了经验主义的、被动的、回应式的、救济的思路,在技术上则采取了类比、归纳、演绎皆用和因循先例的方法。它更加注重个案而不是普遍性的规范,在例行案件中它会毫不犹豫地固守先例,而在疑难案件中则又会对先例慎之又慎,注意案件中的每一个细节,并确定其是否会对案件所应适用之规则(因而也是案件的最终结果)产生影响。其最遭人诟病之处在其所确立的规范很多时候在普通人看来并不足够明确,因而也很难说有多少可预见性;但其优点则在于最大限度地保证了民众能够自由行事,支配和利用其财产,因而使社会更具有活力和创新精神。正是因为民众有权选择如何行事,并在侵犯到他人利益时会受到法律的惩罚,可能才培养了民众对自己行为负责的精神和意识,培养出了真正理性、独立的国民。相比之下,理性主义指导下的规范性法律所采取的路径是为人们确立行为模式,要求民众按照其所描绘的路径前行。可以想见,如果人人都真的能够依循这些模式,这个社会的秩序也许会很好,但也未必。姑且不论是不是所有的人都会遵循这样的行为模式,单单是这些行为模式的确立本身就会限制民众自己在社会行事或解决问题时的想象力和创造性,从而阻碍,至少是影响社会的进步和发展。更为重要的是,这样的思路可能会降低民众对自己行为之后果的责任心:他们可能会认为,既然是你要我们这样做的,那后果也要由你承担了。因此我们看到,正如某些研究所表明的那样,普通法体制下更能产生独立自主、有能力进行自我判断并且负责任的民众,普通法之下的民主更像是一种成熟和理性的民主,普通法之下的社会通常也更具有创造性和想象力。

由此我们可以发现,普通法作为一种方法,可以在一定程度上型塑或改变民众,包括法律人的精神气质和处事方式,如果不是相反的话。亦如卡内刚所云,如果你在普通法之下生活一段时间,你会沾染上一种盎格鲁—撒克逊气质。其原因可能部分在于,人们都在用同样的方法来对待和解决问题、纠纷,用同样的方法来评估自己即将作出的决定,所以普通法之下的民众在方法上达到了统一和一致,不光是法律人,即使全体民众也会以法律为共同认同的对象。而就实体规则而言,很难说在这方面会有多大作用,因为英美法系各成员国的普通法在实体上很难说有多少一致的地方,或者说这种一致与和欧陆法之间在实体内容上的一致比较起来并没有多大意义。这也是笔者更愿意将普通法视为一种方法而不是一套规则、一种理念和一种制度的原因所在。

需要补充的是,本部分谈到的只是两种法律体系在总体上的趋势和特点,而不能拿具体的条文来说事。因为显而易见的是,在欧陆法同样存在以禁止式或排除式进行立法的规范,在普通法中也同样存在列举式的立法。排除式和列举式均为立法的基本技巧,笔者讨论的只是两种法律体系总体上的特点,而不希望被以偏概全。

第六节 结 论

综上,我将普通法方法分为三个不同的层次加以讨论。从微观层面来说,普通法方法最集中地体现为法官在司法过程中通过类比和归纳为手头案件寻找法律依据的方法。从中观层面说,它体现为一种通过对规则进行重新表述,使得法律得以开放和连续发展的方法。而从宏观层面说,它体现为一种通过经验主义的、被动的、回应式的、救济的思路来实现对社会进行法律治理的方法。

很显然,这三者相互依存,相互影响,但中观层面和宏观层面的普通法方法都只有以微观层面的普通法方法为基础才能实现。从这个意义上说,普通法方法是一种司法性质的方法,而不像欧陆法那样主要体现为一种立法性质的方法。